应用型本科院校"十三五"规划教材/经济管理类

Microeconomics

微观经济学

（第4版）

主　编　佟明亮　高景海
副主编　王　燕　初天天
　　　　刘　妍　刘仲仪

哈爾濱工業大學出版社
HARBIN INSTITUTE OF TECHNOLOGY PRESS

内容简介

本书探求更为合理有效的应用型人才培养方案，以满足经济与管理类本科教学工作的需要，在体系、内容尤其是在理论与实际结合以及心用能力培养方面进行了新探讨，突出体现以下特点：规范性、应用性、针对性。《微观经济学》主要包括以下内容：导论、均衡价格理论、弹性理论、消费者行为理论、生产理论、成本理论、市场结构理论、分配理论、一般均衡与福利理论、市场失灵与微观经济政策。

本书适合管理类专业本科生学习使用，也是一本较好的教师参考书，同时也是广大经济学爱好者自学的理想读本。

图书在版编目(CIP)数据

微观经济学/佟明亮，高景海主编. —4 版. —哈尔滨：哈尔滨工业大学出版社，2017.8

应用型本科院校"十三五"规划教材

ISBN 978-7-5603-6746-0

Ⅰ.①微… Ⅱ.①佟…②高… Ⅲ.①微观经济学-高等学校-教材 Ⅳ.①F016

中国版本图书馆 CIP 数据核字(2017)第 125498 号

策划编辑 杜 燕
责任编辑 杜 燕
封面设计 卞秉利
出版发行 哈尔滨工业大学出版社
社 址 哈尔滨市南岗区复华四道街 10 号 邮编 150006
传 真 0451-86414749
网 址 http://hitpress.hit.edu.cn
印 刷 哈尔滨市工大节能印刷厂
开 本 787mm×960mm 1/16 印张 15.75 字数 354 千字
版 次 2010 年 8 月第 1 版 2017 年 8 月第 4 版
2017 年 8 月第 1 次印刷
书 号 ISBN 978-7-5603-6746-0
定 价 30.00 元

序

哈尔滨工业大学出版社策划的《应用型本科院校“十三五”规划教材》即将付梓,诚可贺也。

该系列教材卷帙浩繁,凡百余种,涉及众多学科门类,定位准确,内容新颖,体系完整,实用性强,突出实践能力培养。不仅便于教师教学和学生学习,而且满足就业市场对应用型人才的迫切需求。

应用型本科院校的人才培养目标是面对现代社会生产、建设、管理、服务等一线岗位,培养能直接从事实际工作、解决具体问题、维持工作有效运行的高等应用型人才。应用型本科与研究型本科和高职高专院校在人才培养上有着明显的区别,其培养的人才特征是:①就业导向与社会需求高度吻合;②扎实的理论基础和过硬的实践能力紧密结合;③具备良好的人文素质和科学技术素质;④富于面对职业应用的创新精神。因此,应用型本科院校只有着力培养“进入角色快、业务水平高、动手能力强、综合素质好”的人才,才能在激烈的就业市场竞争中站稳脚跟。

目前国内应用型本科院校所采用的教材往往只是对理论性较强的本科院校教材的简单删减,针对性、应用性不够突出,因材施教的目的难以达到。因此亟须既有一定的理论深度又注重实践能力培养的系列教材,以满足应用型本科院校教学目标、培养方向和办学特色的需要。

哈尔滨工业大学出版社出版的《应用型本科院校“十三五”规划教材》,在选题设计思路上认真贯彻教育部关于培养适应地方、区域经济和社会发展需要的“本科应用型高级专门人才”精神,根据前黑龙江省委书记吉炳轩同志提出的关于加强应用型本科院校建设的意见,在应用型本科试点院校成功经验总结的基础上,特邀请黑龙江省9所知名的应用型本科院校的专家、学者联合编写。

本系列教材突出与办学定位、教学目标的一致性和适应性,既严格遵照学科体系的知识构成和教材编写的一般规律，又针对应用型本科人才培养目标及与之相适应的教学特点，精心设计写作体例，科学安排知识内容，围绕应用讲授理论，做到“基础知识够用、实践技能实用、专业理论管用”。同时注意适当融入新理论、新技术、新工艺、新成果，并且制作了与本书配套的PPT多媒体教学课件，形成立体化教材，供教师参考使用。

《应用型本科院校“十三五”规划教材》的编辑出版，是适应“科教兴国”战略对复合型、应用型人才的需求，是推动相对滞后的应用型本科院校教材建设的一种有益尝试，在应用型创新人才培养方面是一件具有开创意义的工作，为应用型人才的培养提供了及时、可靠、坚实的保证。

希望本系列教材在使用过程中，通过编者、作者和读者的共同努力，厚积薄发、推陈出新、细上加细、精益求精，不断丰富、不断完善、不断创新，力争成为同类教材中的精品。

第4版前言

近年来，随着我国高等教育的迅速发展，有关微观经济学的教科书大量涌现，我们之所以在同类教材众多的情况下，仍然编写这一教材，主要是与以往的同类教材比，本教材在内容编排中以下四方面特点：

一、突出特色、强调实用性

围绕培养目标，结合教学改革，借鉴国内外经验，吸收相关教材之精华，融入最新成果，注重挖掘和利用资源，体现自身特色，做到实用性和先进性相结合；在教材体系上体现了"基础知识够用、专业基础知识管用、专业知识实用"的原则。

二、贴近学生、强化应用

在教材编写上，注重理论与实际的融会贯通。体现专业应用能力、实践能力和技能专长的培养；教材难易适度，理论联系实际，突出趣味性；做到定位准确，贴近教学、贴近学生，真正为培养应用型人才服务。

三、严格规范、合理配套

教材在内容上认真贯彻国家标准及规范，抓住重点，合理配套；每章前有导读，后有小结；例题典型，案例新颖；配有习题，参考答案，便于学生练习、老师批改。

四、确保质量、精选资料

本书是由一批具有多年高校教学经验的教师担任编写任务、合力编写的，以确保教材质量。同时，本书精选资料，力求资料新、数据新，能够真实地反映出学科的新动态。

本书由佟明亮（黑龙江财经学院）、高景海（哈尔滨剑桥学院）任主编，由王燕（黑龙江外国语学院）、初天天（黑龙江外国语学院）、刘妍（哈尔滨远东理工学院）、刘仲仪（吉林动画学院）任副主编。

编写任务的具体分工如下：佟明亮（第三章、第四章）；高景海（第九章）；王燕（第一章、第二章）；初天天（第六章、第八章）；刘妍和刘仲仪（第七章）；裴丽杰和孙佳（第五章）。

由于编写水平有限，本教材又是一个探索性、阶段性的成果，错误和疏漏难免，希望各位专家、读者批评指正，以便我们进一步修订与完善。

编　者

2017年5月

目　录

第一章

Chapter 1

导　论

【学习要点及目标】

通过本章的学习，要求学生掌握什么是经济学、微观经济学和宏观经济学；了解微观经济学和宏观经济学的联系以及两者与经济学的关系；了解经济学要解决的问题和经济学的简单发展史。

【引导案例】

经济学家如何思考：对公共政策做出建议的经济学，大多只用到大学入门课程的程度。经济学家通常是不会令人愉快的伙伴。优秀的斯坦福大学医疗经济学家维克托·富克斯(Victor Fuchs)总爱说："有些人在自己睡着时说话，经济学家却在别人睡着时说话。"连经济学大师都有自知之明了，我们为什么还要研究经济学？经济议题是我们生活中很多重要事情的核心，不只包括工作与收入，也包括健康、教育、退休生活及国家未来在全球经济中的地位。如果你在日常沟通中涉及经济议题(随时都在你周遭发生)，常需要具备"言之有物"的能力。也许你早已知道这可不容易：当你正客气地聊到最低工资、预算赤字或全民保健时，有人轻率地插话："可是经济学原理说的是……"而且像跳针似的重复。根据我的经验，人们卖弄的经济学原理只有50%是正确的，但如果你不懂任何经济学常识或知识，就无法反驳，只能点头或耸肩。诚如英国女经济学家琼·罗宾逊(Joan Robinson)曾说的，研究经济学的理由就是"为了避免被经济学家欺骗"。

那么，需要懂多少经济学，你才敢参与社交或专业谈话？说出来包你吓一跳：赫伯特·斯汀(HerbertStein)以美国政府经济学家的身份担任多种职务近50年，他曾说："对公共政策做出建议的经济学，大多只用到大学入门课程的程度。"在这愤世嫉俗的时代，也许这种说法并不令人惊讶，但重点是，你不必具备哈佛或斯坦福大学经济学终身教授的资格，就可以在大部分的日常经济讨论中坚持看法，你只需要搞懂经济学家的思考模式就够了。

资料来源：Timothy taylor 著，林隆全译. 斯坦福极简经济学[M]. 湖南人民出版社，2015.

第一节　经济学的研究对象

一、经济问题的提出:资源的稀缺性

中国有句俗语:“巧妇难为无米之炊”。其实生活中的巧妇更多面临的情况是有米,但是米不多。这时候,怎样把这顿饭做得好,做得巧,就是一个大学问了。

如果把做饭比喻成经济建设,那米自然就是资源了。用资源进行经济建设与巧妇做饭的道理是相同的。在资源异常丰富、取之不尽、用之不竭的情况下,所有的资源都可以像用空气一样自由免费取用,永远不存在浪费问题,那么经济建设就只要放手去做就可以了,做不好可以重做,直到满意为止。但是事实并非如此。对人类来说,资源永远都是有限的。面对这个事实,人们不得不慎重从事,学会节省,学会搭配,学会选择。

首先,很多自然资源就是不能再生的。矿产、石油、煤等都是用一点少一点,对此我们已经有了深刻的体验。有人可能会提出疑问:资源不是可以不断开发的吗?我们可以用现代技术使那些可再生资源更快地再生,还可以开发新的资源。假如地球上的资源不够,我们还可以到别的星球上去寻找。现代科技已经使资源的利用率得到了成百上千倍的提高,资源的开发能力也不断扩大,为什么还会有资源的短缺呢?

因为人类是永远不满足的。资源开发得再多,比起人们所希望的还是少得多。人们总是希望未来比现在更好,希望自己的国家更富强,自己的生活更富裕,有更多的收入和荣誉。旁观的人可能认为一个人已经生活得足够好,可是如果你问问他本人,他肯定不满足。记得“渔夫和金鱼”的故事吗?老太婆不断地向小金鱼提出新的要求,直到要当上帝。我国古代的皇帝,像秦始皇、汉武帝等,不是也想做神仙吗?随着人们生活水平的提高,人们的欲望也提高了。欲望即不足之感,求足之愿。这场竞赛,胜方永远是欲望,这是人类不同于动物的地方,是人类能够主宰世界、不断进步的基础,也是人类永远无法解决的矛盾。我们所得出的结论是:人类的欲望总是比满足欲望的资源增长的要快,所以相对于欲望而言,资源总是有限的。

其次,是时间的不可逆转性在作梗。时间是永远向前的,一刻也不停留。对所有人来说,人生都只有一次,而且每一刻都只有一次。很多事情做坏了,就再也不能重来。就算能重来,也不复当初了。即使有的人很富有了,想要什么就可以得到什么,但时间对他来说仍然是有限的。古希腊哲学家赫拉克利特说过:“人的一生不可能两次踏进同一条河流”。对于有限的生命来说,无限再生的资源也是有限的,庄子说:“鼹鼠饮河,不过满腹”。黄河水对一只小小的鼹鼠来说几乎是无限的,可是它能用也不过那么一点。阳光、空气、水等虽然近乎于无穷,或能反复再生,可是对于我们每个人来说也是不能重复利用的。大富翁尽管可以近乎随心所欲,但在某一刻他做了这个就不能做那个,不管他花多少钱求神拜佛,时间也不可能重复。所以他只能珍惜他的每一天和对于一天来说有限的资源。

地球上的资源是有限的,某些资源在某些地区甚至是匮乏的。自然资源是有限的,资本、劳动力、机器等资源也是有限的,有的企业甚至资源用尽,以至于破产。我们把这种资源的相对有限性叫做稀缺性。由此,尽力用稀缺的资源来满足不断增长的欲望,就成为人类的一项重要的活动,这项活动,我们就叫经济活动,即克服稀缺性的活动。经济学就是研究经济活动的科学。

无论对社会还是个人,稀缺性都是普遍存在的。例如:人们需要许多舒适而宽敞的住房,但社会能用于建房的土地、资金、材料、人力总是有限的。每个人都想购买许多物品,但收入却总是有限的,这就说明,任何社会和个人都无时不遇到稀缺性问题。

这里要注意的是,经济学上所说的稀缺性是指相对稀缺性,即从相对意义上来谈资源多寡的。这也就是说,稀缺性不是指用于生产某种产品的资源的绝对数量有多少,而是指相对于人的欲望的无限性而言,再多的资源也是不足的。资源再多也是一个既定的量,任何一个既定的量与无限性来比,总是不足的,也就具有稀缺性。

但是,这种稀缺性的存在又是绝对的。这就是说,它存在于人类历史的各个时期和一切社会。从历史上看,稀缺性存在于人类社会的各个时期,无论早期的原始社会,还是当今社会,都存在稀缺性。从现实看,稀缺性存在于世界各地,无论是贫穷的非洲还是富裕的欧美,都存在稀缺性。所以,稀缺性是人类社会永恒的问题,只要有人类社会,就会有稀缺性。

经济学正产生于稀缺性的存在,经济学的研究对象也正是这种稀缺性存在的表现形式。

稀缺性是经济学的出发点。既然资源是稀缺的,那么人们就必须对怎样利用这有限的资源做出选择:用资源做什么?怎样做?为谁做?这些问题就是资源的配置问题。

二、经济问题的解决:选择与资源配置

【案例 1.1】

根据美国政府发表的统计,全美国每年有 17% 左右的人搬了家。搬家的人中有约 60% 是就地迁居,其余的是搬往外地。这个比率从 20 世纪 70 年代以来到 20 世纪末没有什么大的变化。对比之下,我国从 1982 年到 1987 年 5 年之内只有 2.8% 的人迁往他乡,平均每年只有 0.58% 的人跨市镇流动。20 世纪 90 年代以来,我国的人口流动有显著加速的趋势。美国人是一个喜欢搬家的民族。也许这与美国人的祖先就是从外国搬来的有关,至少他们不像中国人那样有一种根深蒂固的故土难离的恋乡感情。

他们为什么搬家?原因是多种多样的。有的人因为工作变动,有的人为了改善居住条件,有的人想节省开支,有的人为了照顾亲人等等。但主要原因是工作变动。

资料来源:茅于轼. 生活中的经济学(第 3 版)[M]. 暨南大学出版社,2007.

由于工作原因,全美人喜欢搬家,实际上这就是生产要素的选择和配置的过程。在经济活

动中,选择无处不在。生产者要选择生产方式、价格和产量等,消费者要选择买什么,买多少等,银行要选择利率等,政府要选择税率等。每个人、每个家庭、每个厂商、每个政府都在选择,所有这些选择交织在一起,像一张织得密密麻麻的蜘蛛网,构成了整个的经济状态,而有限的社会资源就在这个状态下被利用起来。

经济学的任务就是把这张密密麻麻的网拆开、放大、仔细观察研究,看看所有这些选择有什么规律可循,然后在把拆开的装回去,看看整体经济状况如何。所以,经济学研究的就是我们社会中的个人、厂商、政府和其他组织是如何进行选择的,这些选择又怎样决定社会资源如何被利用的。

面对社会资源的稀缺,人们主要需要做哪些选择呢?消费者、厂商、政府的各种选择汇总起来,都归结为资源的配置问题。所以,人们的选择最终可以归结为下面三点:

(1)生产什么?社会资源是有限的,人们不能生产出所有想生产的东西,而且不管什么东西也不能无限地生产,所以我们要对生产什么、生产多少做出选择,以求能最大限度地满足全社会人们的欲望。

同样一堆钢材,是用来生产机器好?还是自行车好?还是大炮好?这取决于哪一样能更大程度地满足人们的欲望。但是欲望是很难具体衡量的,怎样对这个问题做出判断呢?我们可以用人数的多少来代替欲望的大小,让大家举手表决,看看需要哪样东西的人最多,我们就生产哪样。在生活中,每件事都让大家举手表决是不可能的,但是我们可以通过价格的高低看出人数的多少。显然,哪样东西需要的人多其价格就会比较高,需要的人少,价格就比较低,我们就应生产价格比较高的东西,而生产者都去生产价格比较高的东西,结果是这种东西异常丰富,大家习以为常,兴趣锐减,于是价格下降,一部分生产者就会转而生产别的东西。价格就是这样调节着生产者和消费者之间的平衡,使生产什么、生产多少的问题得到解决。

(2)怎样生产?怎样生产即社会决定采用什么样的方法生产产品和劳务。经济资源应用于生产过程时称为投入,一种投入可以用来生产不同的产品,一种产品可以由不同的投入来生产,这就是经济资源用途上的替代性。对于生产者来说就面临一种选择,即应该如何在各种替代性用途中去分配资源,才能最有效地生产出最优的产品和最佳产品,可以采用不同的设备、不同的原材料、不同工种的工人,在不同的地方生产等,这里有多种组合。生产者究竟选择哪一种组合,生产多少数量经济效益才最好?这又产生了成本与收益的比较。同时,又有多个生产者生产同一产品,对生产者来讲又面临竞争。这些对怎样生产都起着决定性作用。

(3)为谁生产?为谁生产即社会决定所生产的产品和劳务如何在社会成员之间进行分配。资源的有限决定了产出的有限,产品生产出来,应该先满足谁,后满足谁?应该满足到什么程度?通过什么方式来满足?当产品作为物质内容的财富生产出来,应该如何分配?在市场价格一定的条件下,消费者如何将他的收入在不同的商品之间分配?作为消费者的劳动者其收入又是由什么来决定的等。在经济活动中,如何实现产品分配,最终可以归结为凝结于产品中的劳动和生产资料的分配问题。社会必须正确解决这些问题。

这三个问题,归根到底都是在资源稀缺的情况下如何对资源进行合理配置的问题。任何社会都要求人们对这三个问题做出选择,经济活动由此才能展开。可以这样说,经济学是解决稀缺性问题而产生的,因此,经济研究的对象是由稀缺性而引起的选择问题,即资源配置问题。也正是在这种意义上,许多经济学家把经济学定义为"研究稀缺资源在各种可供选择的用途之间进行分配的科学"。

【案例 1.2】

德怀特·D·艾森豪威尔总统曾说过:"造出的每一支枪,下水的每一艘军舰,发射的每一枚火箭,归根到底,都意味着一种对于那些忍饥挨饿的人们的偷盗"。这句话说明了什么问题呢?

资源的有限性以及现有的把资源变成产品和劳务的技术状态限制了所能生产的东西。生产可能性边界正是说明这种限制的。生产可能性边界表示了生产出来的产品和劳务的组合与不能生产出来的产品和劳务的组合之间的界线。在经济学中,生产可能性边界是一个重要的概念,它是理解稀缺性和其他重要问题的关键。

选择是一种思维方法的问题,经济学的思维方法和一般思维方法有所不同,它主要考虑在一定约束条件下如何选择最佳的要素组合。

在田忌赛马的故事中,同样是三匹马,由于选择的配置方法不同,效果就不同。田忌的三匹马都不如齐威王的三匹马,这就是田忌选择的约束条件。如果没有这个约束条件,就用不着选择。所以约束条件是选择的前提,也是经济学的前提。经济学家思考问题时首先要考虑这个约束条件。

假设一个国家由于资源有限,只能生产玉米和布料。如果所有资源都用来生产玉米,就不能生产布料;如果所有资源都用来生产布料,就不能用来生产玉米。而玉米和布料对这个国家来说都是不可缺少的。怎么办呢?他们只能既生产玉米来满足吃的需要,又生产布料满足穿的需要。现在的问题是他们该用多少资源生产玉米,多少资源生产布料?我们仅仅依靠已知条件还无法回答这个问题,但可以大致划定可选择的范围。经济学家喜欢用函数图象来帮助思维,用坐标和曲线来形象地表示两个变量之间的关系,如图 1.1 所示。

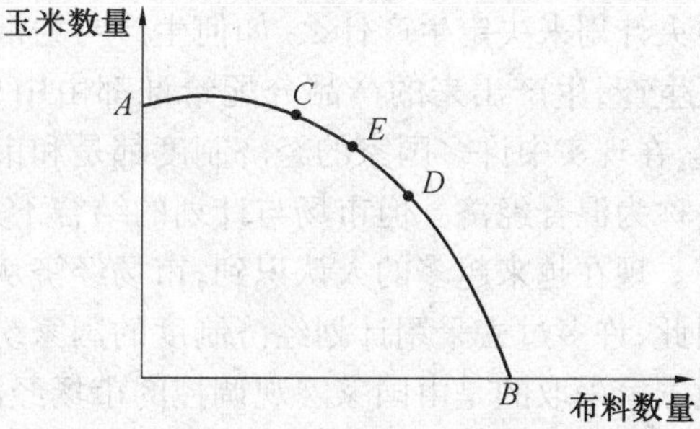

图 1.1 生产可能性边界

在图 1.1 中,横轴表示布料数量,纵轴表示玉米数量。点 A 表示全部资源用来生产玉米所能生产的最大数量,点 B 表示全部资源所能生产布料的最大数量。将 AB 两点连接起来的那条凹向原点的曲线叫做生产可能线(也叫生产可能性边界、生产转换线),它表示该国在既定的资源和技术的条件下生产的最大数量的玉米和布料的组合。在生产可能性边界上的点,是该国在既定资源和技术条件下所能生产出来的,是可能的;在生产可能性边界以内的点所表示的产量虽然能够实现,但不是最大产量的组合,表明稀缺的资源没有被充分利用;生产可能性边界以外的点,则是在现有的资源和技术条件下不能实现的产量组合。生产可能性曲线虽然没有告诉我们具体生产玉米和布料的数量,但告诉我们可以在生产可能性曲线上来选择。可供选择的点 E 在曲线上沿 B 方向移动,表明随着布料产量的增加,玉米的产量必然减少。

如果将玉米和布料换成奢侈品和生活必需品,那么,经济不发达,总收入偏低、温饱型人均收入水平的国家,多选择点 D,经济富裕的国家多选择点 C。生产可能性曲线是向下倾斜并呈凸型,表明当全部资源都被利用时,要想获得多一点的奢侈品,就必须牺牲或者放弃越来越多的必需品,即随着奢侈品生产的增加,其选择成本或者机会成本越来越大。

三、如何生产更多产品:资源利用

人类社会往往面临这样一种矛盾:一方面资源是稀缺的,另一方面稀缺的资源还得不到充分的利用。英国著名的经济学家琼·罗宾逊针对20世纪30年代的大危机不无讽刺地说:“当经济学家把经济学定义为研究稀缺资源在各种可供选择的用途之间进行选择的科学时,英国有三百万工人失业,而美国的国民生产总值的统计数字则下降到原来水平的一半”。这种情况就是产量没有达到生产可能线,稀缺的资源被浪费了。这样资源的稀缺性又引发了另外一个问题——资源利用。所谓资源利用,就是人类社会如何更好地利用现有的稀缺资源,使之生产出更多的物品。正因为如此,许多的经济学家认为把经济学定义为“研究稀缺资源配置和利用的科学”更恰当一些。

四、经济制度与资源配置

尽管各种社会都存在稀缺性,但解决稀缺性的方法并不同,换句话说,在不同的经济制度下,资源配置与资源利用问题的解决方法是不同的。

当今世界上解决资源配置与资源利用的经济制度基本有两种:一种是市场经济制度,即通过市场上价格的调节来决定生产什么、如何生产与为谁生产。另一种是计划经济制度,即通过中央计划来决定生产什么、如何生产与为谁生产,也就是说,用既定的资源生产什么,用什么方法生产,生产出来的产品分配给谁都由中央计划来安排,资源的利用也依靠计划来实现。当然,在现实中许多国家的经济制度都是和市场与市场不同程度的结合,经济学家把这种经济制度称为混合经济。但市场与计划的结合不是一半对一半,总是以一种经济制度为主,另一种为辅。现在越来越多的人认识到,市场经济从总体上看比计划经济效率高,更有利于经济发展,因此,许多过去采用计划经济制度的国家纷纷转向市场经济。这也就是说,现在世界上绝大多数国家采取的是由国家宏观调控的市场经济制度。

既然稀缺性问题的解决离不开具体的经济制度,所以经济学的定义就应该是:研究在一定制度下稀缺资源配置和利用的科学。

第二节 微观经济学和宏观经济学

一、经济活动的四要素

经济活动是一种在买者和卖者之间开展的活动,可是却需要四个要素,为什么呢?

因为当两个主体发生关系的时候,一般还需要有两个事物参与:一个场所和一个监督管理者。就好比打官司需要有原告、被告、法庭和法官;教育需要有教师、学生、学校和教育管理人员;踢足球需要有双方球队,足球场和裁判等。经济活动也不例外。

首先要有生产者。作为经济活动的主体,所有的生产者,无论他生产什么,都称为厂商。在西方经济中,这个概念的使用很宽泛:生产物质产品的是厂商,为大家提供各种服务的也是厂商,如医院、出租车公司、浴池等;为大家提供资本的如银行、信用社等。只要能独立做出决策并进行生产的组织都是厂商。

经济活动的另一个主体是消费者。即有购买欲望和有限资源(收入、时间)的个人或者集团。他们是独立做出消费选择的,当然消费也是多种多样的,可以花钱买东西也可以买服务,还可以买娱乐或读书深造等。

消费者需要购买消费品,厂商也是需要找到购买其产品的人,但让所有的消费者直接到厂家购买是不现实的,这样,市场作为交易的场所就应运而生了。于是市场经济就通过厂商和消费者之间在市场上的相互作用而运转起来。但就像机器运转一样,它有时候也会出现一些毛病,需要保养、上油、维修和调试。那么,当市场经济出现问题时,或者为预防出现问题而必须做些什么时,就需要有一个宏观上的调控者,这个角色自然落到国家政府的身上。在大部分的经济领域中,政府并不直接参与经济活动,而在少数经济领域,政府会直接参与经济活动。

这就是经济活动的四要素:厂商、消费者、市场和政府。现在我们对经济活动中进行选择的人和他们的立场更清楚了:消费者站在买者的立场上进行选择,厂商站在卖者的立场上选择,而政府站在全局和长期的立场上选择,这些选择的立场虽然不同,但成千上万种不同立场上的选择行为却使经济得以运行,而这种运行要通过市场才得以实现。既然经济学是研究人们如何利用有限的资源进行选择的学问,那么从单个的消费者、厂商的角度出发去研究的就是微观经济学,从整体经济角度研究经济的就是宏观经济学。

二、微观经济学

(一)什么是微观经济学

“微观”的英文为“Micro”,它来源于希腊文,原意是微小的。微观经济学以单个经济单位为研究对象,通过研究单个经济单位的经济行为和相应的经济变量单项数值的决定来说明价格机制如何解决社会的资源配置问题。

在理解微观经济学的定义时,要注意这样几点:

(1)研究的对象是单个经济单位的经济行为。单个经济单位是指组成经济的最基本的单位:居民户和厂商。居民户又称家庭,是经济学中的消费者。厂商又称企业,是经济中的生产者。在微观经济学的研究中,假设居民户和厂商经济行为的目标是实现最大化,即消费者居民户要实现满足程度(即效用)最大化,生产者厂商要实现利润最大化。微观经济学研究居民户与厂商的经济行为就是研究居民户如何把有限的收入分配于各种物品的消费,以实现满足程度最大化,以及厂商如何把有限的资源用于物品的生产,以实现利润最大化。

(2)解决的问题是资源配置。资源配置即以前所说的生产什么、如何生产和为谁生产的问题。解决资源配置问题就是使资源配置达到最优化,即在这种资源配置下能给社会带来最大的经济福利。微观经济学从研究单个经济单位的最大化行为入手,来解决社会资源的最优配置问题。

(3)中心理论是价格理论。在市场经济中,居民户和厂商的行为要受到价格的支配,生产什么、如何生产和为谁生产都由价格决定。价格像一只看不见的手,调节着这个社会的经济活动,通过价格的调节,社会资源的配置实现了最优化。微观经济学正是要说明价格如何使资源配置达到最优化。因此,价格理论是微观经济学的中心,其他内容是围绕这一中心问题展开的。微观经济学的中心理论实际上是解释英国古典经济学家亚当·斯密的"看不见的手"这一原理的。

(4)研究方法是个量分析。个量分析是研究经济变量的单项数值如何决定。例如,某种商品的价格,就是价格这种经济变量的单项数值。微观经济学分析这类个量的决定、变动及其相互间的关系。

(二)微观经济学的基本假设

(1)市场出清。就是坚信在价格可以自由而迅速地升降的情况下,市场上一定会实现充分就业的供求均衡状态。在这种均衡状态下,资源可以得到充分利用,不存在资源闲置和浪费问题。因此,微观经济学就是在假设资源充分利用为常态的情况下,集中研究资源配置问题的。

(2)完全理性。在微观经济学中,最优化行为起了关键作用。正因为每个消费者和厂商的行为都是最优的,所以,价格的调节才能使整个社会的资源配置实现最优化。这一最优化的基础就是完全理性的假设。这一假设是指,消费者和厂商都是以利己为目的的经济人,他们自觉地按利益最大化的原则行事,既能把最大化作为目标,又知道如何实现最大化。这就是说,他们具有完全的理性。

(3)完全信息。消费者和厂商只有具备完备而迅速的市场信息才能对价格信号作出反应,以实现其行为的最优化。完全信息假设是指消费者和厂商可以免费而迅速的获得各种市场信息。

只有在以上三个假设条件之下微观经济学关于价格调节实现资源配置最优化,以及由此引出自由放任的经济政策,才是正确的。但是,事实上,这三个假设条件并不一定具备。现代经济学家正是由这一点出发,对传统微观经济学提出了质疑。

(三)微观经济学的基本内容

微观经济学包括的内容相当广泛,其中主要有:均衡价格理论、消费者行为理论、生产者行为理论、成本理论、市场理论、分配理论、一般均衡理论和福利经济学以及市场失灵与微观经济政策等。

三、宏观经济学

(一)什么是宏观经济学

“宏观”的英文是“Macro”,它来源于希腊文,原意是宏大的。宏观经济学以整个国民经济为研究对象,通过研究经济中各有关总量的决定及其变化,来说明资源如何才能得到充分利用。

在理解宏观经济学定义时,要注意这样几点:

(1)研究的对象是整个经济。这就是说,宏观经济学所研究的不是经济中的各个单位,而是由这些单位所组成的整体;不是树木,而是由这些树木所组成的森林。这样,宏观经济学就要研究整个经济的运行方式与规律,从整体上分析经济问题。

(2)解决的问题是资源利用。宏观经济学把资源配置作为既定的,研究现有资源未能得到充分利用的原因,达到充分利用的途径,以及如何增长等问题。微观经济学把资源的充分利用作为既定的前提,但20世纪30年代的大危机打破了这个神话。这样,资源利用就被作为经济学的另一个组成部分——宏观经济学所要解决的问题。

(3)中心理论是国民收入决定理论。宏观经济学把国民收入作为最基本的总量,以国民收入的决定为中心来研究资源利用问题,分析整个国民经济的运行。国民收入决定理论被称为宏观经济学的核心。其他理论则是运用这一理论来解释整体经济中的各种问题。宏观经济政策则是这种理论的运用。

(4)研究方法是总量分析。总量是指能反映整个经济运行情况的经济变量。这种总量有两类:一类是个量的总和,如国民收入是组成整个经济的各个单位的收入之总和;另一类是平均量,如价格水平是各种商品与劳务的平均价格。总量分析就是分析这些总量的决定、变动及其相互关系,并通过这种分析说明经济的运行状况,决定经济政策。因此,宏观经济学也被称为“总量经济学”。

(二)宏观经济学的基本假设

宏观经济学产生于20世纪30年代,它的基本内容基于两个假设。

(1)市场机制是不完善的。自从市场经济产生以来,市场经济各国的经济就是在繁荣和萧条的交替中发展的。若干年一次的经济危机成为市场经济的必然产物。尤其是20世纪30年代空前的大危机,使经济学家认识到,如果只靠市场机制的自发调节,经济就无法克服危机与失业,就会在资源短缺的同时,又产生资源的浪费。稀缺性不仅要求使资源得到恰当配置,而且还要求使资源得到充分利用。要做到这一点,仅仅靠市场机制就不够了。

(2)政府有能力调节经济,纠正市场机制的缺点。人类不是只能顺从市场机制的作用,而且还能在遵从基本经济规律的前提下,对经济进行调节。进行这种调节的就是政府。政府可以通过观察与研究认识经济运行的规律,并采取适当的手段进行调节。整个宏观经济学正是建立在对政府调节经济能力信任的基础上的。

总之,宏观经济学的前提是:政府应该调节经济,政府可以调节经济。

(三)宏观经济学的基本内容

宏观经济学的内容相当广泛,主要有:国民收入决定理论、失业和通货膨胀理论、经济周期和经济增长理论、开放经济理论、宏观经济政策等。

四、微观经济学和宏观经济学的联系

从以上的分析中可以看出,微观经济学与宏观经济学在研究对象、解决的问题、中心理论和分析方法上都是不同的。但它们之间又有着密切的联系,这就在于:

(1)微观经济学与宏观经济学是互相补充的。经济学的目的是要实现社会经济福利的最大化。为了达到这一目的,既要实现资源的最优配置,又要实现资源的充分利用。微观经济学在假定资源已实现充分利用的前提下分析如何达到最优配置的问题,宏观经济学在假定资源已实现最优配置的前提下分析如何达到充分利用的问题。它们从不同的角度分析社会经济问题。从这一意义上说,微观经济学和宏观经济学不是互相排斥的,而是互相补充的。它们共同组成经济学的基本原理。

(2)微观经济学与宏观经济学都是实证分析。微观经济学和宏观经济学都把社会经济制度作为既定的,不分析社会经济制度变动对经济的影响。也就是说,它们都把市场经济制度作为一个既定的存在,分析这一制度下的资源配置与利用问题。这种不涉及制度问题,只分析具体问题的方法就是实证分析。从这个意义上看,微观经济学与宏观经济学都属于实证经济学的范畴。

(3)微观经济学是宏观经济学的基础。整体经济是单个经济单位的总和,微观经济学应该成为宏观经济学的基础。但如何把微观经济学作为宏观经济学的基础,不同的经济学家有不同的理解,至今也还没有令人满意的答案。

此外,它们都是建立在一个共同的假设——完全竞争市场基础上的。

第三节 经济学的研究方法

一、实证经济学与规范经济学

实证经济学企图超脱或排斥一切价值判断，只研究经济本身的内在规律，并根据这些规律，分析和预测人们经济行为的效果，它要回答“是什么”的问题。

规范经济学是以一定的价值判断为基础，提出某些标准作为分析处理经济问题的标准，树立经济理论的前提作为制定经济政策的依据，并研究如何才能符合这些标准。它要回答“应该是什么”的问题。

在理解实证经济学和规范经济学时，应注意以下一些问题：

(1)价值判断的含义。在以上关于实证经济学和规范经济学的定义中都涉及了价值判断这个概念。什么是价值判断呢？《简明帕氏新经济学辞典》中的解释为“价值判断可以定义为对所认定的客观效力的赞成或不赞成的判断”。我国著名经济学家陈岱孙教授指出：“这里的价值判断并不是商品的价值，而是指经济事物的社会价值。”由此可见，价值判断就是指对经济事物社会价值的判断，即对某一经济事物是好还是坏的判断。价值判断大而言之可以是指一种社会经济制度的好坏，小而言之是指某一具体事物的好坏。所谓好坏也就是对社会是有积极意义，还是有消极意义。价值判断属于社会伦理学范畴，具有强烈的主观性和阶级性。实证经济学为了使经济学具有客观科学性，就要避开价值判断问题；而规范经济学要判断某一具体经济事物的好坏，则从一定的价值判断出发研究问题。是否以一定的价值判断为依据，是实证经济学和规范经济学的重要区别之一。

(2)实证经济学和规范经济学要解决的问题不同。实证经济学要解决“是什么”的问题，即确认事实本身，研究经济本身的客观规律与内在逻辑，分析经济变量之间的关系，并用于进行分析与预测。规范经济学要解决“应该是什么”的问题，即要说明事物本身是好还是坏，是否符合某种价值判断，或者对社会有什么意义。这一点也就决定了实证经济学可以避开价值判断，而规范经济学必须以价值判断为基础。

(3)实证经济学的内容具有客观性，所得出的结论可以根据事实来检验，也不会以人们的意志为转移。规范经济学本身则没有客观性，它所得出的结论要受到不同价值观的影响。处于不同阶级地位、具有不同价值判断标准的人，对同一事物的好坏会作出截然相反的评价，谁是谁非没有什么绝对标准，从而也就无法进行检验。

(4)实证经济学和规范经济学尽管有上述三点差异，但它们也并不是绝对互相排斥的。规范经济学要以实证经济学为基础，而实证经济学也离不开规范经济学的指导。一般来说，越是具体的问题，实证的成分越多；而越是高层次、带有决策性的问题，越具有规范性。

实证经济学和规范经济学所强调的是用不同的方法来研究经济问题。用实证的方法研究则是实证经济学，用规范的方法来研究则是规范经济学。这种划分与强调研究对象的微观经济学与宏观经济学的划分不同。如前所述,微观经济学与宏观经济学都是用实证的方法研究问题,因此属于实证经济学。

在西方经济学的发展中,早期强调从规范的角度来分析经济问题。19 世纪中期以后,则逐渐强调实证的方法。许多经济学家都认为,经济学的实证化是经济学科学化的唯一途径。只有使经济学实证化,才能使之成为真正的科学。应该说,到目前为止,实证经济学仍然是西方经济学的主流。但也有许多的经济学家认为,经济学并不能完全等同于自然科学,它也无法完全摆脱规范问题,也就是无法回避价值判断。因此,应该在经济学中把实证的方法和规范的方法结合起来,这一看法是有一定道理的。

二、实证分析方法

经济学中的实证分析方法来源于哲学上的实证主义方法。实证分析是一种根据事实加以验证的陈述,而这种实证性的陈述则可以简化为某种能根据经验数据加以证明的形式。在运用实证分析法来研究经济问题时,就是要提出用于解释事实(即经济现象)的理论,并以此为根据作出预测。这也就是形成经济理论的过程。因此,这里重点介绍如何用实证分析法得出经济理论。

(一)理论的组成

一个完整的理论包括定义、假设、假说和预测。

定义是对经济学所研究的各种经济变量所规定的明确的含义。变量是一些可以取不同数值的量。在经济分析中常用的变量有内生变量、外生变量、存量与流量。

内生变量是一种理论内所要解释的变量。外生变量是一种理论内影响其他变量,但本身由该理论外的因素所决定的变量。内生变量又称因变量,外生变量又称自变量。

存量是指一定时点上存在的变量的数值,其数值大小与时间维度无关。流量是指一定时期内发生的变量的数值,其数值大小与时间维度有关。

假设是某一理论所适用的条件。因为任何理论都是有条件的,相对的,所以在理论的形成中假设非常重要。西方经济学家在分析问题时特别重视假设条件,而经济学家分析问题时总是从假设如何开始的,离开了一定的假设条件,分析与结论都是没有任何意义的。在形成经济理论时,所假设的某些条件往往并不现实,但没有这些假设就很难得出正确的结论。在假设条件下得出的理论,就像自然科学在严格的限定条件下分析自然现象一样。

假说是对两个或者更多的经济变量之间关系的阐述,也就是未经证明的理论。在理论形成中提出假说是十分重要的,这种假说往往是对某些现象的经验性的概括或总结,但要经过验证才能说明它是否能成为具有普遍意义的理论。因此,假说并不是凭空产生的,它仍然来源于实际。

预测是根据假说对未来进行预期。科学的预测是一种有条件性的说明。预测是否正确,是对假说的验证。正确的假说的作用就在于它能正确的预测未来。

(二)理论的形成

一种经济理论是如何形成的可以用图 1.2 来说明。

在形成一种理论时,首先要对所研究的经济变量确定定义,并提出一些假设条件。然后,根据这些定义与假设提出一种假说。根据这种假说可以提出对未来的预测。最后,用事实来验证这一预测是否正确。如果预测是正确的,这一假说就是正确的理论。如果预测是不正确的,这种假说就是错误的,要被放弃,或者进行修改。这就是实证分析方法。

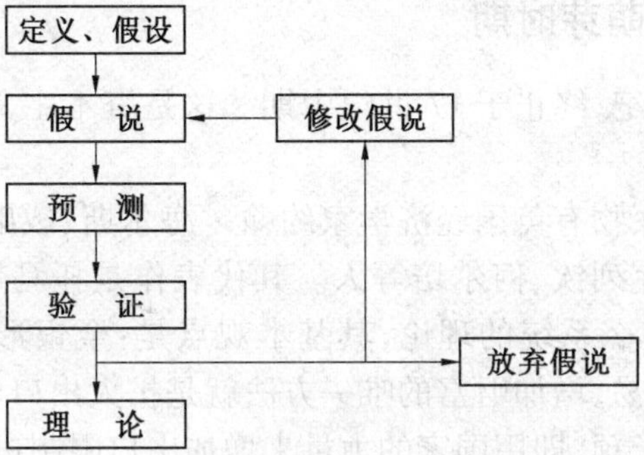

图 1.2 经济理论的形成

(三)理论的表述方式

运用实证分析所得出的各种理论可以用不同的方法进行表述,也就是说,同样的理论内容可以用不同的方法表述。一般来说,经济理论有四种表述方法:

(1)口述法,或者称叙述法。用文字来表述经济理论。

(2)算术表示法,或称列表法。用表格来表述经济理论。

(3)几何等价法,或者称图形法。用几何图形来表述经济理论。

(4)代数表达法,或者称模型法。用函数关系来表达经济理论。

这四种方法各有优点,在分析经济问题是得到了广泛的应用。

第四节 经济学发展简史

物质资料的生产与消费是人类社会生存与发展的基础。古代许多思想家早就研究了经济问题,并提出了不少至今仍有影响的思想。但是,在资本主义社会建立之前,这些对经济问题的论述与哲学、政治学、法学、伦理学等混杂在一起,作为这些学科的一部分或者附属。经济学本身并没有成为一门独立的科学。

作为一门独立学科的经济学是与资本主义生产方式的形成同时产生的。在经济学上具有划时代意义的三位经济学家是:亚当·斯密、卡尔·马克思、梅纳德·凯恩斯。18 世纪的英国古典经济学家亚当·斯密是经济学史上第一座里程碑,他的巨著《国民财富的性质和原因的研究》(简称《国富论》)标志着现代经济学的诞生。马克思对资本主义的批判开创了与资产阶级经济学相对立的经济学体系——马克思主义经济学。凯恩斯则是现代宏观经济学的创立者。本书以介绍西方经济学为中心,因此所介绍的是西方经济学的发展史。

对西方经济学的发展阶段有不同的分法,我们认为比较恰当的是分为重商主义、古典经济学、新古典经济学以及现代经济学 4 个时期。

一、重商主义:经济学的萌芽时期

重商主义产生于 15 世纪,终止于 17 世纪中期。这是资本主义生产方式的形成与确立时期。

重商主义的主要代表人物有英国经济学家约翰·海尔斯、威廉·斯塔福德、托马斯·曼,法国经济学家安·德·孟克列钦、柯尔培等人。其代表作是托马斯·曼的《英国得自对外贸易的财富》。他们并没有什么系统的理论,其基本观点是:金银形态的货币是财富的唯一形态,一国的财富来自对外贸易,增加财富的唯一方法就是扩大出口,限制进口。由此出发,这一派基本的政策主张是国家干预,即用国家的力量来增加出口限制进口。

重商主义的这些观点,反映了原始积累时期资本主义经济发展的要求。马克思称重商主义是“近代生产方式的最早的理论研究”。但重商主义仅限于对流通领域的研究,其内容也只是一些政策主张,并没有形成一个完整的经济学体系,只能说是经济学的早期阶段。真正的经济科学只有在从流通领域进入到生产领域中时才会出现。

二、古典经济学:经济学的形成时期

古典经济学是从 17 世纪中期到 19 世纪初期的资产阶级经济学。具体来说,在英国从威廉·配第到大卫·李嘉图,在法国是从布阿吉尔贝尔到西斯蒙第。马克思肯定了这一时期的经济学有其合理的成分——提出并论述了劳动价值论,以及揭示了资本主义社会中的阶级对立关系。

我们这里所说的古典经济学具体时间是从 17 世纪中期开始到 19 世纪 70 年代前为止。其中包括英国经济学家亚当·斯密、大卫·李嘉图、西尼耳、约翰·穆勒、马尔萨斯等人,在法国有经济学家萨伊等人。古典经济学的最重要的代表人物是亚当·斯密,其代表作是 1776 年出版的《国富论》。

《国富论》的发表被称为经济学史上的第一次革命,即对重商主义的革命。这次革命标志着现代经济学的诞生。以斯密为代表的古典经济学的贡献是建立了以自由放任为中心的经济学体系。

古典经济学自由放任的思想反映了自由竞争时期经济发展的要求。古典经济学家把经济研究从流通领域转移到生产领域,使经济学真正成为一门有独立体系的科学。

三、新古典经济学:微观经济学的形成与建立时期

新古典经济学从19世纪70年代的“边际革命”开始,到20世纪30年代结束。这一时期经济学的中心仍然是自由放任。在这种意义上说,它仍然是古典经济学的延续。但是,它又用新的方法,从新的角度来论述自由放任思想,并建立了说明价格如何调节经济的微观经济学体系,所以,在古典经济学前加一“新”字,以示其与古典经济学的不同之处。

19世纪70年代奥国学派经济学家K·门格尔,英国经济学家W·S·杰文斯,瑞士洛桑学派的法国经济学家L·瓦尔拉斯分别提出了边际效用价值论,引发了经济学上的“边际革命”,从而开创了经济学的一个新时期。

边际效用价值论认为商品的价值取决于人们对商品效用的主观评价。这种主观价值论引入了一种新的分析方法——边际分析法。正是这种分析方法使经济学进入了一个新的时期。边际效用概念不仅被看做是经济“工具箱”的一种重要补充,并且还被看做是经济科学研究方法上的一项极其重要的革新。因此,边际效用价值论的出现被作为经济学史上继亚当·斯密革命之后的第二次革命——边际革命。这次革命标志着新古典经济学的开始。1890年英国剑桥学派经济学家A·马歇尔出版了《经济学原理》,这本书综合了当时的各种经济理论,被称为新古典经济学的代表作。

新古典经济学同样把自由放任作为最高准则,但已不像古典学派那样只重视对生产的研究,而是转向了消费和需求。他们明确地把资源配置作为经济学研究的中心,论述了价格如何使社会资源配置达到最大化,从而就从理论上证明了以价格为中心的市场机制的完善性。他们把消费、需求分析与生产、供给分析结合在一起,建立了现代微观经济学体系及其基本内容。

四、当代经济学:宏观经济学的建立与发展

当代经济学是以20世纪30年代凯恩斯主义的出现为标志的。这一时期,经济学得到全面而深入的发展,无论是研究的内容、方法,还是深度和广度方面,都是过去所无法比拟的。但中心是宏观经济学的建立和发展。这一时期分为三个阶段。

第一阶段:凯恩斯革命时期。这一阶段从20世纪30年代到50年代之前。

新古典经济学论述了市场调节的完善性,但20世纪30年代的大危机打破了这种神话。传统的经济理论与经济现实发生了尖锐的冲突,经济学面临着它有史以来的第一次危机。这时,英国经济学家凯恩斯在1936年发表了《就业、利息和货币通论》(简称《通论》)一书。这本书把产量与就业水平联系起来,从总需求的角度分析国民收入的决定,并用有效需求不足来解释失业存在的原因。在政策上提出了放弃自由放任,由国家干预经济的主张。凯恩斯这些观点被认为是经济学史上的第三次革命——凯恩斯革命。这次革命是对新古典经济学的革命。这次革命所产生的凯恩斯主义,提出了以国民收入决定为理论中心,以国家干预为政策基调的现代宏观经济学体系。因此,凯恩斯被称为当之无愧的现代宏观经济学之父。

【知识库】

宏观经济学的守护神

宏观经济政策每一个课题的讨论都必须从凯恩斯(1883—1946)开始。凯恩斯是一个全面的天才。他在数学、哲学、文学等方面都有建树。另外,他还分身有术,经营一家大的保险公司,出任英国财政部顾问,协助管理英格兰银行,编辑一本世界闻名的经济学杂志,收集现代艺术品和珍本图书,还创立过一家轮演选定节目的剧院。并娶了一位俄国最著名的芭蕾舞演员。他还是一位精明投机赚钱的投资家,不仅为自己,而且还为他所在的剑桥大学的坎斯学院赚了大钱。

然而,凯恩斯主要的贡献是首创研究宏观经济学和宏观经济政策的新方法。在凯恩斯之前,大多数宏观经济学家和政策制定者认为,商业周期的高峰和低谷的到来如潮汐一般不可避免,长时期形成的观点使他们在20世纪30年代的大危机面前茫然无措。凯恩斯在1936年《就业、利息和货币通论》一书中对上述问题提出了极具有创造性的解释。凯恩斯有两点重要的论述:其一,市场经济中高失业和未被完全利用的生产能力有可能长期并存;其次,认定政府的财政货币政策能够影响产出,从而降低失业率并缩减经济衰退周期。

由凯恩斯提出的这些观点具有爆炸性的效果,引发了无数的争议和反对。第二次世界大战后,凯恩斯学派的经济学开始在宏观经济研究和政府政策制定领域占据主导地位。到了20世纪60年代,事实上每一个宏观经济政策分析都是基于凯恩斯主义。后来,伴随着经济学对于供给、预期、工资及价格变动的研究成果的吸纳,凯恩斯主义早年一统天下的局面开始动摇。凯恩斯主义经济学曾经保证:政府行为可以消除商业周期。但现在已很少有经济学家还在坚持这一观点。经济学和经济政策都已时过境迁,不再是凯恩斯伟大发现所处的时代了。

第二阶段:凯恩斯主义发展时期。这一阶段从20世纪50年代到60年代末。

战后西方各国都加强了对经济生活的全面干预,凯恩斯主义得到了广泛的传播与发展。美国经济学家萨缪尔森等人把凯恩斯主义的宏观经济学与新古典经济学的微观经济学结合在一起,形成了新古典综合派。新古典综合派全面发展了凯恩斯主义,并把这一理论运用于实践,对各国经济理论与政策都产生了重大影响。直到今日,新古典综合派仍然是经济学的主流。

在英国,以琼·罗宾逊为首的新剑桥学派认为新古典综合派歪曲了凯恩斯主义。他们主张把凯恩斯主义与新古典经济学的联系进一步切断,以分配理论为中心完成凯恩斯革命。他们对分配理论的论述以大卫·李嘉图的劳动价值论为基础,并由英国经济学家P·斯拉伐发展和完善了劳动价值论。斯拉伐对劳动价值论的发展,被认为是经济学史上的第四次革命——斯拉伐革命。

第三阶段:自由放任思潮的复兴时期。这一阶段是在20世纪70年代之后。

战后西方各国对经济生活的全面干预一方面促进了经济的巨大发展,另一方面也引起了许多问题。20世纪60年代末出现在西方国家的滞胀(即经济停滞与通货膨胀并存)引起了凯恩斯主义的危机。这次危机使自由放任思想得以复兴。以美国经济学家M·弗里德曼为首的货币主义是自由放任的拥护者。货币主义的出现被认为是经济学史上的第五次革命——货币主义革命,或称"对抗凯恩斯革命的革命"。在20世纪70年代之后,又出现了以美国经济学家R·卢卡斯为首的理性预期学派。这一学派以更为彻底的态度拥护自由放任。理性预期学派的出现被称为经济学史上的第六次革命——理性预期革命。

这些主张自由放任的经济学家认为滞胀的根源是凯恩斯主义的国家干预。他们从不同的角度论述了市场机制的完善性,提出了减少国家干预,充分发挥市场机制作用的主张。从20世纪70年代末起,西方各国采用了这些主张,实行经济自由化的政策,对经济的复兴起到了一定的作用。

经济学是为现实服务的,经济学的发展与演变正是现实经济发展的反映。原始积累时期的重商主义,自由竞争时期的古典经济学和新古典经济学,国家垄断资本主义时期的凯恩斯主义,都是现实经济发展的要求在理论上的反映。一部经济学发展史说明了一个平凡的道理:存在决定意识。

本章小结

1. 经济学是研究稀缺资源在各种可供选择的用途之间进行分配的科学。在解决资源配置和利用问题时,人类社会采取了传统、市场、计划三种形式,在现代社会经济中,则通过计划经济和市场经济这两种基本的经济体制。

2. 在资源既定的情况下,资源配置和利用的效率是不同的,生产可能性曲线很好地说明了这一点。资源配置的两种基本方式——计划和市场,前者所需要的条件不完全具备,所以,当今世界各国,都以市场经济体制作为基本的运行方式。市场运行离不开市场和市场机制。

3. 经济学有两个基本的领域:微观经济学和宏观经济学。前者研究居民和企业的经济行为后者研究影响整体经济的力量和趋势。西方经济学分为微观经济学和宏观经济学,尽管两者有很多的不同之处,但它们也存在一定的联系。

4. 由于资源的稀缺和现有技术的限制,使得利用现有资源生产商品和劳务有一个最大的数量,即用生产可能性边界来表示。为得到某种商品和劳务所放弃的东西称为机会成本。

5. 西方经济学作为上层建筑,也是为其经济基础服务的,它企图解决两个问题。西方经济学的发展史是伴随着资本主义生产方式的形成和发展而形成和发展的,它反映了经济发展的现实。

思考题

1. 某电视台请蒙牛集团老总牛根生谈他的成功经验,他讲了一个他小时候的故事。他小时候很调皮,但小朋友都围着他转,小朋友们为什么听他的呢?不是因为他个子大、拳头硬,别人怕他,而是他仗义疏财,常把家里好吃的、好玩的拿出来分给大家。所以他从小就明白一个道理:财散人聚,财聚人散。他创办蒙牛集团时大家都愿意跟着干,因为知道他乐于散财。他的工资不是最高的，房子不是最大的，车子不是最好的，还把很多的股票捐出去，所以大家都信服他，不好好干觉得对不起他，心里有愧。这样蒙牛集团就具有很强的凝聚力，形成了一个以他为核心的团结战斗的集体。这是牛根生成功的重要原因。

牛根生和蒙牛集团成功的原因和经验表明了什么问题？

2. 春秋时鲁国有这样一条法规：凡是鲁国人在其他国家看到鲁国人沦为奴隶时，可以自己先垫钱把他赎出来，待回到鲁国后再到官府报销。官府除了用国库的钱支付赎金外，还给这个人一定的奖励。一次，孔子有一个弟子到国外去，恰好见到有一个鲁国人在那里做奴隶，就掏钱赎出了他。回国之后，这个弟子既没有到处张扬，也没有到官府去报销和领奖。那个被赎回的人把自己获救的经过告诉了别人，于是这件事传开去，人们都称赞孔子这个弟子品德高尚，一时间街头巷尾都把这件事作为美谈。谁知，孔子知道后不但没有夸奖这个弟子，反而严厉地批评了他。

孔子为什么批评弟子的“高尚”？

3. 学习经济学有什么意义？

4. 学好经济学就能致富吗？为什么？

5. 微观经济学的基本假设在现实中存在吗？如果不存在，为什么还要学习微观经济学？

【阅读资料】

经济学与社会生活的关系

一、经济学与政府

20 世纪 80 年代以来，经济学家已经成为各国政府或者总理的经济顾问。政治日程上充满了经济问题：发达国家首脑的经济会议、税收立法、预防酸雨、南北会议和经济制裁。政府首脑的身边必须有经济顾问，以保证他们的政治知觉不至于把国家引入歧途。为了作出事关重大的经济决策，政府领导人本身当然不必是职业经济学家，但他必须是经济学家提供给他的经济政策建议的明智的“消费者”。温斯顿·丘吉尔是一个伟人，但是，在他的这个一生中，一碰到经济学上的问题，他就像一个在树林里迷路的孩子，以致他在经济问题上屡犯错误。1925 年，他不顾专家们的反对和警告，把英镑与美元的比价定为 4.87，从而使 20 世纪 20 年代的英国未能从经济停滞中恢复过来。现代经济学的鼻祖凯恩斯在他 1936 年的经典著作《就业、利息和货币通论》中说：“经济学家和政治学家的思想，不论它们是在对的时候，还是在错的时候，都比一般所设想的要更有力量。的确，世界就是由它们左右着，讲求实际的人自认为他们不受任何学理的影响，可是他们经常是某个已故的经济学者的俘虏……不论早晚，不论好坏，危险的东西不是既得利益，而是思想。”想一想，亚当·斯密的自由主义思想 200 多年来的影响；“凯恩斯革命”给西方经济运行产生的影响，无不证明经济学理论对政府以及经济实践的巨大影响，以至于萨缪尔森的《经济学》开篇第一句话就是“骑士制度的时代已经过去了，随之而来的是诡辩者、经济学家和计算机的时代……经济学被称之为社会科学之王——是最古老的艺术、最新颖的科学”。

二、经济学与企业

对于企业管理人员和投资者来说，正确的预计国民经济的波动，判断经济有没有下降或转入衰退的危险，对避免严重损失、获得大量利润极其重要。经济学把国民生产总值或国民收入和就业量联系起来进行综合分析,这种“收入和就业分析”为我们把握经济循环波动和国民经济流程提供了便利的方法和工具。很多大公司发现雇佣几个经济学者研究发展方向的工作十分划算。

三、经济学与个人生活

在你的一生中你都会碰到许多经济方面的问题。经济学对经济问题和经济运行的描述,几乎涵盖了我们生活的方方面面。没有系统的学习过经济学,你就很难认识和理解你周围的世界:长大了干什么?有什么样的就业机会?上大学值得吗?上大学的成本(包括机会成本)有多大?假如预期一次通货膨胀即将来临,你会采取什么办法保护自己?有人说“爱国容易纳税难”,你怎么看?是消费还是储蓄?买股票还是买住房?钱不够又想拥有汽车怎么办?钱多了怎么办?是储蓄金钱还是储蓄健康?如何才能稳妥的经营工商企业?

经济学理论的影响是潜移默化、持久的。经济理论的学习还可以帮助你不受情绪支配,不做感情、成见、偏见、习惯的俘虏,处世为人更多些理性和客观。

经济理论的学习对个人的最大影响是对事物有一个比较客观、深入、全面的把握。

例如,没经过系统的理论学习的人,由于陌生感,对宏观经济政策和理论动向把握不住或没兴趣,读报纸和杂志,只看生活版。中国向市场经济转轨后,报纸杂志的 70% ~80% 将是经济类。今后你将通过每月、每季甚至每周的统计资料了解我国的情况:物价上涨指数、银行存款利率、货币发行量、汇率变化、股市行情、招供信息、物品和房屋的租赁等。若没有经过系统的学习,你会在经济生活的海洋里茫然无措。

经济理论的学习还可以帮助你正确地认识社会。许多人看问题从个人经验出发,认为对个人有利的事物对社会也有利。其实不然,以物价为例:低价供应食品对于每个人都有利,殊不知价格越低供给越短缺,长期供不应求中的低价政策将导致短缺—排队—定量配给—黑市交易—价格控制—短缺……所以,低物价对个人有利,对社会不一定有利。又如,粮食丰收对个别农户是好事,收入会增加,但如果所有的农户都丰收,就会出现产量增加收入下降的情况(增产不增收)。

人们常说:认认真真做事,明明白白做人。深厚、凝重的经济学将有助于你做一个“明白人”,帮助你铸一把利剑,练一双慧眼,透过枯燥的概念范畴去领悟理论逻辑的无限风光,去感受那长绿的生活之树。

第二章

Chapter 2

需求、供给和均衡价格

【学习要点及目标】

本章主要阐述的是有关需求、供给和由需求和供给决定的均衡价格问题。通过本章的学习,需要学生掌握需求理论的相关知识、供给理论的相关知识以及均衡价格理论的相关知识;要求学生会运用需求、供给和均衡价格的相关理论来解释和分析一些经济现象。

【引导案例】

18 世纪英国古典经济学家亚当·斯密认为,每个人都在力图应用他人的资本,来使其产品能得到最大的价值。一般来说,他并不企图增加公共福利,也不知道他所增加的公共福利是多少。他所追求的仅仅是他个人的安乐,仅仅是他个人的利益。在这样做时,有一只看不见的手引导他去追求另一种目标,而这种目标绝不是他追求的东西。由于追逐他自己的利益,他经常促进了社会利益,其效果要比他真正想促进社会利益时所得到的效果更大。这里他说的"看不见的手"就是市场价格。现实经济生活中,消费者正是根据市场价格决定某种商品的需求量,企业根据市场价格决定对这种商品的供给量。正是市场价格这只"看不见的手"调节商品的供求,调节着整个社会经济生活,那么这只"看不见的手"究竟是如何形成的?

第一节 需求理论

一、需求与价格

(一)需求的概念

【案例 2.1】

在《红楼梦》第六十一回中,有这么一个情节:迎春的大丫头司棋想要吃一碗嫩嫩的炖鸡蛋,就派了一个小丫头向管厨房的柳嫂子要,结果引起了一场大闹。司棋想要一碗鸡蛋, 这是不是司棋对鸡蛋的“需求”呢？不是，因为柳嫂子回绝了她的要求：“不知怎的，今年这鸡蛋短的很，十个钱一个还找不出来。通共留下这几个，预备接急的。你们吃了，倘若（主子们）一声要起来，没有好的，连鸡蛋都没了。我倒别伺候头层主子，只预备你们二层主子了。”

柳嫂子的话，说明鸡蛋的行情看涨，成了稀罕物，凭着司棋在贾府里的脸面、地位已经不能想吃就吃了。司棋仅仅“想要”鸡蛋，但没有了购买能力，所以不能对鸡蛋有需求了。经济学中的“需求”概念是非常现实的，它不是指想要的，而是指想要并且也能够买的。有的东西人人想要，比如纯净的空气，但只有付得起钱的人才能对氧吧服务有“需求”。想要，只是一种购买意愿；再加上买得起，才可能形成购买行动，而“需求”是购买意愿和购买能力的统一。

怎样才能具备购买能力呢？这要看两点：一要看拥有的货币数量，二要看该商品价格。通常在收入（或资金）相对固定的情况下，价格就成为将购买意愿变为购买行动的决定性因素。你没有去氧吧，是因为它太贵，而如果你没有购买你喜欢吃的一串羊肉串，那也是因为你的价格对于你的购买意愿来说还是有点贵了。如果羊肉串的价格低一些，或者你的购买意愿强烈一些，你也会买的。人们就是这样把购买意愿和兜里的钱，还有价格进行比较的，只有三者都合适，才可能产生购买的行为。而“需求”就是能够购买的数量。

于是，经济学中的需求概念可以定义为：在一定时期内，在不同的价格上消费者或者厂商愿意而且能够购买的商品或劳务的数量组合。而需求量是指在一定时期内，按照某种给定的价格消费者或者厂商愿意而且能够购买的商品或劳务的数量。

需要注意：需求是“愿意而且能够”购买的数量，但不是“已经”购买的数量。有的时候，虽然购买意愿和购买能力都具备了，可是还是不能真的购买的——那是因为供给的不足，也就是常说的“供不应求”的情况。只要购买意愿和购买能力都具备了，就叫做需求，不管究竟是否买到了。

（二）需求表

商品的需求表是表示商品的各种价格水平与各种价格水平相对应的该商品的需求数量之间关系的数字序列表。表 2.1 是某商品的需求表。

表 2.1 某商品的需求表

价格-数量组合	A	B	C	D	E	F	G
价格/元	1	2	3	4	5	6	7
需求量/单位数	700	600	500	400	300	200	100

从表中可以清楚地看到商品价格与需求量之间的函数关系。譬如，当商品价格为 1 元时，商品的需求量为 700 单位；当价格上升为 2 元，需求量下降为 600 单位；当价格进一步上升为 3 元时，需求量下降为更少的 500 单位……需求表实际上是用数字表格的形式来表述需求这个概念的，整个需求表代表了某消费者在一定时期内的需求。

（三）需求曲线

商品的需求曲线是根据需求表中商品不同的价格——需求量的组合在平面直角坐标图上所绘制的一条直线。图 2.1 是根据表 2.1 绘制的一条需求曲线，在图 2.1 中，横轴 OQ 表示商品的数量，纵轴 OP 表示商品的价格。应该指出的是，与数学上的习惯相反，在微观经济学分析需求曲线和供给曲线时，通常以纵轴表示自变量 P，以横轴表示因变量 Q。需求曲线可以是平滑的曲线，也可以是直线，图 2.1 是某商品的线性需求曲线。

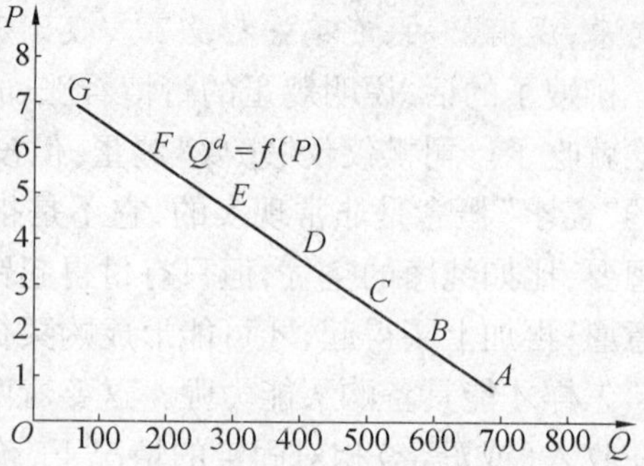

图 2.1　某商品的需求曲线

图中的需求曲线是这样得到的：根据表 2.1 中每一个商品的价格——需求量的组合，在平面坐标图中描绘相应的各点 A,B,C,D,E,F,G，然后顺次连接这些点，便得到需求曲线。它表示在不同价格水平下消费者愿意而且能够购买的商品数量。所以，需求曲线是以几何图形来表示商品的价格和需求量之间的函数关系的。

微观经济学在论述需求函数时，一般都是假定商品的价格和相应的需求量的变化具有无限分割性，即具有连续性。正是由于这一假设，在图 2.1 中才可以将商品的各个价格——需求量的组合点 $A,B,C\cdots$ 连接起来，从而构成一条光滑的连续的需求曲线。

由表 2.1 中可知，商品的需求量随着商品价格的上升而减少；相应的，在图 2.1 中的需求曲线具有一个明显的特征，它是向右下方倾斜的，即它的斜率为负值。它们都表示商品的需求量和价格之间成反方向变动的关系。

（四）需求定理

既然价格与需求密切相关，那么价格与需求量的关系究竟是什么样的呢？通常物品越便宜，人们买的就越多，这是一个常识。但是为什么会这样呢？如果鸡蛋很便宜，柳嫂子大可准备上几大筐，犯不上为两个鸡蛋得罪人——这说明在可支配的钱的一定情况下，价格低，可以让愿意买的人多买一些，使购买力增加。在我国北方，有些南方水果卖得很贵，很多人不敢问津，但偶然遇到价格便宜时，也会买几斤回去尝尝鲜——这又说明价格低还可以使没有购买能力的人具备购买能力。因为以上两个原因，所以物品的价格越低，需求量越大。

反之，物品越贵，人们买得少。因为可以支配的钱是有限的，人们只能谨慎的衡量、选择物品。当一种物品的价格变高时，人们通常的做法是减少购买的数量。鸡蛋贵了，柳嫂子也不得不少买一些，以至于只有“头层主子”才吃得上。另外，人们还可以买没有涨价的替代品来代替它。中国人有节俭的传统，肉贵了，就多买鸡蛋代替肉；鸡蛋贵了，就多买肉代替鸡蛋。柳嫂子就说：“我劝你们，细米白饭，每日肥鸡大鸭子，将就些也罢了。”因为以上两个原因，所以物品的价格越高,需求量就越小。

总结上面的两段内容,就是经济学上的需求定理,它是表明物品的价格与其需求量之间的关系的,其内容是:在其他条件不变的情况下,某物品的价格越高,则需求量就越小;价格越低,则需求量就越大。

(五)替代效应与收入效应

需求定理所说明的需求量与价格之间反方向变动的原因可以用替代效应与收入效应来解释。

1. 替代效应:表现为消费者和生产者都以更便宜的价格购买商品,替代贵的商品。

解释需求曲线向下倾斜的第一个因素——替代效应——是显而易见的。如果咖啡的价格上升而其他物品的价格不变,那么,咖啡就会变成相对更为昂贵的东西。当咖啡变成更加昂贵的饮料时,咖啡的购买量减少,而茶叶或者可可奶的购买量就会增加。同样,由于发送电子邮件比通过普通邮件便宜,而且更迅速,因而越来越多的人通过电子邮件通信。一般情况下,替代效应可以表述为:当某一物品的价格上升时,消费者倾向于用其他物品来替代变得昂贵的该种物品,从而更合理的使用资源。

在这里,消费者所做的同工商业者面临某一投入品的价格上涨时的行为没有什么两样。当某一投入品的价格上涨时,企业用较便宜的投入品替代较昂贵的投入品。经过这种替代,企业就能够用最小的总成本生产出预定的产量。同样,当消费者用更便宜的物品来替代时,他们也能够用最小的成本来获得既定的满足。

2. 收入效应:表现为价格的提高或降低,使货币购买力发生变化。

当你的货币收入固定不变时,价格上升就如同你的实际收入或购买力下降一样。当价格上升且货币收入固定不变时,消费者的实际收入便下降,于是他们很可能减少几乎所有物品(包括价格上升的物品)的购买数量。这就导致了一种收入效应,即价格变化通过对消费者实际收入的影响,进而影响物品的需求量。实际收入的减少通常会导致消费的减少,因此,收入效应常常会强化替代效应,使得需求曲线更向下倾斜。

替代效应强调了一种商品价格变动对其他商品相对价格水平的影响,收入效应强调了一种商品价格变动对实际收入水平的影响。需求定理所表明的商品价格与需求量反方向变动的关系正是这两种效应共同作用的结果。

(六)需求定理的例外

需求定理是针对一般商品而言的规律,但有一些商品并不符合这一规律。这些商品主要有以下三类:一是炫耀性商品。炫耀性商品主要是指一些用于显示购买者社会地位和身份的商品,例如豪华轿车、名贵首饰等,这些商品价格越高越能显示需求者的身份,因而对其需求量越大,反之,价格下降时需求量却会减少。二是吉芬商品。吉芬商品是指一些低档的生活必需品,在某种特定的情况下,这些商品的价格越上升,需求反而会增加。在1845年爱尔兰发生严重灾荒时，马铃薯的价格上升，需求反而增加。这是首先由英国经济学家吉芬发现，因此我们把具有这样特点的商品称为吉芬商品。三是投机性商品。例如股票、债券、黄金等。其价格发生波动时，需求量出现不规则的变化，受心理预期影响大，有时出现"买涨不买落"的现象。

二、需求函数

（一）影响需求的其他因素

需求定理的前提是"其他条件不变"，为什么要这么说呢？因为除了价格以外，还有一些因素也会影响需求状况。

1. 相关商品的价格

商品之间存在着不同的关系，因此，其他商品价格变化也会影响对某种商品的需求。同样，这也是通过影响购买能力而影响需求的。商品之间的关系有两种，一种是替代关系，另一种是互补关系。替代关系是指两种商品可以互相代替来满足同一种欲望，它们之间是可以互相替代的，从而一种商品是另一种商品的替代品。例如，牛肉和羊肉是存在替代关系的，这种存在替代关系的一种商品（如牛肉）价格上升时，而另一种商品（如羊肉）价格不变或上升的程度较小，则具有对牛肉的购买能力的消费者减少，因此人们减少对牛肉的需求，而对羊肉有购买能力的人增加，必然增加对羊肉的需求。同样，当一种替代品价格下降，则人们对另外一种替代品的需求会减少。可见，两种替代商品之间价格和需求成同方向变动。互补关系是指两种商品共同满足人们的一种欲望，它们之间是互相补充的，其中一种商品是另一种商品的互补品。例如，录音机和磁带、相机和胶卷就是这种互补关系。当一种商品（如录音机）价格上升时，其他条件不变时对录音机具有购买能力的消费者减少，从而造成对录音机需求的减少，必然引起对磁带的需求减少。反之，录音机价格下降时，必然引起对磁带的需求增加。可见，互补商品之间价格和需求成反方向变化。

2. 消费者的收入水平

对大多数商品来说，当消费者的收入水平提高时，对这些商品的购买能力提高，就会增加对商品的需求；相反，当消费者的收入水平下降时，对这些商品的购买能力降低，就会减少对商品的需求。

3. 消费者的偏好

随着人们生活水平的提高，消费在满足了人们的基本生活需求的同时，还要满足人们的各种嗜好，这些嗜好主要是由社会示范作用和广告作用而形成的消费风格所造成的。它是主要通过影响人们的购买欲望而影响人们的需求的。电视上出现一种产品的广告时，就会引起人们对这种做广告的产品的购买欲望而增加对该种产品的需求。

4. 消费者对商品的价格预期

如果预期到未来商品的价格上升，则会增加对该商品的即期需求，如果预期到未来商品的价格下降，就会减少对该商品的即期需求。例如，如果人们在春天就预测今年夏天会很热的话，那么在春季空调机的需求就会增加，如果预测电脑的价格还要继续下降，现期电脑的需求就会减少。总之，人们对未来的预期，会影响到现在对物品的需求。

5. 人口构成的变化

人口构成的情况发生变化，不同物品的需求也会有变化。如果年龄构成中育龄妇女比例增多，有关结婚、生育等用品的需求将会增多；人口素质构成中受高等教育的人增多，则有关文化方面的商品如书籍、电脑等的需求也会有相应增加。

影响需求的因素除了上面提到的以外，还有政府的经济政策等。在这些因素影响需求的同时，价格和需求的反向变动关系依然存在。需求是在价格和上述因素的复合作用下变动的。

（二）需求函数

所谓需求函数是影响商品需求数量的因素和商品需求数量之间的函数关系式。也就是说，在以上的分析中，影响需求数量的各个因素是自变量，需求数量是因变量，则可以用函数关系来表示影响需求的因素与需求之间的关系，这种函数称为需求函数。以 Q^d 代表需求，$a,b,c,d,\cdots,n$ 代表影响需求的因素，则需求函数为

$$Q^d=f(a,b,c,d,\cdots,n) \tag{2.1}$$

但是，如果我们对影响一种商品需求量的所有因素同时进行分析，这就会使问题变得复杂起来。在处理这种复杂的多变量的问题时，通常可以将问题简化，即一次把注意力集中在一个影响因素上，而同时假设其他影响因素保持不变。在这里，由于一种商品的价格是决定需求量的最基本的因素，所以，我们假定其他因素保持不变，仅仅分析一种商品的价格对该商品需求量的影响，即把一种商品的需求量仅仅看成是这种商品的价格的函数，于是，需求函数就可以用下式表示

$$Q^d=f(P) \tag{2.2}$$

式中，P 为商品的价格，Q^d 为商品的需求量，表明某种商品的需求量是价格的函数。需求函数是用模型法（或称代数表达法）来表述需求这个概念，代表需求量受到价格的影响而发生变化。

当需求函数为线性函数时，相应的需求曲线是一条直线，直线上的各点的斜率是相等的。当需求函数为非线性函数时，相应的需求曲线为一条曲线，曲线上的各点的斜率是不相等的。在微观经济分析中，为了简化分析过程，在不影响结论的前提下，大多使用线性需求函数。线性需求函数的通常形式为

$$Q^d=\alpha-\beta\cdot P \tag{2.3}$$

式中，α、β 为常数，且 α、$\beta>0$。

（三）需求量的变动和需求的变动

在西方经济学文献中，需求量的变动和需求的变动都是需求数量的变动，它们的区别在于引起这两种变动的因素是不相同的，而且，这两种变动在几何图形中的表示也是不相同的。

关于需求量的变动。需求量的变动是指在其他条件不变时,由某商品的价格变动所引起的该商品的需求数量的变动。在几何图形中,需求量的变动表现为商品的价格-需求数量组合点沿着一条既定的需求曲线的运动。例如,在图 2.1 中,当商品的价格发生变化由 2 元逐步上升为 5 元,需求量的变化是因价格变化所对应点的变化。这种运动虽然表示需求数量的变化,但是并不表示整个需求状态的变化。因为,这些变动的点都在同一条需求曲线上。

关于需求的变动。需求的变动是指在某商品价格不变的条件下,由于其他因素变动所引起的该商品的需求数量的变动。这里的其他因素变动是指消费者收入水平变动、相关商品的价格变动、消费者偏好的变化和消费者对商品的价格预期的变动等。在几何图形中,需求的变动表现为需求曲线的位置发生移动,如图 2.2 所示。

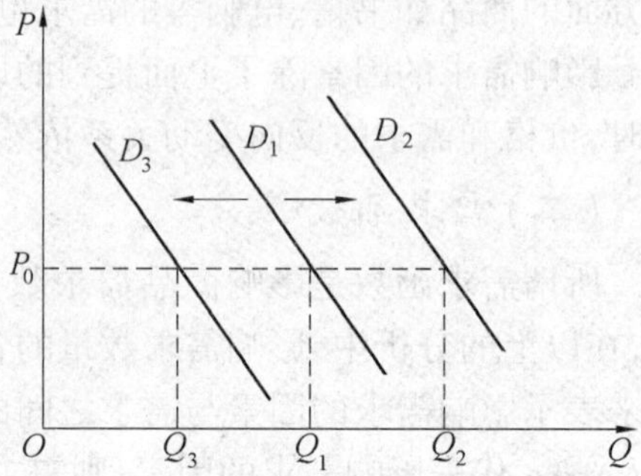

图 2.2　需求的变动和需求曲线的移动

图中原有的需求曲线为 D_1。在商品的价格不变的前提下,如果其他因素的变化使得需求增加,则需求曲线向右平移,如由图中的 D_1 曲线向右平移到 D_2 曲线的位置,如果其他因素的变化使得需求减少,则需求曲线向左平移,如由图中的 D_1 曲线向左平移到 D_3 曲线的位置。由需求变动所引起的这种需求曲线位置的移动,表示在每一个既定的价格水平需求数量都增加或者都减少了,例如,在既定的价格水平 P_0,原来的需求数量为 D_1 曲线上的 Q_1,需求增加后的需求数量为 D_2 需求曲线上的 Q_2,需求减少后的需求数量为 D_3 曲线上的 Q_3。而且,这种在原来价格水平上所发生的需求增加量 $Q_1\ Q_2$ 和需求减少量 Q_3Q_1,都是由其他因素的变动所引起的。譬如说,它们分别由消费者收入水平的提高和下降所引起的。显然,需求的变动所引起的需求曲线的位置的移动,表示整个需求状态的变化。

第二节　供给理论

一、供给与价格

(一)供给的概念

要认识供给,首先要从学习需求时的消费者立场转变为厂商的立场,把自己想象成一个老板或是为别人提供服务的人,比如出租车司机或者是美发师等。

现在你转换了角色,那么理所当然的,你应该就是产品或劳务的供给者了吧?但是不对,你的职业并不能说明你确实会是一个供给者:假如你把产品堆在仓库里并不出售;假如你的出租车并不上街拉客;假如你并不到美发店努力干活,宁愿待在家里看电视打发时间,那么这时你是一个有能力提供产品或服务的人,但不是一个愿意提供产品或服务的人。于是市场提供产品或服务这个问题上，也出现了两个条件：能够提供和愿意提供。这两个支点，就是供给的支点。条件缺一，供给就不能成立。供给是供给能力和供给意愿的统一。只有供给愿望而没有供给能力对产品不形成供给，如果在抗击非典型肺炎的过程中，北京在生产民用消毒液方面一度出现有生产欲望而没有能力的状况，不得不向外省市紧急购买调运；同样有供给能力而没有供给欲望也不形成供给，例如在 1998 年左右，VCD 影碟机生产一度过剩，各 VCD 影碟机生产厂商尽管有进一步生产能力，却因价格低，而没有进一步供给的欲望。

在需求的概念中，我们也强调了购买意愿和购买能力的统一，其中购买意愿是基础，购买能力则是将购买意愿变为购买行动的关键因素。而对厂商来说，供给概念则稍有不同：供给能力是基础，而供给意愿则是将供给能力变为供给行动的关键因素。供给首先必须有供给能力，然后又愿意提供，这才是一个真正的供给者。

什么原因会使一个供给者有能力去做却不愿意去做呢？最有可能的答案是：赚不到钱，或者赚的钱太少。把这种答案变成经济学的术语就是供给者所要提供的产品或劳务的价格太低。价格在这里扮演一个重要的角色：决定厂商愿意还是不愿意出售产品或劳务。因此，一种商品的供给是指生产者在一定时期内在各种可能的价格下愿意而且能够提供出售的该种商品的数量。

（二）供给表

商品的供给表是表示某种商品的各种价格和与各种价格相对应的该商品的供给数量之间关系的数字序列表。

表 2.2 清楚地表示了商品的价格和供给量之间的函数关系。例如，当价格为 6 元时，商品的供给量为 800 单位；当价格下降为 4 元时，商品的供给量减少为 400 单位；当价格进一步下降为 2 元时，商品的供给量减少为零。供给表实际上是用数字表格的形式来表达供给这个概念的。

表 2.2　某商品的供给表

价格-数量组合	*A*	*B*	*C*	*D*	*E*
价格/元	2	3	4	5	6
供给量/单位数	0	200	400	600	800

（三）供给曲线

商品的供给曲线是根据供给表中的商品的价格-供给量组合在平面坐标图上所绘制的一条曲线。图 2.3 便是根据表 2.2 所绘制的一条供给曲线。

图中的横轴 OQ 表示商品数量，纵轴 OP 表示商品价格。在平面坐标图中，把根据供给表中商品的价格-供给量组合所得到的相应的坐标点 A，B，C，D，E 连接起来的线，就是该商品的供给曲线。它表示在不同的价格水平下生产者愿意而且能够提供出售的商品数量。供给曲线也是一条光滑和连续的曲线,它是建立在商品的价格和相应的供给量的变化具有无限分割性即连续性的假设上的。

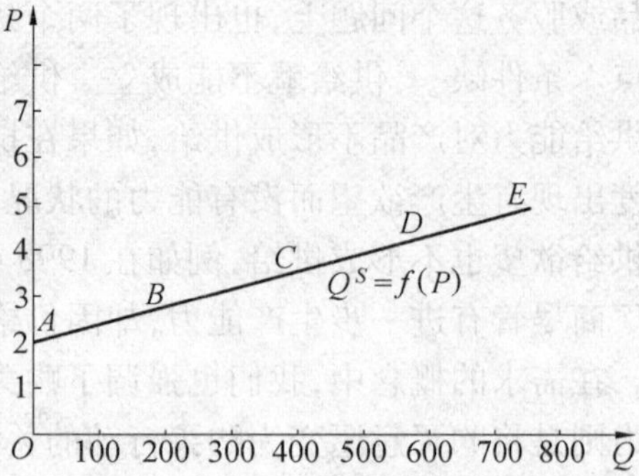

图 2.3　某商品的供给曲线

供给表和供给曲线都反映了商品的价格变动和供给量变动二者之间的规律。由表 2.2 可见,商品的供给量随着商品价格的上升而增加。相应地,在图 2.3 中的供给曲线表现出向右上方倾斜的特征,即供给曲线的斜率为正值。它们都表示商品的供给量和价格成同方向变动的规律。

(四)供给定理

那么价格低到什么程度,厂商就不愿意供给了呢?那就是成本价。产品的价格低于成本价,厂商出售产品,卖得越多,只能越亏本,尽快停产是他最好的选择。对出租车司机来说,如果他赚的钱不够交税金、买汽油、维修车辆以及维持他的基本生活,那他当然不会再干了,他宁可去做别的工作或待在家里等待时机。

那么是不是价格越高,厂商的供给量就越大呢?价格越高,厂商每多卖一个产品就多赚一点钱,他当然要多多供给了。为了保证供给,他要努力生产:多雇工人,让工人加班,多买机器,让机器不停地运转。价格上涨还会吸引新的投资进入这一行业,使原来转产其他产品的厂商回来。所以,价格上升,供给量就会扩大。

把以上两个方面总结起来,就是供给定理,它是表明物品的价格与其供给量之间的关系的,其内容是:在其他条件不变的情况下,某种物品的价格越高,则供给量就越大;价格越低,则供给量就越小。

供给定理存在的原因:一是企业对最大利润的追求;二是商品的价格必须同增加的成本(边际成本)相适应才能使商品供给量相应增加。

(五)供给定理的例外

供给定理针对一般物品而言,可以说,大到机器、厂房、小到日常生活中衣食住行、柴米油盐等的供给基本符合这一规律,但是,也有一些商品不符合这一规律,如劳动的供给就是如此,劳动的供给量(如工作时数)在劳动者开始提供的阶段,是随着劳动的价格——工资的升高而增加,但是到了一定阶段后,劳动的供给量随着工资的升高不仅不再增加,反而会下降。这时劳动的供给量与价格不是成正方向变化,反而成反方向变化。此外还有一些供给量一定的物品,如土地、文物等。对它们而言,无论价格如何提高,供给量也不会增加。

二、供给函数

(一)影响供给的其他因素

因为在供给定理中,我们主要看供给量与价格的关系,所以就把影响供给的其他因素假设为固定不变。但是,供给和需求一样,在现实中也是同时受多种因素影响的。除了价格以外,这些因素还有:

(1)厂商生产的目标。在现代经济学理论中一般假定厂商生产的目标是利润最大化,也就是说厂商供给量取决于收益和成本的差额——利润是否最大。利润主要是通过影响供给欲望而影响供给量的。

(2)其他相关商品的价格。在某一种商品价格不变化时,与该商品相关的其他商品的价格发生变化,也会影响到这种商品的供给数量的。在两种替代商品之间,当某种商品价格不变,而它的替代品价格上升,则这种商品的供给会下降。反之,这种商品的供给会上升。在两种互补商品之间,当一种商品的互补品价格上升时,该商品的价格往往也上,因而生产厂商会增加对该商品的供给。

(3)生产技术的进步。生产技术进步意味着生产同样多的产品需要较少的投入要素,或者用同样数量的投入要素生产出更多量的产品。对于厂商而言,生产技术的进步无论引起产量的增加还是成本的降低,在商品价格水平不变时厂商的利润肯定会增加,因此厂商会增加供给数量。

(4)生产要素的价格。当生产要素价格下降时,一般会使产品成本降低,从而在产品价格不变的情况下,增加利润,因此厂商会增加供给量。反之,生产要素的价格上升,厂商会因为利润减少甚至亏损而减少供给。这一点在现实中最突出的一个例子是在20世纪70年代,由于石油输出国组织大幅度提高了石油价格,致使以石油为主要能源的西方国家的制造业因生产成本的上升而大幅度缩小产量,减少供给量。

(5)政府的政策。政府若采取一些鼓励投资的政策会刺激生产从而增加供给。反之,若采取一些限制投资的政策会抑制生产从而减少供给。这一般是指税收政策,如果政府提高生产某种商品的税收水平时,企业的生产成本就会增加。在商品市场价格不变时,企业就会减少供给量;反之,当政府降低生产某种商品的税收水平时,企业就会增加该商品的供给。

(6)厂商对未来的预期。如果厂商对未来看好,预期商品的价格会上涨,厂商就会增加该商品的供给;反之,如果厂商对未来的预期是悲观的,预期商品的价格会下降,厂商就会减少该商品的供给。

除以上六个因素外,自然环境的变化、信贷的难易程度等因素也会影响商品的供给。总之,影响供给的因素多种多样,这些因素通过影响企业对某种商品的供给能力或供给能力来影响供给的。

（二）供给函数

如果把影响供给的各种因素作为自变量，把供给作为因变量，则可以用函数关系来表示影响供给的因素与供给之间的关系，这种函数称为供给函数，以 Q^S 代表供给，$a, b, c, d, \cdots, n$ 代表影响供给的因素，则供给函数为

$$Q^S = f(a, b, c, d, \cdots, n) \tag{2.4}$$

如果只考虑供给量与价格之间的关系，把商品本身的价格作为影响供给的唯一因素，以 P 代表价格，就可以把供给函数写为

$$Q^S = f(p) \tag{2.5}$$

如同需求曲线一样，供给曲线可以是直线型，也可以是曲线型。如果供给函数是线性函数，则相应的供给曲线为直线型；如果供给函数是非直线函数，则相应的供给曲线就是曲线型的。直线型的供给曲线上的每点的斜率是相等的，曲线型的供给曲线上的斜率则不相等。在微观经济学分析中，使用较多的是线性供给函数。它的通常形式是

$$Q^S = -\delta + r \cdot P \tag{2.6}$$

式中，δ、r 为常数，且 δ、$r>0$ 与该函数相对应的供给曲线为一条直线。

（三）供给量的变动和供给的变动

类似于以上关于需求量的变动和需求变动的区分，供给量的变动和供给的变动都是供给数量的变动，它们的区别在于引起这两种变动的因素是不相同的，而且，这两种变动在几何图形中的表示也是不相同的。

供给量的变动是指在其他条件不变时，由某种商品的价格变动所引起的该商品供给数量的变动。在几何图形中，这种变动表现为商品的价格-供给数量组合点沿着一条既定的供给曲线的运动。

供给的变动是指在某种价格不变的条件下，由于其他因素变动所引起的该商品的供给数量的变动。这里的其他因素变动可以指生产成本的变化、生产技术水平的变动、相关商品价格的变动和生产者对未来的预期的变化等。在几何图形中，供给的变动表现为供给曲线的位置发生移动。

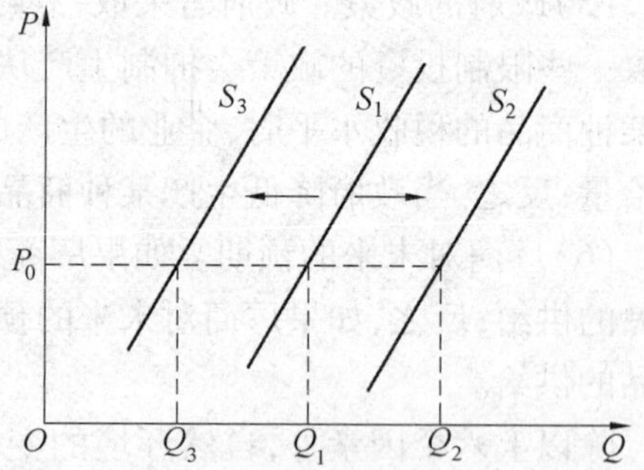

图 2.4　供给的变动和供给曲线的移动

图 2.3 表示的是供给量的变动：随着价格上升所引起的供给数量的逐步增加，点 A 沿着同一条供给曲线逐步运动到点 E。

图 2.4 表示的是供给的变动。在图 2.4 中，原有的供给曲线为 S_1，在除商品价格以外的其他因素变动的影响下，供给增加，则使供给曲线由 S_1 曲线向右平移到 S_2 曲线的位置；供给减少，则

使供给曲线由 S_1 曲线向左平移到 S_3 曲线的位置。由供给的变化所引起的供给曲线位置的移动，表示在每一个既定的价格水平供给数量都增加或者都减少了。例如，在既定的价格水平 P_0，供给增加，使供给数量由 S_1 曲线上的 Q_1 上升到 S_2 曲线上的 Q_2；相反，供给减少，使供给数量由 S_1 曲线上的 Q_1 下降到 S_3 曲线上的 Q_3。这种在原有价格水平所发生的供给增加量 Q_1Q_2 和减少量 Q_3Q_1，都是由其他因素的变化所带来的。譬如说，它们分别是由生产成本的下降或上升所引起的。很清楚，供给的变动所引起的供给曲线位置的移动，表示整个供给状态的变化。

第三节　均衡价格理论

我们已经知道，需求曲线说明了消费者对某种商品在每一个价格下的需求量是多少，供给曲线说明了生产者对某种商品在每一个价格下的供给量是多少。但是，它们都没有说明这种商品本身的价格究竟是如何决定的。那么，商品的价格是如何决定的呢？微观经济学中的商品价格是指商品的均衡价格。商品的均衡价格是在商品的市场需求和市场供给这两种相反力量的相互作用下形成的。

一、均衡价格的形成

（一）均衡的含义

在西方经济学中，均衡是一个被广泛运用的重要的概念。均衡的一般意义是指经济事物中有关的变量在一定条件的相互作用下所达到的一种相对静止的状态。经济事物之所以能够处于这样一种静止状态，是由于在这样的状态中有关该经济事物的各参与者的力量能够相互制约和相互抵消，也由于在这样的状态中有关该经济事物的各方面的经济行为者的愿望都能得到满足。正因为如此，西方经济学家认为，经济学的研究往往在于寻找在一定条件下经济事物的变化最终趋于相对静止之点的均衡状态。

在微观经济分析中，市场均衡可以分为局部均衡和一般均衡。局部均衡是就单个市场或部分市场的供求与价格之间的关系和均衡状态进行分析。一般均衡就是就一个经济社会中的所有市场的供求和价格之间的关系和均衡状态进行分析。一般均衡假定各种商品的供求和价格都是相互影响的，一个市场的均衡只有在其他所有市场都达到均衡的情况下才能实现。

（二）均衡价格的决定

在西方经济学中，一种商品的均衡价格是指该种商品的需求量和市场供给量相等时的价格。在均衡价格水平下的相等的供求数量被称为均衡数量。从几何意义上说，一种商品市场的均衡出现在该商品的市场需求曲线和市场供给曲线相交的交点上，该交点被称为均衡点。均衡点上的价格和相等的供求量分别被称为均衡价格和均衡数量。市场上需求量和供给量相等的状态,也被称为市场出清的状态。

现在把图2.1中的需求曲线和图2.3中的供给曲线结合在一起,用图2.5说明一种商品的市场均衡价格的决定。

在图2.5中,假定D曲线为市场的线性需求曲线,S曲线为市场的线性供给曲线。需求曲线D和供给曲线S相交于点E,点E为均衡点。在均衡点E,均衡价格$P=4$元,均衡数量$Q=400$。显然,在均衡价格4元的水平,消费者的购买量和生产者的销售量是相等的,都为400单位。也可以反过来说,在均衡数量400的水平,消费者愿意支付的最高价格和生产者愿意接受的最低价格是相等的。因此,这样一种状态便是一种使买卖双方都感到满意并愿意持续下去的均衡状态。

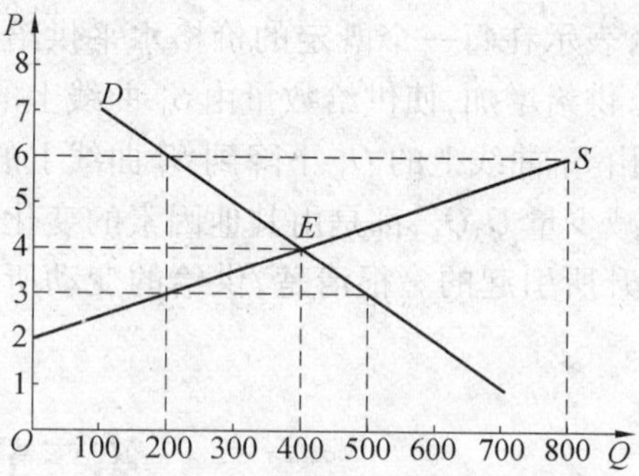

图2.5　均衡价格的决定

均衡价格的决定也可以用与图2.5相对应的表2.3来说明。由表2.3清楚可见,商品的均衡价格为4元,商品的均衡数量为400单位。

表2.3　某商品均衡价格的决定

价格/元	6	5	4	3	2
需求量/单位数	200	300	400	500	600
供给量/单位数	800	600	400←均衡	200	0

商品的均衡价格是如何形成的呢?

商品的均衡价格表现为商品市场上需求和供给这两种相反的力量共同作用的结果,它是在市场的供求力量的自发调节下形成的。当市场价格偏离均衡价格时,市场上会出现需求量和供给量不相等的非均衡的状态。一般说来,在市场机制的作用下,这种供求不相等的非均衡状态会逐步消失,实际的市场价格会自动的回复到均衡的价格水平。

仍用图2.5或相应的表2.3来说明均衡价格的形成。当市场的实际价格高于均衡价格为6元时,商品的需求量为200单位,供给量为800单位。这种供给量大于需求量的商品过剩或超额供给的市场状况,一方面会使需求者压低价格来购买商品,另一方面,又会使供给者减少商品的供给量。这样,该商品的价格必然下降,一直下降到均衡价格4元的水平。与此同时,随着价格由6元下降为4元,商品的需求量逐步地由200单位增加为400单位,商品的供给量逐步地由800单位减少为400单位,从而实现供求量相等的均衡数量400单位。相反的,当市场的实际价格低于均衡价格为3元时,商品的需求量为500单位,供给量为200单位。面对这种需求量大于供给量的商品短缺或超额需求的市场状况,一方面,迫使需求者提高价格来得到他所购买的商品量,另一方面,又使供给者增加商品的供给量。这样,该商品的价格必然上升,一直上升到均衡价格4元的水平。在价格由3元上升为4元的过程中，商品的需求量逐步地由500单位减少为400单位，商品的供给量逐步地由200单位增加为400单位，最后达到供求量相等的均衡数量400单位。由此可见，当市场上的实际价格偏离均衡价格时，市场上总存在着变化的力量，最终达到市场的均衡或市场出清。

二、供给和需求变动对均衡价格的影响

【案例2.2】

在我国西晋，有一位著名的文学家叫左思，他钦佩汉朝词赋家班固、张衡的成就，于是对他们的名作《两都赋》、《二京赋》又有点不服气，于是花了十年的功夫写了一篇叫《三都赋》的大赋。写成之后，人们都惊叹它不亚于班、张之作，一时竞相传抄，蔚为盛事。但由于那时纸张的生产量比较小，所以当人们都需要要用纸张来抄写《三都赋》的时候，纸张就供不应求，纸价飞涨。这就是著名的"洛阳纸贵"的故事。从此以后，这个成语就经常被用来称赞名家名作。但是如果我们换一个角度看待这个故事，就会发现这里面也包含着经济学的道理呢。

它说明，均衡价格并不总是一成不变的。但价格以外的因素引起了需求或者供给的变化时，均衡价格也就随之变动。

1.需求的变动对均衡价格和均衡数量的影响

在供给不变的情况下，需求增加会使需求曲线向右平移，从而使得均衡价格和均衡数量都增加；需求减少会使需求曲线向左平移，从而使得均衡价格和均衡数量都减少。如图2.6所示。

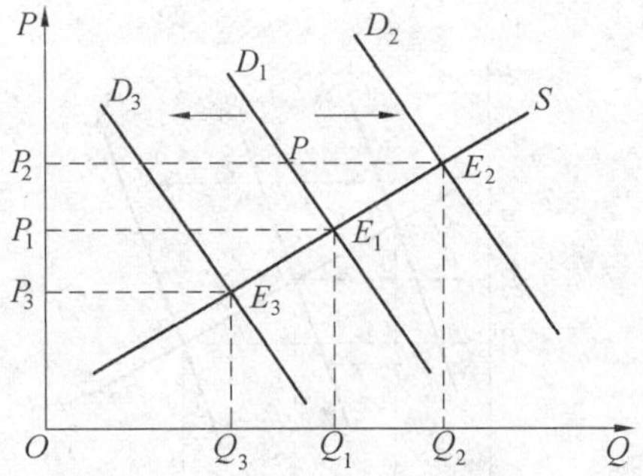

图2.6　需求的变动对均衡的影响

在图2.6中，既定的供给曲线S和最初的需求曲线D_1相交于点E_1。在均衡点E_1，均衡价格为P_1，均衡数量为Q_1。需求增加使需求曲线向右平移至D_2曲线的位置，D_2曲线与S曲线相交于点E_2。在均衡点E_2，均衡价格上升为P_2，均衡数量增加为Q_2。相反，需求减少使需求曲线向左平移至D_3曲线的位置，D_3曲线与S曲线相交于点E_3。在均衡点E_3，均衡价格下降为P_3，均衡数量减少为Q_3。

2.供给变动对均衡价格和均衡数量的影响

在需求不变的情况下，供给增加会使供给曲线向右平移，从而使得均衡价格下降，均衡数量增加；供给减少会使供给曲线向左平移，从而使得均衡价格上升，均衡数量减少，如图2.7所示。

在图2.7中，既定的需求曲线D和最初的供给曲线S_1相交于点E_1。在均衡点E_1的均衡价格和均衡数量分别为P_1和Q_1。供给增加使供给曲线向右平移至曲线S_2的位置，并与D曲

线相交于点 E_2。在均衡点 E_2 上，均衡价格下降为 P_2，均衡数量增加为 Q_2。相反，供给减少使供给曲线向左平移至 S_3 曲线的位置，且与曲线 D 相交于点 E_3。在均衡点 E_3，均衡价格上升为 P_3，均衡数量减少为 Q_3。

综上所述，可以得到供求定理：在其他条件不变的情况下，需求变动分别引起均衡价格和均衡数量的同方向变动；供给变动引起均衡价格的反方向变动，引起均衡数量的同方向的变动。

最后，需要指出的是，如果需求和供给同时发生变动，则商品的均衡价格和均衡数量的变化是难以确定的，这要结合需求和供给变化的具体情况来确定。以图 2.8 为例进行分析。假定消费者收入水平上升引起的需求增加，使得需求曲线由 D_1 向右平移至 D_2；同时，厂商的技术进步引起供给增加，使得供给曲线由 S_1 向右移至 S_2。比较 S_1 曲线分别与 D_1 曲线 D_2 曲线的交点 E_1 和 E_3 可见，收入水平上升引起的需求增加，使得均衡价格上升。在比较 D_1 曲线分别与 S_1 曲线和 S_2 曲线的交点 E_1 和 E_2 可见，技术进步引起的供给增加，又使得均衡价格下降。最后，这两种因素同时作用下的均衡价格，将取决于需求和供给各自增长的幅度。由 D_2 曲线和 S_2 曲线的交点 E_4 可得：由于需求增长的幅度大于供给增加的幅度，所以，最终的均衡价格是上升了。

读者可以自己画出需求和供给同时变化时的均衡价格和均衡数量变化的其他各种情况的图形。

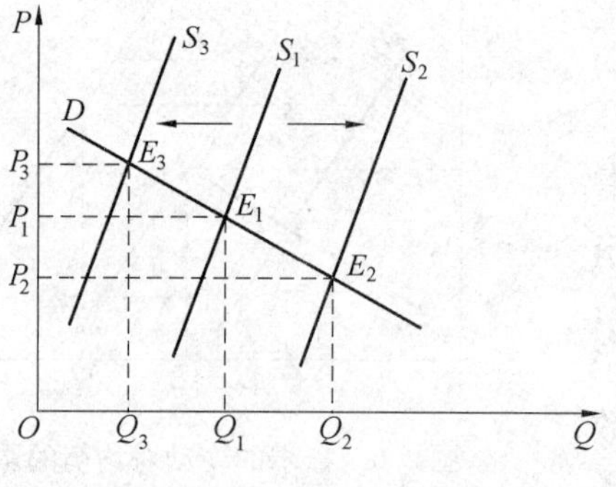

图 2.7　供给的变动对均衡的影响

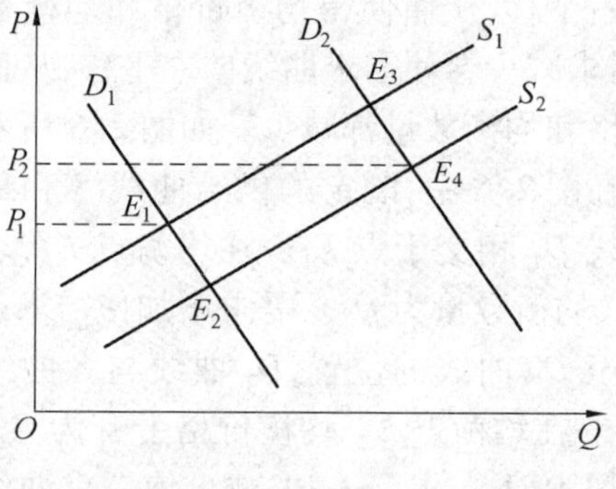

图 2.8　需求和供给的同时变动对均衡的影响

第四节　弹　　性

一、弹性的一般含义

我们已经知道，当一种商品的价格发生变化时，这种商品的需求量会发生变化。除此之外，当消费者的收入水平或者相关商品的价格等其他因素发生变化时，这种商品的需求也会发生变化。同样地，当一种商品的价格发生变化，或者这种商品的生产成本等其他因素发生变化时，这种商品的供给量也发生变化。由此，我们往往会很自然地想到，譬如，当一种商品的价格下降1%时，这种商品的需求量和供给量分别上升和下降多少呢？当消费者的收入水平上升1%时，商品的需求量究竟增加了多少？弹性概念就是专门为解决这一类问题而设立的。

弹性概念在经济学中得到了广泛的应用。一般来说，只要两个经济变量之间存在着函数关系，我们就可以 用弹性来表示因变量对自变量变化的反应的敏感程度。具体地说，它是这样一个数字，它告诉我们，当一个经济变量发生1%变动时，由它引起的另一个经济变量变动的百分比。例如，弹性可以表示当一种商品的价格上升1%时，相应的需求量和供给量的变化的百分比具体是多少。

在经济学中，弹性的一般公式为

$$弹性系数=\frac{因变量的变动比例}{自变量的变动比例} \tag{2.7}$$

设两个经济变量之间的函数关系为 $Y=f(X)$，则弹性的一般公式还可以表示为

$$e=\frac{\frac{\Delta Y}{Y}}{\frac{\Delta X}{X}}=\frac{\Delta Y}{\Delta X}\cdot\frac{X}{Y} \tag{2.8}$$

式中，e 为弹性系数；ΔX、ΔY 分别为变量 X、Y 的变动量。该式表示：当自变量 X 变化百分之一时，因变量 Y 变化百分之几。

若经济变量的变化量趋于无穷小，即：当式(2.5)中的 $\Delta X\to 0$，且 $\Delta Y\to 0$ 时，则弹性公式为

$$e=\lim_{\Delta X=0}\frac{\frac{\Delta Y}{Y}}{\frac{\Delta X}{X}}=\frac{\frac{dY}{Y}}{\frac{dX}{X}}=\frac{dY}{dX}\cdot\frac{X}{Y} \tag{2.9}$$

需要指出的是，由弹性的定义公式可以清楚地看到，弹性是两个变量各自变化比例的一个比值，所以，弹性是一个具体的数字，它与自变量和因变量的度量单位无关。

本节以需求价格弹性为重点，介绍与需求和供给有关的几个弹性。

二、需求弹性理论

【案例2.3】

一位服装商人，进了一批高档名牌服装，可是没有人识货，一件也没有卖出去。后来请了一位经济学家来，专家经过考察以后，提出的办法很出人意料：涨价十倍。结果，服装被抢购一空。这是不是很奇怪？

其实，说怪也不怪。对需求定理的补充和修正，正是经济理论的深化。它会使我们步入西方经济学的又一个重要基础理论——弹性理论。

需求方面的弹性主要包括需求的价格弹性、需求的收入弹性和需求的交叉弹性。下面我逐一介绍。

(一)需求价格弹性

1.需求的价格弹性的含义

需求的价格弹性又称为需求弹性。它表示在一定时期内一种商品的需求量变动对于该商品的价格变动的反应程度。或者说,表示在一定时期内当一种商品的价格变化百分之一时所引起的该商品的需求量变化的百分比。其公式为

$$\text{需求的价格弹性系数} = -\frac{\text{需求量变动率}}{\text{价格变动率}}$$

需求的价格弹性可以分为弧弹性和点弹性。

需求的价格弧弹性表示某商品需求曲线上两点之间的需求量的变动对于价格的变动的反应程度。简单地说,它表示需求曲线上两点之间的弹性。假定需求函数为 $Q^d=f(P)$,ΔP 和 ΔQ 分别表示价格的变化量和需求量的变化量,以 e_d 表示需求的价格弹性系数,则需求的价格弧弹性的公式为

$$e_d = -\frac{\frac{\Delta Q}{Q}}{\frac{\Delta P}{P}} = -\frac{\Delta Q}{\Delta P} \cdot \frac{P}{Q} \tag{2.10}$$

这里需要指出的是,在通常情况下,由于商品的需求量和价格是成反方向变动的,$\Delta Q/\Delta P$ 为负值,所以,为了便于比较,就在公式(2.10)中加了一个负号,以使需求的价格弹性系数 e_d 取正值。

当需求曲线上两点之间的变化量趋于无穷小时,需求的价格弹性要用点弹性来表示。也就是说,它表示需求曲线上某一点上的需求量变动对于价格变动的反应程度。在公式(2.10)的基础上,需求的价格点弹性的公式为

$$e_d = \lim_{\Delta P \to 0} -\frac{\Delta Q}{\Delta P} \cdot \frac{P}{Q} = -\frac{dQ}{dP} \cdot \frac{P}{Q} \tag{2.11}$$

由式(2.10)和式(2.11)可见,需求的价格弧弹性和点弹性的本质是相同的。它们的区别仅在于:前者表示价格变动量较大时的需求曲线上的两点之间的弹性,而后者表示价格变动量无穷小时的需求曲线上的某一点的弹性。

2.需求的价格弹性:弧弹性

(1)需求的价格弧弹性的计算。图 2.9 是需求函数 $Q^d=2\ 400-400P$ 的几何图形。图中需求曲线上的 a、b 两点的价格分别为 5 和 4,相应的需

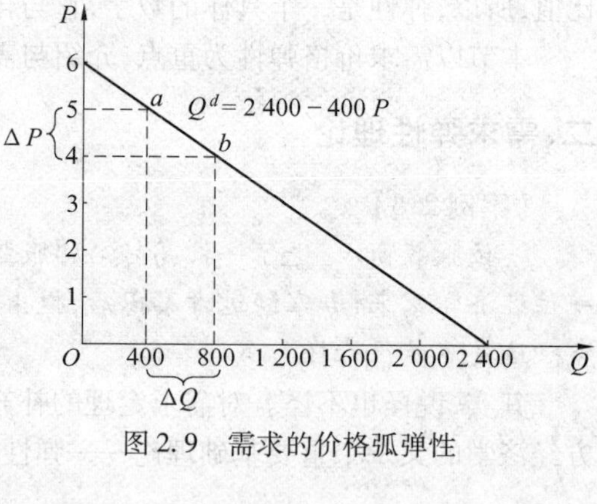

图 2.9 需求的价格弧弹性

求量分别为 400 和 800。当商品的价格由 5 下降为 4 时,或者当商品的价格由 4 上升为 5 时,应该如何计算相应的弧弹性的值呢?根据式(2. 10),相应的弧弹性分别计算如下。

由点 a 到点 b(即降价时)

$$e_d=-\frac{\Delta Q}{\Delta P}\cdot\frac{P}{Q}=-\frac{Q_b-Q_a}{P_b-P_a}\cdot\frac{P_a}{Q_a}=-\frac{800-400}{4-5}\times\frac{5}{400}=5$$

由点 b 到点 a(即涨价时)

$$e_d=-\frac{\Delta Q}{\Delta P}\cdot\frac{P}{Q}=-\frac{Q_a-Q_b}{P_a-P_b}\cdot\frac{P_b}{Q_b}=-\frac{400-800}{5-4}\times\frac{4}{800}=2$$

显然,由点 a 到点 b 和由点 b 到点 a 的弧弹性系数值是不相同的。其原因在于:尽管在上面两个计算中,ΔQ 和 ΔP 的绝对值都相等,但由于 P 和 Q 所取的基数值不相同,所以,两种计算结果便不相同。这样一来,在需求曲线的同一条弧上,涨价和降价的需求的价格弹性系数值便不相等。所以,要根据涨价和降价的具体情况来求得不同的弹性系数值。

但是,如果仅仅是一般的计算需求曲线上某一段的需求的价格弧弹性,而不是具体地强调这种需求的价格弧弹性是作为涨价还是降价的结果,则为了避免不同的计算结果,一般通常取两点价格的平均值和两点需求量的平均值来分别代替式(2. 10)中的 P 值和 Q 值,因此,需求的价格弧弹性计算公式(2. 10)又可写为

$$e_d=-\frac{\Delta Q}{\Delta P}\cdot\frac{\frac{P_1+P_2}{2}}{\frac{Q_1+Q_2}{2}} \tag{2. 12}$$

该公式也被称为需求的价格弧弹性的中点公式。

(2)需求的价格弧弹性的类型。现在我们可以根据需求弹性的大小来给它分类了。

第一,需求完全无弹性,即 $e_d=0$,它表示无论价格如何变动,需求量都不会变动。例如糖尿病人对胰导素的需求,价格提高不会改变消费者需求量,降价不会提高需求量。

第二,需求有无限弹性,即 $e_d\to\infty$ 。在这种情况下,当价格既定时,需求量是无限的。例如,银行以一固定价格收购黄金,无论有多少都按照这一价格收购。这种情况也可以理解为价格稍有变化,需求量就会迅速上升或下降。

第三,需求单位弹性,即 $e_d=1$。在这种情况下,需求量的相对变化等于价格的相对变化,比如 1% 的价格变化所引起的需求量的变化等于 1% 。

上述三种都是在现实生活中少见的特例,日常生活经常见到的是下面两种需求弹性。

第四,需求缺乏弹性,即 $e_d<1$,这意味着需求量的变动比率小于价格的变动比率,表明需求量对价格的变动不太敏感。在生活中,生活必需品,如粮食、蔬菜等,人们总要吃或者用的商品,需求弹性就是比较小的。

第五,需求富有弹性,即 $e_d>1$。这意味着需求量的变动比率大于价格的变动比率,生活中的一些奢侈品,如珠宝等的需求弹性就是这样的。

可以用图 2.10 来表示需求的价格弧弹性的五种类型。

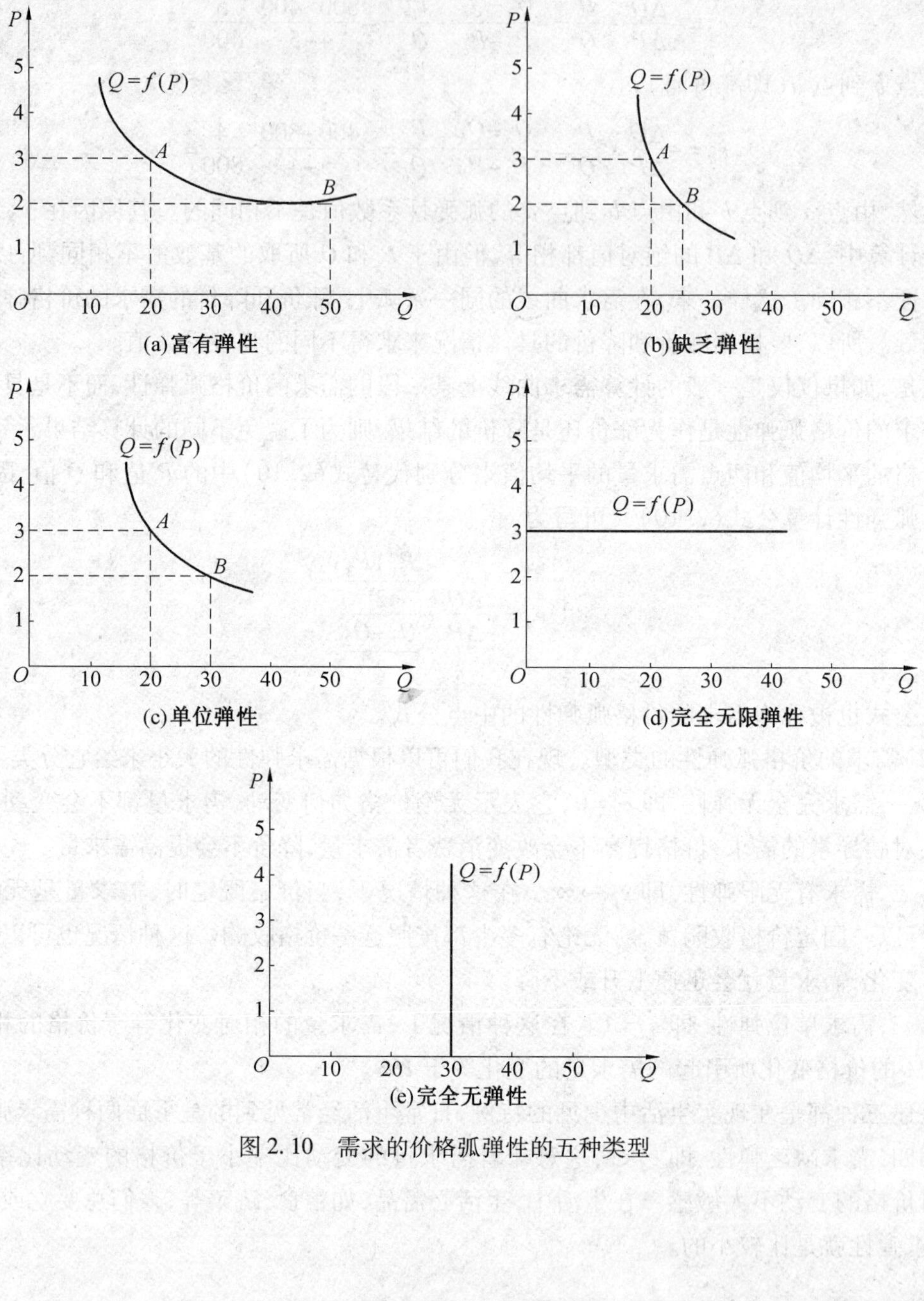

图 2.10　需求的价格弧弹性的五种类型

(3)影响需求的价格弹性的因素。影响需求的价格弹性的因素是很多的,其中主要有以下几个。

第一,商品的可替代性。一般说来,一种商品的可替代品越多,相近程度越高,则该商品的需求的价格弹性往往就越大;相反,该商品的需求的价格弹性往往就越小。例如,在苹果市场,当国光苹果的价格上升时,消费者就会减少对国光苹果的需求量,增加对相近的替代品如富士苹果的购买。这样,国光苹果的需求弹性就比较大。又如,对于食盐来说,没有很好的可替代品,所以,食盐价格的变化所引起的需求量的变化几乎等于零,它的需求的价格弹性是极其小的。

对一种商品所下的定义越明确越狭窄,这种商品的相近的替代品往往就越多,需求的价格弹性也就越大。譬如,某种特定商标的豆沙馅面包的需求要比一般的甜馅面包的需求更有弹性,甜馅面包的需求又比一般的面包的需求更有弹性,而面包的需求的价格弹性比一般的面粉制品的需求的价格弹性又要大得多。

第二,商品用途的广泛性。一般说来,一种商品的用途越是广泛,它的需求的价格弹性就可能越大;相反,用途越是狭窄,它的需求的价格弹性就可能越小。这是因为,如果一种商品具有多种用途,当它的价格较高时,消费者只购买较小的数量用于最重要的用途上。当它的价格逐步下降时,消费者的购买量就会逐渐增加,将商品越来越多地用于其他的各种用途上。

第三,商品对消费者生活的重要程度。一般说来,生活必需品的需求的价格弹性较小,非必需品的需求的价格弹性较大。例如,馒头的需求的价格弹性是较小的,电影票的需求的价格弹性是较大的。

第四,商品的消费支出在消费者预算总支出中所占的比重。消费者在某商品上的消费支出在预算总支出中所占的比重越大,该商品的需求的价格弹性可能越大;反之,则越小。例如,火柴、盐、铅笔、肥皂等商品的需求的价格弹性就是比较小的。因为,消费者每月在这些商品上的支出是很小的,消费者往往不太重视这类商品价格的变化。

第五,所考察的消费者调节需求量的时间。一般说来,所考察的调节时间越长,则需求的价格弹性就可能越大。因为,当消费者决定减少或停止价格上升的某种商品的购买之前,他一般需要花费时间去寻找和了解该商品的可替代品。例如,当石油价格上升时,消费者在短期内不会较大幅度地减少需求量。但设想在长期内,消费者可能找到替代品,于是,石油价格上升会导致石油的需求量大幅度地下降。

此外,还有商品的耐用程度等因素也对需求价格弹性有影响。需要指出,一种商品需求的价格弹性的大小是各种影响因素综合作用的结果。所以,在分析一种商品的需求的价格弹性的大小时,要根据具体情况进行全面的综合分析。

(4)需求的价格弹性和厂商的销售收入。在实际的经济生活中会发生这样一些现象:有的厂商提高自己的产品价格,能使自己的销售收入得到提高,而有的厂商提高自己的产品价格,却反而使自己的销售收入减少了。这意味着,以降价促销来增加销售收入的做法,对有的产品适用,对有的产品却不适用。如何解释这些现象呢?这便涉及商品的需求的价格弹性的大小和厂商的销售收入两者之间的相互关系。

我们知道，厂商的销售收入等于商品的价格乘以商品的销售量。在此假定厂商的商品销售量等于市场上对其商品的需求量。这样，厂商的销售收入就又可以表示为商品的价格乘以商品的需求量，即厂商的销售收入$=P\cdot Q$，其中，P表示商品的价格，Q表示商品的销售量即需求量。

前面已经讲过，商品的需求的价格弹性表示商品需求量的变化率对于商品的价格变化率的反映程度。这意味着，当一种商品的价格P发生变化时，这种商品需求量Q的变化情况，进而提供这种商品的厂商的销售收入$P\cdot Q$的变化情况，将必然取决于该商品的需求的价格弹性的大小。所以，在商品的需求价格弹性和提供该商品的厂商的销售收入之间存在着密切的关系。

第一种情况：对于$e_d>1$的富有弹性的商品，降低价格会增加厂商的销售收入，相反，提高价格会减少厂商的销售收入，即厂商的销售收入与商品的价格成反方向的变动。这是因为，当$e_d>1$时，厂商降价所引起的需求量的增加率大于价格的下降率。这意味着价格下降所造成的销售收入的减少量必定小于需求量增加所带来的销售收入的增加量。所以，降价最终带来的销售收入$P\cdot Q$值是增加的。相反，在厂商提价时，最终带来的销售收入$P\cdot Q$是减少的。这种情况如图2.11(a)所示。

图2.11(a)中需求曲线上a、b两点之间是富有弹性的，两点之间的价格变动引起一个较大的需求量的变动率。具体地看，当价格为P_1，需求量为Q_1时，销售收入$P\cdot Q$相当于矩形OP_1aQ_1的面积；当价格为P_2，需求量为Q_2，销售收入$P\cdot Q$相当于矩形OP_2bQ_2的面积。显然，前者面积小于后者面积。这就是说，若厂商从点a运动到点b，则降价的结果会使销售收入增加；若从点b运动到点a，则提价的结果会使销售收入减少。

对于需求富有弹性商品，多采用“薄利多销”的策略。“薄利”是指某种商品价格下降而使每单位商品的利润降低；“多销”是指销售量增加，从而销售收入增加。“薄利多销”的经济现象，即一些商品因为是需求富有弹性的，所以，降低价格会使总收入增加。

第二种情况：对于$e_d<1$的缺乏弹性的商品，降低价格会使厂商的销售收入减少，相反，提高价格会使厂商的销售收入增加，即销售收入与商品的价格成同方向的变动。其原因在于：$e_d<1$时，厂商降价所引起的需求量的增加率小于价格的下降率。这意味着需求量增加所带来的销售收入的增加量并不能全部抵消价格下降所造成的销售收入的减少量，所以，降价最终使销售收入$P\cdot Q$值减少；相反，在厂商提价时，最终带来的销售收入$P\cdot Q$值是增加的。用图2.11(b)说明这种情况。图中需求曲线上a、b两点之间的需求是缺乏弹性的，两点之间的价格变动率引起一个较小的需求量的变动率。价格分别为P_1和P_2时，销售收入分别为矩形OP_1aQ_1的面积和矩形OP_2bQ_2的面积，且前者面积大于后者面积。这就是说，当厂商降价，即点a运动到点b时，销售收入是减少的；相反，当厂商提价，即点b运动到点a时，销售收入增加。

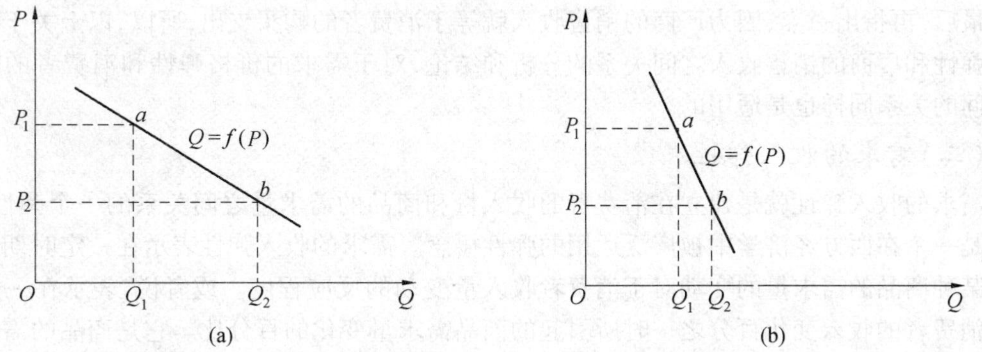

图 2.11　需求弹性与销售收入

利用这个结论我们可以分析“谷贱伤农”的道理何在了。“谷贱”是指粮食供给增加粮价下降;“伤农”是指农民卖粮食所获得的收入减少。对于这种经济现象,即粮食是需求缺乏弹性的商品,价格下降会使总收入下降。

第三种情况:对于 $e_d=1$ 的单位弹性的商品,降低价格或者提高价格对厂商的销售收入都没有影响。这是因为,当 $e_d=1$ 时,厂商变动价格所引起的需求量的变动率和价格的变动率是相等的。这样一来,由价格变动所造成的销售收入的增加量或者减少量刚好等于需求量变动所带来的销售收入的减少量或增加量,所以,无论厂商是降价还是提价,销售收入 $P \cdot Q$ 值是固定不变的。

与以上三种情况相对应,在西方经济学中,用可以根据商品的价格变化所引起的厂商的销售收入的变化,来判断商品的需求的价格弹性的大小。如果某商品的价格变化引起厂商销售收入反方向的变化,则该商品是富有弹性的。如果某商品的价格变化引起厂商销售收入同方向变化,则该商品是缺乏弹性的。如果厂商的销售收入不随商品价格的变化而变化,则该商品是单位弹性的。

将 $e_d \to \infty$ 和 $e_d=0$ 的两种特殊情况考虑在内,商品的需求的价格弹性和厂商的销售收入之间的综合关系见表 2.4 所示。

表 2.4　需求的价格弹性和销售收入

弹性 / 收入 / 价格	$e_d>1$	$e_d=1$	$e_d<1$	$e_d=0$	$e_d=\infty$
降价	增加	不变	减少	同比例价格的下降而减少	既定价格下,收益可以无限增加。因此厂家不会降价
涨价	减少	不变	增加	同比例价格的上升而增加	收益会减少为零

最后,再指出一点,因为厂商的销售收入就等于消费者的购买支出,所以,以上关于需求的价格弹性和厂商的销售收入之间关系的分析和结论,对于需求的价格弹性和消费者的购买支出之间的关系同样也是适用的。

(二)需求的收入弹性

需求的收入弹性就是建立在消费者的收入量和商品的需求量之间关系的一个弹性概念,它也是一个在西方经济学中被广泛运用的弹性概念。需求的收入弹性表示在一定时期内消费者对某种商品的需求量的变动对于消费者收入量变动的反应程度。或者说,表示在一定时期内当消费者的收入变化百分之一时所引起的商品需求量变化的百分比。它是商品的需求量的变动率和消费者的收入量的变动率的比值。

假定某商品的需求量 Q 是消费者收入水平的 M 的函数,即 $Q=f(M)$,则该商品的需求的收入弹性公式为

$$e_M=\frac{\frac{\Delta Q}{Q}}{\frac{\Delta M}{M}}=\frac{\Delta Q}{\Delta M}\cdot\frac{M}{Q} \tag{2.13}$$

或

$$e_M=\lim_{\Delta M\to 0}\frac{\Delta Q}{\Delta M}\cdot\frac{M}{Q}=\frac{\mathrm{d}Q}{\mathrm{d}M}\cdot\frac{M}{Q} \tag{2.14}$$

需求收入弹性的分类与需求价格弹性大体相同。在一般情况下,需求收入弹性为正值,即随着收入的增加,需求量也在增加。需求收入弹性为 0 的叫需求收入无弹性;需求收入弹性在 0 和 1 之间的叫需求收入缺乏弹性;需求收入弹性为 1,叫单位需求收入;需求收入弹性大于 1,叫需求收入富有弹性。但是,需求收入弹性还可以出现负值,即收入增加,需求量却减少的情况。

需求收入弹性可以用来预测在收入变化以后,需求会如何变动。当知道某一地区的社会平均收入变动了百分之多少以后,再掌握某种物品的需求收入弹性,就可以预测出对这种物品的需求会变动多少了。

根据商品的需求的收入弹性系数值,可以给商品分类。首先,商品可以分为两类,分别是正常品和劣等品。其中,正常品是指需求量与收入成同方向变化的商品;劣等品是指需求量与收入成反方向变化的商品。然后,还可以将正常品再进一步区分为必需品和奢侈品两类。以上的这种商品分类方法,可以用需求的收入弹性来表示。具体地说,$e_M>0$ 的商品为正常品;因为$e_M>0$ 意味着该商品的需求量与收入水平成同方向变化。$e_M<0$ 的商品为劣等品,因为$e_M<0$ 意味着该商品的需求量与收入水平成反方向变化。在正常品中,$e_M<1$ 的商品为必需品,$e_M>1$ 的商品为奢侈品。当消费者的收入水平上升时,尽管消费者对必需品和奢侈品的需求量都会有所增加,但对必需品的需求量的增加是有限的,或者说是缺乏弹性的;而对奢侈品的需求量

的增加是较多的,或者是富有弹性的。

在需求收入弹性的基础上,如果具体的研究消费者用于购买食物的支出量对于消费者收入量变动的反应程度,就可以得到食物支出的收入弹性。西方经济学中的恩格尔定律指出:在一个国家或在一个家庭中,食物支出在收入中所占的比例随着收入的增加而减少。用弹性概念来表述恩格尔定律可以是:对于一个家庭或国家来说,富裕程度越高,则食物支出的收入弹性就越小;反之,则越大。许多国家经济发展过程的资料表明恩格尔定律是成立的。

(三)需求的交叉价格弹性

如前所述,一种商品的需求量受多种因素的影响,相关商品的价格就是其中的一个因素。假定其他的因素都不发生变化,仅仅研究一种商品的价格变化和它的相关商品的需求量变化之间的关系,则需要运用需求的交叉价格弹性的概念。需求的交叉价格弹性也简称需求的交叉弹性。

需求的交叉弹性表示在一定时期内一种商品的需求量的变动对于它的相关商品的价格的变动的反应程度。或者说,表示在一定时期内当一种商品的价格变化百分之一时所引起的另一种商品的需求量变化的百分比。它是该商品的需求量的变动率和它的相关商品的价格的变动率的比值。

假定商品 X 的需求量为 Q_X 是它的相关商品 Y 的价格 P_Y 的函数,即 $Q_X=f(P_Y)$,则商品 X 的需求的交叉价格弧弹性公式为

$$e_{XY}=\frac{\frac{\Delta Q_X}{Q_X}}{\frac{\Delta P_Y}{P_Y}}=\frac{\Delta Q_X}{\Delta P_Y}\cdot\frac{P_Y}{Q_X} \tag{2.15}$$

式中,ΔQ_X 为商品 X 的需求量的变化量;ΔP_Y 为相关商品 Y 的价格的变化量,e_{XY} 为当 Y 商品的价格发生变化时的 X 商品的需求的交叉价格弹性系数。

当 X 商品的需求量的变化量 ΔQ_X 和相关商品价格的变化量 ΔP_Y 均为无穷小时,则商品 X 的需求的交叉价格点弹性公式为

$$e_{XY}=\lim_{\Delta P_Y\to 0}\frac{\frac{\Delta Q_X}{Q_X}}{\frac{\Delta P_Y}{P_Y}}=\frac{\frac{\mathrm{d}Q_X}{Q_X}}{\frac{\mathrm{d}P_Y}{P_Y}}=\frac{\mathrm{d}Q_X}{\mathrm{d}P_Y}\cdot\frac{P_Y}{Q_X} \tag{2.16}$$

需求的交叉价格弹性系数的符号取决于所考察的两种商品的相关关系。

同样的道理,反过来,可以根据两种商品之间的需求的交叉价格弹性系数的符号,来判断两种商品之间的相关关系。若两种商品的需求的交叉价格弹性系数为正值,则这两种商品之间为替代关系;若为负值,则这两种商品之间为互补关系;若为零,则这两种商品之间无相关关系。

三、供给的价格弹性

在西方经济学中,供给弹性包括供给的价格弹性、供给的交叉弹性和供给的预期价格弹性等。在此考察的是供给的价格弹性,它通常被简称为供给弹性。

供给的价格弹性表示在一定时期内一种商品的供给量的变动对于该商品的价格的变动的反应程度。或者说,表示在一定时期内当一种商品的价格变化百分之一时所引起的该商品的供给量变化的百分比。它是商品的供给量变动率与价格变动率之比。

与需求的价格弹性一样,供给的价格弹性也分为弧弹性和点弹性。

供给的价格弧弹性表示某商品供给曲线上两点之间的弹性。供给的价格点弹性表示某商品供给曲线上某一点的弹性。假定供给函数为 $Q^S=f(p)$,以 e_s 表示供给的价格弹性系数,则供给的价格弧弹性的公式为

$$e_s=\frac{\frac{\Delta Q}{Q}}{\frac{\Delta P}{P}}=\frac{\Delta Q}{\Delta P}\cdot\frac{P}{Q} \tag{2.17}$$

供给的价格点弹性的公式为

$$e_s=\frac{\frac{\mathrm{d}Q}{Q}}{\frac{\mathrm{d}P}{P}}=\frac{\mathrm{d}Q}{\mathrm{d}P}\cdot\frac{P}{Q} \tag{2.18}$$

在通常情况下,商品的供给量和商品的价格是成同方向变动的,供给量的变化量和价格的变化量的符号是相同的。所以,在上面的两个公式中,$\frac{\Delta Q}{\Delta P}$和$\frac{\mathrm{d}Q}{\mathrm{d}P}$均大于零,作为计算结果的 e_s 为正值。

供给的价格弹性根据 e_s 的大小也可分为五个类型。$e_s>1$ 表示富有弹性;$e_s<1$ 表示缺乏弹性;$e_s=1$ 表示单一弹性或单位弹性;$e_s=\infty$ 表示完全弹性;$e_s=0$ 表示完全无弹性。

供给的价格弹性的计算方法和需求的价格弹性是类似的。给定具体的供给函数,则可以根据要求,由式(2.17)求出供给的价格弧弹性,或由中点公式求出供给的价格弧弹性。供给的价格弧弹性的中点公式为

$$e_s=\frac{\Delta Q}{\Delta P}\cdot\frac{\frac{P_1+P_2}{2}}{\frac{Q_1+Q_2}{2}} \tag{2.19}$$

供给的价格点弹性也可以用几何方法来求得。从线性供给曲线的点弹性的几何意义出发,可以进一步找出线性供给曲线点弹性的有关规律:若线性供给曲线的延长线与坐标横轴相交的交点位于坐标原点的左边,则该供给曲线上所有的点弹性都是大于 1 的;若交点位于坐标

原点的右边,则该供给曲线上所有的点弹性都是小于 1 的;若交点恰好就是坐标原点,则该供给曲线上所有的点弹性都为 1。

在影响供给的价格弹性的众多因素中,时间因素是一个很重要的因素。当商品的价格发生变化时,厂商对产量的调整需要一定的时间。在很短的时间内,厂商若要根据商品的涨价及时地增加产量,或者根据商品的降价及时地缩减产量,都存在不同程度的困难,相应的,供给弹性是比较小的。但是,在长期内,生产规模的扩大与缩小,甚至转产,都是可以实现的,供给量可以对价格变动作出较充分的反应,供给的价格弹性也就比较大了。

除此之外,在其他条件不变时,生产成本随产量变化而变化的情况和产品的生产周期的长短,也是影响供给的价格弹性的另外两个重要因素。就生产成本来说,如果产量增加只引起边际成本的轻微的提高,则意味着厂商的供给曲线比较平坦,供给的价格弹性可能是比较大的。相反,如果产量增加引起边际成本的较大的提高,则意味着厂商的供给曲线比较陡峭,供给的价格弹性可能是比较小的。就产品的生产周期来说,在一定的时期内,对于生产周期较短的产品,厂商可以根据市场价格的变化较及时地调整产量,供给的价格弹性相应就比较大。相反,生产周期较长的产品的供给的价格弹性就比较小。

第五节　供求关系的运用

一、价格管制

竞争价格无论对个体还是对整个社会经济都是有利的,那么我们在防治非典型肺炎的过程中,有的地方政府为什么对一些药品(如药材、食品等)实行限制其最高价格的措施呢? 在对农产品的收购上采用所谓"按保护价敞开收购"这一做法呢?

根据前述理论,市场价格调节着生产和消费,从而使资源得到合理配置。但价格调节是在市场上自发进行的,有其盲目性,所以在现实中价格调节在某些领域并不一定符合整个社会的长远利益,因而是不合理的,为此,在这些领域应采用价格调节之外的其他调节方式,即我们这里说的价格政策。价格政策的具体形式很多,在此介绍有关政府的价格政策的两种做法:最高限价和最低限价。

(一)最高限价

最高限价也称为限制价格。它是政府所规定的某种产品的最高价格。最高价格总是低于市场的均衡价格。

图 2.12 表示政府对某种产品实行最高限价的情形。开始时,该产品市场的均衡价格为 P_e,均衡数量为 Q_e。若政府实行最高限价政策,规定该产品的市场最高价格为 P_0。由图可见,最高限价 P_0 小于均衡价格 P_e,且在最高限价 P_0 的水平,市场需求量 Q_2 大于市场供给量 Q_1,市场上出现供不应求的情况。

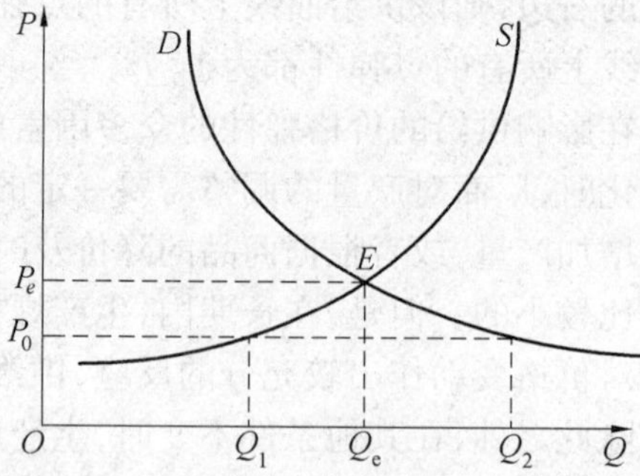

图 2.12　最高限价

政府实行最高限价的目的往往是为了抑制某些产品的价格上涨，尤其是为了对付通货膨胀。有时，为了限制某些行业，特别是限制一些垄断性很强的公共事业行业的价格，政府也会采取最高限价的做法。但政府实行最高限价的做法也会带来一些不良的影响。最高限价下的供不应求会导致市场上消费者排队抢购和黑市交易盛行。在这种情况下，政府往往又不得不采取配给的方法来分配产品。此外，生产者也可能粗制滥造，降低产品质量，形成变相涨价。

（二）最低限价

最低限价也称为支持价格。它是政府所规定的某种产品的最低价格。最低价格总是高于市场的均衡价格的。

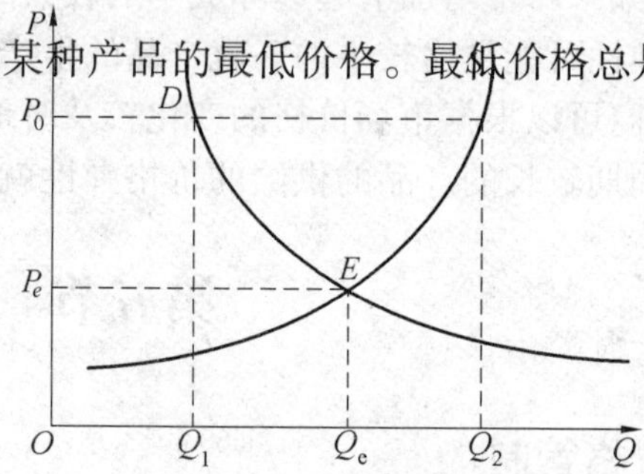

图 2.13　最低限价

图 2.13 表示政府对某种产品实行最低限价的情形。开始时市场的均衡价格为 P_e，均衡数量为 Q_e。以后，政府实行最低限价所规定的市场价格为 P_0。由图中可见，最低限价 P_0 大于均衡价格 P_e，且在最低限价水平，市场供给量 Q_2 大于市场需求量 Q_1，市场上出现产品过剩的情况。

政府实行最低限价的目的通常是为了扶植某些行业的发展。农产品的支持价格就是一些西方国家所普遍采取的政策，在实行这一政策时，政府通常收购市场上过剩的农产品。除了农产品的支持价格以外，政府也可以采取其他办法来扶植农业的发展。

（三）价格放开

在我国经济体制改革中，为了增加那些在市场上供给数量相对缺乏的政府限价商品的生产，有一种看法认为：只要把政府的限价取消，这类商品的供给量就会增加。事实是否如此，这要根据商品的供给的价格弹性作具体的分析。

在多数的情况下，商品的供给曲线向右上方倾斜，相应的供给的价格弹性系数是大于零的。对于供给的价格弹性大于零的原限价商品来说，随着政府限价的取消，商品的供给量会得到提高。尤其是，如果商品的供给的价格弹性很大，限价的取消可以带来供给量的大幅度增加。例如在图 2.14（a）中，政府原先对某商品的限价为 P_1，在这个价格上供给量 Q_1 小于需求量 Q_2，市场上该商品是短缺的。政府的限价取消后，随着市场实际价格的上升，供给量会逐步地提高，需求量会逐步地减少，最后在价格 P_e 和数量 Q_e 的水平上实现供求相等的均衡状态。

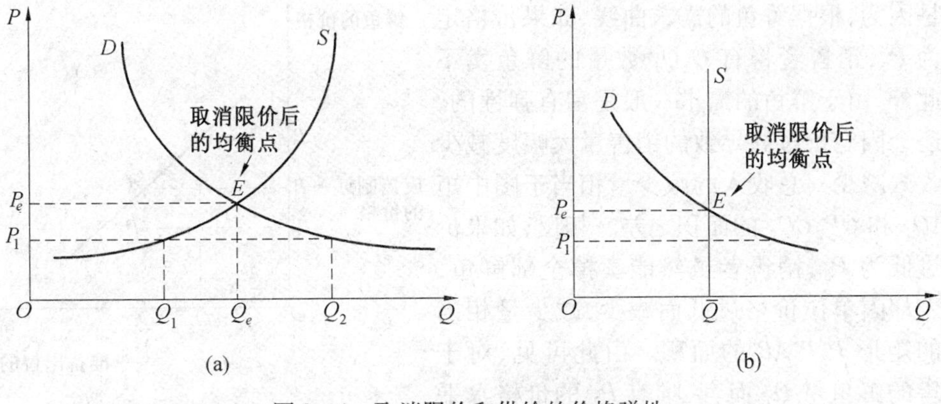

图 2. 14 取消限价和供给的价格弹性

但是,在考虑这一问题时,还应该考虑到其他特殊的情况。某些商品的生产由于受到资源条件和技术水平等因素的限制,供给数量在较长的时期内是固定不变的。这就是说,这些商品的供给曲线是一条垂直线,相应的供给的价格弹性为零。在这样的特殊情况下,限价的取消不会带来供给量的改变,而只能使商品的市场价格上涨。例如在图 2. 14(b)中,供给曲线为一条垂直线,政府原先的限价为 P_1,政府取消限价的结果是使实际的市场价格上涨到 P_e 的均衡水平,而供给数量却没有得到任何的增加。所以,在这种情况下,要增加那些原先由政府限价生产的商品的产量,除了取消政府限价之外,还应该根据具体情况作出综合分析,从根本上消除制约产量增长的因素。

二、易腐商品的售卖

有些商品,尤其是一些食品,由于具有易腐的特点,必须在一定的时间内被销售出去,否则,销售者会蒙受经济损失。那么,对于这类商品的销售者来说,应该如何定价,才能既保证全部数量的商品能在规定的时间内卖完,又能使自己获得尽可能多的收入呢? 下面以夏天的鲜鱼的销售为例来分析这类问题。

夏天的鲜鱼要求在当天被卖掉。如果鲜鱼的销售者能够准确地知道市场上的消费者在一天内在各个价格水平对其鲜鱼的需求数量,或者说,如果他能准确的地了解市场一天内对其鲜鱼的需求曲线,那么,他就可以根据这一需求曲线以及准备出售的全部的鲜鱼的数量,来决定能使其获得最大收入的最优价格。以图 2. 15 来具体说明。

图 2. 15 表示的是某鲜鱼销售者所面临的对他的鲜鱼的需求曲线。从图中的既定的鲜鱼的需求曲线上,可以了解一天内在每一个价格水平上的鲜鱼需求数量,也可以反过来说,可以了解一天内在每一个鲜鱼的销售量上消费者所愿意支付的最高价格。假定销售者在一天内需要卖掉的鲜鱼数量为 Q_1,则他应该根据需求曲线将价格定在 P_1 的水平。这样,他就能使鲜鱼以消费者所愿意支付的最高价格全部卖掉,从而得到他所能得到的最大收入。

这是因为，根据鲜鱼的需求曲线，如果价格定得过高为 P_2，销售者将有 Q_2Q_1 数量的鲜鱼卖不出去。此外，由于鲜鱼的需求一般是富有弹性的，销售者还会因定价过高导致的销售量大幅度减少而使总收入减少。总收入的减少量相当于图中矩形 OP_1AQ_1 和 OP_2CQ_2 的面积之差。相反，如果价格定得过低为 P_3，销售者虽然能卖掉全部鲜鱼，但总收入却因单位价格过低而减少，减少量相当于图中的矩形 P_3P_1AB 的面积。由此可见，对于准备出售的鲜鱼量 Q_1 而言，唯有 P_1 的价格水平是能给销售者带来最大收入的最优价格。

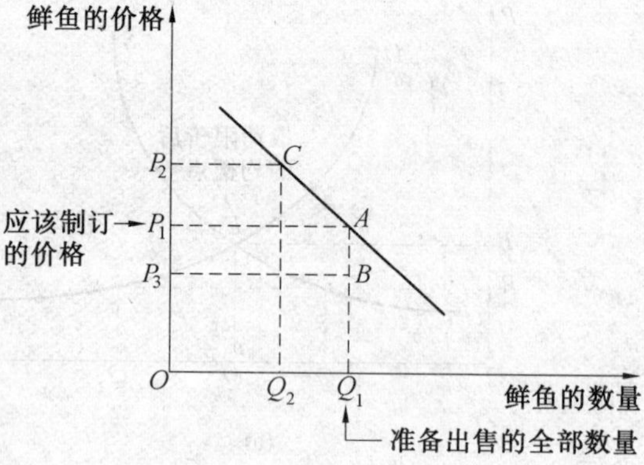

图 2.15　鲜鱼的定价

三、税收的负担

政府向买者征税，税收最初影响需求。需求曲线向左下方移动，移动距离等于每单位物品的征税量。供给曲线并不受影响。因为任何一种既定的价格水平下，卖者向市场提供产品的激励是相同的。在图 2.16(a) 中，买者购买时不得不向政府支付税收，因此，需求曲线向左移动，移动距离也是确定的。征税后，均衡价格从 P_e 降到 P_1，消费者购买每单位的物品，除了支付 OP_1 的价格给销售商外，还必须交纳 P_1P_2 的消费税。就是说，消费者每单位物品支付的总价款是 OP_2。

表面上看，税收完全由消费者承担，仔细分析会发现，实际上，税收由买者和卖者分担。因为，税收使单位商品价格下降，从 P_e 降至 P_1，这样，在 P_1P_2 的税收中，消费者实际负担是 P_eP_2，生产者负担 P_1P_e。所以，当向一种物品征税时，会抑制市场活动，减少消费量，税收由买卖双方负担。政府向卖者征税，税收最初影响供给。供给曲线向左上方移动，移动距离等于每单位物品的征税量。在图 2.16(b) 中，向卖者征收一定量税时，供给曲线向上移动相应的征税量，这时均衡产量下降，均衡价格上升，移动距离等于征税量 P_1P_2。征税后，卖者得到的价格每单位虽然是 OP_1，但其中一部分要(P_1P_2)交税。卖者实际得到的价格从 P_e 下降到 P_2。图中可以看出，虽然是对卖者征税，但税收实际上由买卖双方分摊的，买者承担 P_1P_e，卖者承担 P_eP_2。

以上分析表明，不管是向买者征税，还是向卖者征税，它们都使买者支付的价格上升，卖者得到的价格下降，无论如何收税，买卖双方都要分摊税收。到底是买者负担多还是卖者负担多，取决于供给和需求的相对弹性，税收负担更多地落在缺乏弹性的市场一方。这是因为，弹性小，意味着或者买者对该种物品没有适当的替代品，或者卖者的退出成本较高，没有新的适合生产的替代品，退出困难，当对该种物品征税时，市场中其他适合选择机会少的一方不能轻易地离开市场，从而必须承担更多的税收负担。

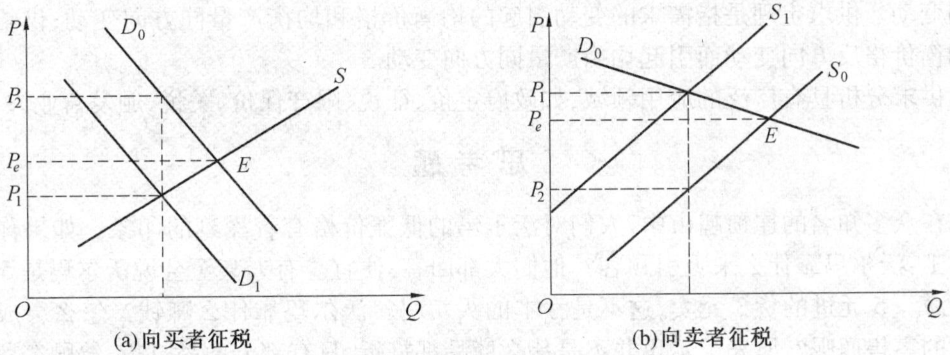

图 2.16　税收的负担

本章小结

1. 需求理论说明价格、收入、分配、偏好、人口政策、预期是如何影响需求的。

2. 价格是影响需求因素中最重要的因素。经济学用需求表、需求曲线、需求定理、需求价格弹性等概念工具说明需求与价格的关系。需求是价格的反函数，即价格变化引起需求量反方向变动（需求定理），价格变化引起的需求量变化的程度大小用需求价格弹性来表示。

3. 影响需求的因素除了价格以外，主要包括收入、分配平等程度、消费偏好、人口及结构、政府的政策、消费预期等，这些因素变动引起需求不同方向和不同程度的变动。经济学把价格变化引起的需求量变动称为"需求量的变动"或"沿曲线上的点移动"（点移动），把非价格因素变动引起的需求变动称为"需求的变动"或"需求曲线的线变动"（线移动）。线移动的前提是假定价格水平不变。

4. 供给理论说明价格因素和非价格因素（相关商品价格、生产要素价格、厂商目标、技术、政策、厂商预期、自然社会政治条件等）如何影响供给的。

5. 价格和供给。经济学用供给表、供给曲线、供给定理、供给价格弹性等概念工具说明供给与价格的关系。供给是价格的函数，即价格变化引起供给量同方向变动（供给定理），价格变化引起的供给量变化的程度大小用供给价格弹性来表示。

6. 影响供给的非价格因素包括相关商品价格、生产要素价格、厂商目标、技术进步、政府政策、厂商预期、自然社会政治条件等。经济学把价格变化引起的供给量变动称为"供给量的变动"或"沿曲线上的点移动"（点移动），把非价格因素变动引起的供给变动称为"供给的变动"或"供给曲线的线移动"（线移动）。线移动的前提是假定价格水平不变。

7. 需求曲线与供给曲线相交决定了均衡（市场均衡）。当供不应求或供过于求时，价格会波动，直至供求两种力量达到均衡状态。均衡时价格和产量被称为"均衡价格"和"均衡产量"。

8. 影响供求的因素的变动，不仅会引起供求本身的变动，同时，还会引起均衡价格和均衡数量的变动。供求定理是指需求的变动引起的均衡价格和均衡产量同方向变动;供给的变动引起均衡价格反方向变动而引起均衡产量同方向变动。

9. 供求分析具有广泛的应用领域,如政府定价、征税、限产保价、关税、颁发营业许可证等。

思考题

1. 在众多知名的连锁超市中,人们对沃尔玛的低廉价格有着深刻的印象。如果你问沃尔玛的员工:沃尔玛靠什么来吸引顾客?他们大都回答:便宜。有人甚至会说沃尔玛是5元进的货,3元卖。5元进的货3元卖,这不是亏本的买卖吗?沃尔玛靠什么赚钱?怎么会成为全世界最大的零售商呢?原来沃尔玛并不是什么商品都打折,只有部分商品打折,给顾客留下便宜的印象,于是根据需求定理,就会吸引顾客到沃尔玛来。顾客既然来了,就会稍带买些并没有打折的商品,于是带动了整个商场的销售量。为了避免顾客只为了部分商品来超市,沃尔玛采取了轮流打折的策略,让顾客也搞不清楚哪种商品打折,反正总有打折的商品,从而养成到沃尔玛消费的习惯,保证了沃尔玛的可持续发展。

沃尔玛的经营策略对你有什么启发?

2. 很多人都知道,高贵和体面一直是派克笔的代名词,人们购买派克笔,不仅仅是为了书写,更重要的是在买一种形象,一种体面和尊重,以此表明自己的身份,吸引别人的注意。

派克笔之所以能给人们这种感觉,是派克制笔公司让自己的高档派克笔频繁地出现在历史重大事件中。1943年,正当第二次世界大战处于艰苦对峙阶段,派克制笔公司赠送给盟军欧洲战区总司令艾森豪威尔一支派克笔,两年后他正是用这支笔签署了第二次世界大战德国无条件投降书。1962年2月20日,美国宇航员约翰·格伦乘坐“水星”号飞船成功地绕地球飞行,派克公司又以助推火箭的太空材料特制了一支派克笔赠送给格伦,此事也被媒体报道。1972年2月,美国尼克松访华,揭开了中美关系的新篇章,当时尼克松就将派克笔作为赠送毛主席的礼物。这支笔是特制的,笔身的用料中含有“阿波罗”宇宙飞船从月球取回的尘埃。派克制笔公司正是抓住了这些历史特写镜头,使派克笔成了身份和地位的象征,深深地在全世界消费者心中扎了根。

但是,进入20世纪80年代以后,由于市场竞争十分激烈,公司占据的高档钢笔市场开始受到蚕食。在这关键时刻,公司一反常态,将生产的重点由优质、高档笔转向低价的低档笔,把主要精力用于争夺低档笔市场。公司将一条大型生产线作为主打产品设备,开足马力生产一种叫“威克特”的滚珠笔,售价仅为2.98美元。同时还生产一种过去想都没有想过的叫“伊塔拉”的一次性笔。

本来,派克公司是想与对手在每支售价3美元以下的低档笔市场上竞争,没想到低档笔市场没占领,高档笔市场也丢了。低档笔市场的失败是由于没有竞争过日本公司,而高档笔市场的失败是因为生产低档笔使派克笔的形象受了损害,佩戴派克笔已经不再是身份和地位的象征,不能在吸引别人的注意力,不再受人尊重。派克公司的竞争对手克劳斯公司趁机大举进军高档笔市场，轻而易举地获得了50%的高档笔市场的占有率。“派克”的市场占有率下降，亏损严重。到1986年，美国派克制笔公司陷入绝境，其书写分部被美国一家集团以1亿美元的价格吞并了。

根据本章所学的知识，你认为派克公司失败的原因是什么？

3. 毕加索油画的供给价格弹性是多大？

4. 在我国目前的情况下，是否应该对农业采取支持价格政策？为什么？

5. 为了控制房价的上涨，我国是否应该采用限制房租这样的类似于限制价格的政策？为什么？

【阅读资料】

2001年以来，中国经济学界就需求定律（或需求法则）展开了一场争论，参战学者之多，讨论时间之长，影响范围之广，较为罕见。

张五常等先生坚持认为，需求曲线必定向下，现实世界不存在“吉芬商品”。黄有光、汪丁丁等先生则认为存在向上倾斜的需求曲线，认为存在“吉芬商品”。

“吉芬商品”是否存在，一直是经济学上没有解决的难题。即使在美国学术界，也一直存在争论。如2001年华夏出版社出版的中译本《经济学的困惑与悖论》，就有专文讨论这问题，但依然没有定论。至今，这场争端并无结果，对于广大读者或经济学界人士而言，还是一头雾水：需求曲线是否必定向右下角倾斜？世界上到底有没有“吉芬商品”？在当前国内外的经济学教科书上，“吉芬商品”都是作为需求定律的例外存在的。

现实世界存在这样一种现象：当学者们研究问题越深入，浅显的问题越难把握。实际上，上述双方乃至中外所有学者所争论的问题，解决起来非常容易——他们在处理逻辑与现实的关系问题上出现了偏差。

从教科书上看，需求定律指的是，在其他条件不变时，需求价格与需求量呈反向变动关系。用坐标图表示，如果用横坐标表示需求量，纵坐标表示价格，那么需求定律就可以表示成一条从左上角到右下角的曲线，就是“向右下倾斜”。

这个定律应该是很好理解的，但出问题的往往是我们最容易忽视的那个前提，即“其他条件不变”。这个前提很关键，之所以说“需求定律”，而不说是“需求公理”，就在于“定律”是有条件的，“公理”是无条件的。比如，几何上有个公理，说的是“两点之间，直线的距离最短”，这个描述之所以是“公理”，就是因为无论我们在北京还是纽约，在地球还是月球，这个规律都是成立的，不必去证明了。但定律就不一样了，它必须依托一定的前提条件，没有前提条件，得出的结论必然是错的，比如牛顿定律，如果在极微观和极宏观的条件下，都不成立。所以，马歇尔在1890年的《经济学原理》第三章告诫我们：一切科学的学说无不暗含一些前提条件，但这种假设的因素在经济规律中特别显著。为什么强调假设条件？他说：“经济学说比其他任何科学的学说，更容易为那些没有科学训练和也许只是间接听到而断章取义的人所引用”。现在，很多美国的经济学教科书（如瓦尔特·尼科尔森的《微观经济学原理与应用》和范里安的《微观经济学》等）反复强调注重“前提条件”的必要性和重要性。

再看什么是“吉芬商品”。英国学者罗伯特·吉芬19世纪在爱尔兰观察到一个现象：当土豆价格上涨的时候，人们消费更多的土豆。这个现象就是著名的“吉芬反论”或者“吉芬矛盾”，土豆这种商品就被称为“吉芬商品”。单就一种现象而言，天底下到处都有吉芬商品或者吉芬现象，譬如股票、外汇等，价格上涨，购买的数量会上升。但是,这类商品,是否与需求定律相悖?是否应该算作需求定律的例外?

下面分析“需求定律之争”。如果其他条件都不变,则“价格与需求量呈反向变动关系”的说法百分百成立(鉴于各种教科书论证得很详尽了,此不赘述)。但是,将该定律应用在实践中,则需要考虑“其他条件”了。比如,用张五常先生在其连载的《经济解释》中的一个例子:如果大雨连天,雨伞的价格上升,而其需求量也增加了。从现象看,这显然是与需求定律不容,这是否意味着需求定律是错的呢?不是,因为我们还没有考虑“其他条件”。张五常先生的这个解释是正确的:“雨伞的需求量上升,不是因为其价格上升,而是因为连天大雨。”汪丁丁与黄有光二位先生的观点,其实也没有推翻需求定律,他们说的是考虑了“其他条件”后的情形。

我们可以得出结论:(1)其他条件不变,则“价格与需求量呈反向变动关系”的描述可以被认为是铁律;(2)如果考虑其他条件,则价格上涨时,需求发生变化,反映在图表上就是需求曲线的移动。上述“雨伞的需求量上升”的例子就是铁证。同理,土豆价格上涨,需求量反而上升,是因为消费者收入较低,买不起其他食品,或者说,消费的主食因收入的限制而只好采用土豆,当土豆价格上涨时,他们预期价格还会涨,于是就去抢购了。其实,在中国短缺经济时代,就存在商品价格上涨、百姓抢购的事实。在抢购商品的这些事例中,也是因为存在“其他条件”在变化的因素。从以上事例看,如果剔除“其他条件”,则这些产品的需求曲线必定向右下倾斜。但考虑“其他条件”后,整条需求曲线就向右移动了,也就是说已经不是同一条需求曲线了。而因为这个移动,需求量也就增加了,但这个增加并不是由于价格变动引起的(请注意,就每一条需求曲线而言,还是向右下倾斜的,但这同现实中出现的“价格上升,需求量也上升”现象在实质上并不矛盾)。当然,考虑了“其他条件”,并不等于推翻了需求定律。

第三章

Chapter 3

消费者行为理论

【学习要点及目标】

通过本章的学习,围绕着如何实现消费者均衡——效用最大化实现这一中心理论,掌握效用、总效用、边际效用、边际效用递减规律的含义,以及消费均衡的模型及其消费均衡的条件。要求学生能用图形说明和分析消费行为均衡的原理和条件,了解边际效用递减规律以及收入效应和替代效应等内容。

【引导案例】

幸福是人的一种感觉,一个人幸福还是不幸福取决于人的主观感觉。人的感觉往往与用比较的参照物相关,因此幸福是相对的。如果他总是要和坐着私家飞机在全世界旅行的迈克尔·乔丹比,或者要和妻妾成群的皇帝相比,肯定永远不会感到幸福。如果你和那些衣着无落的流浪汉比,你会感到自己是世界上最幸福的人。和谁比反映了一个人欲望的大小。

资料来源:梁小民. 经济学就是这么有趣[M]. 北京:北京联合出版公司,2015.

在第二章中我们已经分析了供给与需求如何决定价格,但却没有说明需求与供给本身是如何决定的。需求产生于消费,消费由消费者进行;供给产生于生产,生产由生产者进行。因此,为进一步阐明需求与供给,就必须说明消费者行为和生产者行为。本章分析需求的决定——消费者行为理论,随后第四章、第五章则介绍供给的决定——生产者理论及成本的内容。

消费者指经济中能作出统一消费决策的单位,它可以是个人,也可以是由若干人组成的家庭。消费者行为就是消费者用其收入购买商品以获得满足的过程。本章将分析消费者如何将有限的收入进行最合理的商品购买组合,最大限度地满足其欲望,即实现消费者均衡。

第一节　欲望与效用

消费者消费的目的是为了获得幸福。对于什么是幸福,经济学家的回答可以用美国经济学家保罗·萨缪尔森提出的“幸福方程式”来概括。这个方程式就是:幸福等于效用除以欲望。可见,幸福与效用成正比,与欲望成反比。因此,消费者实现幸福最大化的行为就必然涉及欲望和效用。本节首先来分析什么是欲望,什么是效用及效用的评价方法。

一、欲望

(一)欲望的含义

欲望就是人们的需要(不是需求),是指缺乏的感觉与求得满足的愿望。从定义可以看出,欲望是一种心理感觉,不足之感与求足之愿缺一不可。

(二)欲望的特征

欲望具有无限性和层次性两个特征:

欲望的无限性是指,人们的欲望永远不可能得到完全的满足,一种欲望满足之后又会产生新的欲望,所谓的“人心不足蛇吞象”、“欲壑难填”正是这个意思。我国传统的价值观主张“存天理、灭人欲”,把人的欲望看成是万恶之源,在经济学角度,我们认为正是人类为了满足不断产生,永无止境的欲望而不断的奋斗前进,才有人类的不断发展,可以说欲望的无限性是推动社会前进的动力。需要强调的是,欲望的无限性是欲望总体不能得到完全满足,而不是指每一种欲望都永远不能满足。

欲望的层次性是指,人类的欲望总体虽然是无限的,永远不能得到完全的满足,但欲望也有轻重缓急和层次不同之分。人在某个特定时刻的特定的欲望,往往是有限的,能够被满足。

美国著名的心理学家亚伯拉罕·马斯洛在《动机与人格》一书中提出了需求层次理论,把人的欲望分为以下五个层次:

第一个层次是人的基本生理需要。包括对衣食住行等基本生存条件的需要。这是人类最基本的欲望。

第二个层次是安全的需要。这种欲望实际上是生理需要的延伸。

第三个层次是归属和爱的需要。这是作为社会的人的需要,主要指自己从属一个团体之内,以及与他人建立友好的关系。这种欲望产生于人的社会。

第四个层次是尊重的需要。包括自尊与来自别人的尊重。自尊包括获得信心、能力、本领等的愿望。来自他人的尊重包括威望、承认、关心、荣誉和赏识等。这是人更高层次的社会需要。

第五个层次是自我实现的需要。这就是成长、发展、利用自己潜在能力的需要。这种需要包括对真、善、美的追求,对完善自己的追求,以及实现自己理想与抱负的欲望。这是人类最高层次的欲望。

【案例 3.1】

自利(self-interest)是组成社会的有效方式。如果你问一些人:“假如这个社会上每个人的行为都十分自私,会发生什么事?”他们大多回答会造成混乱。但很多日常市场交易都仰赖自利,例如货比三家以觅寻最佳价钱、卖房前等待一个好价格等等。经济学始祖亚当·斯密(Adam Smith)曾说:“每个人……通常既不打算促进公共利益,也不知道他促进了多少公共利益……他只盘算自己的安全……只盘算自己的获利。而他在这么做的时候,如同很多其他情况,被一只看不见的手引导,去促成一个与他本意无关的目的。虽然与他本意无关,但也不会因此使社会更糟。借由追求自身的利益,他频繁地促进了社会利益,比他认真设想促进社会利益还有效。”

资料来源:Timothy taylor 著,林隆全译.斯坦福极简经济学[M].湖南人民出版社,2015.

欲望虽然是无限的,但却可以有不同的满足程度。欲望的满足程度可以用效用大小来进行比较和计量。接下来就要研究效用的问题。

二、效用

(一)效用的含义

效用是指商品满足人的欲望的能力,或者说,效用是指消费者从消费某种物品中所获得的满足程度。

商品之所以能带来效用,主要是因为商品具有使用价值,使用价值是商品本身具有的能够满足人们某种需要的有用性。人们消费某种商品,实际上是在利用商品的使用价值,并在对商品有用性的使用中获得一定的效用。因此,使用价值是效用的物质基础。效用与使用价值密切相关,但又截然不同:使用价值作为商品的有用性是客观存在的,不以人们是否消费商品而转移;而效用是对消费欲望的满足,它是一种心理感受,人们只有消费商品才能获得效用。

效用是对商品使用价值的主观评价。满足程度高就是效用大,反之,满足程度低就是效用小。如果消费者在商品消费中在商品消费中感到快乐,则效用为正;反之,如果消费者感到痛苦,则效用为负。

(二)效用的特征

效用是商品对欲望的满足,是消费者的心理感受。效用具有主观性、非伦理性和差异性三大特征。

1. 主观性

一种物品效用的大小、有无，没有客观标准，完全取决于消费者在消费商品时的主观感受。例如，一支香烟对吸烟者来说可能有很大的效用，而对不吸烟者来说，则可能毫无效用，甚至为负效用。

2. 非伦理性

只要能满足人们某种欲望的物品就有效用，而这种欲望本身是否符合社会道德规范则不在效用评价范围之内。欲望是中性的，商品满足的欲望，可以是求知、求美等有益的欲望，也可以是吸烟、酗酒等不良的欲望，甚至还可以是背离道德、违犯法典的欲望，例如吸毒和赌博。从这个意义上讲，效用是中性的，没有伦理学的含义。

3. 差异性

效用作为一种主观感受，会因人、因时、因地而有所不同。对不同的人而言，同种商品提供的效用是不同的。对于同一个人，同种商品在不同的时间和地点带来的效用也是不同的。例如，一只粉笔对需要在黑板上写字的教师和不需要在黑板上写字的学生有不同的效用；羽绒服冬天效用大，夏天没有效用甚至会带来负效用；一桶水在干旱地区有很大效用，而在水资源丰富地区几乎没有效用。

【案例 3. 2】

在宋朝时期，有一个人非常喜欢养猴子，这个人叫狙公。在他家里，养了一大群猴子，与猴子呆的时间长了，他能理解猴子的意思，猴子也懂得他的心意。他家里并不富裕，但是他宁可减少全家的食用，也要满足猴子的要求。时间一长，家里越来越穷困，必须减少猴子吃橡子的数量，但又怕猴子不愿意，就想了这个办法对猴子们说：“每天早上给你们三个橡子，晚上四个，够吃了吗？”猴子一听，都恼怒的站了起来，表示不满。过了一会儿，他又说：“我每天早上给你们四个橡子，晚上三个，够吃了吗？”猴子听完这话，都十分高翔。

这个朝三暮四的成语故事本意是揭露狙公愚弄猴子的骗术，告诫人们要注重实际，以防被花言巧语蒙骗。我们可以看到狙公喂给猴子的橡子的总量并没有改变，而后自以为自己多得了，所以猴子们的行为显得十分愚蠢可笑。但是从经济学的角度分析，结论是完全不同的。因为对猴子来说，他们习惯于早上多吃，晚上少吃，在这种情况下，朝三暮四和朝四暮三是有本质区别的，因为朝四暮三能够给猴子们带来更好的效用。

资料来源：王中伟. 日常生活中的经济学[M]. 电子工业出版社，2014.

三、效用的评价

消费者行为理论要研究效用最大化的实现，首先遇到的问题就是如何对效用的大小进行比较和评价。有些经济学家认为效用大小可以用具体数字进行计量；而另外一些经济学家则认为效用大小不能准确量化,而只能以顺序来进行比较。这就是在效用评价理论发展过程中先后出现的基数效用论和序数效用论。

【知识库】

基数和序数是来自数学的两个术语。基数是指 1,2,3,4,5,…,基数可以加总求和,例如,基数 5 加 10 等于 15。序数是指第一、第二、第三、第四、……,它是指事物之间的前后、大小排序,序数不能加总求和,不注重其本身的具体数量多少,而仅表明其顺序大小,例如,第一大于第二,第二大于第三,第一大于第三等。

(一)基数效用论

在 19 世纪和 20 世纪初期,西方经济学家普遍使用基数效用的概念来研究消费者行为,这一时期的代表人物主要是英国的威廉·杰文斯、奥地利的卡尔·门格尔和法国的里昂·瓦尔拉斯。他们的观点是:效用是可以计量并加总求和的,因此,效用的大小可以用基数(1,2,3,…)来表示,正如长度单位可以用米来表示一样。所谓效用可以计量,就是指消费者消费某一物品所得到的满足程度可以用效用单位来进行衡量。例如,某消费者吃一块蛋糕所得到的满足程度是 5 个效用单位等。所谓效用可以加总求和是指消费者消费几种物品所得到的满足程度可以加总而得出总效用。例如,某消费者吃一块蛋糕所得到的满足程度是 5 个效用单位,喝一杯牛奶所得到的满足程度是 4 个效用单位,这样,消费者消费这两种物品所得到的总满足程度就是 9 个效用单位。

基数效用论采用边际效用分析方法来分析消费者均衡,即效用最大化问题。

(二)序数效用论

到了 20 世纪 30 年代后,以杰·希克斯 1939 年在《价值与资本》一书中提出的观点为代表,大多数西方经济学家认为,效用的大小是无法具体衡量的,效用之间的比较只能通过顺序或等级来表示,就是说,效用大小可表示为序数,无法表示为基数。这样,就有了序数效用论。序数效用论者认为,效用仅是次序概念,而不是数量概念。在分析商品效用时,无需确定其具体数字或商品效用多少,只需用第一、第二、第三等序数来说明各种商品效用谁大谁小或相等就足够了,并由此作为消费者选择商品的根据。实际上,表示了基数效用,同时也就表示了序数效用,而表示了序数效用却不能表示基数效用。但使用序数效用避免了使用基数效用所存在的计算上的困难。

序数效用论采用无差异曲线分析方法来分析消费者均衡,即效用最大化问题。

虽然对于消费者均衡即效用最大化问题,经济学家用了两种分析方法,但是,这并不意味着基数效用论与序数效用论完全不相容。事实上,这两种分析方法得出的结论是一致的。接下来的两节分别介绍建立在两种不同效用评价方法上的消费者行为理论。

【知识库】

效用理论的历史

现代效用理论来源于功利主义。功利主义是最近两个世纪以来西方理性主义思潮的一大主流。1700年数理概率学的基本理论开始发展后不久，效用这一概念便产生了。例如，聪明的瑞士数学家丹尼尔贝努利(Daniel Bernoulli)在1738年观察到，人们似乎是在按下列方式行动：在一场公平的赌博中，他们认为赢到1美元的价值小于他们所输掉的1美元的价值。这就意味着：人们厌恶风险，并且，相继增加的新的财富给他们带来的是越来越少的真实效用。早期将效用概念引入社会科学的是英国的哲学家吉米·边沁(Jeremy Bentham,1748—1832)。在研究了法律理论并受到亚当·斯密学说的影响之后，他转入研究制定社会立法所必需的法则。他建议社会应该按"效用原则"(principle of utility)组织起来，所有立法都应该按照功利主义原则来制定，从而促进"最大多数人的最大利益"。在他的其他立法建设中，也有关于犯罪和处罚的带有相当现代意味的思想，他建议通过严厉的处罚来加大犯罪者的痛苦，这样可以阻止犯罪活动。边沁关于效用的观点对今天的许多人来说似乎是简单的，但是在200年以前，这些观点却颇具革命性，因为它们强调社会和经济政策的制定应能取得一定的实际效果，而在此之前，制定政策的正当理由和根据却是基于传统、君主的意志或宗教教义。今天，许多政治思想家正是以什么东西会使最大多数人的境况变好的功利主义观念为基础，来为他们提出的立法建议作辩护。在效用理论的发展过程中，接下来的一步是新兴古典经济学家——威廉·斯坦利杰·文斯(William Stanley Jevons,1835—1882)推广边沁的效用概念，用以解释消费者的行为。杰文斯认为经济理论是一种"愉快与痛苦的计算"，他说明理性的人们应以每一物品所能增添的或曰边际的效用为基础来作出他们的消费决策。19世纪的许多功利主义者都相信效用是一种心理上的实际存在——可直接地以基数加以衡量，像长度和温度一样。他们通过反观自己的感觉和情绪来断定边效用递减规律的成立。今天的经济学家一般都拒绝接受基数效用概念，其衡量单位直接派生于人们对普通物品(如鞋或意大利面)的消费。现代需求理论所注重的是序数效用(ordinal utility)理论。根据这种学说，我们只考察消费者对商品组合的偏好顺序，而不关心效用的具体数量的衡量与大小问题。

第二节　边际效用分析与消费者均衡

本节介绍建立在基数效用论基础之上的，运用边际效用分析方法研究消费者均衡的实现，即消费者效用最大化的问题。

一、总效用与边际效用

现实生活中，消费者可以同时消费多种商品，并同时获得多方面的效用，为简化分析，我们先研究只消费一种商品时的总效用和边际效用。

(一)总效用

总效用是指在一定时间内消费者消费一定量商品所获得的总的满足程度。用 *TU* 来表示。在效用分析中，总效用受到商品消费数量的影响，商品消费量 Q 是自变量，欲望满足程度，即效用是因变量。因而，总效用是商品消费量的函数，总效用函数为

$$TU=f(Q)$$

（二）边际效用

边际效用是指在一定时间内消费者每增加一单位商品的消费所获得的效用增加量，即每增加一单位物品消费所增加的效用。用 MU 来表示。相应的边际效用函数为

$$MU=\frac{\Delta TU(Q)}{\Delta Q}$$

当商品的增加量趋于无穷小，即 $\Delta Q\to 0$ 时有

$$MU=\lim_{\Delta Q\to 0}\frac{\Delta TU(Q)}{\Delta Q}=\frac{\mathrm{d}TU(Q)}{\mathrm{d}Q}$$

这里要指出的是，在西方经济学中，边际分析方法是最基本的分析方法之一，“边际”概念则是很重要的一个基本概念。边际效用是本书出现的第一个边际概念。边际量的一般含义是表示一单位的自变量的变化量所引起的因变量的变化量。抽象的边际量的定义公式为

边际量＝因变量的变化量/自变量的变化量

（三）总效用与边际效用的关系

现以小明喝豆浆为例来说明总效用与边际效用以及两者之间的关系。假如小明在一定时期内（如一天）喝豆浆的杯数以及对他所产生的效用和边际效用见表 3.1。

表 3.1　总效用与边际效用表

豆浆消费量 Q（杯/天）	总效用 TU	边际效用 MU
0	0	0
1	30	30
2	50	20
3	60	10
4	60	0
5	50	−10

由表 3.1 可知，小明在没有喝豆浆的时候，当然也就没有获得效用。当他喝了一杯以后，对这杯豆浆的效用评价是 30 个效用单位，因而这杯豆浆的总效用和边际效用都是 30 个效用单位。当他喝了第二杯豆浆以后，总效用继续增加，达到了 50 个效用单位。第二杯豆浆的边际效用是 20 个效用单位，因为总效用由 30 单位增加到 50 单位，即增加了 20 单位。以此类推，第三杯豆浆的边际效用是 10 个效用单位。当小明喝完第四杯豆浆的时候，他感觉到满足程度没有继续增加，喝四杯豆浆获得的总效用与喝三杯豆浆获得的总效用是相同的，都是 60 个效用单位。这时，小明已不想再喝豆浆了，因而总效用达到了最大值。相应的，第四杯豆浆

的边际效用,即总效用的增量就是0。如果小明又喝了第五杯豆浆,第五杯豆浆给小明带来了不适的感觉,因而总效用不但不增加,反而由60单位下降到50单位,即第五杯豆浆的边际效用成了负数,-10单位。

根据表3.1,可以作出总效用曲线,如图3.1和图3.2所示。

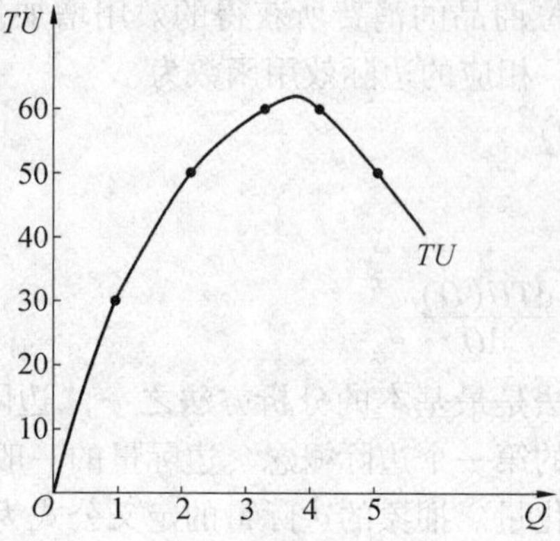

图3.1　总效用曲线

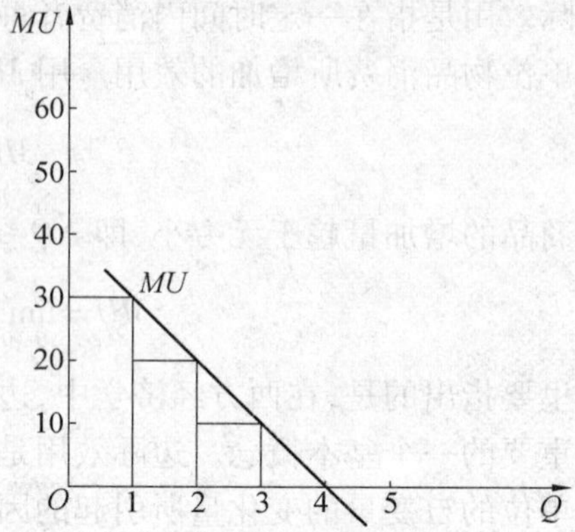

图3.2　边际效用曲线

在图3.1中,横轴表示豆浆的消费量,纵轴表示总效用。总效用曲线*TU*是一条从原点出发,向右上方渐升,当达到最高点后,开始向右下方倾斜的曲线。总效用曲线表明:在一定时间内,随着某种商品消费量的不断增加,在合理的消费阶段,消费者的满足程度会不断增加,但当消费量达到饱和以后,如果还继续增加消费,总的满足程度不但不再增加,反而开始减少。所以,总效用曲线是一条先升后降的曲线。

在图3.2中,横轴表示消费量,纵轴表示边际效用。边际效用曲线*MU*是一条向右下方倾斜的曲线,它有可能与横轴相交,并延伸到横轴的下方,成为负值。边际效用曲线表明:在一定时间内,随着某商品消费量的不断增加,消费者的满足感是递减的;当消费者的满足感达到饱和,即总效用达到最大值时,边际效用为零;过了该点,如继续增加消费,边际效用为负值,总效用开始减少。

可见,总效用与边际效用的关系是:当边际效用为正时,总效用是增加的;当边际效用为零时,总效用达到最大;当边际效用为负时,总效用减少。

二、边际效用递减规律

【案例3.3】

美国驻前苏联外交官,喜欢看芭蕾舞剧《天鹅湖》,起初观看是种艺术享受,几十遍以后,索然无味,几百遍以后,一听见柴可夫斯基的音乐奏起,就浑身发麻,痛苦不堪。等他终于可以离开前苏联时,他最大的感慨之一是:终于可以不看《天鹅湖》了!

（一）边际效用递减规律的内容

在一定时间内，在其他条件不变的前提下，随着消费者对某种物品消费量的不断增加，每一单位消费品使消费者增加的满足程度，即边际效用是递减的。这种现象普遍存在，因而被称为边际效用递减规律。因为德国经济学家戈森首先对这种现象进行了描述，又被称为戈森第一定律。

（二）边际效用递减规律存在的原因

关于边际效用递减的原因，主要可以用以下两个理由解释：

（1）生理或心理上的原因。随着消费一种物品的数量的不断增多，消费者接受的重复刺激程度越来越弱。使人生理上的满足程度或心理反应程度减少，而导致满足程度下降。

（2）从物品本身用途的多样性来看，消费者总是先把物品用于最重要的用途，而后用于次要的用途。因为最重要用途的边际效用大，其后次要用途的边际效用小，以此顺序，随着用途越来越不重要，其边际效用就递减。

【案例 3.4】

美国总统罗斯福连任三届后，曾有记者问他有何感想，总统一言不发，只是拿出一块三明治面包让记者吃，这位记者不明白总统的用意，又不便问，只好吃了。接着总统拿出第二块，记者还是勉强吃了。紧接着总统拿出第三块，记者为了不撑破肚皮，赶紧婉言谢绝。这时罗斯福总统微微一笑："现在你知道我连任三届总统的滋味了吧。"

资料来源：读者.

三、消费者均衡的实现

消费者均衡是研究单个消费者如何把有限的货币收入分配在各种商品的购买中以获得最大的效用。也就是说，它是研究单个消费者在既定收入下实现效用最大化的均衡条件。这里的均衡是指消费者实现最大效用时既不想再增加、也不想再减少任何商品购买数量的这么一种相对静止的状态。

（一）消费者均衡的基本假设

消费者均衡所研究目的是在消费者收入有限的情况下，如何实现效用最大化的问题。所以，假设条件主要有：

（1）消费者偏好是既定的。也就是说，消费者对各种物品的效用与边际效用的评价是既定的，不会发生变动。

（2）物品的价格是既定的和已知的。商品价格的变化会引起最佳消费组合的变化，因此，要分析消费者均衡必须假定物品价格是不变的。

（3）消费者的收入是既定的。消费者不同的收入所能购买的商品数量不同，而不同的商品购买量会获得不同的效用，只有在收入既定这一条件下研究最优消费组合才有意义。

(4)货币的边际效用是不变的。只有货币的边际效用是不变的,才能用货币的边际效用去衡量其他物品的效用。同时,由于消费者的货币收入总是有限的,同样的货币可以购买不同的物品,所以,这个假设在一般情况下也是合理的。

【知识库】

基数效用论认为,货币如同商品一样,也具有效用。消费者用货币购买商品,就是用货币的效用去交换商品的效用。商品的边际递减规律对于货币也同样适用。对于一个消费者来说,随着货币收入量的不断增加,货币的边际效用是递减的。也就是说,随着某消费者货币收入的逐步增加,每增加 1 元钱给该消费者所带来的边际效用是越来越小的。

但是,在分析消费者行为时,基数效用论者又通常假定货币的边际效用是不变的。据基数效用论者的解释,在一般情况下,单位商品的价格只占消费者总货币收入量中的很小部分,所以,当消费者对某种商品的购买量发生很小的变化时,所支出的货币的边际效用的变化是非常小的。对于这种微小的货币的边际效用的变化,可以略去不计。这样,货币的边际效用便是一个不变的常数。

(二)消费者均衡的条件及分析

消费者均衡正是要说明在上述假设条件下,消费者如何把有限的收入分配于各种物品的购买与消费上,以获得效用的最大化。

在基数效用论中,消费者均衡的决定是运用边际效用分析方法来加以说明的。

消费者用全部收入所购买的各种物品所带来的边际效用,与为购买这些物品所支付的价格的比例相等,或是说每单位货币的边际效用都相等,就可以获得最大效用。被称之为边际效用相等规律,又称戈森第二定律。

假设消费者的收入为 I,所购买和消费两种物品 X 和 Y 的数量为 Q_X、Q_Y,其价格分别为 P_X、P_Y,所带来的边际效用分别为 MU_X、MU_Y,每单位货币的边际效用为 λ。因此,消费者均衡的一般数学模型表现为

$$I=P_XQ_X+P_YQ_Y \tag{3.1}$$

$$\frac{MU_X}{P_X}=\frac{MU_Y}{P_Y}=\lambda \tag{3.2}$$

$TU=f(X,Y)$ 达到最大化。

式(3.1)表明的是消费预算限制条件。满足式(3.1)的 X 和 Y 的数量与价格的乘积等于收入。如果消费者的支出超过收入,消费购买是不现实的;如果支出小于收入,就无法实现在既定收入条件下的效用最大化。

式(3.2)表明消费者均衡的实现条件。每单位货币无论是购买 X 物品或 Y 物品,所得到的边际效用都相等。

如果消费的是多种物品,则可把上述模型扩展为

$$I=P_1Q_1+P_2Q_2+\cdots+P_nQ_n \tag{3.3}$$

$$\frac{MU_1}{P_1}=\frac{MU_2}{P_2}=\cdots=\frac{MU_n}{P_n}=\lambda \qquad (3.4)$$

$TU=f(X,Y)$达到最大化。

λ表示的是单位货币效用,即每一单位货币所得到的商品边际效用都相等。

消费者所以按照这一原则来购买商品并实现效用最大化,是因为在既定收入的条件下,多购买 X 物品就要减少 Y 物品的购买。随着 X 购买量的增加,X 物品的边际效用就会递减,随之而来的是,物品 Y 边际效用就会递增。为了使所购买的 X、Y 的组合能够带来最大的总效用,消费者就不得不调整这两种物品的组合数量,其结果是增加对 Y 物品的购买,减少对 X 物品的购买。如此来回调整这两种物品购买数量的组合,就最终会出现:当他所购买的最后一个单位 X 物品所带来的边际效用与其价格之比等于当他所购买的最后一个单位 Y 物品所带来的边际效用与其价格之比。

也就是说,无论是购买哪种物品,每一单位货币所购买的物品其边际效用都是相等的,于是就实现了总效用最大化,即消费者均衡,两种物品的购买数量也就随之确定,不再加以调整。

(三)消费者均衡的案例说明

设 $I=100$ 元,$P_X=10$ 元,$P_Y=20$ 元,X 与 Y 的边际效用见表 3.2,总效用见表 3.3。

表 3.2　X 与 Y 物品的边际效用表

Q_X	MU_X	Q_Y	MU_Y
1	5	1	6
2	4	2	5
3	3	3	4
4	2	4	3
5	1	5	2
6	0		
7	-1		
8	-2		
9	-3		
10	-4		

我们根据表 3.2 与表 3.3 来说明为什么只有符合以上两个条件时,才能使效用达到最大化。

表 3.3 X 与 Y 物品的总效用表

组合方式	$\frac{MU_X}{P_X}$与$\frac{MU_Y}{P_Y}$	总效用
$Q_X=10, Q_Y=0$	$\frac{-4}{10}\neq\frac{0}{20}$	5
$Q_X=8, Q_Y=1$	$\frac{-2}{10}\neq\frac{6}{20}$	18
$Q_X=6, Q_Y=2$	$\frac{0}{10}\neq\frac{5}{20}$	26
$Q_X=4, Q_Y=3$	$\frac{2}{10}=\frac{4}{20}$	29
$Q_X=2, Q_Y=4$	$\frac{4}{10}\neq\frac{3}{20}$	27
$Q_X=0, Q_Y=5$	$\frac{0}{10}\neq\frac{2}{20}$	20

从表 3.3 中可以看出各种组合都符合正好用完 100 元，但只有在 $Q_X=4, Q_Y=3$ 时，才能满足$\frac{MU_X}{P_X}=\frac{MU_Y}{P_Y}$的条件，因此，也只有在这种组合才实现了 X 与 Y 所带来的总效用最大——29 效用单位，其他组合 X 与 Y 所带来的总效用都不是最大。以 $Q_X=8, Q_Y=1$ 的组合为例，第 8 单位 X 物品带来的边际效用为-2，价格为 10 元，$\frac{MU_X}{P_X}=\frac{-2}{10}$，X 所带来的总效用为 12，(即第 1 单位到第 8 单位的边际效用之和为 12)，第 1 单位 Y 物品带来的边际效用为 6，价格为 20 元，$\frac{MU_Y}{P_Y}=\frac{6}{20}$，Y 所带来的总效用为 6。X 与 Y 带来的总效用为 12+6=18，因为

$$\frac{MU_X}{P_X}\neq\frac{MU_Y}{P_Y}(\text{即}\frac{-2}{10}\neq\frac{6}{20})$$

所以，这种组合并不能带来最大效用。而在 $Q_X=4, Q_Y=3$ 的组合时，第 4 单位的 X 物品带来的边际效用为 2，价格为 10 元，$\frac{MU_X}{P_X}=\frac{2}{10}$，X 所带来的总效用为 14，第 3 单位的 Y 物品带来的边际效用为 4，价格为 20 元，$\frac{MU_Y}{P_Y}=\frac{4}{20}$，Y 所带来的总效用为 15。X 与 Y 带来的总效用为 14+15=29。因为

$$\frac{MU_X}{P_X}=\frac{MU_Y}{P_Y}(\text{即}\frac{2}{10}=\frac{4}{20})$$

所以,只有这种组合才能带来最大效用。

【案例3.5】

一个渔翁在河边钓鱼,看样子他的运气很好,没多久,只见银光一闪,便钓上来一条。可是十分奇怪的是,每逢钓到大鱼,这个渔翁就会将他们放回水里,只有小鱼才放到鱼篓里。在一旁观看他垂钓很久的人感到很迷惑,于是就问:“你为何放掉大鱼,而只留小鱼呢?”渔翁答道:“我只有一口小锅,所以煮不下大鱼,并且小鱼味道鲜美。”

由此看来,并不是渔翁对于大鱼没有需求,而是客观因素限制了他的需求。对于市场上的消费者而言,经济状况决定人们的购买能力,也影响其消费需求。现实经济收入水平是决定购买能力的直接因素之一,同时也影响着顾客的选择及其结构。

资料来源:斯凯恩.一看就懂的经济常识全图解[M].立信会计出版社,2014.

四、边际效用有关的解释

边际效用递减规律是解释消费者行为的基本规律。在上文中,我们用这一规律解释了消费者均衡的实现。在下面,我们继续用这个规律来解释需求定理与消费者剩余。

(一)边际效用与需求定理

需求定理表明,消费者愿意买进的任一商品的数量与该商品价格呈反方向变化,价格高(或提高)则需求量少(或减少),反之则需求量多(或增多)。为什么消费品的需求量与其价格之间具有这样的关系呢?可用边际效用递减规律来说明。

消费者购买各种物品是为了从消费这些物品中获得效用,他所愿意付出的价格取决于他以这种价格所获得的物品能带来的效用。这也就是说,消费者所愿意付出的货币表示了他用货币所购买的物品的效用。例如,某消费者愿意以2元购买一本书或一斤苹果,这就说明一本书或一斤苹果给消费者所带来的效用是相同的。

消费者为购买一定量某物品所愿意付出的货币的价格取决于他从这一定量物品中所获得的效用。效用大,愿付出的价格高;效用小,愿付出的价格低。根据边际效用递减规律,随着消费物品数量的增加,该物品给消费者所带来的边际效用是递减的,而货币的边际效用是不变的。这样,随着物品的增加,消费者所愿付出的价格也在下降。因此,需求量与价格必然成反方向变动。

货币的边际效用可用商品边际效用与商品价格的比来表示。在假定货币的边际效用不变的条件下,商品价格的高低取决于该商品边际效用的大小。边际效用越大,消费者愿意支付的价格越高;边际效用越小,消费者愿意支付的价格越低。根据边际效用递减规律,边际效用越大,商品消费量越小;边际效用越小,商品消费量越大。因此,需求量与价格必然成反方向变动。

(二)边际效用与消费者剩余

【案例 3.6】

星期天,老李到农贸市场去买鸡,临出门时老伴一再嘱咐:“不要买太贵的,超过 10 元钱就不要买了。”老李口上说“好! 好!”心里想:“这个老太婆,太婆婆妈妈了。”到了农贸市场,老李直奔卖鸡的摊位。卖鸡的人真不少,买鸡的人也很多。老李问了几个人,都是 10 钱一只,他就花 10 元钱买了一只。正往回走,一个卖鸡的拦住他说:“便宜了,8 元钱一只,买下吧。”老李心里一顿,把鸡掂了掂,和他手里的分量差不多,却只要 8 元,就把它买下了,心里想:“占了 2 元钱便宜,拿回去也让老婆瞧瞧,咱老李也是会买东西的,别老不放心!”于是高高兴兴回了家。

边际效用递减还可以解释另一个重要的概念是消费者剩余。

消费者剩余是指消费者购买一定数量的商品所愿意支付的最高价格总额与其实际支付的价格总额之间的差额。上述案例中,老李打算花 10 元钱买一只鸡,他买的第一只鸡花了 10 元钱,消费者剩余为零,他买的第二只鸡只花了 8 元钱,获得了 2 元钱的消费者剩余,这也是为什么老李会多买一只鸡的原因。

消费者购买一定量的商品愿意支付的价格总额取决于这些商品所带来的总效用,而实际支付的价格总额等于边际效用与所购买的商品数量的乘积。由于边际效用递减,前者往往大于后者,从而产生了消费者剩余。当然,消费者剩余产生的源泉还在于不同消费者(收入、偏好不同)购买同一种商品所愿意支付的价格不同。而实际支付的价格由市场供求决定。

设市场价格为 P_1,消费者购买 Q_1 商品所愿意支付的价格总额为梯形 OQ_1AC 的面积,而实际支付的价格总额为矩形 OQ_1AP_1 的面积。消费者剩余为 $OQ_1AC-OQ_1AP_1=P_1AC$,如图 3.3 所示。

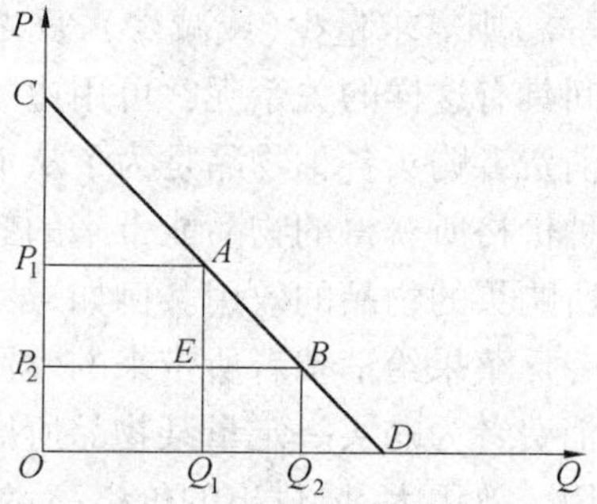

图 3.3　消费者剩余

再来看消费者剩余变动量的计算,如图 3.3 所示,设初始的市场价格为 P_1,需求量为 Q_1,消费者剩余为 P_1AC。现在价格降到 P_2,则需求量增加到 Q_2,消费者剩余为 P_2BC。由于价格下降,消费者剩余增加了梯形 P_2BAP_1 的面积。其中矩形 P_2EAP_1 的面积测量在价格下降时,消费者购买原先数量的商品所多得到的消费者剩余;小三角形 EBA 面积测量在价格下降以后,消费者由于增加购买量所多得到的消费者剩余。

在理解和运用消费者剩余概念时要注意:第一,消费者获得的消费者剩余只是一种心里感觉,并不是消费者实际收入的增加;第二,消费者剩余概念为衡量价格变动对消费者福利的影响程度提供了一个比较有用的指标;第三,为比较竞争市场与垄断市场的效率高低、政府是否兴建与兴建多少公共产品，提供了一个比较有用的分析工具；第四，它使人们认识到，在日常的市场交易中，每个人都获得了多么巨大的额外的福利。

消费者购买各种物品是为了实现效用最大化，或者也可以说是为了消费者剩余最大。当某种物品价格既定时，消费者从这种物品中所得到的效用越大，即消费者对这种物品评价越高，消费者剩余越大。当消费者对某种物品的评价既定时，消费者支付的价格越低，消费者剩余越大。因此，消费者愿意支付的价格取决于他以这种价格所获得的物品能带来的效用大小。消费者为购买一定量某物品所愿意付出的货币价格取决于他从这一定量物品中所获得的效用，效用大，愿付出的价格高；效用小，愿付出的价格低。随着消费者购买的某物品数量的增加，该物品给消费者所带来的边际效用是递减的，而货币的边际效用是不变的。这样，随着物品的增加，消费者所愿付出的价格也在下降。因此，需求量与价格必然成反方向变动。

（三）边际效用与价值悖论

价值悖论又称为"价值之谜"，指有些东西效用很大，但价格很低；有些东西效用不大，但价格却很高，这种现象与传统的价格理论不一致。

著名经济学家亚当·斯密在《国富论》中提出了一个有关"水与钻石"的著名悖论。按常理来说，对于人类的生命而言，水比钻石重要得多，没有水，人类无法生存，而没有钻石，人类的生活几乎不受影响。可是，在现实生活中，"无用"的钻石却比"有用"的水贵。经济学之父遇到的这个难题，可以用效用的概念来解释。水是生命的源泉，它能够创造出比钻石更高的总效用，然而，决定价格的是边际效用而不是总效用。水在世界的多数地方都是丰富的，人们消费的水的数量很大，根据边际效用递减规律，它的边际效用很低，因而其价格也应该很低。但是，钻石相对于水而言是稀缺的，人们几乎没有钻石，钻石的消费量极少，所以钻石的边际效用很高，消费者愿意支付高的价格。因此，稀缺提高了边际效用和价格，而不是商品的大小和总效用。

第三节　无差异曲线分析与消费者均衡

序数效用论采用无差异曲线的分析方法来考察消费者行为，提出消费者均衡的实现条件。序数效用论认为消费者消费产品的效用不可以用基数表示，而只能排序。

一、消费者偏好

（一）消费者偏好的含义

偏好就是爱好或喜欢的意思。对于各种不同的商品组合，消费者的偏好程度是有差别的。

（二）关于消费者偏好的基本假设

关于消费者偏好有三个基本的假定：

第一个假定是偏好的完全性。偏好的完全性指消费者总是可以比较和排列所给出的不同的商品组合。换言之,对于任何两个商品组合 A 和 B,消费者总是可以作出,而且也仅仅只能作出以下三种判断中的一种:对 A 的偏好大于对 B 的偏好;对 B 的偏好大于对 A 的偏好;对 A 和 B 的偏好相同。偏好的完全性的假定保证消费者对于偏好的表达方式是完备的,消费者总是可以把自己的偏好评价准确地表达出来。

第二个假定是偏好的可传递性。可传递性指对于任何三个商品组合 A,B 和 C,如果消费者对 A 的偏好大于 B,对 B 的偏好大于 C,那么,在 A,C 这两个组合中,消费者必定有对 A 的偏好大于 C。偏好的可传递性保证了消费者的偏好是一致的,因而也是理性的。

第三个假定是偏好的非饱和性。如果两个商品组合的区别仅在于其中一种商品的数量不相同,那么,消费者总是偏好于含有这种商品数量较多的那个商品组合。这就是说消费者对每一种商品的消费都没有达到饱和点,或者说,对于任何一种商品,消费者总是认为多比少好。

(三)消费者偏好公理

西方消费需求理论中,偏好公理被认为可以检验消费者行为的理论。包括:

(1)完备性公理。指消费者对于某些商品所有可能的组合能够按照他的偏好程序大小,有顺序地排列出完整的、可供选择的商品组合。

(2)传递性公理。消费者对商品组合 A 的偏好,大于 B 的商品组合,而对 B 商品组合的偏好又大于 C 组合的商品,则消费者对于 A 组合的商品的偏好必然大于对 C 组合的商品的偏好。否则该消费者的行为就是非理性的选择行为。传递性公理保证了偏好次序的一致性、连续性。

(3)选择性公理。消费者在购买或消费行为中总是力图使其偏好达到最大和最佳状态。

(4)优势公理。消费者对所有的物品总是喜欢多一点比少一点好,通常可称为“不满足原则”,即消费者的欲望永远得不到完全的满足。

(5)连续性公理。指存在着一条由一组点形成的边界,这条边界在商品空间中把那些消费者偏好的商品组合同不偏好的商品组合划分开来,这条边界限即一条无差异曲线,这个公理证明无差异曲线是一条曲线而不会是“模糊不清”的一堆。

(6)偏好的凸性公理。它假定无差异曲线凸向原点,在显示的偏好理论中也需要这条公理。

二、无差异曲线

(一)无差异曲线的含义

人们消费各种商品,实际是消费各种商品的组合。在理论简化的分析中,我们可以看成是两种商品的组合。

无差异曲线是用来表示两种商品的不同数量的组合给消费者所带来的效用完全相同的一条曲线。

表 3.4　无差异表

综合序号	X 的购买量	Y 的购买量
A	4	4
B	6	3
C	10	2
D	20	1

假设有两种商品 X 和 Y，它们在数量上可以有多种组合。表 3.4 列出了 X 和 Y 四种组合，还可以列出许多组合。这些组合所代表的效用都是相等的。因此，此表称为无差异表。根据无差异表的数据，可以作出无差异曲线。

无差异曲线就是能够给消费者提供相同效用水平的两种商品的不同数量的组合点的系列。根据表 3.4 画出的无差异曲线图 3.4，在图 3.4 中横轴表示商品 X 的购买量，纵轴表示商品 Y 的购买量。

消费者对这些不同的组合偏好相同（同样喜爱，满足程度相同），又叫"效用等高线"，同时消费者的偏好是无限多样的。

显然，一个偏好系统就形成一条无差异曲线，多个偏好系列就形成多条无差异曲线。正如地图上的等高线一样，无差异曲线表示两种商品组合的效用高度。同一条无差异曲线上的商品组合效用高度相等，而不同无差异曲线的商品组合效用高度不同，如图 3.5 所示。

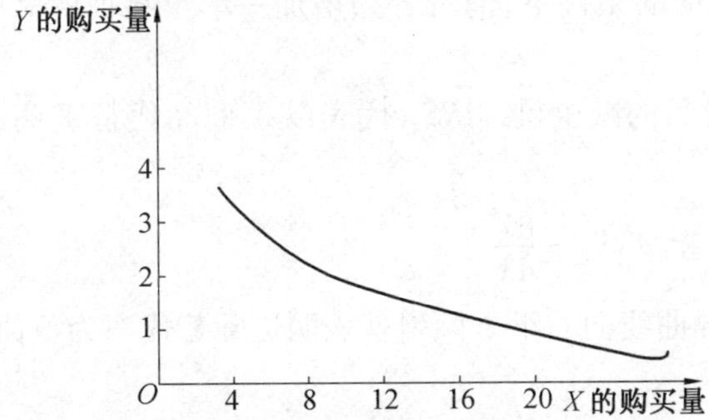

图 3.4　无差异曲线

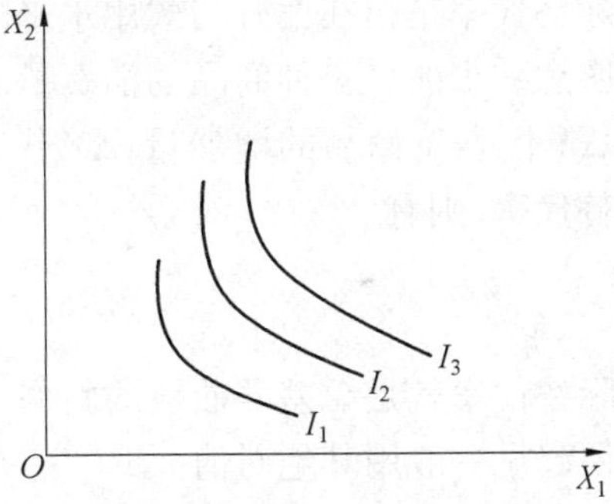

图 3.5　多条无差异曲线

（二）无差异曲线的特征

无差异曲线有四个重要特征：

(1) 无差异曲线是一条向右下方倾斜的曲线，其斜率为负值。它表明在收入与价格既定的条件下，为了获得同样的满足程度，增加一种商品就必须放弃或减少另一种商品，两种商品在消费者偏好不变的条件下，不能同时减少。

(2)由于通常假定效用函数是连续的,所以,在同一平面图上有无数条无差异曲线,同一条无差异曲线代表相同的效用满足,不同的无差异曲线代表的效用满足程度各不相同。距离原点越远的无差异曲线,表明所代表的效用水平越大,反之,距离原点越近的无差异曲线,表明所代表的效用水平越小。

(3)在同一坐标平面图上,任意两条无差异曲线不能相交,因为在交点上两条无差异曲线代表了相同的效用,与第二个特征相矛盾。

(4)无差异曲线是一条凸向原点的线。这是由边际替代率递减规律所决定的。边际替代率是一个十分重要的概念,在下面将详细介绍。

三、商品的边际替代率

在无差异曲线分析中,以边际替代率代替了边际效用,以边际替代率递减规律代替了边际效用递减规律。

(一)商品边际替代率的概念

可以想象一下,当一个消费者沿着一条既定的无差异曲线上下滑动的时候,两种商品的数量组合会不断地发生变化,而效用水平却保持不变。这就说明,在维持效用水平不变的前提条件下,消费者在增加一种商品的消费数量的同时,必然会放弃一部分另一种商品的消费数量,即两种商品的消费数量之间存在着替代关系。由此,经济学家建立了商品的边际替代率的概念。

边际替代率是指在偏好与效用水平既定不变的条件下,消费者为增加一单位某种商品的消费所愿意减少的另一种商品的消费量。

以 ΔX 代表 X 商品的增加量,ΔY 代表 Y 商品的减少量,MRS_{XY}代表以 X 商品代替 Y 商品的边际替代率,则有

$$MRS_{XY}=\frac{\Delta Y}{\Delta X}\text{或者 } MRS_{XY}=\frac{\mathrm{d}Y}{\mathrm{d}X}$$

边际替代率就是无差异曲线的斜率,无差异曲线向右下方倾斜就表明边际替代率为负值。但为方便起见一般用其绝对值。

(二)商品边际替代率递减规律

西方经济经济学家指出,在两商品的替代过程中,普遍存在这么一种现象,这种现象被称为商品的边际替代率递减规律。具体地说,商品的边际替代率递减规律是指:在维持效用水平不变的前提下,随着一种商品的消费数量的连续增加,消费者为得到每一单位的这种商品所需要放弃的另一种商品的消费数量是递减的。之所以会普遍发生商品的边际替代率递减的现象,其原因在于:随着一种商品的消费数量的逐步增加,消费者想要获得更多的这种商品的愿望就会递减,从而,他为了多获得一单位的这种商品而愿意放弃的另一种商品的数量就会越来

越少,因此,ΔY 与 ΔX 的比值将越来越小。

(三)商品的边际替代率和无差异曲线的关系

在偏好与效用水平不变的条件下,随着某种商品消费量的连续增加,消费者为增加一单位该商品的消费所愿意减少的另一种商品的消费量越来越少。

导致商品边际替代率递减的根本原因是商品的边际效用递减。设某一条无差异曲线的函数为

$$TU=TU(X,Y)$$

该函数的全微分为

$$\mathrm{d}TU=\frac{\partial TU}{\partial X}\mathrm{d}X+\frac{\partial TU}{\partial Y}\mathrm{d}Y=0\Rightarrow\frac{\mathrm{d}Y}{\mathrm{d}X}=-\frac{MU_X}{MU_Y}$$

因此有

$$MRS_{XY}=-\frac{MU_X}{MU_Y}$$

当 X 的消费量不断增加,Y 的消费量不断减少时,由于边际效用递减,边际替代率的绝对值一定递减。从几何意义上讲,由于商品的边际替代率就是无差异曲线的斜率的绝对值,所以,边际替代率递减规律决定了无差异曲线的斜率的绝对值是递减的,即无差异曲线是凸向原点的。

(四)无差异曲线的特殊形状

无差异曲线的形状表明在维持效用水平不变的前提下一种商品对另一种商品的替代程度。由边际替代率递减规律决定的无差异曲线的形状是凸向原点的,这是一般情况。下面,考虑两个极端的情况。

完全替代品的情况。完全替代品指两种商品之间的替代比例是固定不变的情况。因此,在完全替代的情况下,两商品之间的边际替代率就是一个常数,相应的无差异曲线是一斜率不变的直线。例如,在某消费者看来,一杯牛奶和一杯咖啡之间是无差异的,两者总是可以 1∶1 的比例相互替代,如图 3.6(a)所示。

完全互补品的情况。完全互补品指两种商品必须按固定不变的比例同时被使用的情况。因此,在完全互补的情况下,相应的无差异曲线为直角形状,如图 3.6(b)所示。例如,一副眼镜架必须和两片眼镜片同时配合,才能构成一副可供使用的眼镜,用图 3.6(b)来解释。水平部分的无差异曲线表示,对于一副眼镜架而言,只需要两片眼镜片即可,任何超量的眼镜片都是多余的,换言之,消费者不会放弃任何一副眼镜架去换取额外的眼镜片;垂直部分的无差异曲线表示,对于两片眼镜片而言,只需要一副眼镜架即可,任何超量的眼镜架都是多余的,换言之,消费者会放弃所有超量的眼镜架,只保留一副眼镜架与两片眼镜片相匹配。

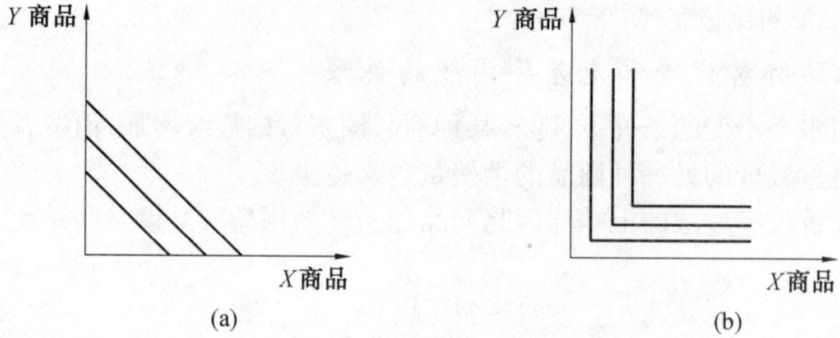

图 3.6　特殊形状的无差异曲线

四、预算线

消费者购买商品时，必然会受到自己的收入水平和市场上商品价格的限制，这就是预算约束。预算约束可以用预算线来说明。

（一）预算线的含义

消费预算线又称消费可能线、消费约束线、等支出线。无差异曲线分析只反映了人们在不考虑消费预算和商品价格时的偏好和满足，但实际上人们必须对此有所考虑。因此，研究消费者抉择还必须研究消费的约束条件，如图 3.6 所示。

人们的现实消费抉择总要受消费预算和商品价格的约束，消费者只能在消费预算和商品价格允许的范围内选择商品组合，因为消费者的货币资源是稀缺的，而商品又不能免费享用。如果消费者要选购两种商品，在消费预算和商品价格既定的条件下，他充分使用其购买预算所能够购买的两种商品的最大组合点的轨迹，就是预算线。

预算线是一条表明在消费者收入与商品价格既定的条件下，消费者所能购买到的两种商品数量最大组合的线。

预算线表明了消费者消费行为的限制条件。这种限制就是购买物品所花的钱不能大于收入，也不能小于收入。大于收入是在收入既定的条件下无法实现的，小于收入则无法实现效用最大化。这种限制条件可以写为

$$I=P_X \cdot X+P_Y \cdot Y \quad \text{或者} \quad Y=\frac{I}{P_Y}-\frac{P_X}{P_Y} \cdot X$$

这是一条直线方程式，其斜率为$-\frac{P_X}{P_Y}$，是两种商品的价格之比，表示两种商品的交换比率：在价格与收入既定且收入必须正好花完的条件下，消费者为增加一单位某种商品的购买所必须减少的另一种商品的购买量。

在图 3.7 中还可以看到，预算线 AB 把平面坐标图划分为三个区域：预算线 AB 以外的区域中的任何一点，如点 a，是消费者利用全部收入都不可能实现的商品购买的组合点。预算线

AB 以内的区域中的任何一点,如点 b,表示消费者的全部收入在购买该点的商品组合以后还有剩余。唯有预算线 AB 上的任何一点,才是消费者的全部收入刚好花完所能购买商品的组合点。图中的 OAB 区域(包括直角三角形 OAB 的三条边),被称为消费者的预算可行集或预算空间。

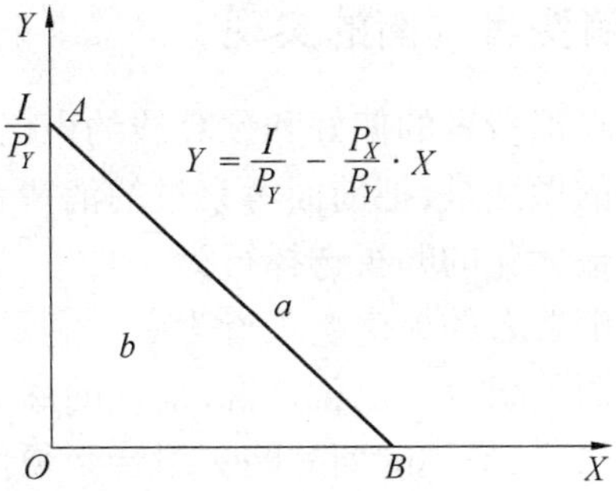

图 3.7　预算线

预算线具有重要的经济意义,预算线以外的点,是在现在的商品价格和消费预算条件下不能购买到的商品组合,它们反映了消费者货币资源的稀缺性。预算线以内的点,是在现有条件下能够购买的商品组合,但存在货币剩余,因此它们反映了消费者货币资源的闲置。预算线上的点,都是消费者刚好用完消费预算能够购买的商品组合,它们反映了消费者货币资源的充分利用。

(二)预算线的变动

预算是以消费者的收入和商品价格既定为条件,所以如果消费者的收入和价格发生变化消费者的预算约束线也会随之变动。一般会有以下几种情况:

(1)如果两种商品的价格不变,消费者的收入发生变化,这时相应的预算线的位置会发生平移,则消费预算线平行向右上方移动,即预算水平增加;反之,情况相反,如图 4.7(a)所示。

(2)在消费者的收入不发生变化的情况下,若一种商品价格发生变化就会改变预算线的斜率,使预算线发生偏转,如图 3.8(b)和(c)所示。

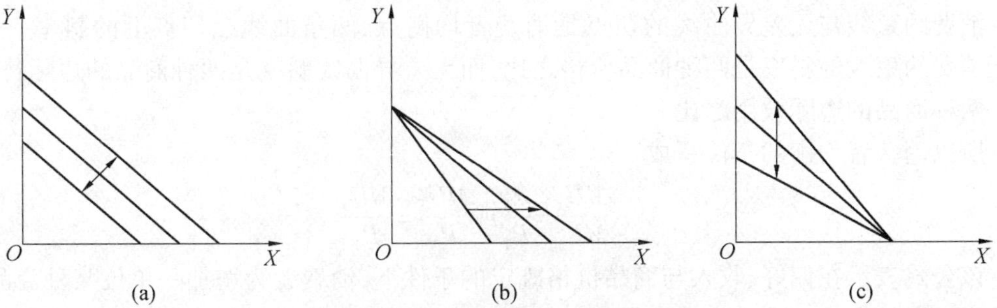

图 3.8　预算线的变动

(3)如果消费者收入和所有商品的价格以同一方向同一比例发生变动,则消费者预算约束线位置不发生变动,如果商品价格及消费者收入发生相对变化,则预算线的斜率发生变动。同理,在收入不变的时候,两种商品的相对价格发生变动,也会导致斜率的变动,各种情况可类推。

五、消费者均衡的实现

在消费者的偏好和预算线约束已知的前提下,就可以分析消费者对最优商品组合的选择。具体的做法是,把前面考察过的消费者的无差异曲线和预算线结合在一起,来分析消费者追求效用最大化的购买选择行为。

消费者的最优购买行为必须满足两个条件:第一,最优的商品购买组合必须是消费者最偏好的商品组合。也就是说,最优的商品购买组合必须是能够给消费者带来最大效用的商品组合。第二,最优的商品购买组合必须位于给定的预算线上。关于第二点,再看一下图3.6中被预算线划分的三个区域,这就是:预算线左边的区域中的任何一个商品组合都是不可取的,因为,消费者的收入未花完,消费者应该将其全部收入都用于实现效用最大化的目标上。而预算线右边的区域中的任何一个商品组合对于消费者来说都是不现实的,或者说,都是无力购买的。所以,最优的购买组合只能出现在预算线上。

消费者均衡就是消费者在一定的预算收入和商品价格条件下的效用最大化状态。很明显,消费者均衡既包含消费偏好或消费意愿,即效用最大化;又包含消费约束,即预算收入和商品价格。在序数效用论中,消费者的主观偏好是用无差异曲线表示的,而消费者的客观限制又是用预算线表示的。因此,研究消费者均衡的实现,就应该而且可以把无差异曲线和预算线结合起来运用。

按照序数效用论的说法,在预算线既定时,它可能同多条无差异曲线相交,但只能而且一定能与一条无差异曲线相切。

序数效用论把预算线与无差异曲线的切点称为消费者均衡点。消费者均衡点表示消费者选择的商品组合,既在预算线上,同时又在一条尽可能高的无差异曲线上。

消费约束线与无差异曲线的切点是消费者均衡点,两条曲线在切点上的斜率一定相等。由于消费约束线的斜率是两种商品价格之比,而无差异曲线斜率是两种商品的边际替代率,它等于两种商品的边际效用之比。

所以消费者均衡的条件写成

$$\frac{MU_X}{MU_Y}=\frac{P_X}{P_Y}\text{或}\frac{MU_X}{P_X}=\frac{MU_Y}{P_Y}$$

该公式表示在偏好、收入与商品价格既定的条件下,消费者为增加一单位某种商品的消费所愿意减少的另一种商品的消费量正好等于消费者在市场上为增加一单位某种商品购买量所必须减少的另一种商品的购买量时,消费者的效用就达到极大。

在图3.9中,U_1,U_2,U_3为三条无差异曲线,它们效用大小的顺序为$U_1<U_2<U_3$。AB为消费可能线。AB线与U_2相切于E,这时实现了消费者均衡。这就是说,在消费者收入与商品价格既定的条件下,消费者购买Ox_0的X商品,Oy_0的Y商品,就能获得最大的效用。

当$\frac{MU_X}{MU_Y} \neq \frac{P_X}{P_Y}$时，消费者可以通过调整购买的商品组合，来提高自己的效用水平：

若$\frac{MU_X}{MU_Y} > \frac{P_X}{P_Y}$，消费者增加 X 的购买可以提高自己的效用水平。如图 3.9 中的点 C。

若$\frac{MU_X}{MU_Y} < \frac{P_X}{P_Y}$，消费者减少 X 的购买可以提高自己的效用水平。如图 3.9 中的点 D。

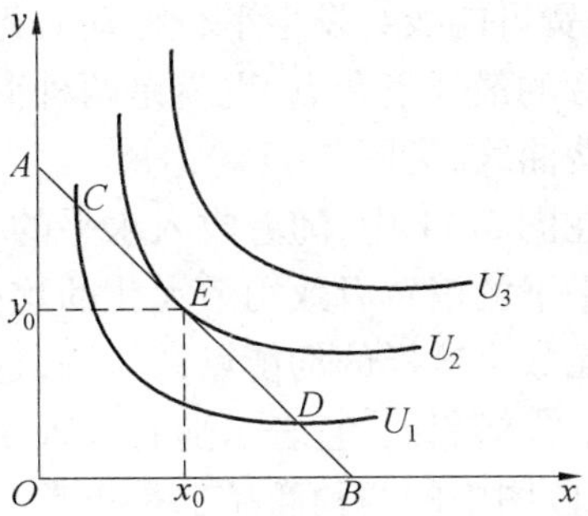

图 3.9　消费者均衡

六、消费者均衡的变动

消费者均衡实现的前提是消费者收入和商品价格不变，也就是预算线不变。而实际上，消费者的收入和商品价格是变化的。无论是消费者收入的增加或减少，还是商品价格的提高或降低，都会直接影响消费者对商品的购买量，造成消费者均衡的变动。

（一）价格变动对均衡的影响

在消费者货币收入不变和其他商品价格不变时，某种商品的价格发生变动，必然引起预算线斜率的改变，使预算线与新的无差异曲线相切，形成新的均衡点。把该种商品不同价格水平下的消费者均衡点连接起来就可以得到一条平滑的曲线。这就是价格消费曲线。因此价格消费曲线就是在收入和其他商品价格不变时，某种商品价格变动所引起的消费者均衡点移动的轨迹，如图 3.10 所示。

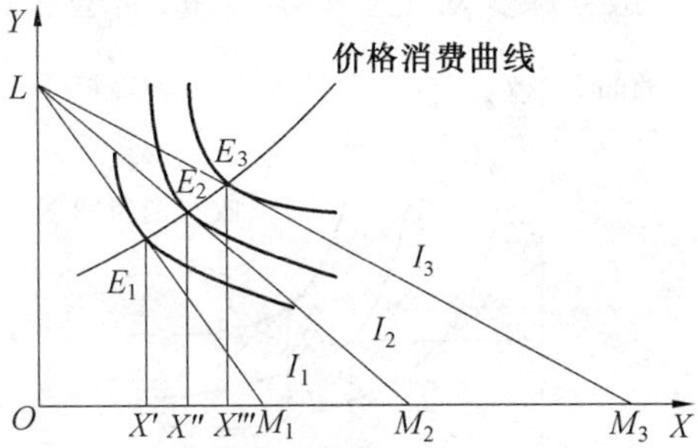

图 3.10　价格消费曲线

在图 3.10 所示，横轴表示商品 X 的消费量，纵轴表示对其他商品 Y 的开支，当预算线为 LM_1 时，与无差异曲线 I_1 相切，均衡点为 E_1。如果商品 X 的价格不断下降，预算线就会以 L 为轴点，向外旋转到 M_2、M_3，分别与较高的无差异曲线 I_2、I_3 相切，形成新的均衡点 E_2、E_3，把 E_1、E_2、E_3 连接起来，就得到价格消费曲线。

（二）收入变动对均衡的影响

在其他条件不变而仅有消费者的收入水平发生变化时，也会改变消费者效用最大化的均衡量的位置，并由此可以得到收入-消费曲线（ICC）。收入消费曲线是指在两种商品的价格水平之比为常数的情况下，每一收入水平所对应的两种商品最佳购买组合点组成的轨迹。

两种商品的价格水平之比为常数意味着消费可能线的斜率一定。随着人们收入水平的变动，消费可能线会发生平行移动。每一条消费可能线均会与一条无差异曲线相切，其切点就是消费者的最佳消费点，也就是两种商品的最佳购买组合点，把这些点连接起来就形成商品的收入消费曲线，见图 3.11。

在图 3.11 中，随着收入水平的不断增加，预算线向右上方平行移动，于是，形成了三个不同水平下的消费者效用最大化的均衡点 O_1，O_2 和 O_3。如果收入水平的变化是连续的则可以得到无数个这样的均衡点的轨迹，这便是图 3.11 中的收入消费曲线。图中的收入消费曲线是向右上方倾斜的，它表示随着收入水平的增加，消费者对商品 X 和商品 Y 的需求量都是上升的，所以图中的两种商品都是正常品。

在图 3.12 中，我们用与图 3.11 中类似的方法，随着收入水平的连续增加，描绘出了另一条收入消费曲线。但是图 3.12 中的收入消费曲线是向后弯曲的，它表示随着收入水平的增加，消费者对商品 X 的需求量开始是增加的，但当收入上升到一定水平之后，消费者对商品 X 的需求量反而减少了。这说明，在一定的收入水平上，商品 X 由正常品变成了低档品。在日常经济生活中我们不难找到这样的例子。例如，对某些消费者来说，在收入水平较低时，土豆是正常品；而在收入水平较高时，土豆就可能成为低档品。因为，在他们变得更富裕的时候，他们一般会减少对土豆的消费量，而增加对其他肉类与食物的消费量。

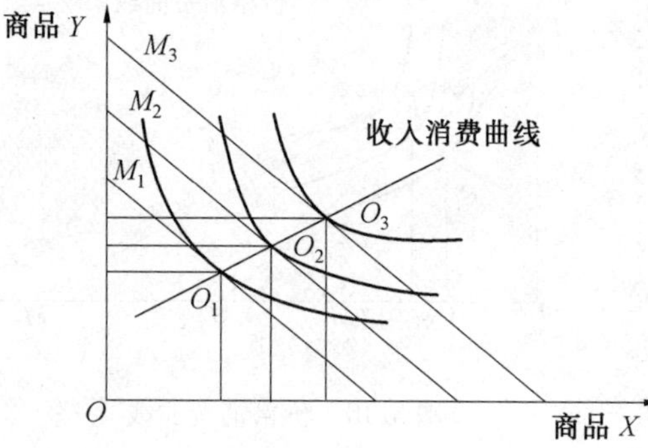

图 3.11　收入消费曲线

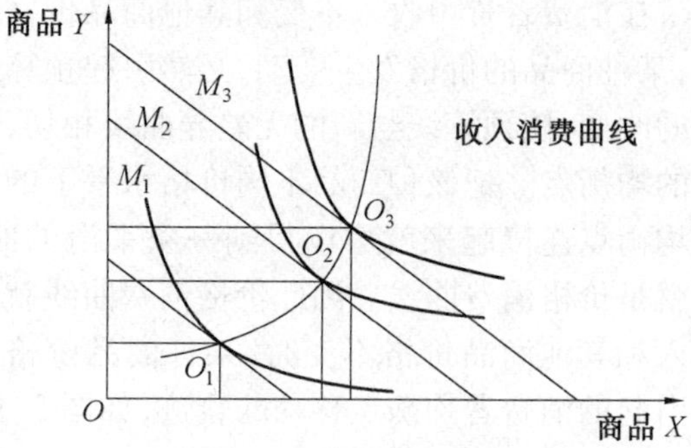

图 3.12　收入消费曲线

本章小结

1. 消费者行为的目标是追求效用最大化，即最幸福，我们将消费者实现了效用最大化称之为消费者均衡。消费者均衡的分析基于两种效用评价理论：基数效用论和序数效用论。基数效用论采用边际效用分析的方法分析消费者均衡，序数效用论采用无差异曲线分析的方法分析消费者均衡，两种方法虽然不同，但得到的结论本质上是一致的。

2. 基数效用论用总效用和边际效用概念来说明消费行为，并且用边际效用概念和边际效用递减规律来解释消费者的需求和支付意愿。

3. 消费者均衡是指在收入和价格既定时，消费者在购买多种商品时，要使每一种商品的边际效用与价格之比同其他商品的边际与价格之比相等,这样就能实现效用最大化。

4. 边际效用虽然决定消费者的支付意愿,但消费者实际支付价格是由市场中买者之间、卖者之间、买卖之间竞争决定的。消费者剩余是边际效用与市场价格的差额。

5. 无差异曲线是表示两种物品的各种组合,这些组合对消费者产生的总满足程度(即提供的效用)是相同的。无差异曲线是用序数效用论分析消费者行为的,并用以解释需求曲线的成因的主要分析工具。

5. 序数效用论用无差异曲线和预算线来说明消费者均衡。

6. 在其他条件不变的前提下,如果价格和收入发生变动,消费者的均衡点也就随之发生变动。消费者行为理论为分析此类问题提供了帮助。

思考题

1. 大约从 20 世纪 80 年代初期开始,我国老百姓在过春节的年夜饭中增添了一套诱人的内容,那就是春节联欢晚会。记得 1982 年第一届春晚的出台,在当时娱乐事业尚不发达的我国引起了极大的轰动。晚会的节目成为全国老百姓在街头巷尾和茶余饭后津津乐道的题材。晚会年复一年地办下来了,投入的人力和物力越来越大,技术效果越来越先进,场面设计越来越宏大,节目种类也越来越丰富。但不知从哪一年开始,人们对春晚的评价却越来越差了。原来街头巷尾和茶余饭后的赞美之词变成了一片骂声,春晚成了一道众口难调的大菜,晚会陷入了“年年办,年年骂;年年骂,年年办”的怪圈。春晚的怪圈反映了什么经济学原理?

2. 国内许多大城市,由于水源不足,自来水供应紧张,请根据边际效用递减原理,设计一种方案供政府来缓解或消除这个问题,并请回答下列问题。

(1)对消费者剩余有何影响?

(2)对生产资源的配置有何有利或不利的效应?

(3)对于城市居民的收入分配有何影响?能否有什么补救办法?

3. 政府实行免费发放给某地区食品的计划。设某一个家庭有资格得到食品券,他每月支付 80 元便可购买到 150 元的食品。问题:

(1)如果家庭每月的货币收入为 250 元,不符合领取食品券的条件,把他的预算线画在图中,要求横轴表示每月消费的食品量,纵轴表示每月消费的非食品数量。

(2)在图中画出符合领取食品券条件的家庭的预算线。

(3)说明如果这个家庭得到 70 元的现金而不是实物食品时,可达到更高的满足水平。

4. 2010 年 2 月 4 日公布的一份调查报告显示,中国经济最为发达的北京、上海、深圳、浙江等省市幸福指数最低,2009 年红火的地产业带来的房价飙升则令很多家庭感到痛苦。作为中国首家中外合资人寿保险公司的中宏保险发起的此次调查历时 2 个月,覆盖中国 10 个省区的 35 个城市,共有十万人参与。根据这份名为《中产家庭幸福白皮书》的调查报告,江苏、四川、福建、重庆四地幸福指数排名居前。健康、情商、财商、家庭责任以及社会环境被绝大多数被调查者认为是影响家庭幸福最重要的因素，且五者相互关联，缺一不可。报告称，有近半数的被调查者对家庭生活现状表示满意，近70%的受访者认为经济收入对家庭幸福有着相当比重的影响，财商的高低则决定家庭生活收支运转和可持续发展。报告指出，2009年是中国房地产最红火的一年，然而在突兀的房价面前，很多家庭感到痛苦。自从住房变成一件很“奢侈的事”，一系列链式反应相继产生。为了负担房贷，夫妻双方必须获得更高的报酬或用更多时间来加班，甚至将仅有的家庭时间用来充电。缺少了沟通的家庭生活变得程序化，成为临时住所的家，让幸福感大打折扣。请谈谈你的观点。

【阅读资料】

2008年末，离上帝最近的那些富孩子在金融危机的寒流下，冻得瑟瑟发抖。大手大脚惯了的美国人，不得不开始勒紧裤带过日子。与此同时，在另一片土地上，上帝的那群东方乖孩子，为了迎接新春佳节，从银行里取出积蓄的极小一部分，去超市随心所欲地购置年货，去商场买时装，买珠宝首饰。当不少华尔街的金领连病都看不起的时候，无数中国居民出境游热情不减。在家的那一拨也没有闲着，他们优哉优哉地在庙会上闲逛、“血拼”。不过，做这些的时候，他们并没有忘记捂紧自己的钱袋子。他们有理由这样做，因为他们辛辛苦苦地干了一年的活，也谨小慎微地理了一年的财。在美国的华人对此也有切身体会。在金融动荡中，华人遭受的直接损失较小。这是因为即便在美国这个崇尚消费的社会中，华人依然进行着自我风险调控。华人很少过度依赖贷款，购买房屋通常是在自己的经济实力允许的范围内。在股票、保险和其他金融产品方面，华人遭受的损失也较小，因为他们对风险过高的产品涉及不多。量入为出的理财意识是他们躲避风险的定海神针。长期以来，超前消费，以消费带动生产，被当做美国模式向全世界推广。中国人的消费观一直被当做保守、落后的代表。因为在过去，限制消费并没有给大家带来更多的财富，反而限制了创造财富的动力。而美国式过度消费引发的危机，印证了中国人量入为出理财观的价值。

“现在我们都成了中国人。”美国《华盛顿邮报》专栏作家大卫·伊格内修斯不久前在文章中这样说。金融危机使人们把钱包捂得越来越紧。伦敦《金融时报》发表了一篇文章《全球消费者被迫反思购买模式》。文章说，经济陷入衰退边缘，欧美消费者的购买习惯因此发生了转变。美国消费者正在通过合并购物行程来省钱，也更喜欢去那些以相对较低的价格出售商品的大超市和百货商店。根据美国有关部门的一份调查，22%的美国人甚至减少了看医生的次数。非必须类食品和饮料的销售量也在下降。大街上的自行车明显多了起来。不仅如此，不少美国家长还把勤俭、节约的中国传统美德作为必修课，不厌其烦地教育孩子。以前不少美国人从未想过制定家庭财政预算，如今为了保住房子，他们不得不改变以往大手大脚花钱的习惯，随时随地都想到节省开支。随着美国房地产业危机的继续，越来越多无法清偿债款的美国人面临着丧失抵押品赎回权的境况，这意味着已消耗他们大量资金的房产可能瞬间丧失。

中国的节俭风气蔓延到世界的每一个角落，甚至影响到那些在中国的留学生。由于人民币汇率的提高，买同一件物品他们要花费更多，所以现在他们出门都改乘公交车，平时也尽量自己做饭吃，开始推崇中国人量入为出的消费观念。当然，次贷危机并不否认适度消费的必要性。重要的不是不花钱，而是有节制、有风险控制地花钱。

资料来源：读者

第四章

Chapter 4

生产者行为理论

【学习要点及目标】

通过本章的学习，让学生掌握生产函数的含义和公式、生产要素的含义和种类、边际收益递减规律和一种要素合理投入分析及生产要素最适组合的等产量线分析，了解短期与长期的区分和规模报酬的分析。

【引导案例】

丰田汽车公司在全球每投资一个同等规模的新汽车生产厂，至少要比上一个汽车厂的投资额少10%，所以2012年丰田企业公司的毛利率在全球汽车行业中最高，高达8.5%，而通用只有1.5%。再设计新工厂时，丰田公司全面考虑的需要花钱的每个环节，包括厂房、设备、生产工艺、布置等，尤其是物流方面，从原材料到成品，每一个环节都采用科学设计，做到省时节效。

资料来源：王中伟. 日常生活中的经济学[M]. 电子工业出版社，2014.

从本章开始研究生产者即厂商行为。我们假定，任何生产者（厂商）都是具有完全理性的经济人。他们生产经营的目的是实现利润的最大化。这一目标涉及三个问题：第一，投入的生产要素与产量的关系，即如何在生产要素既定时使产量最大，或产量既定时使投入的生产要素为最少。这就是如何使用各种生产要素。第二，成本与收益的关系。要使利润最大化，就是要使扣除成本后的收益达到最大化。这就要进行成本-收益分析，并确定一个利润最大化的原则。第三，市场问题。市场有各种结构，即竞争与垄断的程度不同。当厂商处于不同的市场上时，应该如何确定自己产品的产量与价格。本章的生产理论要说明如何合理地投入生产要素，并从中得出若干生产规律。

第一节　生产函数

生产是厂商对各种生产要素进行合理组合,以最大限度地生产出产品产量的行为过程。在市场经济中,厂商从事生产经营活动就是从要素市场上购买生产要素(劳动力、机器、原材料等),经过生产过程,生产出产品或劳务,在产品市场上出售,供消费者消费或供其他生产者再加工,以赚取利润。所以,生产也就是把投入变为产出的过程。

一、厂商

生产者也称为厂商或企业,它是指能够作出统一生产决策的单个经济单位。企业是一种追求利润最大化的独立的生产经营单位,其功能就是把各种生产要素转化为一定的产出以取得最大利润,企业的存在是对市场一定程度上的替代。

既然说企业的存在能够节约市场交易费用,那么为了合理配置资源,似乎企业规模应当不断扩大直到完全取代市场。但实际上企业规模并不是越大越好。因为存在企业管理费用。企业规模越大,其管理费用也就越高。所以,企业规模不能无限地扩大以取代市场。科斯认为,在企业内部每增加一次交易所增加的管理费用等于该交易在市场进行所花费的交易成本时,企业的边界或者规模就达到最优状态。

企业的组织形式主要有以下三种:

(1)单人业主制企业,是单个人独资经营的厂商组织形式。这类企业的主要优点是能真正"自主经营、自负盈亏"。其缺点主要是在债务上具有"无限责任",即业主的一切财产,除了极少量之外,都可以而且必须被用来抵偿企业的债务。这类企业尽管数量最多(将近占80%的比重),但规模最小,在社会总销售额中所占的比重较低(不到20%),而且寿命较短,即使在繁荣时期也常常倒闭。

(2)合伙制企业,是两个人或两个人以上合资经营的厂商组织。按事先商定的协议,每一位合伙人都提供一定的资本和劳动,分享一定的利润,当然也分摊一定的亏损或债务。合伙制企业的主要缺点也是无限责任,很难筹资。此外,由于每一位合伙人都可以代表合伙制企业与外界签订交易契约,各合伙人的机会主义行为常常导致合伙制企业的极端的不稳定。合伙制企业是企业三种组织形式中最不普及的形式,在经济活动总量中所占的比重最小。

(3)公司制企业,是按公司法建立和经营的厂商组织。公司是一个"法人",它可以根据自己的利益从事法律许可的一切经济活动,也要承担相应的责任和义务。公司的最大优点是享有"有限责任"的权利,即每一个公司所有者对公司承担的责任严格地限于其出资的数量。这个优点使公司能够比较容易地筹集大量的资金,满足大规模生产的需要。承担有限责任和拥有一个有效率的管理体制的公司,由于能够吸收大量的私人资本供给,大规模地生产多种相关的产品并分担风险,因而成为最有效的企业组织形式。公司也有缺点,其中最主要的是对公司的利润征税。对于非公司形式的企业来说,超出成本的任何收入都作为个人收入纳税。而公司所得到的超出成本以外的收入要交纳两次税收:首先交纳公司利润税,然后再交纳以红利形式体现的个人所得税。公司的另一个缺点就是公司的经理人员与股东在追求目标方面潜伏着冲突即委托-代理问题。

二、生产要素

生产要素是指生产中所使用的各种经济资源,即劳动、资本、土地与企业家才能。生产也是这四种生产要素结合的过程,产品则是其共同作用的结果。

劳动是指劳动力所提供的服务,可以为体力劳动和脑力劳动。劳动力是指劳动者的能力,由劳动者提供,劳动者的数量和质量是生产发展的重要因素。

资本有两种不同而又有联系的含义。第一种含义是资本品,即实物资本,这是指由企业生产出来并重新投入到生产中去的一切物品,如生产中使用的厂房、机器、设备、原料等,资本品意味着“迂回生产”;资本的第二种含义是指用来购买资本品或企业的资金,即货币资本。经济学中所使用的资本,通常情况下指第二种含义的资本。

土地是指生产中所使用的各种自然资源,是在自然界所存在的,如土地、水、自然状态的矿藏、森林、海洋等。

企业家才能是指企业家对整个生产过程的组织与管理工作,包括经营能力、组织能力、管理能力、创新能力。企业家根据市场预测,有效地配置上述生产要素从事生产经营,以追求最大利润。经济学家特别强调企业家才能,认为把劳动、土地、资本组织起来,生产出最多、最好产品的关键因素就是企业家才能。

三、生产函数

(一)含义

任何生产过程都需要投入各种不同的生产要素,在一定的技术水平下,生产出来的产品数量取决于所使用的生产要素数量的多少以及它们之间的相互配合情况。生产函数表示在一定时期内,在技术水平不变的情况下,生产中所使用的各种生产要素的数量与所能生产的最大产量之间的关系。它是反映生产过程中投入和产出之间的技术数量关系的一个概念。

(二)生产函数的表达方法

以 Q 代表总产量,$L,K,N,E,\cdots$ 等分别代表投入到生产过程中的劳动、资本、土地、企业家

的才能等生产要素的数量，则生产函数的一般形式可表示为

$$Q=f(L,K,N,E,\cdots)$$

为了分析方便，通常把土地和企业家才能作为固定的，所以，生产函数可以简化为

$$Q=f(L,K) \tag{4.1}$$

式(4.1)表明，在一定时期一定技术水平时，生产 Q 的产量，需要一定数量的劳动与资本的组合。同样，式(4.1)也表明，在劳动与资本的数量与组合已知时，就可以推算出最大的产量。

(三)技术系数

生产函数中的各种生产要素的配合比例称为技术系数。生产各种不同产品时，各种生产要素配合的比例是不同的，虽然各种产品生产中要素配合的比例千差万别，总的看可分两种即固定技术系数和可变技术系数。

固定技术系数：指生产某种产品所需要的各种生产要素的配合比例不改变。相应的生产函数称为固定配合的比例生产函数。对于这种生产函数而言，生产要素之间彼此不能互相替代，生产一种产品只能有此种要素比例；要增加产量，各要素必须同比例增加；要减少产量，各要素也必须同比例减少。例如，生产 100 单位的某产品需要投入 7 单位劳动和 2 单位资本，技术系数即劳动与资本的配合比例为 7 ∶ 2。由于这一比例不可改变，当产量增加到 200 单位时，劳动必须投入 14 单位，资本必须投入 4 单位。

可变技术系数：指生产某种产品所需要的各种生产要素的配合比利时可以一定的范围内改变的。相应的生产函数称为可变配合比例生产函数。对于这种生产函数而言，生产同一种产品所需要的要素投入可以有不同的组合比例，也就是说各种投入要素可以互相替代。例如，邮局分拣信件这项工作，既可以用人工分拣也可以用信件分拣机来分拣，人工分拣方法主要使用劳动这种要素，资本要素使用较少，而信件分拣机分拣方法更多地使用了资本这种生产要素，劳动要素使用较少。也就是说，劳动和资本在一定范围内可以相互替代，则邮局分拣信件的生产函数中的技术系数是可变的。

一般来说，现实的生活中，固定技术系数的生产函数并不多见，大部分的生产函数是可变技术系数的生产函数。例如，生产中既可以多用工人少用机器，也可以多用机器少用工人。前一种情况类似于劳动密集型的生产技术方式下的生产，后一种情况类似于资本密集型的生产技术方式下的生产。在生产理论中研究的生产要素组合问题都是以技术系数是可变的为前提。

【知识库】

1928 年，美国数学学家 C·柯布与经济学家 P·道格拉斯根据 1899～1922 年之间美国的劳动和资本这两种生产要素对产量影响的历史统计资料，提出了这一时期美国的生产函数，该生产函数的一般形式为

$$Q=AL^{\alpha}K^{1-\alpha}$$

上式就是经济学中著名的“柯布–道格拉斯生产函数”。式中：Q 代表产量，L 和 K 分别代表劳动和资本的投入量，A 和 α 为常数，其中 $0<\alpha<1$。α 和 $1-\alpha$ 分别表示劳动和资本在生产中的相对重要性，α 为劳动贡献在总产量中所占的份额，$1-\alpha$ 为资本贡献在总产量中所占的份额。

在柯布–道格拉斯生产函数中，当劳动量与资本量同时增加 λ 倍时，上式则为

$$A(\lambda L)^{\alpha}(\lambda K)^{1-\alpha}=\lambda AL^{\alpha}K^{1-\alpha}=\lambda Q$$

所以，产量也增加了 λ 倍，因此，柯布–道格拉斯生产函数为线性齐次生产函数。

柯布和道格拉斯对美国这一时期有关统计资料的结算，得出 A 值为 1.01，α 值为 0.75 或 3/4。代入上式表明，这一期间美国，在资本投入量固定不变时，劳动投入量每增加 1%，产量将增加 1% 的 3/4 即0.75%；当劳动投入量固定不变时，资本投入量每增加 1%，产量将增加工厂% 的 1/4 即 0.25%。这就是说，劳动和资本对总产量的贡献的比例是 3∶1。西方经济学家认为，这个比例同劳动收入–工资和资本收入–利息在国民收入所占的比例大致一样，后者也是 3∶1。

四、生产中的短期与长期

经济学中的生产理论可以分为短期生产理论和长期生产理论。为了研究短期生产理论和长期生产理论，我们首先来认识短期和长期的划分，短期和长期的划分是以生产者能否变动全部要素投入的数量作为标准的。

短期指生产者来不及调整全部生产要素的数量，至少有一种生产要素的数量是固定不变的时间周期。短期中，至少有一种投入不能随着产量的变动而变动。在短期，要素可以分成两大类，一类可以随着产量的变动而变动，如劳动、燃料和原材料等，称做变动投入。另一类要素不能随着产量的变动而变动，如机器和厂房等，叫做固定投入。短期没有具体时间的界定，对于不同的产品生产，短期可能是几个月也可能是几年。例如，国内某汽车生产厂商在两年之内不能调整其全部生产要素，那么两年之内均是该厂商的短期。

长期指生产者可以调整全部生产要素的数量的时间周期。在长期，生产者可以调整全部的要素投入。例如，生产者根据企业的经营状况，可以缩小或扩大生产规模，甚至还可以加入或退出一个行业的生产。由于在长期所有的要素投入量都是可变的，因而也就不存在可变要素投入和不变要素投入的区分。长期与短期一样不是用具体时间来界定的，对于不同的产品生产，长期从几个月到几年之间具有可能。依据上例，某汽车生产厂商的长期就是两年以上。

经济学中的短期生产理论通常以一种可变要素的生产函数来考察，而长期生产理论则以两种可变生产要素的生产函数来考察。我们在以后两节分别介绍短期生产理论和长期生产理论。

第二节　短期生产理论

如前文所述,短期是指生产者来不及调整全部生产要素的数量,至少有一种生产要素的数量是固定不变的时间周期。经济学中,在短期内固定不变的生产要素通常是指资本。这是因为资本形成需要一定的时间间隔,因此本节以只有一种生产要素——劳动可变的情形为例考察短期的生产函数。本节所要研究的问题是,在其他生产要素的投入水平不变的前提下,只有一种生产要素的投入量是可以变化的,这种可变的生产要素的不同投入水平就会有不同的产量水平,那么这种可变要素的最合理投入水平应该如何确定。

一、一种可变生产要素的生产函数的表现形式

为了分析投入的生产要素与产量之间的关系,可以假定厂商处于生产的短期,仅只使用劳动与资本两种投入,且资本的投入量保持不变。此时厂商的短期生产函数是指在资本要素固定不变,劳动要素可以变动的条件下,投入与产出之间的函数关系。一般可表示为

$$Q=f(L,\bar{K}) \tag{4.2}$$

上式中,$\bar{K}$ 表示资本量不变,这时的产量只取决于劳动量 L。因此,生产函数也可以记为

$$Q=f(L) \tag{4.3}$$

根据式(4.3),我们就可以在假定资本量不变的情况下,分析劳动量投入的增加对产量的影响,以及劳动量投入多少最合理。

为了研究单一可变生产要素的最优利用问题,我们首先来介绍总产量、平均产量和边际产量这三个概念及其相互关系。

二、总产量、平均产量和边际产量

(一)总产量、平均产量和边际产量的概念

经济学中,产量的概念是指实物量,而不是指产值。根据一种可变生产要素的投入与相应产量之间的对应关系,经济学上通常使用的产量概念有三个。现以劳动要素为例说明这些概念。

(1)总产量(TP)是指投入一定量的生产要素以后,所得到的全部产出量之和,表达式为

$$TP=f(L) \tag{4.4}$$

(2)平均产量(AP)是指平均每单位生产要素投入所生产出来的产量,表达式为

$$AP=TP/L \tag{4.5}$$

(3)边际产量(MP)是指每增加或减少 1 单位生产要素投入量所带来的总产出量的变化,表达式为

$$MP=\Delta TP/\Delta L \tag{4.6}$$

(二)三者之间的关系

对于总产量、平均产量与边际产量三者之间的关系可以通过表 4.1 和图 4.1 进行分析，从中找到有规律性的东西。

假设在一亩地上投入劳动进行某种农产品的生产，表 4.1 描述了随着劳动投入量的变化引起的产量变化。

表 4.1　劳动投入变化引起的农产品总产量、平均产量与边际产量的变化

资本 *K*	劳动 *L*	劳动增量 ΔL	总产量 *TP*	总产量增量 ΔTP	边际产量 *MP*	平均产量 *AP*
1	0	1	0	—	—	—
1	1	1	4	4	4	4
1	2	1	10	6	6	5
1	3	1	15	5	5	5
1	4	1	18	3	3	4.5
1	5	1	20	2	2	4
1	6	1	21	1	1	3.5
1	7	1	21	0	0	3
1	8	1	20	−1	−1	2.5

我们利用表 4.1 中的数据绘成图 4.1 的总产量曲线、平均产量及边际产量曲线。

在图 4.1 中，以劳动量 *OL* 为横轴，产量 *TP*、*AP*、*MP* 为纵轴，可以做出总产量曲线 *TP*，平均产量曲线 *AP* 和边际产量曲线 *MP*。根据这个图，我们可以看出总产量、平均产量和边际产量之间的关系有这样几个特点：

(1)在资本投入量不变的情况下，随着劳动投入量增加到 L_1 时，最初 *AP* 曲线、*MP* 曲线都上升，并且 *MP* 曲线达到最高峰点 P'_1，这时 *TP* 曲线以递增的增长率上升。

(2)当劳动投入量增加到 *A* 时，*MP* 曲线由最高峰点 P'_1 开始下降，这导致 *TP* 曲线以递减的增长率上升。*MP* 曲线与 *AP* 曲线交于 *AP* 曲线的最高点点 P'_2，相交前，*AP* 是递增的，且 $MP>AP$；相交后，*AP* 是递减的，且 $MP<AP$；只是在相交时，才有 $MP=AP$。

(3)当劳动投入继续增加到 L_3 之前，*TP* 曲线仍以递减的增长率上升，在 *MP* 曲线与 *OL* 轴相交于 L_3 点处，即 $MP=0$，此时 *TP* 曲线达到其最高点。当劳动投入量超过 L_3 时，$MP<0$，则 *TP* 曲线开始下降。从以上 *TP* 曲线、*AP* 曲线、*MP* 曲线都是先上升而后下降的特征看，正是反映了边际收益递减规律作用的结果。

根据图 4.1 我们可以进一步分析出三者及其曲线之间内含的联系。

(1)总产量与边际产量之间:根据边际产量计算公式 $MP=\dfrac{\Delta TP}{\Delta L}=\dfrac{\Delta F(L)}{\Delta L}$ 或 $MP=\dfrac{\mathrm{d}TP}{\mathrm{d}L}$,边际产量是总产量曲线的斜率。边际产量曲线的斜率大于零,边际产量递增,总产量以递增的速率增加;边际产量曲线斜率小于零,边际产量递减,总产量以递减的速率增加;边际产量曲线斜率等于零,边际产量最大,总产量曲线出现拐点。

(2)总产量与平均产量之间:每一劳动投入量对应的平均产量等于这一劳动投入量对应的总产量曲线上的点与原点之间连线的斜率。

(3)平均产量与边际产量之间:平均产量曲线峰值与边际产量曲线相交于边际产量曲线斜率小于零处。

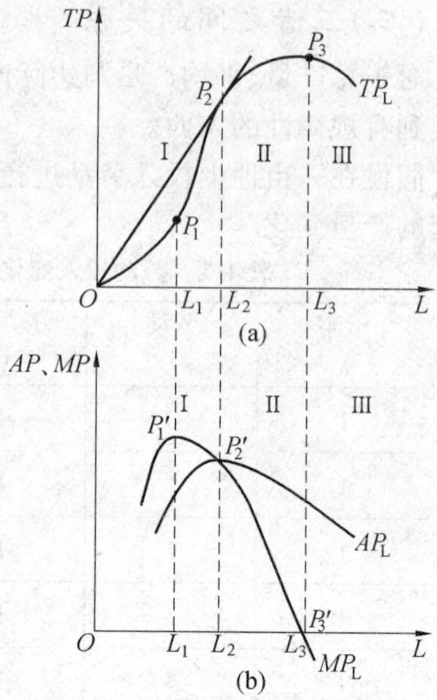

图 4.1 TP、AP、MP 的相互关系

三、边际报酬递减规律

【案例 4.1】

在期末复习中,你也许会发现一天中复习一本书的第一个小时的收获最大,第二个小时中你可能会稍微有些走神,学到的东西少了,而在第三个小时中,你学到的东西更少了,使你在第二天,根本想不起第三个小时中所学的任何东西。这说明考试前的复习时间应该分散而不是集在一起,为什么呢?

在拥挤的中国和印度,生活水平之所以低,与每一英亩的土地上有众多的劳工有关系吗?

边际报酬递减规律又称边际收益递减规律,是指在技术水平不变的条件下,当把一种可变的生产要素投入到一种或几种不变的生产要素中时,最初这种生产要素的增加会使产量增加,但当它的增加超过一定限度时,所带来的产量增加量是递减的,最终还会使产量绝对减少,这就是边际收益递减规律。

在理解这一规律时,需要注意三点:

(1)这一规律发生作用的前提是生产技术水平保持不变。技术水平不变是指生产中所使用的技术没有发生重大变革。当今世界,尽管技术进步速度很快,但并不是每时每刻都有重大突破,技术进步总是间歇式进行的,只有经过一定时期的准备以后,才会有重大的进展。无论是工业还是农业,一种技术一旦形成,总会有一个相对稳定的时期,这一时期就可以称为技术水平不变。例如,当厂商选择一个特定生产技术之后,如果只有一种生产要素可以调整,那么就意味着生产处于短期,这时生产技术水平不变的假设是能够成立的。离开了技术水平不变这一前提,边际收益递减规律就不能成立。

(2)这一规律只有在其他要素投入量保持不变的条件下才能成立。如果连同可变的生产要素一起增加其他生产要素,则这一规律就不能成立。

(3)在其他生产要素不变时,一种生产要素投入量增加所引起的产量或收益的变动可以分为三个阶段:

第一阶段又叫收益递增阶段,即图4.1中的OA段劳动的平均产量由零到最高点E,总产量也在递增。这是因为,在开始时不变的生产要素没有得到充分利用,这时增加可变的生产要素劳动,可以使不变的生产要素得到充分利用,使劳动的边际产量大于劳动的平均产量,从而使劳动的平均产量和总产量递增。

第二阶段称收益递减阶段,即图4.1中劳动投入由A到B,总产量则继续增加到最高点M。这一阶段,劳动的边际产量小于劳动的平均产量,从而使平均产量递减,但由于边际产量大于零,所以总产量仍能继续增加,但递减的比率增加。这是因为在这一阶段,不变的生产要素已接近于充分利用,可劳动的增加已不能像第一阶段那样使产量迅速增加。

第三阶段是负收益阶段,即劳动投入量超过B,总产量开始下降的阶段。这一阶段,劳动的边际产量下降为负值,总产量也绝对减少。这是因为此时不变的生产要素已经得到充分利用,再继续增加可变生产要素只会降低生产效率,减少总产量。

边际收益递减规律是从科学实验和生产实践中得出来的。我国俗话所说的"一个和尚挑水吃,两个和尚抬水吃,三个和尚没水吃"正是对边际收益递减规律的形象描述。

四、一种生产要素的合理投入区域

根据劳动投入量与总产量,平均产量和边际产量之间的关系,图4.1可分为三个区域。Ⅰ区域是劳动量从零增加到A为第一阶段,这时平均产量呈上升趋势,并且边际产量大于平均产量,这说明在此阶段,相对于不变的资本量而言,劳动量投入不足,所以劳动量的增加不仅可以使资本得到充分利用,而且还使产量递增。由此看来劳动投入量最少要增加到点A为止,否则资本无法得到充分利用。因此理性的厂商不会把劳动的投入确定在这一区域。Ⅱ区域是劳动量从A增加B这一阶段,这时平均产量开始下降,边际产量小于平均产量且递减,但仍大于零,所以总产量仍增加,但是以递减的比率增加。当劳动投入量增加到点B时,边际产量为零,总产量达到最大。Ⅲ区域是劳动增加到点B以后,此时劳动的边际产量为负值,即继续增加劳动投入不但不会增加产量,反而会使总产量绝对减少,因此厂商也不会把投入确定在这一区域内。

从以上分析可以看出,理性的生产者只会把劳动的投入量选择在Ⅱ区域内,即A与B之间的区域,也被称为可变生产要素的合理投入区。合理投入区仅给出了可变生产要素的投入范围,但具体投入在哪一点上却还要考虑到其他因素。例如,首先要考虑厂商的目标,若厂商追求的目标是使平均产量最大,则劳动投入量增加到点A就可以了;若厂商的目标是使总产量最高,那么,劳动投入量就可以增加到点B。其次,若厂商以利润最大化为目标,即无论是平均产量最大或是总产量最大时，都不一定是利润最大。究竟劳动投入量增加到哪一点所达到的产量能实现利润最大化，还必须结合成本与产品价格来分析。

【案例 4.2】

你是否遇到过这样的情况：晚上 10 点了，你正在为完成一项任务而埋头工作，因为如果明天你完不成这个任务，老板就有可能炒你的鱿鱼。但就在这时，一个好朋友突然打电话给你，说想到你家找你玩，你拒接了他。不管朋友怎么说，你还是坚持要把工作做完，不同意他到家里来。这个时候也许你的朋友有些难过，就只问你“究竟是工作重要还是他重要”！作为一个理性经济人，你可以毫不犹豫的告诉他：“并不是工作重要，而是在当前这个时间点上，从边际的角度考虑，干完这个工作任务会比较重要一些。”如果你的朋友不能理解，可以进一步和他解释，在今天这个特定的情况下，你面临的并不是工作和朋友之间的选择，而是“用这个晚上赶完工作任务保住工作”和“用这个晚上陪朋友喝茶聊天并获得放松”这两者间究竟哪个比较值得做的选择。

资料来源：王中伟. 日常生活中的经济学[M]. 电子工业出版社，2014.

第三节　长期生产理论

在长期中，所有投入要素均可变动，那么当要素的投入量都发生变动时对产出量会有怎样的影响呢？这可以分成两种情况：一种是可变技术系数生产函数的多种要素投入，即各种投入要素的配合比例可以变动；另一种是固定技术系数生产函数的多种要素投入，即各种要素的投入量都是按同比例增加的。本节先来介绍可变技术系数生产函数的要素投入问题，下一节介绍固定技术系数生产函数的要素投入问题。

本节研究的问题实质上就是生产要素的最适组合问题，也被称为生产者均衡。为了简化分析，我们假设生产者只使用两种生产要素：资本和劳动。则生产者均衡就是研究生产者如何将既定成本分配于两种不同的生产要素，以实现利润最大化。本节采用的分析方法是等产量线分析法。

一、两种可变生产要素的生产函数的表现形式

假如生产者所需要的生产要素是资本 K 和劳动 L，则两种可变生产要素的长期生产函数可以写为

$$Q=f(L、K) \tag{4.7}$$

二、等产量线

（一）等产量线的含义

等产量线就是在技术水平不变的条件下，生产同一产量的两种生产要素投入的各种不同

组合点的轨迹。假如现在用劳动(L)和资本(K)两种生产要素的组合,它们有 a、b、c、d 四种组合方式,这四种组合方式都可以生产出相同的产量 Q_0。具体组合见表4.2。

表4.2　等产量表

组合方式	资本量 K	劳动量 L
a	6	1
b	3	2
c	2	3
d	1	6

根据表4.2,可做出图4.2。其中:横轴 OL 代表劳动量,纵轴 OK 代表资本量,将 a、b、c、d 点连成一条曲线,则 Q_0 即为等产量线。即在线上任意一点所表示的资本与劳动的不同数量的组合,都能生产出相等的产量。生产理论中的等产量曲线与效用理论中的无差异曲线相似,所以它又被称为"生产的无差异曲线"。所不同的是,等产量线代表的是产量,而无差异曲线代表的是效用。

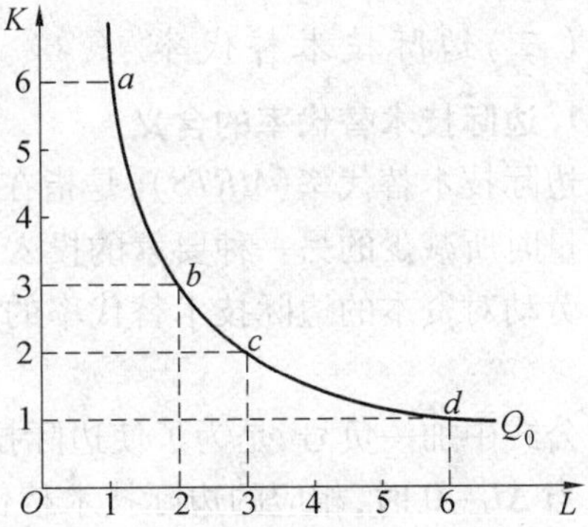

图4.2　等产量曲线

根据两种可变生产要素间的替代程度,可将等产量曲线大体分为三种类型。

图4.3(a)中的等产量曲线是一条直线,表明投入要素 L 和 K 是完全替代品,

图4.3(b)的等产量曲线是直角形曲线,这表明投入要素 L 和 K 是非替代品,即在保持产量不变的前提下,增加一单位投入要素 L,不能减少另一投入要素 K 的投入量。

图4.3(c)的等产量曲线表示两要素是非完全替代品,在产量既定条件下,投入要素 L 替代投入要素 K 的比率会随前者使用量的增加而递减。

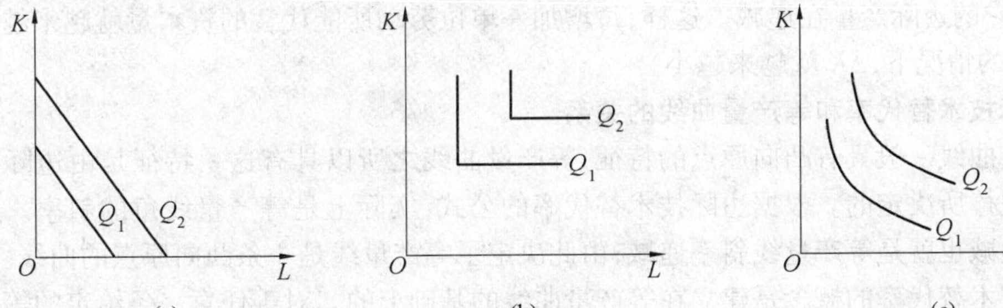

图4.3　等产量曲线的类型

(二)等产量线的特征

(1)等产量线是一条向右下方倾斜的线,其斜率为负。这表明,在生产者的资源与生产要素价格既定的条件下,为了达到相同的产量,在增加一种生产要素时,就必须减少另一种生产要素。

(2)在同一条平面图上可以有无数条等产量线,同一条等产量线代表同样的产量,不同的等产量线代表不同的产量,离原点越高的等产量线所代表的产量越高,反之则越低。

(3)在同一平面图上,任意两条等产量线不能相交。如果说有两条等产量线相交于某一点,那么在这一点上就有相等的产量,显然这与不同等产量线代表不同产出水平相矛盾。

(4)等产量线是一条凸向原点的线。这是由边际技术替代率递减所决定的。

(三)边际技术替代率

1. 边际技术替代率的含义

边际技术替代率(*MRTS*),是指在维持产量水平不变的条件下,增加一单位某种生产要素投入量时所减少的另一种要素的投入数量。它是一个与等产量曲线相联系的概念。

劳动对资本的边际技术替代率的定义公式为

$$MRTS_{LK}=-\Delta K/\Delta L \tag{4.8}$$

公式中加一负号,是为了使边际技术替代率的值在一般情况下保持正值,以便于比较。

当 $\Delta L\to 0$ 时,相应的边际技术替代率公式为

$$MRTS_{LK}=\lim_{\Delta l\to 0}-\frac{\Delta K}{\Delta L}=-\frac{\mathrm{d}K}{\mathrm{d}L} \tag{4.9}$$

2. 边际技术替代率递减规律

在两种要素相互替代的过程中,普遍存在着这样的现象:在维持产量不变的前提下,当一种生产要素的投入量不断增加时,每一单位的这种生产要素所能替代的另一种生产要素的数量是递减的。这一现象被称为边际技术替代率递减规律。

边际技术替代率递减的主要原因是因为边际收益递减规律在起作用。随着劳动投入量的不断增加,它的边际产量在递减。这样,每增加一单位劳动所能代替的资本量就越来越少。即在 ΔL 不变的情况下,ΔK 就越来越小。

3. 边际技术替代率和等产量曲线的关系

等产量曲线一般具有凸向原点的特征,等产量曲线之所以具有这一特征是由边际技术替代率递减规律所决定的。根据边际技术替代率的公式,实际上是等产量线负的斜率。边际技术替代率递减也就是等产量线斜率递减,由此决定了等产量线是一条凸向原点的曲线。

边际技术替代率的概念是建立在等产量曲线的基础上的。对于任意一条给定的等产量曲线来说,当用劳动投入去替代资本投入时,在维持产量水平不变的前提下,由增加劳动投入所带来的总产量增加量和由减少资本量所带来的总产量的减少量必然是相等的,即

$$|\Delta L \cdot MP_L| = |\Delta K \cdot MP_K|$$

由边际技术替代率的定义公式得

$$MRTS_{LK} = -\frac{\Delta K}{\Delta L} = \frac{MP_L}{MP_K}$$

或者有

$$MRTS_{LK} = -\frac{\mathrm{d}K}{\mathrm{d}L} = \frac{MP_L}{MP_K}$$

4. 脊线

(1)脊线。等产量曲线上斜率为零的点或斜率为无穷大的点与原点的连线叫脊线。如图 4.4 所示,*OA*、*OB* 即是两条脊线。

(2)经济区域。两条脊线 *OB* 和 *OA* 所围的区域就叫生产的经济区域。

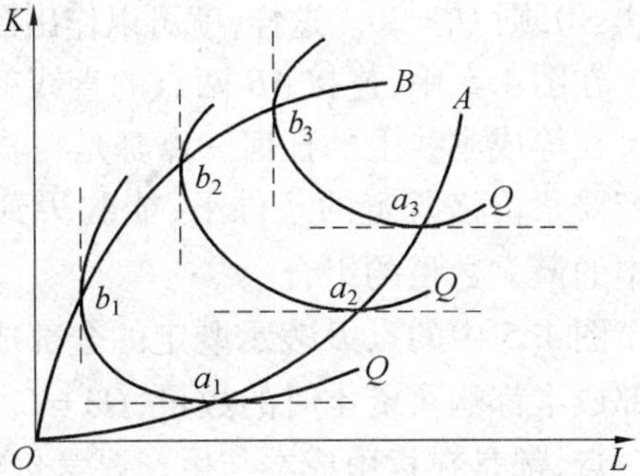

图 4.4　脊线图

如图 4.4 所示,在脊线 *OB* 左上方和 *OA* 右下方,等产量曲线的斜率为正,意味着为了维持某一产量水平,劳动和资本必须同时增加。因此,其中一种要素的边际产量必然小于零:在脊线 *OB* 上方,$MP_K<0$。此时,在劳动投入不变的条件下,减少资本投入反而增加产量;脊线 *OA* 下方,$MP_L<0$。此时,在资本投入不变的条件下,减少劳动投入反而增加产量。因此,脊线 *OB* 代表生产各种产量所使用的资本量的最高限,脊线 *OA* 代表生产各种产量所使用的劳动量的最高限。显然,理性的厂商总是在两条脊线所围的区域内从事生产。

在两种要素完全不能替代的场合,两条脊线和生产的经济区域就重合为一条直线。

三、等成本线

(一)等成本线的含义

等成本线又称企业预算线,它是一条表明在生产者成本与生产要素价格既定的条件下,生产者所能购买到的两种生产要素最大数量的各种组合的轨迹。

等成本线表明了厂商进行生产的限制条件,即他所购买的生产要素的所有支付不能大于或小于他所拥有的货币成本。大于货币成本是他无法实现的,小于货币成本又使他无法实现产量最大化。

(二)等成本线的表示

假定既定的货币成本为 *C*,劳动与资本的价格与购买量分别为 P_L、P_K、*L* 与 *K*。即等成本线方程可表示为

$$C=P_L\times L+P_K\times K \tag{4.10}$$

$$K=C/P_K-P_L/P_K\times L \tag{4.11}$$

只要生产要素的价格不会因其购买量的变动而有所变动，很明显，等成本线是一个直线方程，其斜率为$-P_L/P_K$。

根据方程，就可以画出生产者预算线。如$M=800$元，$P_L=40$元、$P_K=160$元，则有$Q_L=0$，则$Q_K=5$；$Q_K=0$，则$Q_L=20$。这样，就可以作出图4.5。

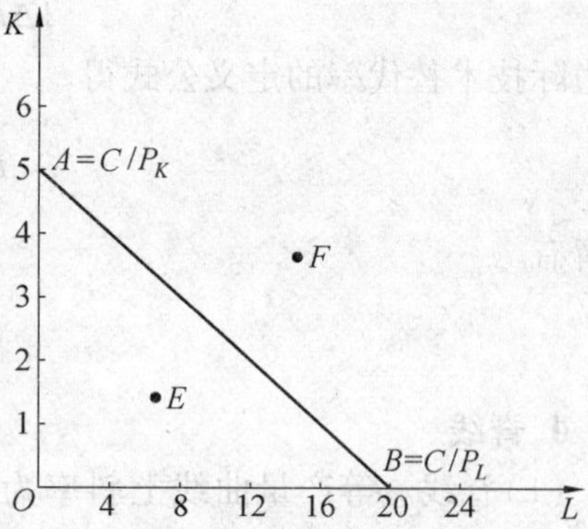

图4.5 等成本线

在图4.5中，连接AB两点的直线就是等成本线。在等成本线上的任何一点都是在货币成本与生产要素价格既定的条件下，能购买到的劳动与资本的最大数量的组合。

图4.5中的点B表示既定的全部成本都购买劳动时的数量，$OB=C/P_L$；点A表示既定的全部成本都购买资本时的数量，$OA=C/P_K$。连接点A和点B则为等成本线AB。在该线上任意一点，都是在货币成本与生产要素价格既定条件下能够购买到的劳动与资本的最大数量的组合。在线内的任何一点，如点E，表示所购买的劳动与资本的组合是可以实现的，但并不是最大数量的组合，即既定的货币成本没有用完。而在线外的任何一点，如点F，则表示所购买的劳动与资本的组合都大于线上任一点的组合，是无法实现的，因为所需要的货币超过了既定的成本。

（三）等成本线的变动

等成本线是在厂商的货币成本和生产要素价格既定条件下作出的，成本和生产要素价格的任何变动，都会使等成本线发生变化。

如果生产者的成本变动，则等成本线会平行移动。成本增加，等成本线向右上方平行移动；成本减少，等成本线向左下方平行移动。

如果劳动和资本的价格发生变动，则等成本线的斜率发生变动，表现为等成本线旋转。如果劳动的价格相对于资本价格便宜了，等成本线斜率的绝对值变小；如果资本的价格相对于劳动的价格贵了，等成本线斜率的绝对值变大。

四、生产要素最优组合

生产要素最优组合是指成本最小产量最大的要素组合：用既定数量的成本生产最大产量的组合，或是用最小成本生产既定产量的组合来表示。

（一）既定成本产量最大化的投入组合

把等产量线与等成本线结合在一个图上，那么，等成本线必定与无数条等产量线中的一条切于一点。在这个切点上就实现了生产要素的最优组合。如图 4.6 所示。

在图 4.6 中,三条等产量线,产量大小的顺序为 $Q_1<Q_2<Q_3$。等成本线 AB 与等产量线 Q_2 相切于 E,二者的斜率相等,这时实现了生产要素的最优组合。这就是说,在生产者货币成本与生产要素价格既定的条件下,OL_1 的劳动与 OK_1 的资本结合,能实现利润的最大化,即既定产量下成本最小或既定成本下产量最大。

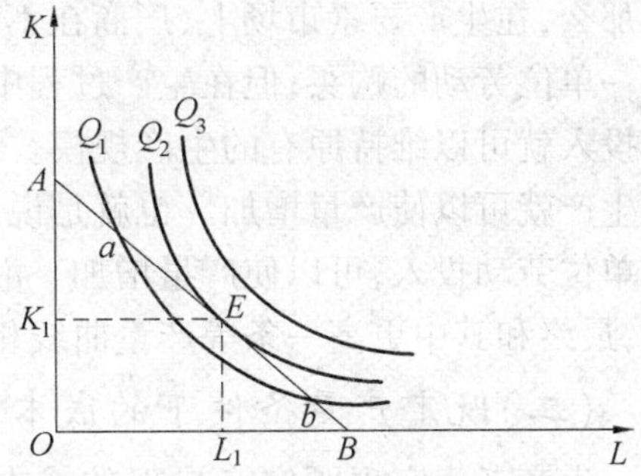

图 4.6　成本既定下产量最大的要素组合

为什么只有在这个切点时才能实现生产要素的最优组合呢？从图 4.6 中可以看出,只有在这一点上所表示的劳动与资本的组合才达到在货币成本和生产要素价格既定的条件下产量最大。在比它离原点远的无差异曲线 Q_3 所代表的产量水平大于 Q_2,但等成本线 AB 同它既不相交又不相切,这说明达到 Q_3 产量水平的劳动与资本的数量组合在货币与生产要素价格既定的条件下是无法实现的。

而在比它离原点近的等产量线 Q_1,虽然 AB 线同它有两个交点 a 和 b,说明在点 a 和 b 上所购买的劳动与资本的数量也是货币成本与生产要素价格既定的条件下最大的组合,但 $Q_1<Q_2$。点 a 和点 b 劳动与资本的组合并不能达到利润的最大化。

此外,Q_2 除点 E 之外的其他各点也在 AB 线之外,即所要求的劳动与劳动资本的数量组合也在收入与价格既定的条件下是无法实现的。

具体来说是:由于边际技术替代率反映了两种要素在生产中的替代率,要素的价格比例反映了两种要素在购买中的替代比率,所以,只要两者不相等,厂商总可以在总成本不变的条件下通过对要素组合的重新选择,使总产量得到增加。只有在两种要素的边际技术替代率和两种要素的价格之比相等时,生产者才能实现生产均衡。

因此,在生产者均衡点有:$MRTS_{LK}=w/r$。其中 w 为劳动的价格,r 为资本的价格。这表示为了实现既定成本下的最大产量,厂商必须选择最优的生产要素组合,使得两种要素的边际替代率等于两种要素的价格之比。这就是两种生产要素的最优组合原则。

由于边际技术替代率可以表示为两种要素的边际产量之比,所以上式可写为

$$MRTS_{LK}=\frac{MP_L}{MP_K}=\frac{w}{r} \tag{4.12}$$

也可以把这一条件转化为

$$\frac{MP_L}{w}=\frac{MP_K}{r} \tag{4.13}$$

这表示厂商可以通过对两种要素投入量的不断调整,使得在最后一单位的成本之处,无论用来购买哪一种生产要素所获得的边际产量都相等,从而实现既定成本条件下的最大产量。

例如，资本和劳动的价格都为1，即 $w/r=1$，若边际技术替代率 $MRTS_{LK}=4/1$。如图中的点 a，那么，在生产要素市场上，厂商在不改变总支出的情况下，减少一单位资本的购买，就可以增加一单位劳动的购买；但在生产过程中，厂商减少一单位资本投入，只需要增加0.25单位的劳动投入就可以维持原有的生产规模。结果，厂商就余下0.75单位的劳动量，这部分劳动量投入生产就可以使产量增加。也就是说：在成本不变的情况下，厂商减少一单位资本投入，增加一单位劳动投入，可以使产量增加。沿等成本曲线向下移动就会和更高的等产量曲线发生联系，最终和其中更高一条等产量曲线相切。

（二）既定产量条件下的成本最小化的投入组合

生产者为实现既定产量下的成本最小，可以用图4.7表示。图中等产量曲线 Q 和等成本曲线 $A'B'$ 相切在点 E，在点 a，等产量曲线的斜率的绝对值大于等成本曲线的斜率的绝对值。即在这一点上，两种要素的边际技术替代率大于两种要素的价格之比。厂商会多投入劳动而减少对资本的投入。在点 b，等产量曲线的斜率的绝对值小于等成本曲线的斜率的绝对值。即在这一点上，两种要素的边际技术替代率小于两种要素的价格之比。厂商会减少劳动的投入而增加资本的投入。所以，在产量既定的前提下，生产者应该选择点 E 的要素组合（OK_1，OL_1），才能实现最小的成本。

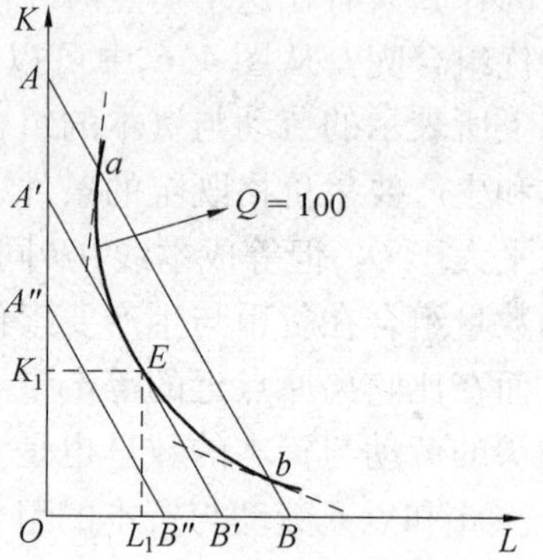

图4.7　既定产量下的成本最小的最优组合

图中等产量曲线与等成本曲线相切，在均衡点 E 有：$MRTS_{LK}=w/r$。这表示：厂商应选择最优的生产要素组合，使得两种要素的边际技术替代率等于两种要素的价格之比，从而实现既定产量条件下的最小成本。

由于边际技术替代率表示为两种要素的边际产量之比，所以，上式可以写为

$$MRTS_{LK}=\frac{MP_L}{MP_K}=\frac{w}{r}$$

进而有

$$\frac{MP_L}{w}=\frac{MP_K}{r}$$

这表示：为了实现既定产量条件下的最小成本，厂商应该通过对两种要素投入量的不断调整，使得花费在每一种要素上的最后一单位的成本支出所带来的边际产量相等。

五、扩展线

（一）等斜线

图4.8中的三条等产量曲线分别和三条相互平行的的曲线相切。在 E_1、E_2、E_3 三个切点上，两种要素的边际技术替代率 $MRTS_{LK}$ 是相等的。

连接 E_1、E_2、E_3 三个切点的曲线 ON 被称为等斜线。等斜线是一组等产量曲线中两种要素的边际技术替代率相等的点的轨迹。

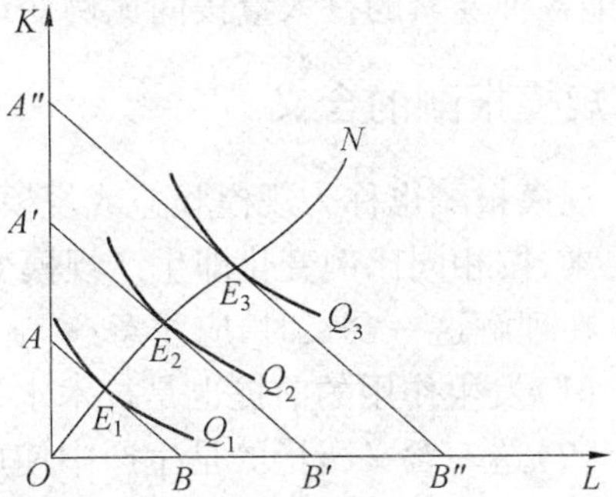

图4.8　等斜线

（二）扩展线

如果生产者的货币成本增加，则等成本线向右上方平行移动，不同的等成本线与不同的等产量线相切，形成不同的生产要素最适组合点，将这些点连接在一起，就得出扩展线。扩展线一定是一条等斜线。

当生产者沿着这条线扩大生产时，可以始终实现生产要素的最适组合，从而使生产规模沿着最有利的方向扩大。

扩展线表示：在生产要素价格、生产技术和其他条件不变的情况下，当生产的成本或产量发生变化时，厂商必然会沿着扩展线来选择最优的生产要素组合，从而实现既定成本下的最大产量，或实现既定产量条件下的最小成本。

第四节　规模报酬

【案例4.3】

有一天小李去逛街，发现一家小铺子里卖手工制作的茶杯，非常古朴漂亮，但是要价不菲。为了能推销出去，老板扳着手指给小李算成本，原料多少钱，烧制的燃料又是多少，运输、库存、人工等一大堆成本，听得小李云里雾里。但是老板最后一句小李倒是记住了，他苦笑着往远处一指："成本降不下来谁争得过他们啊！"远处是厂房林立的工业区，每天有不计其数的茶杯从里面一车一车的发出来。

为什么本钱不多的小店拼不过大工厂呢？道理很简单，大工厂产业大，成本低，效率高，自然占了优势。如果大工厂是一头大象，小作坊只能是匍匐在他脚下的小老鼠，完全不是一个级别。

资料来源：王中伟. 日常生活中的经济学[M]. 电子工业出版社，2014.

在上一节，我们研究了长期中可变技术系数生产函数的两种要素投入，即资本和劳动的配合比例可以变动对产量的影响。本节我们来研究长期中固定技术系数生产函数的要素投入间题,即各种要素的投入量按同比例变动对产量的影响,这也被称为规模报酬问题。

一、规模报酬的含义

规模报酬也称为规模收益或规模经济,它是指在其他条件不变的前提下,企业内部各种生产要素,按相同比例变化即生产规模变化,所引起的产量或收益的变化。

在理解这一含义时,应注意:

(1)发生作用的前提也是技术水平不变。

(2)这一含义所指的是生产中使用的两种生产要素都在同比例地增加。由于它并不改变技术系数,从而生产要素的增加只是一种量的增加。这一含义就是研究技术系数不变时两种生产要素的增加所引起的生产规模的扩大,给产量多带来的影响。例如,农业中土地与人力的同时增加,或把若干小农场变为大农场;工业中的设备与人力的同时增加,或把若干小厂合并为大厂,都属于这种情况。

(3)一般意义上,规模变动是指一个企业内部各种生产要素的同比例变化。但有时规模变动还有另外一层含义,它也可以是指整个行业规模的变化。一个行业通常是由若干个生产同类产品的企业所组成的。如果行业内的企业数量变化了,也就是行业规模变化了,而行业规模的变化也会对行业内的每一个企业的产量和收益产生影响,这也属于规模报酬所研究的范畴。

二、规模报酬变动规律

生产要素按相同的比例变动所引起的产出的变动成为规模报酬的变动。我们根据产出变动与投入变动之间的关系将生产函数分为规模报酬递增、规模报酬不变、规模报酬递减三种类型。

(1)如果产量的增加比例大于要素投入的增加比例,称之为规模报酬递增。例如,生产规模扩大了10%,而产量的增加大于10%。

(2)如果产量的增加比例等于要素投入的增加比例,称之为规模报酬不变。例如,生产规模扩大了10%,产量也增加了10%。

(3)如果产量的增加比例小于要素投入的增加比例,称之为规模报酬递减。例如,生产规模扩大了10%,而产量的增加小于10%,或者是负数。

以一般生产函数 $Q=f(L,K)$ 为例。假设劳动与资本投入量同时增加 n 倍(即 L,K 均乘以系数 n),若产量随之增长 m 倍,那么上式可进一步写为

$$mQ=f(nL,nK)$$

这样,通过系数 m 与 n 之间的比较,可以得到以下三种关系,如图 4.9 所示。

(1)$m>n$,生产函数的规模报酬递增。图 4.9(a)显示了规模报酬递增生产函数的几何意义。对于规模报酬递增生产函数来说,投入扩大某以倍数可以引起产出扩大很大的倍数。当

劳动与资本分别扩大投入大原来的 2 倍,而产出却增加到原来的 3 倍。

(2) $m=n$,生产函数的规模报酬不变。图 4.9(b) 显示了规模报酬不变生产函数的几何意义。对于规模报酬不变生产函数来说,投入扩大某以倍数引起产出扩大相同的倍数。当劳动与资本分别扩大投入大原来的 2 倍,产出也增加到原来的 2 倍。

(3) $m<n$,生产函数的规模报酬递减。图 4.9(c) 显示了规模报酬递减生产函数的几何意义。对于规模报酬递增生产函数来说,投入扩大某以倍数可以引起产出扩大较小的倍数。当劳动与资本分别扩大投入大原来的 2 倍,而产出却增加到原来的 1.5 倍。

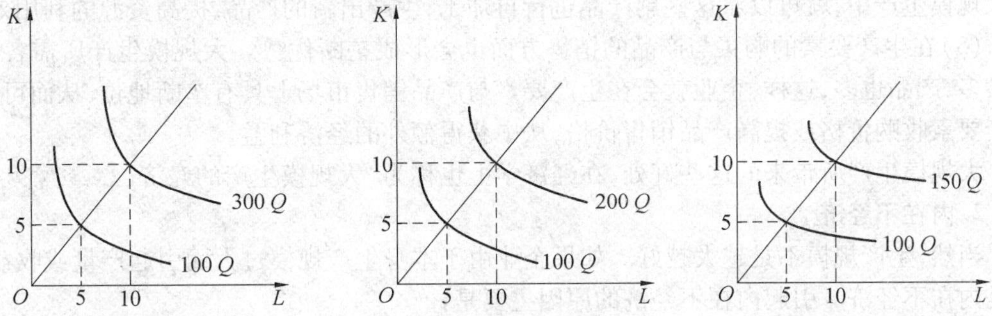

图 4.9　规模报酬变动的类型

综上所述,在长期的生产过程中,企业的规模报酬的变化一般来说存在这样一个规律:当企业从最初的很小的生产规模开始逐步扩大的时候,企业面临的是规模报酬递增的阶段。在企业得到了由生产规模扩大所带来的产量递增的全部好处以后,一般会继续扩大生产规模,将生产保持在规模报酬不变的阶段。这个阶段一般比较长。在这以后,企业若继续扩大生产规模,就会进入一个规模报酬递减的阶段。

三、规模报酬变动的原因

(一)内在经济与内在不经济

生产规模的扩大之所以会引起产量和收益的不同变动,可以用内在经济与内在不经济来解释。

1. 内在经济

内在经济是指企业在生产规模扩大时由自身内部所引起的产量增加。内在经济带来的优势有:

(1)可以使用更加先进的机器设备。当企业生产规模较小时,无力购买先进的大型设备,即使购买了,由于产量小也无法充分发挥其作用。只有在大规模生产中,大型的先进设备才能充分发挥其作用,使产量更大幅度的增加。

(2)可以实行专业化生产。在大规模的生产中,专业可以分得更细,份工业更细,这样就会提高工人的技术水平和熟练程度,从而提高生产效率。

(3)可以降低管理成本。各种规模的生产都需配备必要的管理人员,在生产规模小时,这些管理人员无法得到充分利用,而生产规模扩大,可以在不增加管理人员的情况下增加生产,从而就提高了管理效率。例如,对于一家国营养鸡场而言,养5万只鸡或是10万只鸡,都只需要一个厂长、一个党委书记。

(4)可以对副产品进行综合利用。在小规模生产中,许多副产品往往被作为废品处理,而在大规模生产中,就可以对这些副产品进行再加工,生产出新的产品,提高资源的利用效率。

(5)在生产要素的购买与产品的销售方面也会形成垄断优势。大规模生产所需各种生产要素多,产品也多,这样,企业就会在生产要素与产品销售市场上具有垄断地位,从而可以压低生产要素收购价格或提高产品销售价格,从中获得额外的经济利益。

大规模生产所带来的这些好处,在经济学上也称为"大规模生产的经济"。

2. 内在不经济

当然,生产规模不是越大越好。如果企业由于本身生产规模过大而引起产量或收益减少,就是内在不经济。引起内在不经济的原因主要是:

(1)管理效率降低。生产规模过大也会使管理机构过于庞大,层次过多,不够灵活,管理上也会出现各种漏洞与不协调,从而使产量和收益反而减少。

(2)生产要素价格与销售费用增加。生产要素的提供并不是无限的,生产规模过大必然大幅度增加对生产要素的需求,而使生产要素的价格上升。同时,生产规模过大,产品大量增加,有可能造成产品的供过于求,这会增加销售的难度,必然要增设更多的销售机构,增加销售人员,从而提高了企业的销售费用。

(二)外在经济与外在不经济

前面我们提到了,影响一个企业产量与收益的,不仅有它本身的规模大小,而且还有一个行业的规模大小。行业规模变化对行业内每一个企业的影响可以分为以下两种情况:

整个行业规模的扩大,给单个企业所带来的产量与收益的增加称为外在经济。引起外在经济的原因包括:个别企业可以从整个行业的扩大中得到更加方便的交通辅助设施、更多的信息与更好的人才、更周到的配套服务,从而使企业的成本降低,产量与收益增加,产生规模经济效益。

但是,一个行业的规模过大也有可能使单个企业的产量与收益减少,这种情况称为外在不经济。引起外在不经济的原因包括:行业规模过大可能使各个企业之间竞争更加激烈,这种竞争表现为生产要素市场价格的上涨与产品销售市场价格的下跌,企业的收益将减少。此外,整个行业规模的扩大,也会使环境污染问题更加严重,交通紧张,个别企业的收益将进一步减少。

四、适度规模

由以上分析来看,一个企业和一个行业的生产规模不能过小,也不能过大,即要实现适度规模。对一个企业来说,就是两种生产要素的增加应该适度。

适度规模就是使各种生产要素的增加,即生产规模的扩大正好使收益递增达到最大。当收益递增达到最大时就不再增加生产要素,并使这一生产规模维持下去。

对于不同行业的企业来说,适度规模的大小是不同的,并没有一个统一的标准。在确定适度规模时应该考虑到的因素主要是:

(1)行业的技术特点。一般来说,资本密集型行业需要的投资量大、所用的设备复杂先进,适度规模也就较大。例如冶金、机械、汽车制造、造船、化工等重工业厂商,生产规模越大经济效益越高。相反,劳动密集型行业则需要的投资少,所用的设备比较简单,适度规模也较小。例如服装、服务这类行业,生产规模小能更加灵活地适应市场需求的变动,对生产更有利,所以适度规模也更小。随着技术进步,生产力水平的提高,适度规模的标准也在变化。重工业行业中普遍存在这种规模经济的生产规模不断扩大的趋势。这是因为这些行业的设备日益大型化、复杂化和自动化,投资越来越多,从而只有在产量达到相当大数量时,才能实现规模经济。

(2)市场条件。一般来说,生产市场需求量大,而且标准化程度高的产品的厂商,适度规模也应该大,这也是重工业行业适度规模大的原因。相反,生产市场需求小,而且标准化程度低的产品的厂商,适度规模也应该小。所以,服装行业的厂商适度规模就要小一些。由于各国、各地的经济发展水平、市场等条件的差异,即使同一行业,规模经济的大小也并不完全相同。一些重要行业,国际有通行的规模经济标准。我们国家不一定套用这些标准。但我国不少企业远远没有达到规模经济。

(3)自然及政策条件。在确定适度规模时要考虑的因素还包括交通条件、能源供给、原料供给、政府政策等。例如,在确定某一采矿企业的规模时,就要考虑矿藏量的大小。

此外,规模经济也并不一定都采取集中的方式,现代商业中的连锁经营也是一种很好的方式,这种方式可以节约流通成本,提高收益。二战后连锁经营的迅速发展就是很好的证明。

本章小结

1. 生产是对各种生产要素进行组合以制成产品的行为。生产要素是指生产中所使用的各种资源,即劳动、资本、土地与企业家才能。生产也是这四种生产要素结合的过程,产品则是其共同作用的结果。

2. 生产函数是指在技术水平不变的情况下,一定时期内生产要素的数量与某种组合和它所能生产出来的最大产量之间依存关系的函数。它是反映生产过程中投入和产出之间的技术数量关系的一个概念。

3. 在经济学中,短期指生产者来不及调整全部生产要素的数量,至少有一种生产要素的数量是固定不变的时间周期。长期指生产者可以调整全部生产要素的数量的时间周期。

4. 在不同行业的生产中,各种生产要素的配合比例是不同的。技术系数就是指为生产一定量某种产品所需要的各种生产要素的配合比例。技术系数一般有两种类型:一是固定技术系数,二是可变技术系数。

5. 总产量是指在资本投入量既定条件下由可变要素劳动投入所生产的产量总和。平均产量是指平均每个单位劳动所生产的产量。边际产量是指每增加一单位劳动投入量所增加的产量。

6. 边际收益递减规律又称收益递减规律,是指在技术水平不变的条件下,当把一种可变的生产要素投入到一种或几种不变的生产要素中时,最初这种生产要素的增加会使产量增加,但当它的增加超过一定限度时,所带来的产量增加量是递减的,最终还会使产量绝对减少。我们可以用边际收益递减规律来分析一种生产要素的合理投入区域。

7. 等产量线就是在技术水平不变的条件下,生产同一产量的两种生产要素投入的各种不同组合点的轨迹。边际技术替代率是指在维持产量水平不变的条件下,增加的一种生产要素的投入量与所减少的另一种生产要素投入量之比。等成本线又称企业预算线,它是一条表明在生产者成本与生产要素价格既定的条件下,生产者所能购买到的两种生产要素最大数量的各种组合的轨迹。我们可以用等产量分析法来分析两种生产要素的合理投入。

8. 规模报酬也称为规模收益或规模经济,它是指在其他条件不变的前提下,企业内部各种生产要素,按相同比例变化即生产规模变化,所引起的产量或收益的变化。规模报酬属于长期生产的概念。它变化的规律是:当企业从最初的很小的生产规模开始逐步扩大的时候,企业面临的是规模报酬递增的阶段。在企业得到了由生产规模扩大所带来的产量递增的全部好处以后,一般会继续扩大生产规模,将生产保持在规模报酬不变的阶段。这个阶段一般比较长。在这以后,企业若继续扩大生产规模,就会进入一个规模报酬递减的阶段。适度规模就是使生产规模的扩大正好使收益递增达到最大,并使这一生产规模维持下去。

思考题

1. 1964 年,在纽约的克尤公园发生了一起震惊全美的谋杀案:一位年轻的酒吧女经理在凌晨 3 点回家的途中被一男性杀人狂杀死。这名男子作案时间长达半个小时,当时住在公园附近公寓里的住户共有 38 人看到或听到女经理被杀时的情形或反复的呼救声,但没有一个人挺身而出营救她,也没有一个人及时打电话报警。事后,美国各路媒体纷纷谴责纽约人的冷漠。你能不能在谴责这种冷漠的同时用经济学原理对这种行为进行分析?

2. 武汉重型机床厂始建于 1958 年,是“一五”时期前苏联援建的 156 项重点工程之一,属于国家大型企业,曾经有过辉煌的历史。但是,在进入 20 世纪 90 年代之后,面对市场的激烈竞争,由于跟不上市场的变化,武汉重型机床厂开始落伍了。1996 年亏损 1 953 万元;1997 年亏损1 213万元;1998 年亏损 1 160 万元;1999 年亏损 1 494 万元。企业负债总额达到 53187 万元,资产负债率达到 92.41%,银行累计欠息 8 000 余万元,成为武汉市严重亏损企业。面对如此严重的局面,在市有关领导的关怀下,在解决资金的来源之后,企业采取了轻装上阵的重大举措,也就是坚决把富余的人员减下来,因而出现 4 000 余名职工同时与工厂签订下岗分流合同的局面。

这种情况并不是武汉重型机床厂一家所特有的,在国有企业改革浪潮中,1 000 多万下岗职工都如此顺应了市场改革的大潮,人员减少了但是国有企业的效益却上去了,武汉重型机床厂后来的发展也充分说明了这一点。

问题:为什么武汉重型机床厂在减员之后可以取得成功?请用所学过的经济学原理进行说明。

3. 对于短期生产函数来说,生产被划分为三个阶段。请回答:

(1)生产者为什么将生产推进到第二个阶段?

(2)如果相对资本的价格而言劳动的价格较高,生产者会将生产推到哪一点?如果相对于劳动的价格而言资本的价格较高,生产者会将生产推到哪一点?

(3)在实际的生活中,我们很难找到厂商会在第三阶段生产,你是否可举例说明在第三阶段生产的实例?

4. 经济学家马尔萨斯(1776—1834)的人口论的一个主要依据便是边际收益递减规律。他认为,随着人口的膨胀,越来越多的劳动耕种土地,地球上有限的土地将无法提供足够的食物,最终劳动的边际产出与平均产出下降,但又有更多的人需要食物,因而会产生大的饥荒。幸运的是,人类的历史并没有按马尔萨斯的预言发展。请试着回答:

(1)人类历史为什么没有按马尔萨斯的预言发展?

(2)既然马尔萨斯预言失败,你认为边际收益递减规律还起作用吗?

(3)你怎样看待“中国人口太多,将来需要世界来养活中国”这一观点?

【阅读资料】

1954 年,王永庆创办了台湾岛上第一家塑胶公司。3 年后建成投产,立刻就遇到了销售问题。首批产品 100 吨,在台湾只销售了 20 吨,明显的供大于求。按照生意场上的常规,供过于求时就应该减少生产。可王永庆却反其道行之,下令扩大生产。

这一来,连他当初争取到的合伙人,也不敢再跟着他冒险了,纷纷要求退出。王永庆决定背水一战,变卖了自己的全部财产,买下了公司的全部产权。王永庆有自己的想法,他相信自己的产品销不出去,并不是真正的供过于求,而是因为价格太高,要想降低价格,就只有提高产量以降低成本。

第二年,他又投资成立了自己的塑胶产品加工厂——南亚塑胶工厂,直接将一部分塑胶原料加工成成品,供应市场。事情的发展,证明了王永庆的想法是正确的。随着产品价格的降低,销路自然打开了。台塑公司和南亚公司双双大获其利!从那以后,王永庆塑胶粉的产量持续上升,他的公司成了世界上最大的 PVC 塑胶粉粒生产企业。

当然台塑的成功还有其他方面的努力,如内部管理、政府的良好关系等,但最关键的是台塑通过自己的产量扩大,从而达到边际成本最低,这是台塑成功的法宝。

资料来源:斯凯恩. 一看就懂的经济常识全图解[M]. 立信会计出版社,2014.

第五章

Chapter 5

成本理论

【学习要点及目标】

通过本章的学习，要求学生了解生产成本的概念和种类；掌握短期成本、长期成本的理论分析；理解各类短期成本的变动特征及其相互关系、长期成本函数和长期成本曲线之间的相互关系以及分析不同条件下企业收益与利润最大化等相关问题。

【引导案例】

如果你问一个家长，把一个孩子抚养到大学毕业要花多少钱，他会一笔一笔地给你算。例如，每年生活费多少，教育费多少，医疗费多少，其他支出多少，等等。有人估算了一下，按北京中等生活水平大致每年要 1 万元，如果 22 岁大学毕业，抚养一个孩子约为 22 万元左右。这是抚养一个孩子的直接货币支出，但它是抚养一个孩子的全部成本吗？

知道了机会成本的概念，你就会明白抚养一个孩子的全部成本决不仅仅是实际的货币支出 22 万元，还应该包括父母为抚养孩子所放弃的东西。换言之，抚养孩子的全部成本等于实际货币支出和机会成本。这种机会成本包括父母所付出的辛劳，以及为了抚养孩子所放弃的收入。如果说辛劳难以货币化，那么，所放弃的收入还是可以计量的。例如，一个母亲为了孩子放弃了上大学的机会，由此一生中少收入了 10 万元，那么，这 10 万元就是抚养孩子的机会成本。仅加上这一项，抚养孩子的成本就达 32 万元了。如果把父母为抚养孩子放弃的各种机会、所受的辛劳、所放弃的享受都折算为货币，机会成本就非常大了。

资料来源：梁小民。经济学就是这么有趣[M]. 北京：北京联合出版公司，2014.

什么是“机会成本”？所谓“机会成本”是指在经济决策中，面对多种供你选择的方案，因为你选择某一方案而要放弃其他，而做出这种选择将丧失做出其他选择可能带来的潜在利益，这个潜在利益就是机会成本。或者可以简单地理解为：“机会成本就是为了得到一种东西而必须放弃的东西。”当然，你一定要记住，并非所有放弃的选项都是机会成本，只有被放弃的选项中价值最高的那一项才是机会成本。

在现实的生产与生活中，人们不管从事什么样的经济活动都是投入与产出的关系，在经济学中，我们把各种投入用成本来计算，而将各种产出用利润来计算。成本的高低决定了利润的多寡，同时，成本也是企业在市场竞争中进行决策的重要依据，因此，企业家对成本的大小多寡极为敏感和重视。本章首先介绍企业有关的各项成本，进而在一般意义上分析短期成本和长期成本。同时分析不同条件下企业收益与利润最大化等相关问题。

第一节 概 述

成本是企业经营所支付的生产费用，或要素所有者必须得到的报酬，取决于生产要素的价格。值得注意的是由于企业的决策目的不同，因而可以从不同的角度研究生产费用，其成本所包含的内容也不相同。经济分析中的成本实际是指应有成本，而财务分析中的成本却是指实有成本，两者的含义并不完全相同。为了对企业经济效益进行科学的预测分析，有必要首先对各种不同性质的成本做出分析。

首先，我们要明确成本的基本概念。成本一般是指企业生产或分配产品和劳务，或从事这些活动所使用的生产要素的价格。成本在厂商的理论中是生产要素的所有者必须得到的补偿和报酬。例如：地租-土地的报酬，工资-劳动的报酬，利息-资本的报酬。利润-企业家才能的报酬，以及原料费、管理费、销售费等统称为生产成本。

成本又称为生产费用，是生产中使用的各种生产要素的支出，收益则是出售产品所得到的收入。我们的分析先从成本开始，然后逐一的对各种成本在短期和长期中的不同变化及其相互关系进行分析。

成本是企业为了获得生产要素而支付的总支出。按着不同的分类标准，成本可以分为会计成本和机会成本、显成本和隐成本、私人成本和社会成本、增量成本和沉没成本等。下面将对经济学中常见的各种成本以及利润的概念进行介绍。

一、机会成本与会计成本

运用机会成本与会计成本分析是企业进行经济决策和考核企业经营业绩的重要依据。经济分析合理是决策成立的必要条件，财务分析合理是决策成立的充分条件，因此，对这两种概念必须准确掌握。

(一)机会成本

机会成本是企业将一种资源做某种用途时所放弃的其他各种用途中的最大收入,或者将一定资源保持在这种用途上必须支付的成本。

西方经济学家认为,经济学是要研究一个经济社会如何对稀缺的经济资源进行合理配置的问题。从经济资源的稀缺性这一角度出发,当一个社会和一个企业用一定的经济资源生产一定数量的一种或几种产品时,这些经济资源就不能同时再用在其他的生产用途方面。这就是说,这个社会或者某个企业所获得的一定数量的产品收入,是以放弃用同样的经济资源来生产其他产品时所能获得的收入作为代价的。由此,便产生了机会成本的概念。

例如,当一个厂商决定利用自己所拥有的经济资源生产一辆汽车时,这就意味着该厂商不可能再利用相同的经济资源来生产 200 辆自行车。于是,可以说,生产一辆汽车的机会成本是所放弃生产自行车的 200 辆自行车。如果用货币数量来代替对实物商品数量的表述,且假定 200 自行车的价值为 10 万元,则可以说,一辆汽车的机会成本是价值 10 万元的其他商品。也就是说,生产一单位的某种商品的机会成本是指生产者所放弃的使用相同的生产要素在其他生产用途中所能得到的最高收入。在现实经济活动中,企业家们常常面临着这样或那样必须作出抉择其一的状况。选择有时很容易,有时很难,难就难在一种资源可能有多种用途,并且选择对于企业家而言有时是意味着企业兴衰的巨大风险。由于市场经济存在着复杂性、竞争性以及多变性等各种潜在的风险因素,有时经营者确实很难做出理智的判断,在多种选择共存并且没有悬殊的收益差距之中,究竟将有限的资源用于哪种用途,同时放弃哪种用途的选择才是正确的呢? 机会成本就是由于选择行为而产生的成本,因此,机会成本又称为择一成本。

由于经济分析的目的在于考察资源的最优配置,而采用机会成本能过促使各种要素用于最优的途径,因此在经济分析中,企业对生产成本的讨论应该首先分别研究所有投入的机会成本,然后再根据各种投入的机会成本去计算产品的经济成本。

应该强调的是,机会成本并不是生产活动中的实际货币支出,但对企业的经营与决策是十分重要的。利用机会成本概念进行经济分析,需要具备相应的前提条件是:第一,资源是稀缺的;第二,资源具有多种用途;第三,资源已经得到充分利用;第四,资源可以自由流动。

在人类社会生产和生活的各种经济行为中,人们常常会遇到这样的选择与决策,或者常常处在这样两难的抉择境况。有些机会成本是可以用货币来衡量的。例如,农民得到政府给予的小额资助贷款,如果选择养猪就不能选择养鸡,那么养猪的机会成本就是放弃养鸡的收益。但有些机会成本往往无法用货币衡量,例如,在周末或是节假日,是在图书馆看书,还是在家享受电视剧带来的快乐之间怎样进行选择才更为合理? 让我们一起看一看下面几个在生活中的实际案例。

【案例 5.1】

小张原来在一家公司工作,每年大概能拿到 5 万元工资。小张为了以后有更大的发展,决定下海经商。做生意的第一年小张的全部收入是十万元,而在账上的会计成本是八万,那他这一年所得的利润是两万元。虽然表面上看来,小张这一年是赚了钱的,但是从经济学的角度上看,小张却是赔了钱的,至少赔了三万呢。因为小张为了下海经商而放弃的稳定收入也是其下海经商的成本之一。

【案例 5.2】

某个周末你和好朋友 A 约好聚餐,之后另一个朋友 B 也约你聚餐,但是因为你有约在先,只能拒绝了。因此参加朋友 A 的约会的机会成本是放弃朋友 B 的约会,这个很容易明白。但是如果在聚餐的前一晚,朋友 A 突然告诉你他临时有事不能赴约,这样势必会给你带来损失。都有哪些损失呢?由于 A 临时做出决定,导致你不能赴约享受美食,而在此之前你已经推掉了朋友 B 的邀请,所以因为朋友 A 的选择,是你承担的代价除了原来放弃掉的朋友 B 的邀请外,还要加上不能与朋友 A 共同享受美食带来的满足。

资料来源:王中伟. 日常生活中的经济学[M]. 电子工业出版社,2014.

通过上述两个案例,我们可以得出这样的结论:对生产企业来说,机会成本是做出合理的生产决策和投资决策时必须考虑的重要因素;对非生产企业而言,机会成本则是做出合理活动内容和时间安排时必须考虑的重要因素。

经济学的重要任务和意义,就是研究怎样使稀缺性的资源得到更有效的配置和利用。因此,从这个意义上我们掌握机会成本这一概念时要注意以下三个特征:

(1)机会成本不等同于实际成本。机会成本不等同于实际成本,其根本原因在于它并不是作出某种经济决策时,实际需要支付的实际有形的费用或经济损失,而只是一种经济观念上的损失或放弃的另一种获利的可能性。

(2)机会成本是被放弃的最好的一种选择。机会成本仅是作出一种经济抉择时所放弃的其他若干种可能的获利中的一种,并且是其中最好的获利选择。

(3)机会成本并非完全由个人选择而决定。机会成本并不全是由个人选择而引起的,其他人的选择会给你带来机会成本,而你的选择也会给别人带去机会成本,在经济活动中所考虑的主要是自己的机会成本。

在具体的各种经济活动中,运用机会成本概念的重要意义在于以下几个方面:

(1)有利于企业实现生产资源的最优化的配置。企业在经济活动中,对一种资源的使用作出合理化判断时,可以运用机会成本的概念来进行科学的判断与选择。在具体的选择中,我们只需把它的经济收益和其他的机会成本相比较就可以了。如果收益小于机会成本,尽管会计账上是盈余的,仍然可以得出资源配置不合理的结论;如果收益大于或等于其机会成本,就表明该生产资源的配置已经达到最优化状态。

(2)有利于帮助我们得出经济利润的概念。(即:经济利润=总利润-机会成本)

在经济活动中,企业将全部销售收入减去按机会成本计算的全部成本得到的既是经济利润。当得到的收益大于机会成本,其大于部分便是企业获得的经济利润;如果得到的收益小于机会成本,其得出的差额便是企业的经济亏损。

(3)有利于帮助经济管理部门对生产资料和行业竞争的宏观调控。在经济利润为正时,若企业没有处于完全垄断和寡头市场,经济利润就会因行业间竞争而减少,甚至于会消失;在经济利润为负时,从长期考虑企业就会把生产资料转移到更能产生经济收益的经营项目中去,因而这个行业内的企业数量和相同产品的产量就会减少,在有效的竞争中存活下来的企业的经营状况就会得到好转,因此,经济管理部门达到了对生产资料和行业竞争的宏观调控的效果。

(二)会计成本

企业在日常的财务分析中经常使用会计成本。它是指企业在经营生产过程中按市场价格直接支付的一切费用。它一般包括:工资、资本、地租、利息和企业家才能报酬等内容,并如实的反映在企业的会计账面上。财务成本(包括会计成本、显成本、私人成本)是企业发生的成本,是企业实有支出,主要用于考核企业经营业绩。

所谓会计成本,就是企业按市场价格所实际付出的生产要素的价值。在经济学的分析中,仅仅有会计成本的概念是不够的,经济学家从资源稀缺的角度提出了机会成本的概念。

因此我们可以这样认为,会计成本是会计师记录企业的经济活动所使用的成本;而机会成本是经济学家分析经济问题时所使用的成本。

显而易见,会计成本和机会成本并非总是一致的。我们可以举一个例子来说明会计成本和机会成本的差别。对于在校大学生,他可以选择利用课余时间做计时工,补贴生活费用。但是如果该学生利用课余时间勤奋学习,进行人力资本投资,那么他可能在毕业后找到收入更高的工作。会计师所记录学生打工的成本时,可能只包括该学生所失去的闲暇的价值、工作地点和学校之间往返的车费等,而经济学家则会将该学生因打工贻误学业而放弃的日后更高的工资收入也包括进去。通过分析使我们看到,对于一个在学业方面很有潜力的学生,会计师比经济学家更可能做出同意该学生打工的计划,而经济学家则更多的关注如何发挥该学生最佳潜能去创造更大的经济效益。这便是会计师和经济学家运用会计成本和机会成本,对相同的资源做出不同的选择而产生差异性结果的具体例证。

二、显成本和隐成本

企业的生产成本可以分成为显成本和隐成本两部分,在实际经济分析中,要注意区分显成本和隐成本概念的不同含义。

（一）显成本

企业生产的显成本是指厂商在生产要素市场上购买或租用他人所拥有的生产要素的实际支出。

显成本是指厂商会计账目上作为成本项目记入账上的各种支出费用。因为这些成本是企业在获得所需的各种生产要素时，对外的一种明显的货币支付并清楚的记录在账目上，故称为显成本。例如，某厂商雇佣了一定数量的工人，向银行借了一些贷款，并租用了一定数量的土地，为此，该厂商需要向工人支付的工资、向银行缴纳的利息，向土地出租者支付地租，这些支出就构成了该厂商生产的显成本。

从机会成本的角度讲，这笔支出的总价格必须等于这些生产要素的所有者，将相同的生产要素使用在其他用途时所能得到的最高收入。否则，这个企业就不能购买或租用到这些生产要素，并保持对它们的使用权。显成本在企业生产财务管理的实际支付中，包括支付给雇员的工资薪金、原料、材料、燃料、动力和运输等所支付的费用，以及为企业生产经营借入资金支付的利息。

（二）隐成本

企业生产的隐成本是指厂商本身自己所拥有的且被用于该企业生产过程的那些生产要素的总价格。

隐成本是指厂商自己提供的资源所应该支付而实际没支付，并且没有如实的反映在账目上的支付费用。例如，为了进行生产，厂商除了雇佣了一定数量的工人，向银行借了一些贷款，并租用了一定数量的土地之外（这些均属于显性支出），他还动用了自己的资金和土地，并亲自管理自己的企业。西方经济学家指出，既然接用了他人的资本需付利息，租用他人的土地需付地租，聘用他人来管理企业需付薪金，那么，同样的道理，在这个例子中，当厂商使用了自己的生产要素时，他作为企业的管理者应该得到报酬。所不同的是，现在厂商是向他自己支付他应得到的管理工资和他自己的资金所应得到的利息、自己的土地所应得到的地租（这笔价值理所应当计入成本之中）。由于这部分成本是厂商本应该支付给厂商自己的报酬（在现实中常常挂在账面上不实际支付），不如显成本那样明显，所以被人们称为隐成本。

隐成本可以分为两部分，一部分是企业自有资产的折旧费用。例如自有厂房、机器设备的折旧，是被企业会计作为企业生产成本项目记入会计账中。另一部分是企业自有资金的利息，以及企业所有者自身为管理该企业所提供劳务而应得到的——企业家才能的报酬。

无论是显成本还是隐成本，都需要从机会成本的角度考虑问题。企业所支出的显成本必须等于这些生产要素使用于其他最好用途时所得到的收入，否则生产要素的供给者不会愿意放弃要素的所有权或者使用权，厂商也就不能按着已经支付的显成本获得其所需数量与质量的生产要素来组织生产。隐成本同样需要从机会成本的角度，按照厂商的自有生产要素在其他用途中所能够得到的最高收入来计算，否则，厂商会把自有生产要素转让出去，以其获得更高的收入。例如，事业成功的妻子亲自操持家务，就不如雇用一个钟点工。当然，我们的分析有一个隐含的条件，就是厂商和要素供给者都是完全理性和掌握充分信息的，在现实生活中，我们常常可以看到与我们分析不相符的情况。例如国外一些华裔小餐馆老板，他们工作的强度非常大，收入却差强人意，如果他们放弃饭店生意去打工，依照他们的劳动强度所得到的收入甚至比自己当老板还要高。饭店老板的这种行为说明他要么并非经济学所假设的理性人，尽管经营自己的餐馆收入比打工要低，但是给他们带来了事业成功的满足感。要么他所掌握的信息远远不是完全信息，也就是说并不知道会有其他工作机会比现在的收入高。

三、私人成本与社会成本

财务分析使用私人成本，它是个体企业从事生产活动实际支出的一切成本。经济分析使用社会成本，它是整个社会为这项生产活动需要支付的一切成本。例如，一个化工厂将生产过程中产生的废弃物倒入其工厂旁边的小河里，对该厂来说，处理废弃物的私人成本只是将废弃物倒入河中的费用。但是，一旦河流被污染，由此而引起的疾病、失衡的生态等各种相关问题，需要其他方面支付费用进行治理（例如，政府对遭受污染侵害而患病的河边居民所要支付的安抚性的政策支出、环保部门对被污染环境的综合治理所付出的经济支付，以及其他相应的管理费用的支出），从而构成社会成本。社会成本是政府制定政策、进行立法和审批项目的重要依据。

四、增量成本与沉没成本

增量成本是由于某项生产决策而产生的相关成本，即总成本的增量。它主要是因新增产量而增加的直接材料、直接人工和制造费用、即变动成本。

工业企业在进行生产决策时，往往要研究产品的固定成本和可变成本以及他们和产量的关系。他们之间的关系，可以用一个通俗的比喻来表示，设产量为水，总可变成本为船，总固定成本为岸。那么，他们的关系是“水涨船高岸不动”。

可变成本，又叫变动成本，是指随产出水平变化而变化的成本，包括原材料、燃料动力、工资、福利费等。产量高，总变动成本随之上升，产量低，总变动成本随之下降。所以，他们是“水涨船高”的关系。

固定成本，是指总额一般不随产量的升降而变化的成本，包括车间经费、企业管理费等项目。说它是固定成本，是因为不论开工与停工、产多与产少，它总是那个数目，是比较固定的。正因为产量升降一般不引起总固定成本的升降，所以，它们之间的关系是“水涨水落而岸不动”。再把它们串联起来就成了“水涨船高岸不动”。

需要注意的是固定成本与可变成本的区别都是就短期而言的,如果对长期而言,没有任何成本是固定不变的。生产成本是对生产要素的支出,所以生产成本的性质与投入的生产要素的性质有关。

沉没成本是业已发生而无法收回,或不因生产决策有所改变的成本。它主要是与产量无关的厂房、设备等不相关成本、即无法利用的固定成本。

沉没成本这个概念最初来自于经济学,但是在生活中我们会发现它是无处不在的,通俗地讲,沉没成本的意思是:人们在决定是否去做一件事情的时候,不仅是看这件事情对自己有没有好处,而且也看过去是不是已经在这件事情上面有过投入。我们把这些已经发生不可以收回的支出,例如:时间、金钱、精力等称为沉没成本。

在财务分析中,增量成本与沉没成本都采用会计成本,在经济分析中则使用机会成本。例如,过去购进的库存材料、要按照现行价格或重置成本计算增量成本。过去购置的闲置设备,要根据其使用机会计算沉没成本。如果是别无他用的专用设备,或者是经济寿命终结的过时设备,购置成本就是沉没成本。如果这些设备还能以半价转让出去,沉没成本仅是购置成本的一半。

【知识库】

边际革命的发起人——卡尔·门格尔(1840—1921)

卡尔·门格尔(Karl Menger),奥地利经济学家,边际革命的三大发起人之一,奥地利经济学派的创始人,1840年生于加利西亚(时为奥地利领土,现为波兰领土)。

1859年他就读维也纳大学,后来又在布拉格大学和克拉科夫大学学习,并与1867年获得哲学博士学位。毕业后,门格尔成为一名撰写经济分析文章的记者。又过了几年,他进入奥地利首相办公厅新闻部工作,并在工作期间撰写了今天被视为奥地利学派基石的理论著作——《国民经济学原理》。

1873年,门格尔被提升为维也纳大学法律系的教授。这是他毅然放弃政治,走向学术研究的道路。但命运使他无法彻底离开政治,3年后,他被任命为奥地利王储的导师,并陪同这位18岁的王储游历欧洲各国。1879年回国后,他被任命为维也纳大学政治经济讲座教授。1883年,他出版了第二部著作《关于社会科学、尤其是政治经济学方法的探讨》,从而引起了奥地利学派与德国历史学派关于经济学方法的论战,持续到20世纪初才偃旗息鼓。1903年,81岁高龄的门格尔与世长辞。

纵观门格尔的生平事迹,你会发现一个令人极为称奇的事情。门格尔即使年过50岁时,仍然精力充沛、思路敏捷。他讲课时极少用讲课笔记,除了确证一个引语或时间。他表达观点的语言简洁明了,宛如自然而然生成,很多学生都喜欢听他的课。

门格尔的主要著作有《国民经济学原理》、《关于货币理论和货币政策论文集》、《社会科学和政治经济学方法的研究》、《德国经济学的历史主义谬误》等。

门格尔坚持理论研究的抽象法，注重经济现象的因果关系，以较为通俗方法阐述边际效用价值论。坚定了主观价值理论的基础，在当时的西方经济学界产生了极为广泛的影响。19 世纪 80 年代，他的周围形成了一大批追随者。因门格尔和他的继承者维塞尔、庞巴维克都是奥地利人，又都是维也纳大学教授，并且都用边际效用的个人消费心理来建立理论体系，所以他们被称为维也纳学派和心理学派。

由于门格尔与杰文斯、瓦尔拉斯三位经济学家几乎同时提出边际效用理论，这一事实被西方经济学界称为“边际革命”，他们三人因此成为边际效用的真正倡导者和奠基者。但是门格尔传播的主观价值论远远超过了杰文斯和瓦尔拉斯的影响。

门格尔在 1871 年出版的《国民经济学原理》，被称为经济学史上“边际主义革命”的中流砥柱之一，近代经济学就是从这本书开始了新的发展研究。

第二节　短期成本

成本理论是建立在生产理论的基础之上的。我们已经知道，生产理论分为短期生产理论和长期生产理论，则相应的，成本理论也分为短期成本理论和长期成本理论。由于在短期内企业根据其所要达到的产量，只能调整部分生产要素的数量而不能调整全部生产要素的数量，所以短期成本有不变成本和可变成本之分。由于在长期内企业更具其所要达到产量，可以调整全部生产要素的数量，所以，长期内所有的要素成本都是可变的，长期成本没有不变成本和可变成本之分。本章从第二节开始先后研究短期成本函数及其相关曲线与长期成本函数及其曲线。

经济学上所说的短期是指厂商不能根据它所要达到的产量来调整其全部生产要素的时期。具体来说，在这一时期内它只能调整原料、燃料以及工人数量这类生产要素，而不能调整厂房、设备和管理人员这类生产要素。短期内可以调整的成本称为可变成本，短期内不能调整的成本称为固定成本。这一节我们分析各种短期成本的变动规律及其相互之间的关系。

一、短期成本函数

在短期内，我们仍然假定厂商使用劳动和资本来生产一种产品，其中，劳动投入数量是可变的，用 L 来表示，而资本的投入数量是不变的，以 K 来表示。

则短期生产函数的形式为

$$Q=f(K,L)$$

该函数表明在产量和可变要素劳动的投入之间存在着一一对应的关系，在资本投入量不变的情况下，某一数量的可变要素劳动的投入量，对应着该数量的劳动和固定数量的资本所能得到的某一最大值的产量。而在产量为某一数值时，该技术也要求至少某一数量的劳动投入量，相应的，成本函数就可以来度量为了生产出既定产量时的最低成本。根据这种关系，在劳动的价格 w 和资本的价格 r 都已经给定的情况下，我们可以用下式来代表某一产量所对应的短期成本函数

$$STC=f(Q)=wL(Q)+rK$$

其中，$wL(Q)$代表可变成本部分，rK 代表不变成本部分，两部分之和就构成短期总生产成本。如果以 $wL(Q)$代表可变资本，以 rK 代表不变资本。

短期成本可以分为短期总成本（STC）、短期平均成本（SAC）和短期边际成本（SMC）。

在实际生产中厂商的短期成本还可细分为以下7种：总不变成本、总可变成本、总成本、平均不变成本、平均可变成本、平均总成本和边际成本。它们的英文缩写依次为：TFC、TVC、STC、AFC、AVC、SAC、SMC。

（一）短期总成本、总可变成本和总不变成本

总成本 STC 是厂商在短期内为生产一定量的产品对全部生产要素所支付的总成本。

它是总不变成本与总可变成本之和。总成本 STC 曲线如图5.1所示。它是从纵轴上相当于总固定成本 TFC 高度的点出发的一条向右上方倾斜的曲线。STC 曲线表示：在每一个产量上的总固定成本，加上总变动成本，它的函数形式为

$$STC(Q)=TFC+TVC(Q)$$

总可变成本 TVC 是厂商在短期内为生产一定数量的产品对可变生产要素所支付的总成本。例如，厂商对原材料、燃料动力和工人工资的支付等。由于在短期内厂商根据产量变化的要求来不断的调整可变要素的投入数量，所以，总可变成本是随着产量的变动而变动的。当产量是零时，总可变成本也为零。只要产量不为零，总可变成本就是随产量的增加而增加。如图5.1所示，它是一条由原点出发向右上方倾斜的曲线。

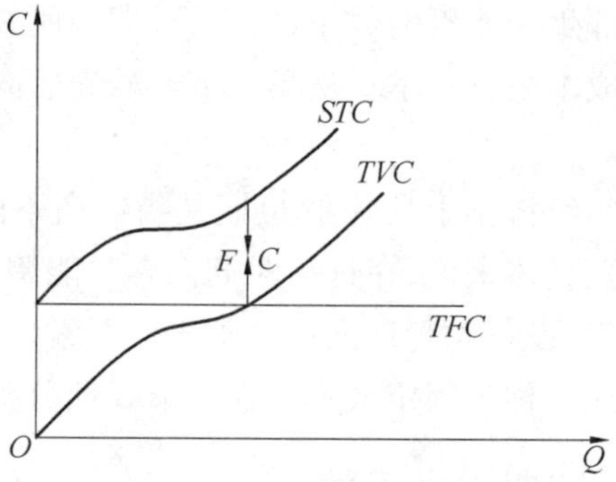

图5.1　短期总成本曲线、总可变成本曲线和总不变成本曲线

它的函数形式为

$$TVC=TVC(Q)$$

总不变成 TFC 是厂商在短期内为生产一定数量的产品，对不变生产要素所支付的总成本。例如，购买厂房的费用与机械设备的折旧费。由于短期内不管厂商的产量是多少，不变要素的投入量是无法改变的，所以，总不变成本是一个常数，并不随着产量的变化而变化。即使产量为零，也要支付同样数量的总不变成本。如图5.1所示，图中的横轴 Q 表示产量，纵轴 C 表示成本，总不变成本 TFC 是固定不变的。需要强调的一个概念是：沉没成本是需要与总不

变成本相区分的一个概念。总不变成本是不论产量为多大厂商都必须支付的成本。例如,一家公司购买了办公大楼并将本公司的标志雕刻于大楼之上。如果公司转售大楼,则无人愿意为公司大楼付款,在大楼上雕刻公司标志的费用就成为沉没成本。另一个典型的沉没成本是广告费用。

(二)短期平均成本、平均可变成本和平均不变成本

平均成本 AC 是厂商在短期内平均每生产一单位产品所消耗的全部成本。它等于平均不变成本和平均可变成本之和。用公式来表示为

$$SAC(Q)=\frac{STC(Q)}{Q}=AFC(Q)+AVC(Q)$$

或者也可以这样理解:短期平均成本(SAC)是厂商在短期内平均每生产 1 单位产品所支付的成本。短期平均成本(SAC)可分为平均固定成本(AFC)和平均可变成本(AVC)。如果以 Q 表示产量。

则用公式来表示为

$$SAC=\frac{STC}{Q}=\frac{TFC}{Q}+\frac{TVC}{Q}=AFC+AVC$$

平均可变成本 AVC 是厂商在短期内平均每生产一单位产品所消耗的可变成本。

用公式来表示为

$$AVC(Q)=\frac{TVC(Q)}{Q}$$

平均不变成本 AFC 是厂商在短期内平均每生产一单位产品所消耗的不变成本。

平均不变成本 AFC 曲线如图 5.2 所示,它是一条向两轴渐近的双曲线。AFC 曲线表示:在总不变固定成本的前提下,随着产量的增加,平均不变成本是越来越小的。

平均不变成本用公式表示就是

$$AFC(Q)=\frac{TFC}{Q}$$

很显然,由于总不变成本 TFC 是一个常数,那么随着 Q 的增加,平均不变成本 AFC 是递减的。

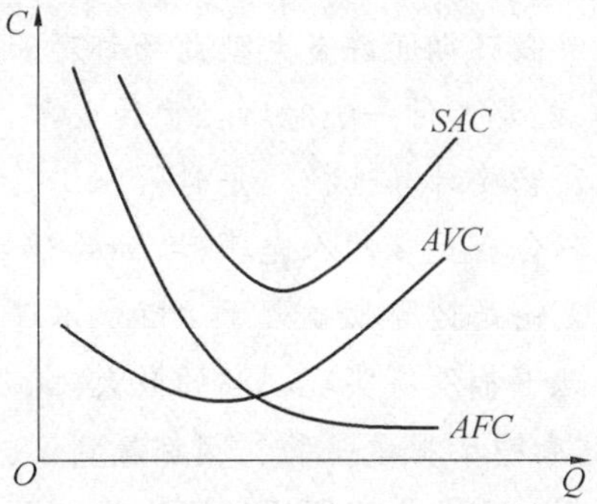

图 5.2　短期平均成本曲线、平均可变成本曲线和平均不变成本曲线

(三)短期边际成本

边际成本 SMC 是厂商在短期内增加一单位产量时所增加的总成本。

在每一个产量水平上的边际成本 SMC 值就是相应的总成本 STC 曲线的斜率。

用公式来表示为

$$SMC(Q)=\frac{\mathrm{d}STC(Q)}{\mathrm{d}Q}$$

由于固定成本不随产量的变动而变动,所以短期边际成本实际上就是短期内增加产量所增加的可变资本。

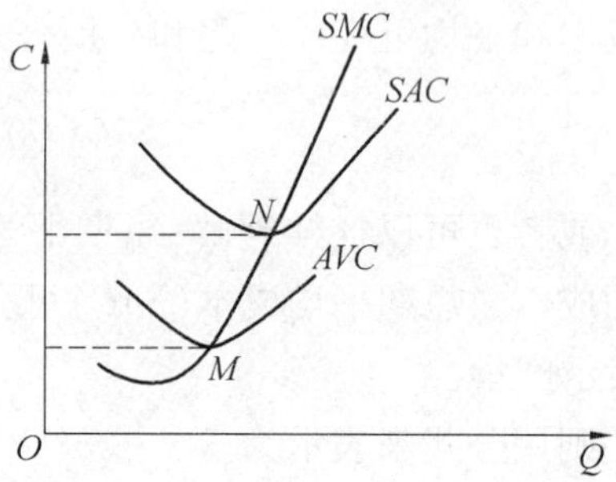

图 5.3　短期边际成本曲线、短期平均成本曲线和短期平均可变成本曲线

平均可变成本 AVC 曲线、平均总成本 SAC 曲线和边际成本 SMC 曲线顺次如图 5.3 所示。这三条曲线都呈现 U 形特征。它们表示:随着产量的增加,平均可变成本、平均总成本和边际成本都是先递减,各自达到本身的最低点之后再递增。最后,需要指出的是,从以上各种短期成本的定义公式中就可以发现,已知某一产量水平上的总成本(包括 TFC、TVC、STC),就可以推知相应的平均成本(AFC、AVC、SAC)和边际成本 SMC。关于这些短期成本概念的相互关系,我们可以用以下案例加以分析说明。

【案例 5.3】

节假日期间许多大型商场都延长营业时间,为什么平时不延长?从理论上说延长时间一小时,就要支付一小时所耗费的成本,即边际成本 1 万元。而增加的收入是否大于 1 万元?精明的商家要计算选择。平时紧张工作繁忙家务人们没有更多时间和精力去购物,就是延时服务也不会有更多的人光顾,增加的销售额不足以抵偿延时所增加的成本。

无论是边际收益大于边际成本还是小于边际成本,厂商都要进行营业时间调整,说明这两种情况下都没有实现利润的最大化。只有在边际收益等于边际成本时,厂商才不调整营业时间,这表明已把该赚的利润都赚到了,即实现了利润的最大化。

每个企业由于所用的固定生产要素与可变生产要素不同,调整的难易程度也不同,所以短期与长期的时间长度也不同。民航公司增加或减少飞机与专业人员都不大容易,所以长期的时间跨度比较长。在短期中,用于不变生产要素的不变成本支出是一个常数,所以,只要企业的收益能够弥补全部可变成本,其经营就可以维持下去。换句话说,短期固定成本已经支出了,无可挽回,只要经营尚可挽回全部可变成本就可以经营。航空公司在淡季的收益只要能弥补可变成本便可以经营下去,在旺季时它就可以赚钱了。

二、短期成本曲线及其相互关系

为了分析各类短期成本的变动规律及其关系我们先列出表5.1。

表5.1　各类短期成本的变动特征及其相互关系

产量 Q (1)	固定成本 TFC (2)	可变成本 TVC (3)	总成本 STC (4)=(2)+(3)	边际成本 SMC (5)	平均固定成本 AFC (6)=(2)÷(1)	平均可变成本 AVC (7)=(3)÷(1)	平均成本 SAC (8)=(6)+(7)
0	120	0	120	—	∞	0	∞
1	120	34	154	34	120	34	154
2	120	63	183	29	60	31.5	91.5
3	120	90	210	27	40	30	70
4	120	116	236	26	30	29	59
5	120	145	265	29	24	29	53
6	120	180	300	35	20	30	50
7	120	230	350	50	17.14	32.86	50
8	120	304	424	74	15	30	53
9	120	420	540	116	13.33	46.67	60

通过对表5.1中的各组数据的分析，我们可以得出各类短期成本的变动规律及其关系。

（一）短期总成本、总可变成本和总不变成本之间的关系

固定成本在短期中是固定不变的，不随产量的变动而变动，即使产量为零时，也仍然存在固定成本。

可变成本要随产量的变动而变动，表示随着产品和生产要素投入变化的成本是可变的。

总成本是固定成本与可变成本之和。固定成本不会等于零，因此，总成本必然大于零。而且，因为总成本中包括可变成本，所以，总成本的变动规律与可变成本相同。可用图5.1来说明这三种成本的变动规律与关系。

在图5.1中，横轴 *OQ* 代表产量，纵轴 *OC* 代表成本，*TFC* 为固定成本曲线，它与横轴平行，表示不随产量的变动而变动，是一固定数。*TVC* 为可变成本曲线，它从原点出发，表示没有产量时就没有可变成本。该曲线向右上方倾斜，表示随产量的变动而同方向变动。特别应该注

意的是，它最初比较陡峭，表示这时可变成本的增加率大于产量的增加率。然后较为平坦，表示可变成本的增加率小于产量的增加率。最后又比较陡峭，表示可变成本的增加率又大于产量的增加率。*STC* 为短期总成本曲线，它不从原点出发，而从固定成本出发，表示没有产量也不为零，总成本最小也等于固定成本，*STC* 曲线向右上方倾斜也表明了总成本随产量的增加而增加，其形状与 *TVC* 曲线相同，说明总成本与可变成本变动规律相同。

STC 曲线与 *TVC* 曲线之间的距离也可以表示固定成本。

(二)短期平均成本、平均可变成本和平均不变成本之间的相互关系

平均固定成本随产量增加而减少，这是因为固定成本总量不变，产量增加，分摊到每一单位上的固定成本也就减少了。它的变动规律是：起初减少的幅度很大，以后减少的幅度越来越小。

平均可变成本变动的规律是，起初随产量的增加，生产要素的效率得到发挥，因此平均可变成本减少，但产量增加到一定程度后，平均可变成本由于边际收益递减规律而增加。

短期平均成本的变动规律是由平均可变成本和平均不变成本决定的。当产量增加时，平均不变成本迅速下降，加之平均可变成本也在下降，因此短期平均成本迅速下降。以后随着平均不变成本越来越小，它在平均成本中也越来越不重要，这时平均成本随平均可变成本的变动而变动，即随产量的增加而下降，当产量增加到一定程度之后，就随着产量的增加而增加。

短期平均成本、平均可变成本和平均不变成本的变动规律和关系，可用图 5. 2 来说明。

在图 5. 2 中，*AFC* 为平均固定成本曲线，它起先比较陡峭，说明在产量开始时，它下降的幅度很大，以后越来越平坦，说明随着产量的增加，它的下降幅度越来越小。*AVC* 为平均可变成本曲线，它起先下降而后上升，成 U 形，表明随着产量增加先下降而后上升的变动规律。*SAC* 为短期平均成本曲线，它也是先下降而后上升的 U 形曲线，表明随着产量增加先下降而后上升的变动规律。但开始时比平均可变成本曲线陡峭，说明下降的幅度比平均可变成本大，以后的形状与平均可变成本曲线基本相同，说明变动规律类似平均可变成本。

(三)短期边际成本、短期平均成本、短期平均可变成本之间的相互关系

短期边际成本，即增加 1 单位产品所增加的成本。短期边际成本的变动取决于可变成本，因为所增加的成本只是可变成本。它的变动规律是：开始时，边际成本随产量的增加而减少，当产量增加到一定程度时，就随产量的增加而增加，因此短期边际成本曲线呈现为一条现下降而后上升的 U 形曲线。可以用图 5. 3 来说明短期边际成本、短期平均成本与短期可变成本之间的关系。

在图 5. 3 中，先分析短期边际成本与短期平均成本曲线的关系。从图中我们可以看到，短期边际成本 *SMC* 与短期平均成本曲线 *SAC* 相交于 *SAC* 的最低 *N*。在点 *N* 上，*SMC* = *SAC*，即短

期边际成本等于平均成本。在点 N 之左，SAC 在 SMC 之上，SAC 一直递减，$SAC>SMC$，即短期边际成本小于平均成本。在点 N 之右，SAC 在 SMC 之下，SAC 一直递增，$SAC<SMC$，即短期边际成本大于平均成本。SMC 与 SAC 相交的点 N 称为收支相抵点。这时价格为平均成本，平均成本等于边际成本，即：$P=SMC=SAC$，生产者的成本（包括正常利润在内）与收益相等。

短期边际成本与平均可变成本之间的关系和平均成本的关系相同。这就是说，SMC 与 AVC 相交于 AVC 的最低点 M，在点 M 上，$SMC=AVC$，即短期边际成本等于平均可变成本。在点 M 之左，AVC 一直递减，$AVC>SMC$，即短期边际成本小于平均可变成本。在点 M 之右，AVC 在 SMC 之下，AVC 一直递增，$AVC<SMC$，即短期边际成本大于平均可变成本。点 M 被称为停止营业点，即在这一点上，价格只能弥补平均可变成本，这时所损失的是不生产也要支付的平均固定成本。如低于这一点，不能弥补平均可变成本，则生产者无论如何也不生产了。

三、短期成本变动的决定因素

边际报酬递减规律是短期生产的一条基本规律。因此，它也是决定了短期成本变动的决定因素。

边际报酬递减规律是指在短期生产过程中，在其他条件不变的前提下，随着一种可变要素投入量的连续增加，他们所带来的边际产量先是递增的，达到最大的值以后再递减。

关于这一规律，我们也可以从产量变化所引起的边际成本变化的角度来理解：假定生产要素的价格是固定不变的，在开始时的边际报酬递增阶段，增加一单位可变要素投入所产生的边际产量递增，意味着也可以反过来说：在这一阶段增加一单位产量所需要的边际成本是递减的。在以后边际报酬递减阶段，增加一单位可变要素所产生的边际产量递减，意味着也可以反过来说：在这一阶段增加一单位产量所需要的边际成本是递增的。显然，边际报酬递减规律作用下的短期边际产量和短期成本之间存在着一定的相应关系。这种对应关系可以简单地表述如下：在短期生产中，边际产量的递增阶段对应的是边际成本的递减阶段，边际产量的递减阶段对应的是边际成本递增的阶段，与边际产量的最大值相对应的是边际成本的最小值。正因为如此，在边际报酬递减规律作用下的边际成本 SMC 曲线表现出先降后升的 U 形特征。

从边际报酬递减规律所决定的 U 形的 SMC 曲线出发，可以解释其他的短期成本曲线的特征以及短期成本曲线之间的关系。

（1）关于 STC 曲线、TVC 曲线和 SMC 曲线之间的相互关系。由于在每一个产量水平上的 SMC 值就是相应的 STC 曲线的斜率，又由于在每一产量上的 STC 曲线和 TVC 曲线的斜率是相等的，所以，在每一产量水平的 SMC 值同时就是相应的 STC 曲线和 TVC 曲线的斜率。于是，在图5.4中 STC 曲线、TVC 曲线和 SMC 曲线之间表现出这样的相互关系：与边际报酬递减规律作用的 SMC 曲线的先降后升的特征相对应，STC 曲线和 TVC 曲线的斜率也由递减变为递增。

而且,SMC 曲线的最低点 A 与 STC 曲线的拐点 B 和 TVC 曲线的拐点 C 相对。

(2)关于 SAC 曲线、AVC 曲线和 SMC 曲线之间的相互关系。我们已经知道,对于任何一对边际量和平均量而言,只要边际量小于平均量,边际量就把平均量拉下;只要边际量大于平均量,边际量就把平均量拉上;当边际量等于平均量时,平均量必达本身的极值点。将这种关系具体到 SAC 曲线、AVC 曲线和 SMC 曲线的相互关系上,可以推知,由于在边际报酬递减规律作用下的 SMC 曲线有先降后升的 U 形特征,所以 SAC 曲线和 AVC 曲线也必定是先降后升的 U 形特征。而且 SMC 曲线必定会与 SAC 曲线相交与 SAC 曲线的最低点,与 AVC 曲线相交于 AVC 曲线的最低点。正如图 5.4 所示:U 形的 SMC 曲线分别与 U 形的 SAC 曲线相交于 SAC 曲线的最低点 D,与 U 形的 AVC 曲线相交于 AVC 曲线的最低点 F。在 SAC 曲线的下降段,SMC 曲线低于 SAC 曲线;在 SAC 曲线的上升段,SMC 曲线高于 AVC 曲线。

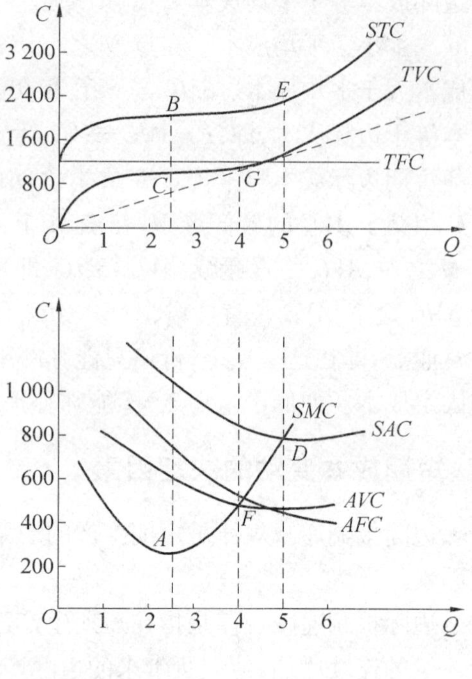

图 5.4　各种短期成本曲线的相互关系

第三节　长期成本

本节将对厂商的长期成本进行分析。我们将对长期总成本、长期平均成本和长期边际成本进行分析,并进一步考察这三条成本曲线之间的相互关系。

在长期中,厂商可以根据产量(或销售量)情况来调整自己的生产规模及要素的投入量,它不但可以通过改变原材料和工人的使用量来调节产量,也可以通过变更厂房、机械设备等来调节产量,甚至可以决定进入和退出一个行业。由于企业的所有投入要素都是可以变动的,因此不存在总不变成本和平均不变成本。这时总变动成本等于总成本,平均变动成本等于平均成本。因此在长期成本分析中,我们就只讨论长期总成本、长期平均成本和长期边际成本之间的相互关系。它们的英文缩写分别为:LTC 、LAC 和 LMC。

为了区分短期成本和长期成本,从本节开始,在长期成本前都冠上"L",如长期总成本写成 LTC 等。

一、长期总成本

厂商在长期对全部要素投入量地调整意味着对企业的生产规模的调整。也就是说，从长期看，厂商总是可以在每一个产量水平上选择最优的生产规模进行生产。

同短期成本分析一样，只要知道任一产量的长期总成本（*LTC*），根据定义就可以推导出长期平均成本（*LAC*）和长期边际成本（*LMC*）。

（一）长期总成本函数

长期总成本 *LTC* 是指厂商在长期中，在每一个产量水平上通过选择最优的生产规模所能达到的最低总成本。相应的，长期总成本函数写成以下形式

$$LTC=LTC(Q)$$

在实际生产中，长期总成本函数也可以表示为，在长期中生产各种产量的最优投入数量组合的轨迹，而长期总成本就是用于购买各种最有投入数量的成本支出总和。

即
$$LTC=rL+wK$$

在上述公式中：r 和 w 是常数；L 表示劳动要素；K 表示资本要素。

从长期看，厂商的每一产量水平面对不同的生产规模（投入及组合）。长期总成本是指厂商在长期在中各种产量水平上通过改变生产规模所能达到的最低总成本，即对各个产量水平下的最低成本。

（二）长期总成本曲线

长期总成本（*LTC*）是指长期中厂商生产一定量产品的成本总和。由于在长期内厂商可以根据产量调整生产规模，因而长期总成本市场上在各种常量要求下通过调整规模所实现的最低总成本。在图 5.5 中，横轴表示产量，纵轴表示成本，*LTC* 线是长期总成本曲线。

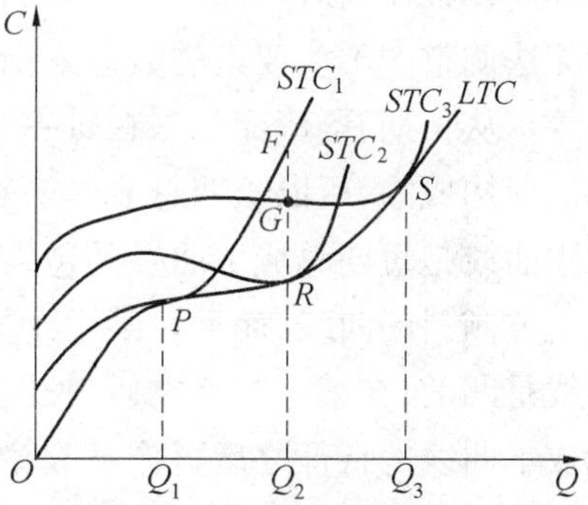

图 5.5　长期总成本曲线

LTC 曲线有三个特点：

（1）*LTC* 曲线从原点出发。这表示，当产量为零时，*LTC* 也是零，这不同于短期总成本（*STC*）曲线。因为在长期内，一切生产要素都是可以调整的，没有固定成本。

（2）*LTC* 曲线向右上方倾斜。随着产量增加，厂商不断扩大规模，长期总成本不断增加。

（3）*LTC* 曲线向右上方倾斜的角度，即斜率先是递减，然后递增。其原因可以用规模报酬

的变动规律来说明。在生产规模扩张的开始阶段,厂商由于扩大生产规模而使经济效益提高,出现规模报酬递增,这时每增加1单位产量所增加的长期总成本是递减的,因而 *LTC* 曲线向右上方倾斜的角度递减。当生产扩张到一定规模以后,厂商继续扩大规模会出现规模报酬递减,这时每增加1单位产量所增加的长期总成本递增,它表现为 *LTC* 曲线向上方倾斜的角度递增。在拐点处,企业处于规模报酬不变阶段。*LTC* 曲线的变动规律将在 *LMC* 曲线的介绍中进一步说明。

(三)长期总成本曲线的构成

LTC 曲线是无数条 *STC* 曲线的包络线,其构成可以用图5.5来说明。在图5.5中,有三条 *STC* 曲线 STC_1、STC_2 和 STC_3 它们分别代表三种不同的固定资产规模下的短期总成本。由于 *STC* 曲线在纵轴上的截距代表固定成本,也就是企业的固定资产规模。假定厂商要生产的产量为 Q_2,它应将固定资产调整到 STC_2 所代表的规模。因为只有用 STC_2 所代表的规模生产产量 Q_2 的总成本(RQ_2)最小,而用另外两种规模生产 Q_2 的产量的总成本分别是 GQ_2 和 FQ_2,都大于点 *R*。因此,STC_2 对应的固定资产规模是长期内生产产量 Q_2 的最佳规模。如果厂商改变产量,最佳规模也要相应调整。STC_1 对应的固定资产规模是生产 Q_1 产量的最佳规模,其总成本为 PQ_1;STC_3 对应的固定资产规模是生产 Q_3 产量的最佳规模,其总成本为 SQ_3。从理论上讲,如果固定资产可以无限细分,生产规模也可以无限细分,厂商就可以在任何一个产量上都找到一个相应的最佳规模,都有一个最低水平的总成本。把这无数个最低的总成本点连接起来,就形成了 *LTC* 曲线。所以,*LTC* 曲线是无数条 *STC* 曲线的包络线。

厂商在长期内对全部生产要素的调整意味着对企业的生产规模的调整。人们通常用短期内所无法调整的不变要素的数量来衡量厂商规模,例如工厂厂房的数量、大型专业机器设备的数量等。从长期看,厂商总是在每一个产量水平上选择量优的生产规模进行生产。由于长期是由短期构成的,所以长期总成本函数可以由短期总成本函数推导出来。简单地说,长期成本总成本曲线是短期总成本曲线的包络曲线,与短期总成本曲线一样,长期总成本曲线也是一条向右上方倾斜的曲线,而且在某一产量上长期成本曲线有一个拐点,在该产量之前,长期总成本曲线是凹的,在某一产量之后,长期总成本曲线是凸的。关于这一点,我们将在分析了长期边际成本曲线的特征之后再作补充说明。与短期总成本曲线不同的是,长期总成本曲线是由原点出发的,而不像短期总成本曲线一样有一个正的纵截距。这是因为长期中厂商可以从零开始调整所有的生产要素投入量,没有短期总成本曲线所面对的“历史包袱”——短期不变成本。

二、长期平均成本

长期平均成本曲线并非是所有的短期成本曲线的最低点的包络曲线,这一点还可以举出现实中电力企业和钢铁与汽车企业的例子加以说明。

【案例 5.4】

如果某一年的夏季格外炎热，造成了某地区空调脱销、用电量激增的局面，那么当地的电力企业是会扩大规模，购买新的电力调和，还是超能力使用原有的电力设备呢？一般而言，电力企业会选择超能力使用原有设备。在现实中，还有一些企业几乎长期处于能力过剩的状态，即产量水平达不到平均总成本最低的水平。例如美国的钢铁企业和汽车企业，似乎它们缩小规模则更容易达到最低平均总成本，为什么这些企业不这样做呢？

在前一种情况下，厂商似乎应该扩大生产规模而不扩大，在后一种情况下，厂商似乎应该缩小生产规模而不缩小，生产都没有在该产生产规模决定的短期平均成本曲线的最低点进行。电力企业不在用电高峰期扩大生产规模的原因是市场需求并不总是处在超能力状态，短时间内超能力使用原有设备虽然会使得短期边际成本激增，但是由于不变成本在总成本中所占的比例很大，平均总成本增加的并不太大，与建立新厂或者购置新设备然后长期闲置相比，短期内超能力使用原有设备更划算。但是如果是由于当地的经济发展导致该地区对电力需求的永久性上升，电力企业也许就会考虑扩大生产规模而不是超能力使用现有设备了。钢铁和汽车企业长期保留着超出产量需要的生产规模是因为它对新厂商的进入有着威慑作用，这意味着如果市场需求增加，现有厂商可以迅速通过增加产量而降低生产成本，同新进入该行业的厂商相比有着极大的价格竞争优势。短期中，电力企业超能力使用原有设备发生在其长期平均总成本曲线上升的阶段，而钢铁和汽车企业保持过度的生产能力发生在其长期平均总成本曲线下降的阶段，这与我们前面的分析是相吻合的。

资料来源：VARIAN H R. 微观经济学：现代观点[M]. 9 版. 梅汝和，等译，上海：上海人民出版社，1994.

（一）长期平均成本函数

长期平均成本 *LAC* 表示厂商在长期内按产量平均计算的最低总成本。

长期平均成本（*LAC*）是长期中平均每单位产品的成本。由于厂商在长期内可以通过规模调整实现每个产量条件下的最小总成本，也就实现了相应的最小平均成本。因此，它的函数表示为

$$LAC(Q)=\frac{LTC(Q)}{Q}$$

在图 5.6 中，*LAC* 曲线是一条随产量增加先下降后上升的 U 形曲线，其原因也是规模报酬变动规律。在企业规模开始扩张的阶段，由于规模报酬递增，使长期平均成本递减。当规模扩张到一定阶段之后，由于出现了规模报酬递减，使长期平均成本递增。近些年来，西方经济学的经验性研究表明，在大多数行业中，企业从规模报酬递增到规模报酬递减，中间有一段很长的规模报酬不变阶段，因而长期平均成本曲线的弯曲程度比较平稳。

需要注意的是，*LAC* 曲线的形状类似于 *SAC* 曲线，它们都呈 U 形，但两者的形成原因是不同的。*LAC* 曲线受规模报酬变动的影响，而 *SAC* 曲线受边际产量变动的影响。

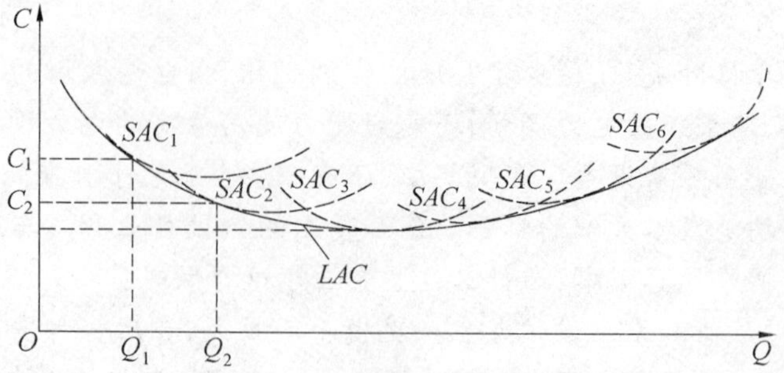

图 5.6　长期平均成本曲线

(二)长期平均成本曲线的推导

在分析长期总成本曲线时强调指出,厂商在长期是可以实现每一个产量水平上的最小总成本。因此,根据 $LAC(Q)=\dfrac{LTC(Q)}{Q}$ 公式便可以推知:厂商在长期实现每一产量水平的最小总成本的同时,必然也就实现了响应的最小平均成本。所以,长期平均成本曲线可以根据上述式由长期总成本值除以相应的产量,便得到这一产量上的长期平均成本值。再把每一个产量和相应的长期平均成本值描绘在产量和成本的平面坐标图中,便可得到长期平均成本 LAC 曲线。此外,长期平均成本曲线也可以根据短期平均成本曲线求得。为了更好地理解长期平均成本曲线和短期平均成本曲线之间的关系,在此着重介绍后一种方法。

在图 5.6 中有 6 条短期平均成本曲线 SAC_1, SAC_2, SAC_3, SAC_4, SAC_5, SAC_6,它们各自代表了 6 种不同的生产规模。

如果厂商生产的产量为 Q_1,则厂商选择 SAC_1 曲线所代表的生产规模是最优的,如果厂商生产的产量为 Q_2,则应选择 SAC_2 所代表的生产规模。

由以上分析可见,沿着图中所有的 SAC 曲线的实线部分,厂商总是可以找到长期内生产某一产量的最低平均成本的。由于在长期内可供厂商按则的生产规模是很多的,在理论分析中,可以假定生产规模可以无限细分,从而可以有无数条 SAC 曲线,于是,便得到图 5.6 中的长期平均成本 LAC 曲线。显然,长期平均成本曲线是无数条短期平均成本曲线的包络线。在这条包络线上,在连续变化的每一个产量水平,都存在 LAC 曲线和一条 SAC 曲线的相切点,该 SAC 曲线所代表的生产规模就是生产该产量的最优生产规模,该切点所对应平均成本就是相应的最低平均成本。LAC 曲线表示厂商在长期内在每一产量水平上,通过选择最优生产规模所实现的最小的平均成本。

此外,从图 5.6 还可以看到,LAC 曲线呈现出 U 形的特征。而且,在 LAC 曲线的下降段,LAC 曲线相切于所有相应的 SAC 曲线最低点的左边;在 LAC 曲线的上升段,LAC 曲线相切于所有相应的 SAC 曲线最低点的右边。只有在 LAC 曲线的最低点上,LAC 曲线才相切于相应的 SAC 曲线(图中为 SAC_3 曲线)的最低点。

三、长期边际成本

【案例 5.5】

厂商在进行生产时,总是会根据自己的生产目标来选择一个恰当的厂房设备,拥有一定的生产规模和生产能力。一般说来,对于某一产量应该有一个最佳的生产规模。假设厂商计划每年生产 10 万辆汽车,它就会选择相应的厂房设施和生产装备。这些设施和装备,在产量达到 10 万辆时能获得最佳的使用。如果产量低于 10 万辆,这些设施和装备不能得到充分利用,使每辆汽车的成本比较高。很显然,产量越是低,则每辆汽车的平均成本就是越高。当产量从零逐步增加到 10 万辆时,平均成本是逐步下降的。如果产量超过 10 万辆的话,由于产量超过了厂房和生产装备的能力,厂房设备的负荷加重,设备的损坏率就会提高;由于场地的拥挤,也会使生产效率降低,这一切都会使每辆汽车的成本可是上升。因此,在产量超过 10 万辆之后,随着产量的提高,平均成本可是逐步上升。

要是厂商几乎按每年生产 50 万辆汽车的话,它就会选择和这些产量响应的厂房设施和生产装备,在每年产量达到 50 万辆时,平均成本会达到最低点,不到或超过 50 万辆,就会使每辆汽车的生产成本上升。由于年产 50 万辆汽车的工厂规模较年产量 10 万辆的工厂来的大,能够实行更有效的分工,因而它达到最佳产量时的平均成本要比年产 10 万辆汽车的工厂的平均成本低。

资料来源:黎诣远. 西方经济学[M]. 2 版. 北京:高等教育出版社,2005.

假设在长期中,对应于任一产量,都有一个最佳的生产规模,即我们可以画出无数条短期的平均成本曲线,我们将用长期边际成本函数和长期边际成本曲线的分析来阐述案例中包涵的长期边际成本的原理。

(一)长期边际成本函数

长期边际成本 LMC 表示厂商在长期内增加一单位产量所引起的最低总成本的增量。

长期边际成本函数可以写为

$$LMC(Q)=\frac{\Delta LTC(Q)}{\Delta Q}$$

或

$$LMC(Q)=\lim\frac{\Delta LTC(Q)}{\Delta Q}=\frac{\mathrm{d}LTC(Q)}{\mathrm{d}Q}$$

显然,每一产量水平上的 LMC 值都是相应的 LTC 曲线的斜率。

(二)长期边际成本曲线

1. 长期边际成本曲线的推导

长期边际成本曲线的推导像长期平均成本曲线的推导一样,可以根据长期总成本曲线直接得到。根据长期边际成本函数的定义公式

$$LMC=\frac{\mathrm{d}LTC}{\mathrm{d}Q}$$

只要把每一个产量上的 LTC 曲线的斜率值与该产量相对应，就可以得出一条长期边际成本曲线。

推导长期边际成本曲线的另一种方法可以由短期边际成本曲线得到，但是它并不是短期边际成本的包络曲线。我们可以在图 5.7 中显示长期边际成本曲线的推导过程。

在图 5.7 中仍然有代表着大、中、小三种规模的三组短期成本曲线，而且每一组短期成本曲线都有一条相应的 SMC 曲线，每一条 SMC 曲线都过相应的 SAC 曲线的最低点。在短期平均成本曲线与长期平均成本曲线的相切点所代表的 Q_1 的产量上，生产该产量的最优生产规模由 SAC_1 曲线和 SMC_1 曲线所代表，相应的短期边际成本由点 A 的纵坐标给出，点 A 是短期边际成本曲线与垂直于横轴的直线 $Q=Q_1$ 的交点。由于在产量 Q_1 上，短期平均成本曲线 SAC_1 与长期平均成本曲线 LAC 相切，这便意味着在产量 Q_1 上，相应的短期总成本曲线 STC_1 和长期总成本曲线 LTC 相切，所以在产量 Q_1 上，AQ_1 既是短期边际成本，又是长期边际成本，即有 $AQ_1=LMC(Q_1)=SMC_1(Q_1)$。同理，在 Q_2 的产量上，有 $LMC(Q_2)=SMC_2(Q_2)=BQ_2$，在 Q_3 的产量上，有 $LMC(Q_3)=SMC_3(Q_3)=CQ_3$。在生产规模无限细分的情况下，我们可以用上述方法得到无数个类似 A、B 和 C 的点，将这些点连接起来便得到一条光滑的长期边际成本 LMC 曲线。

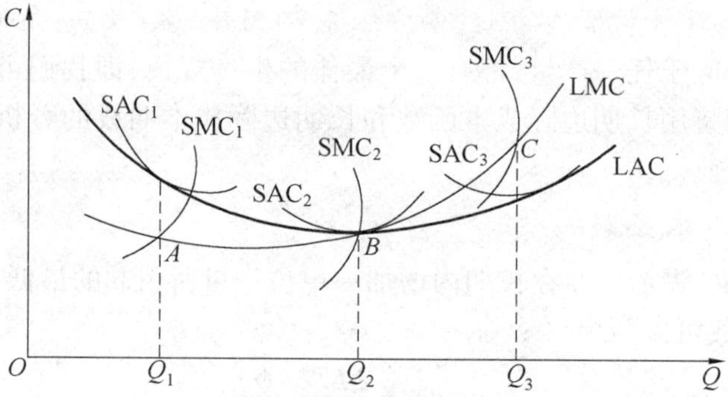

图 5.7　长期边际成本曲线

2. 长期边际成本曲线的特征

从图 5.7 中还可以看到，长期边际成本曲线呈 U 形，它与长期平均成本曲线相交于长期平均成本曲线的最低点，根据边际量与平均量的关系我们很容易证明这一点。由于长期平均成本曲线在规模内在经济和规模内在不经济的作用下呈 U 形，而在长期平均成本下降阶段，长期边际成本一定比长期平均成本下降得还要快；在长期平均成本上升的阶段，长期边际成本一定比长期平均成本上升得还要快，所以长期边际成本曲线一定也是 U 形的，而且与长期平均成本曲线相交于其最低点。

根据长期边际成本 *LMC* 的形状，我们就可以解释 *LTC* 曲线的形状特征了。因为 *LMC* 曲线呈先降后升的 U 形，而某一产量上 *LMC* 的取值又是该产量上 *LTC* 曲线的斜率，所以，*LTC* 曲线的斜率必定随着产量的增加表现出先递减后递增的特征，也就是说，*LTC* 曲线在某一产量上有一个拐点，在该产量之前的阶段，*LTC* 曲线是凹的，在大于该产量的阶段，*LTC* 曲线变成凸的。

第四节　企业收益与利润最大化

一、收益的含义

企业的收益就是指企业销售的收入（收益既包括成本，又包括了利润）。企业收益可以分为总收益、平均收益和边际收益。它们的英文缩写分别为 *TR*、*AR* 和 *MR*。

总收益是指企业按一定价格出售一定量产品时所获得的全部收入。以 P 表示既定市场价格，以 Q 表示销售总量或产量，则有

$$TR=PQ$$

平均收益是指企业平均每一单位产品销售所获得的收入。用公式可表示为

$$AR = TR/Q$$

边际收益是指企业增加一单位产品销售所获得的收入增量。用公式可变式为

$$MR = \Delta TR/\Delta Q$$

生产理论分析是对生产要素的投入量与产量之间的关系的研究，但是企业为了实现利润最大化，不仅要考虑这种物质技术关系，而且还要考虑成本与收益之间的经济关系。讨论企业在销售量不断变化的条件下，各种收益的变动趋势时，应该区分价格不变和价格递减两种市场条件。

二、价格不变条件下的各种收益曲线

价格不变的市场条件是指对于某一行业中的单个企业的研究，无论这个企业生产并销售多少产品数量，都不会引起市场价格的变化。在对市场价格与需求变化的研究中我们知道，产品市场价格变化是受该行业产品的供给总量和需求总量的影响。当单个企业规模很小，其所占有的市场份额微不足道时，该企业无论增加产量还是减少产量都不足以引起整个市场供求关系的变化。那么，对该企业而言，它就处于价格不变的市场条件。

在价格不变的市场条件下，总收益、平均收益和边际收益的变动规律见表 5.2。

通过对表 5.2 中的各组数据的分析，我们可以做出在价格条件不变下的总收益、平均收益和边际收益的变动规律及其曲线关系。

在以销售量（或者以产量）为横轴、以价格为纵轴的坐标上，首先分别作出总收益 *TR* 曲线

(图 5.8)、边际收益 *MR* 曲线(5.9)。

表 5.2　价格不变的收益表

销售量 *Q*	价格 *P*	总收益 *TR*	平均收益 *AR*	边际收益 *MR*
0	2	0	—	—
100	2	200	2	2
200	2	400	2	2
300	2	600	2	2
400	2	800	2	2
500	2	1 000	2	2
600	2	1 200	2	2

TR 曲线是一条从原点出发,向右上方倾斜的曲线。*AR* 曲线和 *MR* 曲线重叠,且平行于横轴。这三条曲线显示的状态表明,由于价格不变,每增加销售一件产品,就等于在总收益中增加了一件商品的价格,因此,边际收益就会总是与平均收益相等。

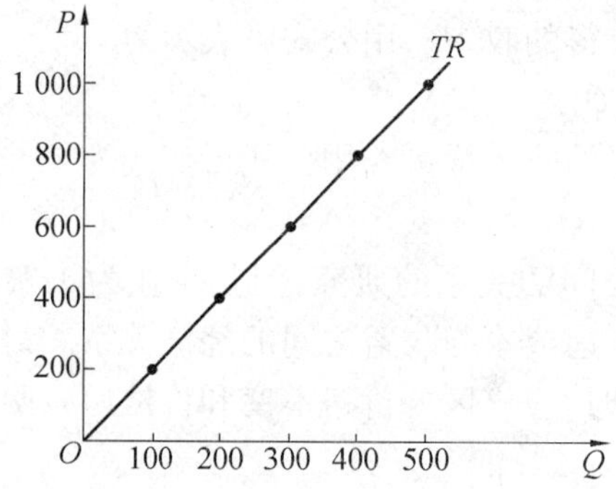

图 5.8　价格不变的总收益曲线

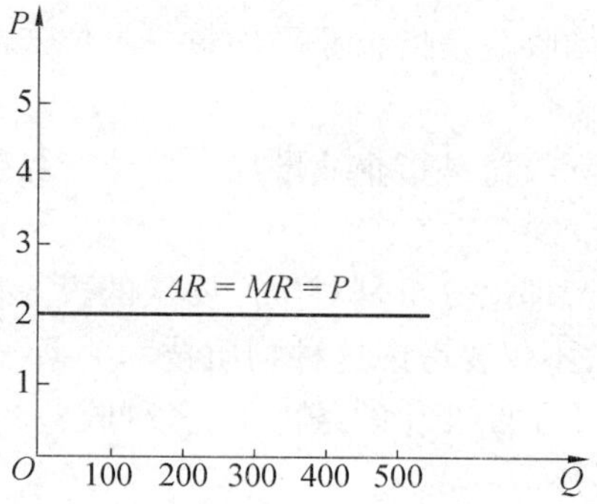

图 5.9　价格不变的平均收益和边际收益曲线

三、价格递减条件下的各种收益曲线

价格递减的市场条件是指,随着单个企业产量(或销售量)的不断增加,产量的市场价格递减。如果一个企业的规模较大,其在整个行业中占有很大的市场份额,甚至在特殊的行业中只有一家企业独自提供产品,那么,在这种情况下,这家企业的产量(或销售量)就将对整个市场的供求关系产生重大影响。当该企业产量增加时,就相当于整个行业的供给量增加,产品的市场价格必然下降;相反,当该企业的产量减少时,也就相当于整个行业的供给量也减少,产品的市场价格必然上升。在价格递减的市场条件下,总收益、平均收益和边际收益的变动规律见表 5.3。

表 5.3　价格递减的收益表

销售量 Q	价格 P	总收益 TR	平均收益 AR	边际收益 MR
0	10	0	—	—
1	9	9	9	9
2	8	16	8	7
3	7	21	7	5
4	6	24	6	3
5	5	25	5	1
6	4	24	4	-1

通过对表 5.3 中的各组数据的分析，我们可以做出在价格递减条件下，总收益、平均收益和边际收益的变动规律及其曲线关系。

在以销售量（或者以产量）为横轴、以价格为纵轴的坐标上，首先分别作出总收益 TR 曲线（图 5.10）、平均收益 AR 和边际收益 MR 曲线（图 5.11）。

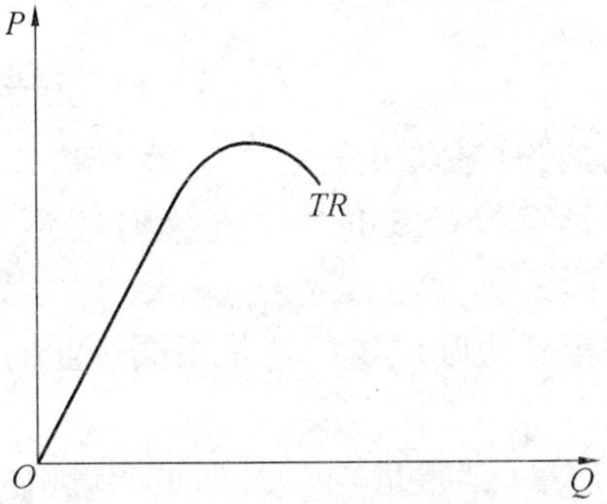

图 5.10　价格递减的总收益曲线

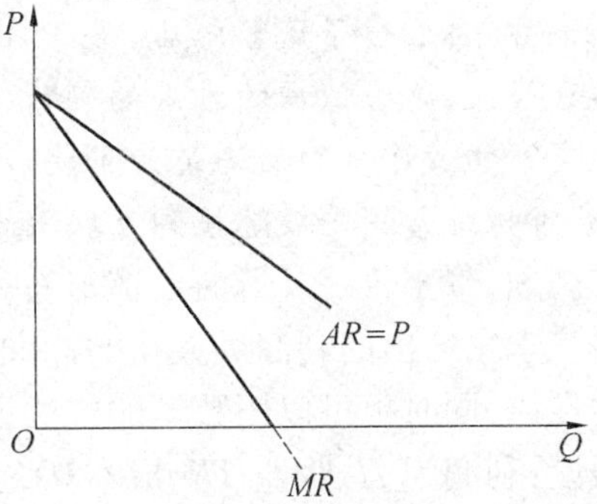

图 5.11　价格递减的平均收益和边际收益曲线

TR 曲线是一条从原点出发，随着销售量的增加而递增，当销售量达到一定程度后又递减的曲线。AR 曲线即价格曲线，是一条向右下方倾斜的曲线。MR 曲线也是一条向右下方倾斜的曲线。

从 TR 曲线和 MR 曲线的相互关系上可知，与其他总量和边际量的关系一样，MR 曲线就是 TR 曲线个点的斜率。当 $MR>0$ 时，TR 曲线上升；当 $MR = 0$ 时，TR 曲线达到最高点；当 $MR<0$ 时，TR 曲线下降。

AR 曲线和 MR 曲线都是向右下方倾斜的曲线，但 MR 曲线在 AR 曲线的下方，并以更快的速度递减。也就是说，这时的边际收益小于平均收益。这种原因是由于边际收益的特点而形成的，因为边际收益是指增加 1 单位产量所增加的收益，并且它由两部分组成：其一，增加销售的 1 单位产品本身所增加的收益，例如在表 5.3 中，当销售量由 2 增加到 3 时，第 3 件产品本身使总收益增加了 7,其二,由于价格递减所减少的收益。例如在表 5.3 中。当第 2 件产品销售价格由 8 降到 7 时,于是前两件产品的价格也都由 8 降到 7,共减少收益 2。由此,当销售第 3 件产品时,使总收益增加了 5(即 7-2=5)。这就是说,销售第 3 件产品的边际收益是 5。通过这样的分析,我们证明了边际收益小于平均收益这样的结果。

需要指出的是在上述分析中,价格不变和价格递减的市场条件就是指在市场理论中的完全竞争和不完全竞争的市场条件。

四、利润最大化原则

【案例 5.6】

如果不用抢购,不用排队甚至不用花钱,只要在网上填写一份申请表格,提交个人资料后,就可以收到各种最新款式的免费商品,而你只需要在试用之后写一篇心得体会就可以了,这对于囊中羞涩的你是不是极具吸引力呢?的确,一段时间以来,这种新的网络生活方式受到许多白领网购一族的青睐,这些人是试客中的中流砥柱,试用的 范围从最早的化妆品、数码产品一直发展到生活用品、电器、美容、健身、美食、甚至酒店试睡、汽车试驾、景点试玩,应有尽有。甚至有人声称,自己当了试客以后,每个月开支减少了四分之一。

不可否认,免费试用的方式的确让这些试客们节省了一些费用,但是世界上真有免费的午餐吗?商家的最终目的始终是为了获得最大化的利润,这些措施无非是一种新的营销手段罢了,商家将传统营销手段嫁接到互联网上,打的是网络体验的营销牌。在他们眼里,迅速蹿升的试客风潮,催生出一种新的经济形态——试客经济。

经济学家给出的利润最大化的标准是边际收益等于边际成本。这是根据企业的实践总结出来的规律,同时也可以用数学的方法证明。

假设:利润为 Π、收益 TR、成本 TC 都与企业的产量(销售量)有关,都是产量(Q)的函数,随着产量的变化而变动。那么利润是总收益与总成本之间的差额。可以表示为

$$\Pi(Q)=TR(Q)-TC(Q)$$

由于已经给出的利润最大化的标准是边际收益等于边际成本即($MR=MC$),因此增加 1 单位产品的生产和销售,如总收益的增加(TR)大于总成本的增加(TC),总利润将会增加。反之,如果增加的单位产品,使总成本的增加大于总收益的增加,总利润将会减少。由此可得出最大利润规律。即:$MR>MC$ 则增加产量;$MR<MC$ 则减少产量;$MR=MC$ 产量处于最佳水平。最大利润规律或利润最大化原则可以概括为

$$MR=MC$$

这个规律具有普遍意义,它对任何企业都适用。我们可以通过一个简单的例子来理解这个规律。

假设一个企业生产 1 单位产品增加的收益(边际收益)为 10 元,边际成本为 8 元,每多生产 1 单位产品赚 2 元,这时,企业一定要增加生产。增加生产就表明原来的产量没有实现利润

最大化,即没有把该赚到的钱赚到。反之,如果边际收益为 8 元,边际成本为 10 元。每多生产 1 单位产品赔了 2 元。这时,企业一定要减少生产。它减少生产就表明原来的产量也没有实现利润最大化,即赔了。当边际收益与边际成本相等(比如都是 9 元)时,企业既不增加产量,也不减少产量,说明企业维持这种产量时,就已经实现了利润最大化。但是,应用这一规律的结果,则取决于企业所在的市场类型。具体说,就是下面的两种情况:

(1)企业是否在完全竞争的市场条件下经营。如果是在完全竞争下经营,则企业的产品价格为市场所确定。企业只是既定价格的接收者。它要解决的只是按市场价格来决定提供多少产量。

(2)企业具有某种主宰市场的力量,即有某种可以改变它的产品价格的能力。例如,某家企业是某种产品的唯一提供者(即垄断性的产品生产商或经销商)。当然,在市场经济日趋公平竞争和信息畅通的条件下,大多数企业尽管不能完全垄断市场,但对它们的产品价格具有一定的控制能力。

我们现在可以再反过头来分析和解释泛美国际航空公司亏损还要继续经营的原因。从经济学角度看,所谓企业亏损,就是企业的平均成本高于平均收益的情况,但即使在亏损情况下,边际成本仍然可能低于边际收益。因此,只要该企业的边际成本不高于边际收益,这个企业的经营就是尚有经济意义的,这就解释了企业在连续亏损的状况下,仍然可以继续维持经营的原因。泛美国际航空公司为什么会在 1980 年出现首次亏损后,不马上停止该公司的业务?其原因就在于该公司继续经营的边际收益仍然大于边际成本,但没有实现利润最大化。那又是什么因素使得这家公司在所谓的亏损的状态下,得以连续经营 12 年之久?这可以让我们看到,越是规模较大的企业实现规模效益和利润最大化所需要的时间越长,但是在抵御经营风险时确能享有所谓“百足之虫死而不僵”的余利。

在现实中,许多企业家希望企业利润最大化,但是他们并不了解其中真正的含义,因此,在他们的经营中也没有刻意地去追求边际收益和边际成本相等。但是如果我们分析那些经营比较成功企业的时,一定会发现其中共同的“经营之道”的奥妙,就是这些企业在经营中都遵循了利润最大化的规律。无论你是否知道这个规律,它总是在起作用,但了解这些规律将更有利于企业家们自觉的按经济规律办事,有效地避免经营的盲目性和在探索这一规律是所要走的弯路以及浪费的代价。

当然,利润最大化只是一个原则。不同行业的不同经营条件的企业。在运用这个原理时也会有所不同。比如,有的企业会追求利润率的最大化;而有的企业则会追求利润量最大化;还有的企业偏重短期利润最大化;更优的企业会为了长期利润最大化而改变(或放弃)短期的利好。这些不同的目标即取决于企业自身的经营目的(比如经营者的偏好),同时也受其企业所处的市场环境的制约。

无论什么样的企业,如果想要成功地实现利润最大化,都必须满足消费者的需求。因为当下的市场是需求占主导地位(即消费者是上帝),所以企业在进入市场前,必须充分的了解消费者的需求,也就是说,当一个企业在向市场推出一个新产品(或一项新的服务产品)之前,要对需求市场进行科学的经济预测,因为这将是企业通向实现经济利润最大化目标而迈出的坚实的第一步。

【知识库】

当代经济学创始者——阿尔弗莱德·马歇尔(1842—1924)

阿尔弗莱德·马歇尔(Alfred Marshall),当代经济学创立者,现代微观经济学体系的奠基人,剑桥学派和古典经济学派创始人,19世纪末和20世界初英国著名经济学家,马歇尔的主要著作有《工业经济学要论》、《经济学原理》、《产业经济学概论》、《货币、信用与商业》等。在他的多部经济学著作中,《经济学原理》这部书被后来的经济学界高度赞誉为现代西方经济学的"奠基石"。

马歇尔是英国乃至西方经济学说史上的一位里程碑式的人物。他的经济学说具有一种折中主义的中和理论体系的特点,在英法早期经济学与当代经济学之间,起着承前启后的作用。

马歇尔的学说是对古典经济学的继承和更新,一方面他吸收了古典经济学关于生产成本的解释,参照了斯密、李嘉图、穆勒的分配学说;另一方面他引入了边际分析,强调了需求分析的重要性。可以说,是他确立了当代西方经济学一个空前庞杂的独特体系,包括研究对象、研究方法、基本观点以及理论体系等,为当代西方经济学各个流派提供了一个共同的理论框架。奠定了一个共同的理论基础,被称为新古典经济学。同时,由于他及其学生如凯恩斯、尼克尔森、庇古、麦格雷戈等,先后长期在剑桥大学任教,因此也被称为剑桥学派。

马歇尔的价值论和分配论在19世纪末和20世纪30年代的西方经济学界占有支配地位,直到今天,仍然是西方微观经济学的基础,并对西方经济学的发展有着深远的影响。

马歇尔的父亲是英格兰银行的出纳员,对马歇尔极为严厉。马歇尔九岁时,父亲觉察到他的天赋,让他去莫肯泰勒学院学习,并常常陪他做功课,学希伯来语,直至深夜。马歇尔对数学产生了浓厚的兴趣,逐渐表现出惊人的数学天赋。1861年中学毕业后,马歇尔获得了牛津大学的奖学金,但他放弃了这笔奖学金。同年他又得到剑桥大学圣约翰学院的奖学金,那一年他19岁。

大学毕业后,马歇尔在剑桥大学当了9年的数学教师,因受到斯密、李嘉图、穆勒的影响,转而研究经济学。1877~1881年,马歇尔转到布里斯托尔大学担任第一任院长,成绩斐然。1883年,马歇尔应约在汤恩比之后继任牛津大学巴里奥学院经济学教授。他参加过英国政府组织的政策咨询活动,还曾是皇家劳工委员会颇有影响的成员。1885年马歇尔应剑桥大学之聘,返回剑桥大学任经济学教授,并成为英国经济学界无可争议的领袖。1908年退休,1924年逝世,享年82岁。

本章小结

本章要点可以归纳如下:

(1)企业的生产成本,不能简单地仅从企业向他人购买生产要素的成本支付的角度来理解。一个重要的成本概念是机会成本。所谓机会成本。所谓机会成本是指厂商运用一定的生产要素进行生产时他所放弃的运用相同的生产要素在其他场合的生产中所能得到的最高收入。

由此,厂商生产的成本不仅包括显成本,还应该包括隐性成本。其中,显成本指厂商使用或者购买他人所拥有的生产要素时的成本支付；隐成本指厂商使用自己所拥有的生产要素时应该得到的收入报酬。厂商生产的总成本等于显成本与隐成本之和。

企业的生产成本还包括私人成本和社会成本。财务分析使用私人成本，它是个体企业从事生产活动实际支出的一切成本。企业经济分析使用社会成本，它是整个社会为这项生产活动需要支付的一切成本。

企业的生产成本还包括增量成本和沉没成本。增量成本是由于某项生产决策而产生的相关成本，即总成本的增量。它主要是因新增产量而增加的直接材料、直接人工和制造费用、即变动成本。

沉没成本是业已发生而无法收回，或不因生产决策有所改变的成本。它主要是与产量无关的厂房、设备等不相关成本、即无法利用的固定成本。

(2)关于经济利润与正常利润的概念及其区别。厂商生产的经济利润等于总收益减去总成本。经济利润也称超额利润，或简称利润。而正常利润是指企业家才能的报酬。根据机会成本的概念，正常利润应该以隐性成本的形式计入总成本。很清楚，从本质上说，正常利润不是利润，而是成本。于是有：当经济利润等于零时，正常利润全部实现。

(3)成本理论以生产理论作为基础。由于理论区分为短期生产理论和长期生产理论，相应地，成本理论也区分为短期成本理论和长期成本理论。无论是短期成本，还是长期成本，它们都是产量的函数。

(4)短期成本有七种：总成本 *STC*、总不变成本 *TFC*、总可变成本 *TVC*；平均成本 *SAC*、平均不变成本 *AFC*、平均可变成本 *AVC* 以及边际成本 *SMC*。在理解七条短期成本曲线的各自特征及其相互之间的关系时，关键是抓住短期生产的基本规律，即边际报酬递减规律。根据该规律，我们可以由短期生产的先上升而后下降的倒 U 形的边际产量 *MP* 曲线出发，推导出相应的先下降而后上升的呈 U 形的短期边际成本 *SMC* 曲线。并且，进一步由边际成本 *SMC* 曲线出发，推导出其他六条短期成本曲线。

(5)长期成本有三种：总成本 *LTC*、平均总成本 *LAC* 和边际成本 *LAC*。在理解三条长期成本曲线的各自特征及其相互之间的关系时，关键是抓住：在长期中，厂商在每一个产量上都是通过对最优生产规模的选择来将生产成本降到最低水平。也就是说，在长期中，厂商通过对最优生产规模的选择，使得每一单位的产量都以最小的成本被生产出来。由此，可以推导出长期总成本 *LTC* 曲线是无数条短期总成本 *STC* 曲线的包络线，长期平均成本 *LAC* 曲线也是无数条短期平均成本 *SAC* 曲线的包络线，并进一步推导出长期边际成本 *LMC* 曲线。

此外，企业长期生产的规模经济和规模不经济（即内在经济和内在不经济）决定了长期平均成本 *LAC* 曲线位置的高低。而且，由长期平均成本 *LAC* 曲线的 U 形特征出发，可以进一步了解释三条长期成本曲线之间的相互关系

关于本章介绍的成本论，下列几点有必要加以注意：

(1)产品市场上的需求和生产要素市场上的需求具有很不同的性质。在产品市场上，需

求来自消费者，而在生产要素市场上，需求不是直接来自消费者，而是来自厂商。厂商购买生产要素不是为了自己的直接需要而是为了生产和出售产品以获得收益，这种需求被称为引致需求。

（2）厂商使用生产要素的木的是为了利润的最大化。为了达到利润的最大化，厂商必须让自己使用要素的“边际收益”和“边际成本”正好相等。

思考题

1. 案例分析题：

张老板拥有一家出售缝纫机的商店。他的收益、成本和利润如下表 5.4 所示。

请根据表 5.4 回答以下问题：

表 5.4　会计师与经济学家的收益/成本/利润核算表

会计师的算法		经济学家的算法	
项目	数量	项目	数量
销售收益	300 000	销售收益	300 000
成本		成本	
缝纫机批发成本	150 000	缝纫机批发成本	150 000
其他服务	20 000	其他服务	20 000
工资	50 000	工资	50 000
		张老板本人的工资①	45 000
固定资产折旧	22 000	资产市场价值的减少②	10 000
银行利息	12 000	银行利息	12 000
		张老板的资金的利息③	11 000
总成本	254 000	总成本	293 500
会计利润	46 000	会计利润	6 000

说明：①张老板在其他地方工作的每小时工资为 45 元，他在经营自己的商店中工作了 1 000 小时，所以，这 1 000 工作时间的机会成本是 4.5 万元。

②企业资产市场价值的减少是指在一年前未出售这些资产的机会成本，也就是使用这些资产一年的部分机会成本。

③张老板在自己的商店投资了 115 000 元，如果现在的年利率为 10%，这些资金的机会成本为 11 500 元。

（1）会计师是根据什么计算收益和成本的？

（2）经济师又是根据什么计算收益和成本的？

(3)两种计算方法的根本区别是什么?

(4)请你谈一谈在现实经济中,张老板应如何作出给人打工还是自己开店的抉择?

2. 经济成本、会计成本、显成本和隐成本之间有什么关系?

3. 说明停止营业点和收支相抵点的经济含义。

4. 假定从甲地到乙地,飞机票价 100 元,飞行时间 1 小时;公共汽车票价 50 元,需要 6 小时,考虑下列情况最经济的旅行方法:(1)一个企业家,每小时的时间成本是 40 元;(2)一个学生,每小时的时间成本是 4 元;(3)你自己如何说明在这个问题上,机会成本的概念是关键的。

5. "较高的固定成本是厂商亏损的原因,但不是厂商关门倒闭的原因",这句话对吗? 为什么?

【阅读资料】

《经济学原理》(节选)——阿尔弗莱德·马歇尔(Alfred Marshall)

正常供给价格

不论所指的是短期还是长期,正常供给价格一词的含义总是不变的,但就细微的地方上说,却有很大的差别。在一种场合都指一定的总生产率,即指每天或每年的一定生产总量。在另一种场合,价格都是预期足以并且恰好足以补偿那个生产总量的价格。在每一场合,生产成本就是边际成本,亦即那些处于全然不生产的边际,以及如果预期价格再低,便不会生产的那些商品的生产成本。但是决定这个边际的原因,是随着所讨论的时期的长短而变化的。就短期而言,人们把现有的生产设备数量看做是实际上几乎固定的,他们是受预期需求的支配来考虑运用这些设备的活动程度。而就长期而言,人们竭力想去调节这些设备的数量,使之适合它们所帮助生产的货物的预期需求。

对短期的考察

对短期的情况,我们可以总结如下:由于时间过短,特殊的技能和才干、合适的机械和其他物质资本的供给以及工业组织产品的供给,都无法充分地适合需求变动。但是生产者必须利用手里已有的设备尽量使供给适应需求。一方面,如果生产设备供给不足,由于时间太短,也无法增加它们;另一方面。即使设备供给有余,也会有一些设备不能得到充分利用。因为时间太短来不及改变它们原有的用途。这些设备所引起的收入变化,在短时期内是不显著的,对它们所生产的那些商品价格也没有直接影响,这种收入是超过直接成本的那部分剩余。但是。除非这种收入在长时间内足以补偿企业一般成本的一部分,不然生产就会逐渐减少下去。这样,那些隐藏在长期种因素,就会对短期价格相对迅速的变动发生控制性影响,而且害怕"损害市场"的心理也会使这些因素在其他条件下更快的发生作用。

对长期的考察

在长期中,为了提供物资设备和建立商业组织,为了获得职业知识与专业技能而投入的全部资本和努力,都有足够的时间来根据人们渴望挣到的收入进行调整。因此,对收入的估计就直接决定着供给,并形成了商品的真正的长期供给价格。

投入企业的一大部分资本会被用在建立企业的内部组织和外部联系。如果这个企业处于困境,即使从其物资设备出售中可以收回一部分成本,而用在建立企业的内部组织和外部联系的投资也将难以收回。因此,在长期中左右商品价格的投资。一方面是由对创办和经营一个代表性企业所需要支出估计而决定的,另一方面是由这一投资在长期中能够获得的种种收入的估计来决定的。

价值问题的简单分类

所谓的“长期”和“短期”之间并没有分界线。我们将长期和短期进行比较，也并不是为了对二者进行严格的区分。如果为了阐明价值问题而必须把长期和短期截然分开的话，我们可以通过一些特别的解释来达到这个目的。我们可以将它们分成四类。在每一类中，价格都是由供给和需求的关系支配的。就市场价格而言，供给是指手里现有的，或者肯定将要有的商品的数量；就正常的价格而言，如果我们把它局限于几个月或者1年的短期中来看，那么供给是指在所说的这种价格情况下，以现有的、包括人员在内的配备在指定的时间内可以生产出来的那个生产数量；而如果我们把正常价格放在几年的长期中来研究，供给就是在这一时期里，工厂生产出来的并又投入生产的那些新的和旧的生产设备所能生产的那个商品数量；最后一种是出于长久性的运行当中的正常价格，这种运行是由于从一代到另一代知识、人口和资本的逐渐增长以及需求和供给的变化而产生的。

第六章

Chapter 6

市场理论

【学习要点及目标】

通过本章的学习，要求学生掌握完全竞争市场、完全垄断市场、垄断竞争市场和寡头垄断这四个市场的含义和特征；掌握在完全竞争市场、完全垄断市场、垄断竞争市场这三个市场条件下的短期均衡与长期均衡和他们的需求与收益曲线的变化；掌握古诺模型和斯威齐模型的基本理论并对其进行应用。

【引导案例】

春联市场，在年前 10 天左右，春联的买者和卖者都很多，没有人能够左右市场的价格，因为人以一个春联供应者不卖或是春联需求者不买都不会影响市场总体的销售量或购买量，个人影响微乎其微。

资料来源：王中伟. 日常生活中的经济学[M]. 电子工业出版社，2014.

通过这个故事我们可以看出：在完全竞争条件下，厂商和卖者影响力极小，而如果要改变这种状况需改变市场条件。下面我们就在本章学习一些在微观经济学里不同的市场中所蕴含的经济学的知识。

第一节　完全竞争市场

一、完全竞争市场的特征

（一）完全竞争市场的含义

完全竞争市场（Pure Competition）又称纯粹竞争，是指一种竞争不受任何阻碍和干扰，排除任何垄断可能的市场结构。完全竞争市场是一种理想的市场结构，它是我们研究不同类型市场的基础和出发点，因此我们也把他称作基本竞争模型，其产品性质是无差别的，产品之间具有完全的替代性。

(二)完全竞争市场的特征

作为基本竞争模型的完全竞争市场,它具有如下特征:

(1)由于市场上存在着大量的厂商和众多消费者,每个厂商所生产的产品数量都只占全行业供给总量的微不足道的份额,而正是由于这些生产者与消费者的规模都很小,并且其任何一个的销售量或购买量在整个市场上都只占有很小的比例,因而每一个厂商都不可能通过自己产量的调整影响整个行业的供求关系,当然也就不可能成为价格的决定者。因此只有市场价格才是由整个市场的供求关系决定的,所以,每个生产者与消费者都只能是市场决定价格的接受者。

(2)同一行业的不同厂商所生产的产品完全无差别,这里讲的产品差别不是指不同类产品的差别,而是指同类产品在质量、品牌、性能、包装、销售条件、售后服务等各个方面的差别。即在统一市场上所有的生产者都提供完全一样的商品。例如,产品差别不是指自行车与汽车的差别,而是指自行车在质量、包装、型号等方面的差别。正是由于强调产品的无差别也就排除了厂商通过产品特色有可能形成的相对垄断。这样厂商就无法以自己产品的特点来形成垄断,在不存在垄断的情况下就能实现完全竞争。

(3)生产资源可以完全自由流动,任何厂商进入或退出一个行业是完全自由的,不存在任何障碍。这也就是说每个厂商都可以根据自己的意愿进入或退出某个行业。生产资源的自由流动,使厂商能及时向获利的行业转移或及时退出亏损的行业,全社会的经济资源才能做到最有效的配置,在完全竞争的条件下,缺乏效率的企业会被淘汰,取而代之的是具有效率的企业。

(4)市场信息是完全畅通的,完全竞争市场上的每一个生产者和消费者对市场内的各种经济信息都了如指掌,都可以获得完整而迅速的市场供求信息,以此做出自己的生产和消费决策,实现利益最大化,从而就排除了个别经济主体由于对信息的垄断而进行不完全竞争的可能,也不存在供求以外的因素对价格决定和市场竞争的影响。

(5)买卖完全公开和公平,卖者能够自由地将商品出售给任何买者,买者也能够向任何一个卖者购买商品,价格只随市场供给情况而变动,不存在价格歧视,生产者不能通过市场权利、关税、补贴、配给或任何手段来控制供需和价格。

(6)厂商的技术固定不变,由于完全竞争不存在技术等信息的垄断,而且市场信息是完全畅通的,因此厂商间的竞争就完全是价格的竞争。

综上,在完全竞争市场的特征中,第一、二两项特征是完全竞争市场的最基本特征,而在现实的完全竞争市场中完全具备这六点特征的市场实际上是不存在的,也就是说严格理论意义上的完全竞争市场是不存在的。所以,我们把实际只具备前四种特征的市场就可以近似的认为是完全竞争市场。

既然在现实中根本不存在完全竞争市场,那为什么还要建立和研究完全竞争市场呢?这是因为,从对完全竞争市场模型的分析中,可以得到关于市场机制及其配置资源的一些基本原理,而且该模型也可以为其他类型的市场的经济效率分析和评价提供一个参照对比。

在经济分析中，一般把农产品市场看成接近完全竞争的市场，这主要是因为农产品是由众多农民提供的，消费者也很多。农产品属于无差别产品。在现代市场经济中，资源可以自愿流人或流出农业。通过期货市场的交易或政府服务，信息畅通。因此，一般把农产品市场近似为完全竞争的市场。

二、完全竞争市场的需求曲线

（一）需求曲线

在论述在一问题时，首先必须区分整个行业与个别厂商。

在完全竞争市场对整个行业来说，消费者对整个行业所生产的产品需求曲线称为行业需求曲线，它是一条向右下方倾斜的曲线，如图6.1(a)中的D线所示。它主要表示的是，价格越高，消费者对全行业产品的需求量越小；价格越低，对全行业产品的需求量越多，同时和需求曲线相互作用的还有一条向右上方倾斜的曲线，我们称它为供给曲线如图6.1(a)中的S线所示。他们相交的均衡点E共同决定着整个行业的价格。图6.1(a)就说明了整个行业的供求如何决定价格，这时的价格水平为P_0。

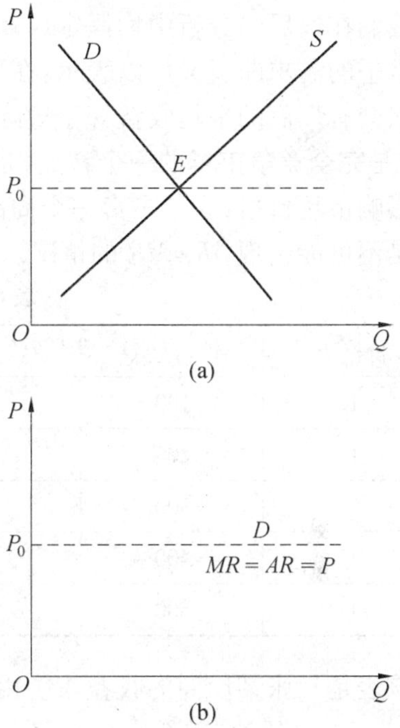

图6.1　完全竞争厂商需求曲线

在完全竞争市场对个别厂商来说情况就不同了，单个厂商所面临的需求曲线是一条由市场均衡价格水平所决定的水平线，它表示，当市场价格确定之后，对个别厂商来说，这一价格就是既定的，无论他如何增加产量都不能影响市场价格。换句话来说，在完全竞争的条件下，单个厂商只能被动地接受由全行业供求关系所决定的既定的市场价格。无论这个厂商生产多少产量都可以按既定的市场价格卖出去。相当于，在既定的价格条件下，市场对单个厂商产品的需求量是无限的。因此，市场对个别厂商产品的需求曲线是一条有既定市场价格出发的平行线，如图6.1(b)就说明个别厂商的情况，这时价格为市场既定的价格P_0，在这种价格下，市场对个别厂商的需求是无限的，因此，需求曲线为D_0。消费者根据市场价格决定自己的需求量，因而需求曲线也就是价格曲线。在价格不变的完全竞争市场，价格线、平均收益曲线和边际收益曲线相互重叠，且平行于横轴。即$MR=AR=P_0$，所以在完全竞争市场，需求曲线(D)、价格曲线(P)、平均收益曲线(AR)和边际收益曲线(MR)都重合在一起，且平行于横轴。

(二)收益曲线

厂商的收益取决于市场上对其产品的需求状况或者说,厂商的收益取决于厂商的需求曲线的特征。在不同的市场类型中厂商的需求曲线具有不同特征。下面将说明完全竞争厂商的需求曲线是如何决定相应的收益曲线的。

我们在以后的分析中均假定厂商的销售量等于厂商所面临的需求量。这样,完全竞争厂商的水平的需求曲线又可以表示:在每一个销售量上,厂商的销售价格是固定不变的,于是,我们必然会有厂商的平均收益等于边际收益,且等于既定的市场价格的结论,即必有 $AR=MR=P$。这是完全竞争市场的一个特点,是由于完全竞争市场买卖双方众多造成的,他们彼此不会互相影响市场价格,这样多卖一个商品和平均每一个商品的卖价都相等。而其在其他市场条件下是不可能出现 $AR=MR$ 的情况。这一点可以利用表 6.1 予以具体说明。

表 6.1　完全竞争厂商的收益

价格 P	销售量 Q	总收益 $TR=P\times Q$	平均收益 $AR=TR/Q$	边际收益 $MR=\Delta TR/\Delta Q$
1	100	100	1	1
1	200	200	1	1
1	300	300	1	1
1	400	400	1	1
1	500	500	1	1

该表是一张某厂商的收益表。由表中可见,在所有的销售量水平,产品的市场价格是固定的,均为 $P=1$(因为,单个完全竞争厂商的销售量的变化不可能对产品的市场价格产生影响)。这样一来,厂商每销售一单位产品的平均收益是不变的,它等于价格 $P=1$,而且,每增加 1 单位产品销售所增加的收益即边际收益也是不变的,也等于价格 $P=1$。也就是说,有 $AR=MR=P=1$。此外,在表中,随着销售量的增加,由厂产品价格保持不变,所以,总收益是以不变的速率上升的。

所以,根据表 6.1 我们可以绘制出下面的图 6.2 的一条收益曲线图,该图体现了完全竞争厂商的收益曲线的特征,由图 6.2 可见完全竞争厂商的平均收益 AR 曲线、边际收益 MR 曲线和需求曲线 D 三条线重叠,它们都用同一条由既定价格水平出发的水平线来表示。其理由是显然的:在厂商的每一个销售量水平都有 $AR=MR=P$,且厂商的需求曲线本身就是一条由既定价格水平出发的水平线,此外,完全竞争厂商的总收益 TR 曲线是一条由原点出发的斜率不变的直线。

其理由在于,在每一个销售量水平,MP 值是 TR 曲线的斜率,且 MR 值等于固定不变的价格水平,关于这一点,也可以用公式说明如下:$MR=\frac{dTR}{dQ}=\frac{d(P \cdot Q)}{dQ}=P$。所以根据此关系我们即可得出上面所画的收益曲线的图。

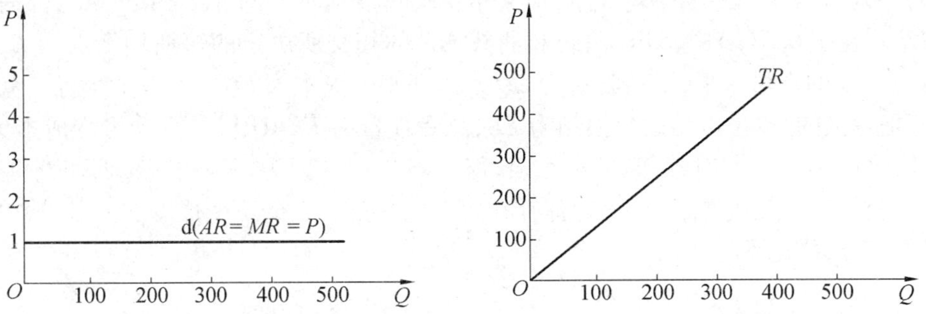

图 6.2 完全竞争厂商的收益曲线

三、完全竞争市场的短期均衡

(一)完全竞争厂商的短期均衡

厂商进行生产的目的是为了追求最大化的利润,厂商的短期均衡就是要解决在短期内如何选择最佳产量以实现利润最大化的问题。

我们前面已经分析过,厂商实现利润最大化的均衡条件是边际收益等于边际成本,即 $MR=MC$。在完全竞争厂商的短期生产中,市场的价格是给定的、生产中的不变要素的投人量是无法变动的,即生产规模是给定的。因此,在短期,厂商是在给定的生产规模下,通过对产量的调整来实现 $MR=SMC$ 的利润最大化的均衡条件。

我们知道,当完全竞争厂商处于短期均衡时,如果 $P=AR=MC=MR$,那么企业的利润最大化。但是,在利润实现最大化的产量上,企业是不是一定盈利呢? 回答是否定的。在短期内,企业有可能获得经济利润,也可能亏损,也时能收支相抵,完全竞争厂商短期均衡的具体表现如图 6.3 所示。

(1)平均收益大于短期平均成本,即 $AR>SAC$,厂商获得经济利润。在图 6.3(a)中,根据 $MR=SMC$ 的利润最大化的均衡条件,厂商利润最大化的均衡点为 MR 曲线和 SMC 曲线的交点 E,相应的均衡产量为 Q^*。这时,厂商的平均收益为 EQ^*,短期平均成本为 FQ^*,平均收益大于短期平均成本,厂商在单位产品上所获得平均经济利润为 EF,利润总量为 $EF\times OQ^*$,相当于图中的阴影部分的面积。此时,厂商获得超额经济利润。

(2)平均收益等于短期平均成本,即 $AR=SAC$,厂商经济利润为零。在图 6.3(b)中,厂商所面临的需求曲线 d 恰好与短期平均成本 SAC 曲线相切于 SAC 曲线的最低点 E,这一点是 SAC 曲线和 SMC 曲线的交点。由于该点也是 SMC 曲线和 MR 曲线的交点,所以,E 点就是厂商的短期均衡点,相应的均衡产量为 Q^*。在 Q^* 的产量水平,平均收益为 EQ^*,短期平均成本为 EQ^*,厂商的经济利润为零。由于在这一点上,厂商既无经济利润,又无亏损所以,SMC 曲

线与 SAC 曲线的交点也被称为厂商的收支相抵点。此时，厂商仅仅获取正常利润。

（3）平均收益小于短期平均成本，但大于平均可变成本。即 $AVC<AR<SAC$，此时厂商处于亏损状态。在图6.3(c)中，SMC 曲线和曲线 MR 的相交所决定的短期均衡点为 E，均衡产量为 Q^*。在 Q^* 的产量水平，平均收益为 EQ^*，短期平均成本为 FQ^*，平均收益小于短期平均成本，厂商是亏损的，单位产品的亏损额为 FE，总亏损量为 $FE\times OQ^*$。平均可变成本为 GQ^*，它小于平均收益 EQ^*。此时，厂商虽然亏损，但仍然生产。因为，只有这样，厂商才能在用全部收益弥补全部的可变成本之后，还能弥补在短期内总是存在的不变成本的一部分。所以，在这种情况下，生产要比不生产强。

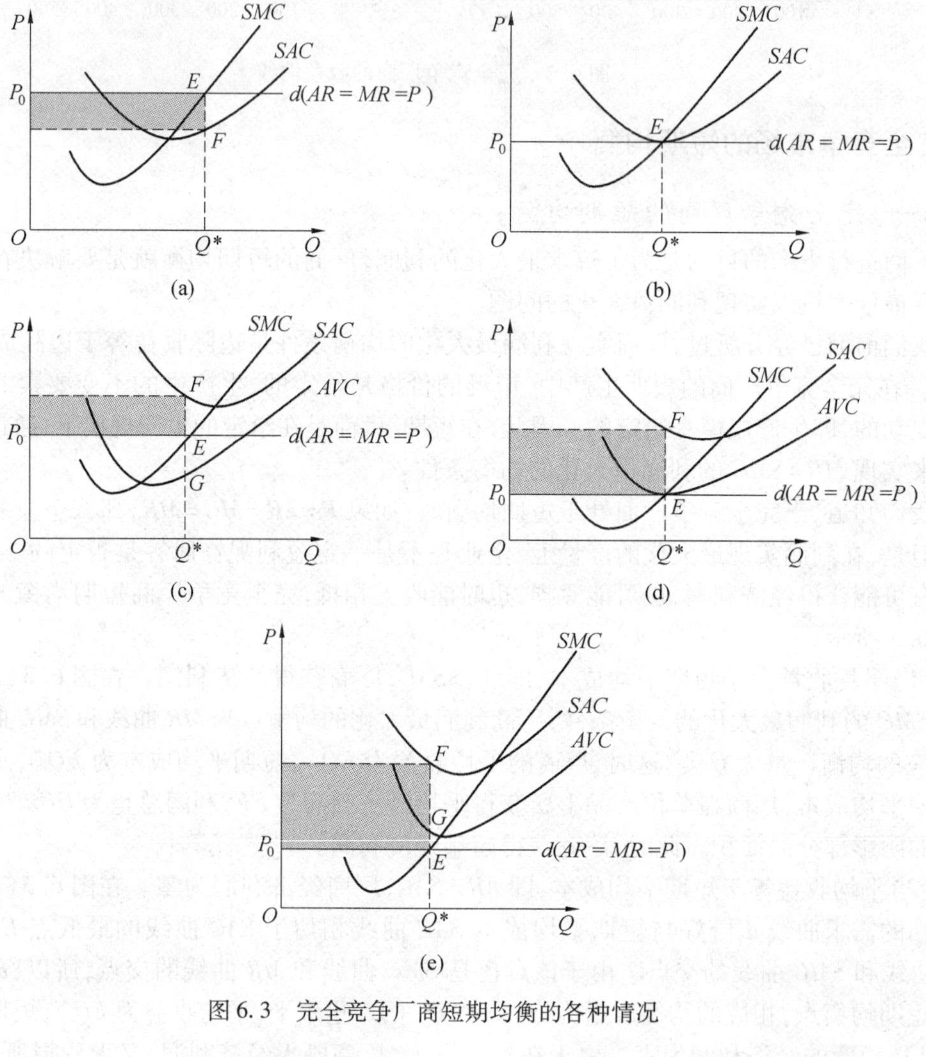

图6.3　完全竞争厂商短期均衡的各种情况

(4)平均收益等于平均可变成本。即 $AR=AVC$,此时厂商亏损,处于生产与不生产的临界点。在图 6.3(d)中,d 曲线与 AVC 曲线恰好相切于 AVC 曲线的最低点,SMC 曲线也经过该点。在这种情况下,根据 $MR=SMC$ 的利润最大化的原则,E 点就是厂商的短期均衡点。在均衡点 E 上,平均收益小于短期平均成本,厂商是亏损的。同时,平均收益和平均可变成本相等,都为 EQ^*。于是,厂商可能继续生产,也可能不生产。或者说生产与不生产的结果对厂商来说都是一样的。因为,若继续生产,厂商的全部收益只够弥补全部的可变成本,而不能弥补任何的不变成本。若不生产,厂商虽不必支付可变成本,但不变成本仍然是损失的。所以 d 曲线与 AVC 曲线的切点是厂商生产与不生产的临界点,通常称该点为停止营业点或关闭点。

(5)平均收益小于平均可变成本。即 $AR<AVC$,此时厂商亏损,如果进行生产,所得到的收益不足以弥补可变成本,所以厂商不进行生产。在图 6.3(e)中,短期均衡点为 E,均衡产量为 Q^*。这时,平均收益为 EQ^* 它小于平均可变成本 GQ^*,厂商亏损,停止生产。因为,倘若厂商继续生产的话,其全部收益连可变成本都无法全部弥补,就更谈不上对不变成本的弥补了。而事实上,厂商只要停止生产,可变成本就降为零。显然,此时不生产要比生产强。

可见,利润最大化并不意味着厂商一定能够赚钱。但在厂商处于短期均衡时,生产决策的原则不是利润最大化就是损失最小化。

(二)完全竞争厂商的短期供给曲线

根据 $P=SMC$ 的短期均衡条件,商品价格和厂商的最优产量的组合都出现在 SMC 曲线上,等于和高于 AVC 曲线最低点的部分。因此,完全竞争厂商的短期供给曲线就是完全竞争厂商的短期边际成本 SMC 曲线,等于和高于平均可变成本 AVC 曲线最低点的部分。所以,完全竞争厂商的短期供给曲线必定是向右上方倾斜的曲线,如图 6.4 所示。

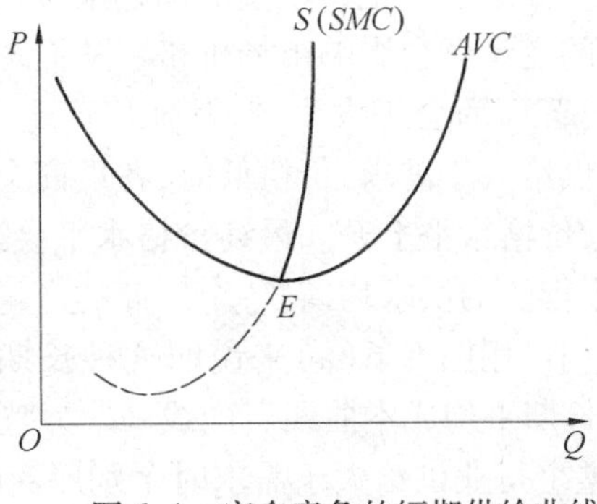

图 6.4　完全竞争的短期供给曲线

(三)生产者剩余

通过厂商的短期供给曲线,我们可以推论出生产者剩余的概念。所谓生产者剩余是指厂商在提供一定数量的某种产品时实际接受的总支付和愿意接受的最小总支付之间的差额。它通常用市场价格线以下,厂商的供给曲线(即 SMC 曲线的相应的部分)以上的面积来表示,如图 6.5 中 P_0HE 所围成的不规则图形的面积所示。其原因在于:我们知道,在生产中,只要价格大于边际成本,厂商就可以得到生产者剩余。因此,在图中,在生产 0 到最大产量 Q_0 之间的价格线以下和供给曲线(即短期边际成本曲线)以上的阴影部分面积表示生产者剩余。其中价格线以下的矩形面积 OP_0EQ_0 表示总收益即厂商实际接受的总支付,供给曲线(即短期边际成本曲线)以下的面积 $OHEQ_0$ 表示总边际成本即厂商愿意接受的最小总支付,这两块面积之间的差额构成生产者剩余。

此外,还应该看到,在短期内,由于固定成本是无法改变的,所以总边际成本必然等于总可变成本。这样一来,生产者剩余也可以用厂商的收益和总可变成本的差额来定义。在图 6.5 中,生产者剩余也可以用矩形 GP_0EF 给出,它等于收益(OP_0EQ_0)减去总成本($OGFQ_0$)。其实,从本质上讲,在短期中,由于固定成本不变,所以,只要收益大于总可变成本,厂商进行生产就是有利的,就得到了生产者剩余。

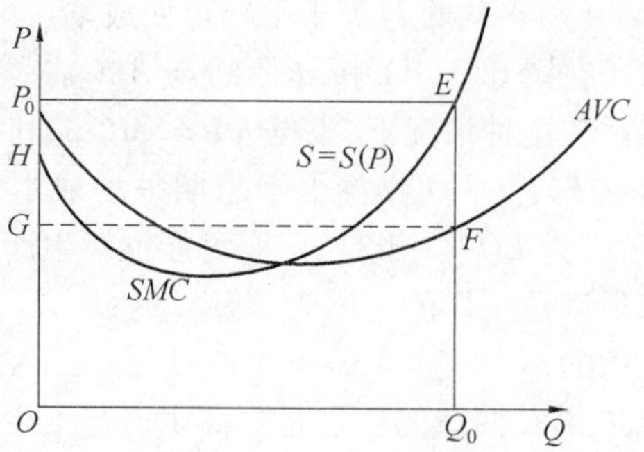

图 6.5　生产者剩余

四、完全竞争市场的长期均衡

在长期中,各个厂商都可以根据市场价格来调整全部生产要素和生产规模,也可以通过做出自由进入或退出该行业的决策来调整完全竞争产商的长期均衡。

1. 厂商对最优生产规模的选择

当厂商通过对生产规模的调整来实现利润的最大化,即可视为长期均衡,这样通过整个行业供给的变动就会影响市场价格。从而影响各个厂商的均衡。具体来说,当供给小于需求,价格高时,各厂商会扩大生产,其他厂商也会涌入该行业,从而整个行业供给增加,价格水平下降。当供给大于需求,价格低时,各厂商会减少生产,有些厂商会退出该行业,从而整个行业供给减少,价格水平上升。最终价格水平会达到使各个厂商既无超额利润又无亏损的状态。这时,整个行业的供求均衡,各个厂商的产量也不再调整,于是就实现了长期均衡。

我们可用图 6.6(a)来说明这种长期均衡。在图 6.6(a)中 *LMC* 是长期边际成本曲线,*LAC* 是长期平均成本曲线。虚线 dd_1 为整个行业供给小于需求时个别厂商的需求曲线,虚线 dd_2 为整个行业供给大于需求时个别厂商的需求曲线。

如上所述,当整个行业供给小于需求时,由于价格高会引起整个行业供给增加,从而价格下降,个别厂商的需求曲线 dd_1 向下移动。当整个行业供给大于需求时由于价格低会引起整个行业供给减少,从而价格上升,个别厂商的需求曲线 dd_2 向上移动。这种调整的结果使需求曲线最终移动到 *dd*。这时,边际成本曲线(*LMC*)与边际收益曲线(*MR*,即 *dd*)相交于 *E*,决定了产量为 *OM*。这时总收益为平均收益乘产量,即图上的▱*OMEN*,总成本为平均成本乘产量,也是图上的▱*OMEN*。这样,总收益等于总成本,厂商既无超额利润又无亏损,因此,也就不再调整产量,即实现了长期均衡。

由图 6.6(a)中还可以看出,当实现了长期均衡时,长期边际成本曲线(*LMC*),长期平均成本曲线(*LAC*)都相交于点 *E*。

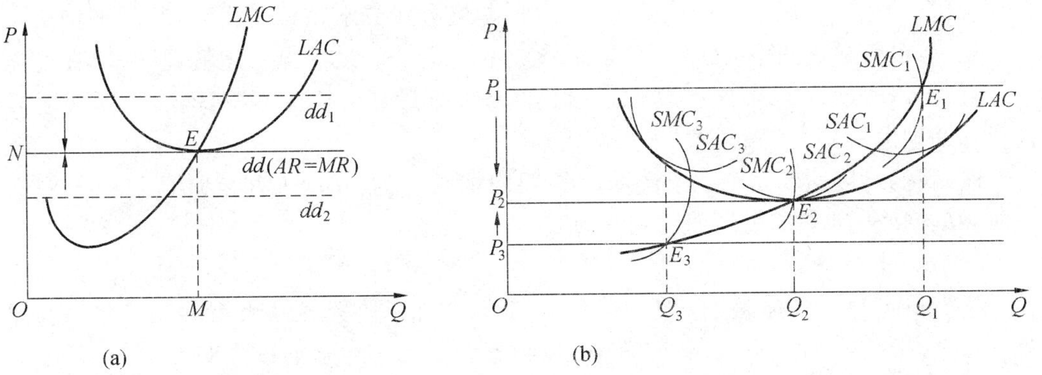

图 6.6　完全竞争市场的长期均衡

2. 厂商进出一个行业

厂商在长期生产中进入或推出一个行业，实际上是生产要素在各个行业之间的调整，见图 6.6(b)。生产要素总是会流向能获得更大利润的行业，也总是会从亏损的行业退出。如果开始时的市场价格较高为 P_1，根据 $MR=LMC$ 的利润最大化原则，厂商选择的产量为 Q_1，相应的最优生产规模由 SAC_1 曲线和 SMC_1 曲线所代表。此时，厂商获得利润，这便会吸引一部分厂商进入到该行业来，随着行业的厂商数量的增加，市场上的产品供给就会增加，价格就会逐步的下降，相应的，单个厂商的利润就会逐步的减少。当市场价格下降到使单个厂商的利润为零时，新厂商进入才会停止。相反，如果市场价格较低为 P_3 时，则厂商选择的产量为 Q_3 相应的最优生产规模由 SAC_3，曲线和 SMC_3，曲线所代表。此时，厂商是亏损的，部分厂商会退出这个行业，行业内厂商数量逐步减少，产品供给也相应减少，市场价格逐步上升，进而厂商的亏损减少。当市场价格上升到使单个厂商的亏损消失即利润为零时，原有厂商的退出才会停止。总之，到最后，一定是市场价格达到等于长期平均成本的最低点的水平，即图中的价格水平 P_2。此时，行业中的每一个厂商既无利润也无亏损，但都实现了正常利润。厂商失去了进入或退出该行业的动力，行业内的每个厂商都实现了长期的均衡。

图中的点 E_2 是完全竞争厂商的长期均衡点。在此均衡点，*LAC* 曲线达到最低点，相应的 *LMC* 曲线经过该点；厂商的需求曲线与 *LAC* 曲线相切于该点；代表最优生产规模的 *SAC*，曲线经过该点。总之，完全竞争厂商的长期均衡出现在 *LAC* 曲线的最低点，这时生产的平均成本降到长期平均成本的最低点，商品的价格也等于最低的长期平均成本。这种调整的结果使得完全竞争厂商长期的均衡利润为零。

在理解长期均衡时要注意两点：第一，长期均衡的 *E* 点就是我们所说的收支相抵点。这时成本与收益相等。厂商所能获得的只能是作为生产要素之一企业家才能的报酬——正常利润。利润作为用于生产要素的支出之一，是成本。所以，收支相抵中就包含了正常利润在内。在完全竞争市场上，竞争激烈，长期中厂商无法实现超额利润。只要获得正常利润就是实现了利润最大化。第二,实现了长期均衡时,平均成本与边际成本相等。我们知道,平均成本与边际成本相等,也就是这两条曲线相交时,平均成本一定处于最低点。这就说明了,在完全竞争的条件下,可以实现成本最小化,从而也就是经济效率最高。这正是经济学家把完全竞争作为最优状态的理由。

所以,我们可以达到完全竞争产商的长期均衡条件为:$MR=LMC=SMC=LAC=SAC$,当等式中的 $MR=AR=P$ 时,单个厂商的利润为零。

【案例 6.1】

许多大城市都由政府出资修建了大型养鸡场,但结果却是这些大型养鸡场往往竞争不过养鸡专业户,赔的钱比较多,这是因为鸡蛋市场符合了完全竞争市场的几个条件。

鸡蛋的买者和卖者都很多,即使是大型的养鸡场也没有办法左右市场上鸡蛋的价格。虽然生产的鸡蛋略有区别,但商家不能以产品的差别形成垄断力量,消费者也不会因为一点点的差别多付很多钱。而且鸡蛋市场是自由进入和退出的,任何一个商家或农民都可以自由的选择养或者不养。在这个市场中,信息是畅通的,既在鸡蛋市场上,买卖双方都可以获得相关的信息。

资料来源:王中伟. 日常生活中的经济学[M]. 电子工业出版社,2014.

第二节　完全垄断市场

一、完全垄断市场的特征

(一)完全垄断的含义

完全垄断,又称垄断,是指整个行业的市场完全处于一家厂商所控制的状态,即一家厂商控制了某种产品的市场,也就是说整个行业只有一家企业。而且完全垄断市场的产品一般没有相近的替代品而且其他厂商进入这个行业也是不可能的。

(二)完全垄断的特征

在理解完全垄断时要注意以下的几个方面,也就是我们所说的完全垄断市场的特征:

(1)完全垄断市场上只有一家厂商,没有第二家。因为只有一家厂商时才能有完全垄断。因此,完全垄断市场上一家厂商构成了一个行业。个别厂商的均衡也就是全行业的均衡。这一点与其他市场不同。

(2)完全垄断也是经济中一种极端情况。如果说完全竞争是只有竞争而没有垄断因素的一个极端的话,完全垄断则是只有垄断而没有竞争因素的另一个极端。严格来说,在市场经济中除了个别行业外,完全垄断市场并不多,但在计划经济中,完全垄断则是普遍存在的,即该厂商和销售的商品,没有任何相近的替代品。

(3)其他人和厂商进入该行业都极为艰难或不可能。在这样的市场中,排除了任何的竞争因素,独家垄断厂商控制了整个行业的生产和市场销售,所以,垄断厂商可以控制和操纵市场价格。

(三)完全垄断形成的主要原因

形成完全垄断的原因主要有以下几种:

(1)独家厂商控制了生产某种商品的全部资源或基本资源供给。这种生产资源的独占,排除了经济中的其他厂商生产同种产品的可能性。

(2)独家厂商拥有生产某种商品的专利权。这便使得独家厂商可以在一定的时期内垄断该产品的生产。

(3)政府实行的完全垄断。例如,政府对供水、供电、铁路、邮政等一些公用事业实行完全垄断。政府垄断的目的是消除私人经营对经济利润最大可能给社会经济和人民生活带来的不稳定。在上述行业中 有的还是政府特许的私人垄断。

(4)政府特许的私人完全垄断。例如,英国历史上的东印度公司就是由于英国政府的特许而垄断了对东方的贸易。此外,根据法律赋予某些产品生产的专利权,也会在一定时期内形成完全垄断。

(5)对生产某些产品的特殊技术的控制。例如,美国的可口可乐公司就是长期控制了制造可口可乐饮料的配方而垄断了这种产品的供给。

(6)某些产品市场的需求很小,也导致了完全垄断的发生,因为只有一家厂商生产即可满足全部需求。这样,某厂家就很容易实行对这些产品的完全垄断

(7)某些厂家控制了某些特殊的自然资源或矿藏,从而就能对用这些资源可矿藏生产的产品实行完全垄断。例如,美国铝业公司长期保持制铝业的完全垄断地位,就是因为他控制了铝土矿;再如,加拿大国际制镍公司也由于控制了世界镍矿的90%而垄断了制镍的行业。

(8)自然垄断。有些行业的生产具有这样的特点:生产的规模经济效益需要在一个很大的产量范围和相应的巨大资本设备的生产运行水平上才能得到充分的体现,以至于整个行业的产量只有由一个企业来生产时才有可能达到这样的生产规模。而且,只要发挥这一企业在这一生产规模上的生产能力,就可以满足整个市场对该种产品的需求。在这类产品的生产中,行业内总会有某个厂商凭借雄厚的经济实力和其他优势,最先达到这一生产规模,从而垄断了整个行业的生产和销售。这就是自然垄断。

需要注意的是:如同完全竞争市场一样,垄断市场的假设条件也很严格。在现实的经济生活里,垄断市场也几乎是不存在的。在西方经济学中,由于完全竞争市场的经济效率被认为是最高的,从而完全竞争市场模型通常被用来作为判断其他类型市场的经济效率的高低的标准,那么垄断市场模型就是从经济效率最低的角度来提供这一标准的。完全垄断形成的条件不同决定了其性质不同。有些垄断由自然条件造成,或是规模经济所要求(如对公共事业的垄断),属于我们前面所定义了的自然垄断,其存在有合理性。有些垄断是人为造成的,例如技

术垄断或政府特许所形成的垄断。这种垄断是不合理的。

二、完全垄断市场的需求曲线

(一)垄断厂商的需求曲线

在完全垄断市场上,一家厂商就是整个行业。因此,整个行业的需求曲线也就是一家厂商的市场需求曲线。这时,需求曲线就是一条表明需求量与价格成反方向变动的向右下方倾斜的曲线。即垄断厂商的销售量和市场价格成反方向变动。这条向右下方倾斜的需求曲线表示垄断厂商可以通过改变销售量来控制市场价格:以减少销售量来抬高价格,以增加销售量来降低价格。

(二)垄断厂商的收益曲线

1. 垄断厂商的收益曲线

厂商所面临的需求状况直接影响厂商的收益,这便意味着厂商的需求曲线的特征将决定厂商的收益曲线的特征,所以垄断厂商的收益曲线具有以下特殊特征:

(1)厂商的平均收益 *AR* 曲线与需求曲线 *d* 重叠,它们是同一条向右下方倾斜的曲线。这表示在每一个销售量上厂商的平均收益都等于商品的价格。

(2)厂商的边际收益 *MR* 曲线也是向右下方倾斜的,且位于平均收益 *AR* 曲线的左下方。这表示在每一个销售量上厂商的边际收益都小于平均收益。之所以 $MR<AR$,是因为只要平均量下降,边际量就总是小于平均量。

(3)厂商的总收益 *TR* 曲线是先上升,达到最高点以后再下降。因为在每一个销售量上的 *MR* 值都是相应的 *TR* 曲线的斜率,所以当 *MR* 值为正时,*TR* 曲线的斜率为正,即 *TR* 曲线上升;当 *MR* 为负时,*TR* 曲线的斜率为负,即 *TR* 曲线是下降的,当 $MR=0$ 时,*TR* 曲线的斜率为零,即 *TR* 曲线达到极大值,如图 6.7 所示。

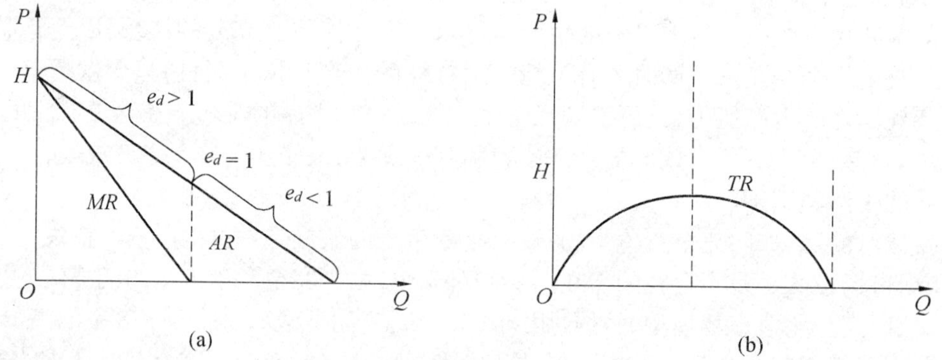

图 6.7　完全垄断厂商的收益曲线

2. 平均收益与边际收益

在完全垄断市场上，每一单位产品的卖价也就是它的平均收益，因此，价格仍等于平均收益。但是，在完全垄断市场上，当销售量增加时，产品的价格会下降，从而边际收益减少，这样，平均收益就不会等于边际收益，而是平均收益大于边际收益。如前所述，收益变动规律与产量变动规律相同。根据平均产量与边际产量的关系，当平均产量或平均收益下降时，边际产量或边际收益小于平均产量或平均收益。在完全垄断市场上，需求曲线，从而平均收益曲线向右下方倾斜，即平均收益下降，因此，边际收益就一定小于平均收益。

3. 平均收益、边际收益、价格和需求的价格弹性

（1）平均收益、边际收益、价格

我们可以用表 6. 2 来说明平均收益、价格、边际收益之间的关系。

表 6. 2　平均收益、价格、边际收益表

销售量	价格	总收益	平均收益	边际收益
0	—	0	—	—
1	6	6	6	6
2	5	10	5	4
3	4	12	4	2
4	3	12	3	2
5	2	10	2	−2
6	1	6	1	−4

从表 6. 2 中我们可以看出，价格随销售量增加而下降，价格与平均收益相等，但平均收益并不等于边际收益。平均收益是下降的，因此，边际收益小于平均收益。由上表还可以看出，需求曲线与平均收益曲线仍然是重合的，是一条向右下方倾斜的线，而边际收益曲线则是平均收益曲线之下一条向右下方倾斜的线，如图 6. 8 所示。在图中，*dd*(*AR*)是需求曲线与平均收益曲线，*MR* 是边际收益曲线。

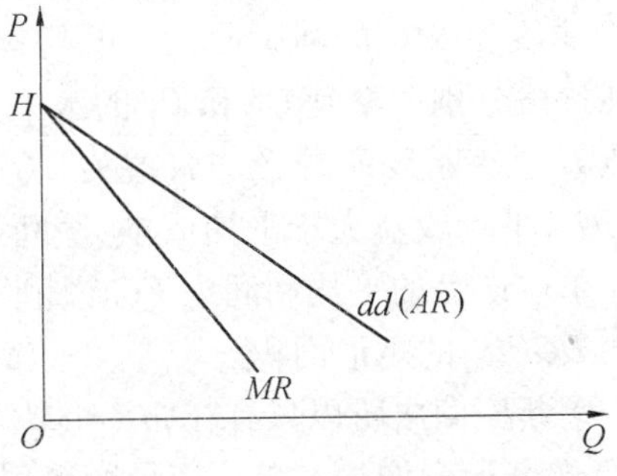

图 6. 8　需求、收益、边际收益曲线

（2）边际收益、价格和需求的价格弹性

当厂商所面临的需求曲线向右下方倾斜时，厂商的边际收益、价格和需求的价格弹性三者

之间的关系可以这样证明如下

假定反需求函数为

$$P=P(Q)$$

则可以有

$$TR(Q)=P(Q)\cdot Q$$

$$MR=\frac{\mathrm{d}TR(Q)}{\mathrm{d}Q}=P+Q\frac{\mathrm{d}P}{\mathrm{d}Q}=P(1+\frac{\mathrm{d}P}{\mathrm{d}Q}\cdot\frac{Q}{P})$$

所以

$$MR=P\times(1-\frac{1}{e_d})$$

其中，e_d 是需求的价格弹性 $e_d=-\frac{\mathrm{d}Q}{\mathrm{d}P}\times\frac{P}{Q}$。它表示了垄断厂商的边际收益 MR、商品价格 P 和商品需求的价格弹性 e_d 之间的关系。垄断厂商的总收益与商品需求的价格弹性的关系具体为：

①当 $e_d>1$ 时，可得 $MR>0$，说明厂商的总收益 TR 与商品的销售量成同方向变动。

②当 $e_d<1$ 时，可得 $MR<0$，说明厂商的总收益 TR 与商品的销售量成反方向变动。

③当 $e_d=1$ 时，可得 $MR=0$，说明厂商的总收益 TR 达极大值点，且 TR 不受商品销售量变化的影响。

三、完全垄断市场的短期均衡

垄断厂商为了获得最大利润，也必须遵照 $MR=MC$ 的原则。在短期内，垄断厂商无法改变不变要素的投入量，它是在既定生产规模下通过对产量和价格的同时调整，来实现 $MR=MC$ 的利润最大化原则的。这可用图 6.9 来说明：图中的 SMC 曲线和 SAC 的利润最大化的均衡条件，将产量和价格分别调整到 Q_1 和 P_1 的水平。在短期均衡点 E 上垄断厂商的平均收益为 FQ_1，平均成本为 GQ_1，平均收益大于平均成本，垄断厂商获得利润。单位产品的平均利润为 FG，总利润量相当于图中 $HGFP_1$ 的矩形面积。

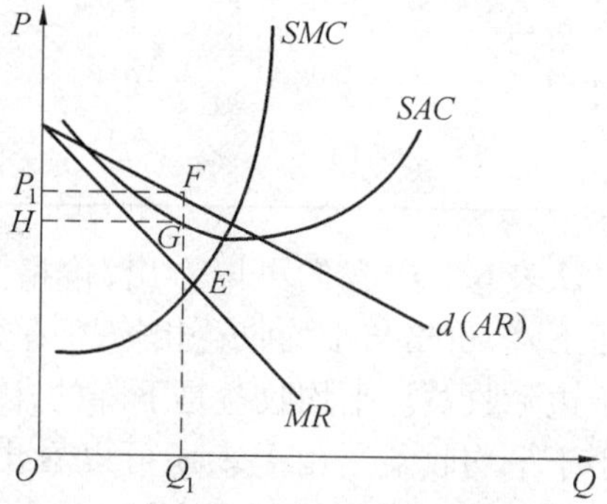

图 6.9　完全垄断厂商的短期均衡

垄断厂商之所以只有在 $MR=SMC$ 的均衡点上，才能获得最大的利润，是因为，只要 $MR>SMC$，垄断厂商增加一单位产量所得到的收益增量就会大于所付出的成本增量。这时，厂商增加产量是有利的。随着产量的增加，如图 6.9 所示，MR 会下降，而 SMC 会上升，两者之间的差额会逐步缩小，最后达到 $MR=SMC$ 的均衡点，厂商也由此得到了增加产量的全部好处。而

$MR<SMC$ 时,情况正好与上面相反。所以,垄断厂商的利润在 $MR=SMC$ 处达到最大值。

我们用表 6.3 来具体说明完全垄断市场上厂商的产量、价格、总收益、总成本、总利润、边际收益与边际成本的情况:

表 6.3　完全垄断市场上厂商的产量、价格、总收益、总成本、总利润、边际收益与边际成本表

产量 *Q*	价格 *P*	总收益 *TR*	总成本 *TC*	总利润 *TP*	边际收益 *MR*	边际成本 *MC*
0	100	120	–120			
1	101	101	154	–53	101	34
2	92	184	183	1	83	29
3	83	249	210	39	65	27
4	74	296	236	60	47	26
5	65	325	265	60	29	29
6	56	336	300	36	11	35
7	47	329	350	–21	–7	50
8	38	304	424	–120	–25	74
9	29	261	540	–279	–43	116

从表 6.3 中我们不难看出:

(1)当产量为 5 单位的时候,边际收益(*MR*)= 边际成本(*MC*),总利润(*TP*)最大。

(2)当产量大于 7 单位时,总利润(*TP*)为负数,既有亏损,这时是否生产仍取决于总收益是否可以弥补总成本中的可变成本部分。

我们还可以用图 6.10(a)、(b)、(c)来说明超额利润、收支相抵、亏损三种情况。

在图 6.10(a)中,边际收益曲线(*MR*)与边际成本曲线(*MC*)的交点 *E* 决定了产量为 *OM*,从 *M* 点向上的垂线就是产量为 *OM* 时的供给曲线,它与需求曲线 *dd* 相交于 *G*,决定了价格水平为 *ON*。这时总收益为平均收益(价格)与产量的乘积。即 *OMGN*,总成本为平均成本与产量的乘积,即 *OMFK*。总收益大于总成本,*KFGN* 为超额利润。

在图 6.10(b)中,总收益与总成本相等,都为 *OMGN*,所以收支相抵,只有正常利润。

在图 6.10(c)中,总成本 *OMFK* 大于总收益 *OMGN*,亏损为 *NGFK*,此时这是最小亏损额,这时只有如图上所示,平均可变成本曲线 *AVC* 与点 *G* 相切,即总成本可以弥补可变成本,才可维持 *OM* 产量。所以,*G* 为停止营业点,如果价格再低,就无法再生产了。

如果在短期内,平均收益不仅低于平均成本,而且低于平均变动成本,则垄断厂商必须立即停产。在偶然的情况下,垄断厂商根据确定的产量也可能正好盈亏平衡。总之,垄断厂商短期均衡条件为 $MR=SMC$。

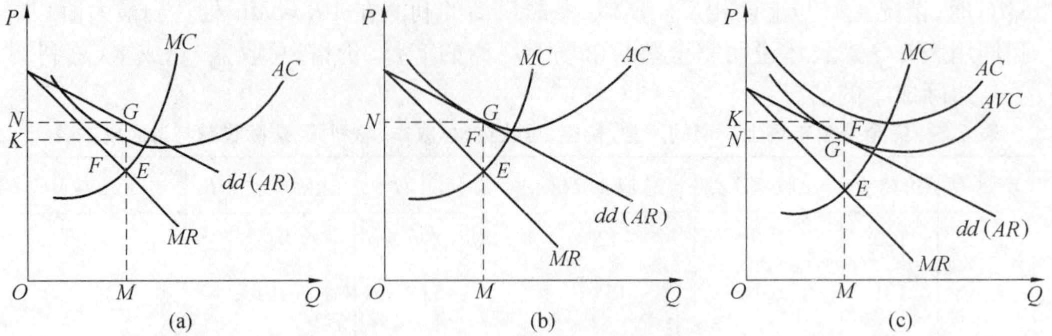

图 6.10　完全垄断市场的短期均衡曲线

综上所述,完全垄断厂商的短期均衡原则是 $MR=MC$,垄断厂商在 $MR=SMC$ 的短期均衡点上,一般能够获得最大的经济利润,但也有可能是亏损的(亏损额是最小的)或者盈亏平衡。

四、完全垄断市场的长期均衡

在短期内,出于完全垄断厂商不能调整生产规模,导致其可能盈利也有可能亏损的局面,然而,在长期内,完全垄断厂商可以调整全部生产要素的投入量即生产规模,将生产规模调整到最佳,以增加利润或避免损失。如果完全垄断厂商在短期内获得经济利润,那么,它的经济利润在长期内不会因为新厂商的加入而消失,完全垄断厂商在长期内是可以保持经济利润的;如果完全垄断厂商在长期内只能获得正常利润或存在亏损,在长期内厂商可以通过调整规模来获得超额经济利润或者消除亏损。假如无论怎样调整都有亏损,完全垄断厂商会离开该行业。由于完全垄断市场上只有一家厂商,没有对手,因此,与完全竞争厂商不同,完全垄断厂商完全可以把价格定到最有利自己的位置上,因而完全垄断厂商在长期一般存在超额经济利润,并且它的超额经济利润能够长期存在。下面我们用图 6.11 来分析说明。

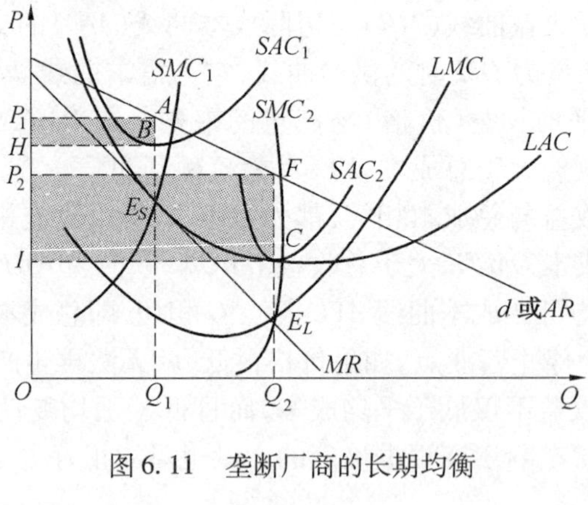

图 6.11　垄断厂商的长期均衡

假定完全垄断厂商开始在由 SAC_1 曲线和 SMC_1 曲线所代表的生产规模上进行生产。在短期内厂商只能按照 $MR=SMC$ 原则生产，在现有的生产规模上均衡价格和均衡产量分别为 P_1 和 Q_1，利润为较小的矩形 HP_1AB 的面积。在长期内，按照 $MR=LMC$ 的均衡原则生产，则厂商把生产规模从 SAC_1 移到 SAC_2 处，此时对应的均衡价格和产量分别为 P_2 和 Q_2，利润为较大的矩形 IP_2FC 的面积。

由此可见，在完全垄断厂商的 $MR=LMC$ 的长期均衡产量上，代表最优生产规模的 SAC 曲线和 LAC 曲线相切，相应的 SMC 曲线、LMC 曲线和 MR 曲线相交于一点。所以，垄断厂商的长期均衡条件为：$MR=LMC=SMC$，完全垄断厂商在长期均衡点上可以获得经济利润。

这种图形分析所要说明的是，在短期中，完全垄断厂商无法调整全部生产要素，因此不一定能实现利润最大化。但在长期中，厂商可以调整全部生产要素，因此可以实现利润最大化。这时就存在垄断利润。在长期中，垄断厂商在高价少销与低价多销中进行选择，以便所达到的产量能实现利润最大化。图 6.11 所说明的实际正是这种调节和最后结果。

所以，完全垄断厂商在长期内对生产规模的调整所引起的收益变动有如下三种可能的情况。

第一种情况：完全垄断厂商在短期内获得经济利润，在长期内通过生产规模调整使经济利润增加，并长期保持。

第二种情况：完全垄断厂商在短期内亏损，在长期内，通过生产规模调整，摆脱了亏损，甚至获得了经济利润。

第三种情况：完全垄断厂商在短期亏损，在长期内又找不到一个能使其摆脱亏损的生产规模，于是该厂商退出生产。

【案例 6.2】

有一天，刘越打电话给一个朋友，谁知电话刚一接通，他还没来得及张嘴，朋友在那边就嚷嚷上了："有话赶紧说！我在外地出差，漫游费贵着呢！"这一嚷嚷不要紧，刘突然觉得心虚起来了，觉得正在浪费朋友的钱，结果只说了两句就赶快挂了机。

事后，刘越想越觉得不甘：手机的作用本来就是移动通信，既然已经交了月租和通话费，为什么还要交漫游费？翻一下资料，更是吓一跳：2005 年中国移动公布的利润是 535 亿元，其中漫游费的收入占到 490 亿元！

手机漫游的成本究竟有多高？有关专家研究结果是"成本几乎为零"！

社会上大家对"取消漫游费"呼声越来越高，为什么多年来它始终挺立不倒呢？答案很简单，垄断！

资料来源：王中伟. 日常生活中的经济学[M]. 电子工业出版社，2014.

第三节 垄断竞争市场

【案例 6.3】

眼镜的价格

一位负责杭州某眼镜店进货的经营者向记者介绍了一副 170 元的眼镜是如何翻到上千元的。步骤如下：第一步，进货。经销商到产地按照镜片 50 元、镜架 120 元(合计 170 元)进货。第二步，包装运输。出货方按照买主要求对镜片和镜架进行按类别重新包装，几角钱的包装纸加上运输成本，经销商会给这个环节增加大概眼镜本价的 50% ~200% 成本。第三步，重新贴牌。材料进店后，根据消费者的偏好进行贴牌，或干脆贴一个谁也看不懂的英文标贴(这也许就是不少所谓“进口”眼镜的来源)。贴牌和不贴牌的眼镜材料价格会有 50% ~200% 的差价。第四步，上柜成交。这时的眼镜已经是“面目全非”，玻璃柜台里的眼镜配以各种灯光显得尤其高档。加上房租、人工、税收后，其价格一般都会再翻上 200%。简单计算一下，经过经销商的几番“忙活”，眼镜的价格最终定在 680 ~2 020 元左右。

资料来源：经济学消息报.

一、垄断竞争市场的条件

(一)垄断竞争的含义

所谓垄断竞争就是指一种既有垄断又有竞争，既不是完全竞争又不是完全垄断的市场结构。

(二)垄断竞争的条件

引起这种垄断竞争的基本条件是产品差别的存在。如前所述，产品差别是指同一种产品在质量、包装、牌号或销售条件等方面的差别。一种产品不仅要满足人们的实际生活或其他需要，而且还要满足人们的心理需要。同一种产品在质量、包装、牌号或销售条件等方面的差别，则会满足不同消费者的心理需要，每个厂商可以根据自己产品的差别形成相对的垄断。例如我们前面所提到的自行车，它除了满足人们便利交通的需要之外，还可以满足多种心理需要：名牌自行车可以满足显示社会身份的需要，式样别致、颜色鲜艳的自行车可以满足人们对美的追求等。消费者的偏好不同，例如在购买自行车上，有人偏好实用，有人偏好式样，也有人崇尚名牌。这样，每一种有差别的产品都可以凭自己的产品特色在一部分消费者中形成垄断地位。这样，产品差别就会引起垄断。

这就是经济学家所说的“有差别存在就会有垄断”的意思。但是，产品差别是同一种产品的差别，这样各种有差别的产品之间又存在替代性，即它们可以互相代替，满足某些基本需求。例如，不同牌号、颜色、类型的自行车都可以满足便利交通的需求，因此可以互相替代。有差别产品之间的这种替代性就引起这些产品之间的竞争，如果使产品的差别消失，垄断利润也就随之消失，这又类似于完全竞争。所以说，产品差别既会产生垄断，又会引起竞争，从而形成一种垄断竞争的状态。

有差别的产品往往是由不同的厂商生产的。因此，垄断竞争的另一个特征就是存在较多的厂商。这些厂商努力创造自己产品的特色，以形成垄断，而这些产品之间又存在竞争。正是由于垄断竞争市场的这一特征，每个厂商的规模都不大，对整个行业的影响较小，使得很多厂商进入或退出垄断市场比较容易，这就使这些厂商处于垄断竞争的市场中。

经济中由于许多产品都是有差别的，因此，垄断竞争是一种普遍现象，我们长提及的轻工业品市场、日用品生产和零售业都是比较典型的最明显的垄断竞争市场。

所以我们可以将上面的条件总结如下：(1)产品存在差别；(2)存在较多的厂商；(3)厂商的生产规模比较小。

二、垄断竞争市场的需求曲线

(一)垄断竞争厂商的需求曲线

1. 需求曲线的形状

由于垄断竞争厂商可以在一定的程度上控制自己产品的价格，垄断竞争厂商所面临的需求曲线也是向右下方倾斜的。市场中的竞争因素又使得垄断竞争厂商面临的需求曲线具有较大的弹性。因此垄断竞争厂商向右下方倾斜的需求曲线是比较平坦的，相对地比较接近完全竞争厂商的水平形状需求曲线。

2. 需求曲线的种类

(1)垄断竞争厂商的需求曲线向右下方倾斜(垄断因素所导致)，且具有较大弹性(竞争因素所导致)。具体的讲，垄断厂商面临两类需求曲线，他们通常被称为 D 曲线和 d 曲线。如图 6.12 所示。

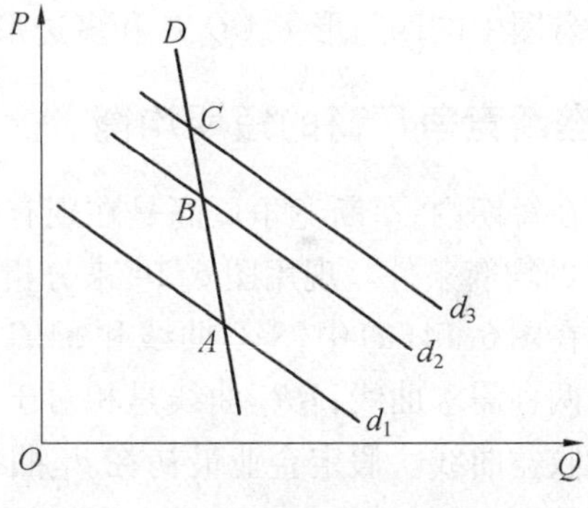

图 6.12　垄断竞争厂商的需求曲线

D 需求曲线是一条陡峭的向右下方倾斜的曲线，表示在垄断竞争生产集团的某个厂商改变产品价格，而且集团内的其他所有厂商也使产品价格发生相同的变化时，该厂商的产品价格和销售量之间的关系。

d 需求曲线是一条平缓的向右下方倾斜的曲线，表示在垄断竞争中的某个厂商改变产品价格，而且集团内的其他所有厂商也使产品价格都保持不变时，该厂商的产品价格和销售量之间的关系。

(2)需求曲线 D 和需求曲线 d 的一般关系如下：

(1)当竞争生产集团内的所有厂商都以相同方式改变产品价格时候，整个市场价格的变化会使得单个垄断竞争厂商的 d 需求曲线的位置沿着 D 需求曲线上下平移。如果市场价格下跌，则 d 需求曲线沿着 D 曲线向下平移；反之则 d 曲线沿着 D 曲线向上平移。

(2) d 需求曲线和 D 需求曲线相交意味着垄断竞争市场的供求相等状态。

(3) d 需求曲线的弹性大于 D 需求曲线，即前者较之后者更平坦一些。

(二)垄断竞争厂商的收益曲线

在垄断竞争条件下，由于存在着产品差别，厂商对价格有一定程度的垄断力量，面临着一条对自己产品的向下倾斜的需求曲线，这条需求曲线也是它的产品的价格和平均收益曲线。由于平均收益曲线是向右下方倾斜的，所以边际收益曲线也是向右下方倾斜的，并且在平均收益曲线的下方。这种关系见图 6.13 所示。

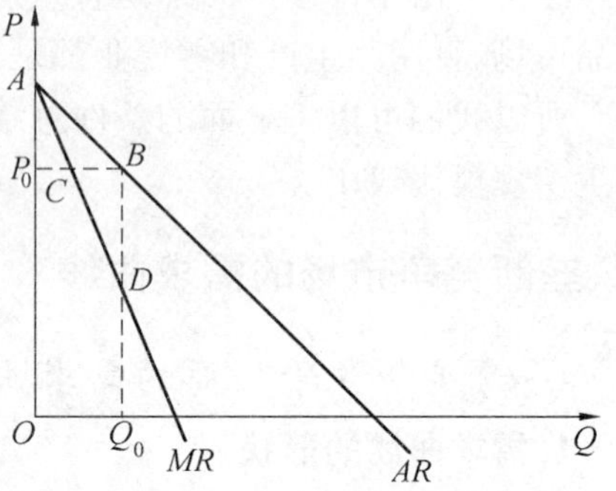

图 6.13　垄断竞争下的平均收益曲线和边际收益曲线

在图 6.13 中，需求曲线 AB 向右下方倾斜。当价格为 P_0 时需求量为 Q_0，厂商的总收益为图中四边形 P_0OQ_0B 的面积。同时总收益也等于从点 O 出发到点 Q_0 的所有边际收益之和，图中联结 A 与 D 的直线表示该厂商的边际收益曲线，在图中总收益也等于多边形 AOQ_0D 的面积。这意味着图中的四边形 P_0OQ_0B 和多边形 AOQ_0D 面积相等。

三、垄断竞争厂商的短期均衡

在短期内，垄断竞争厂商是在现有的生产规模下通过对产量和价格的调整，来实现 $MR=SMC$ 的均衡条件。现用图 6.14 来分析垄断竞争厂商的短期均衡的形成过程。

在图 6.14(a)中，SAC 曲线和 SMC 曲线表示企业的现有生产规模，d 曲线和 D 曲线表示企业的两种需求曲线，MR_1 曲线是相对于 d_1 曲线的边际收益曲线，MR_2 曲线是相对于 d_2 曲线的边际收益曲线。假定企业最初在 d_1 曲线和 D 曲线相交的 A 点上进行生产。就该企业在 A 点的价格和产量而言，与实现最大利润的 $MR_1=SMC$ 的均衡点 E_1 所要求的产量 Q_1 和价格 P_1 相差很远。于是，该厂商决定将生产由 A 点沿着 d_1 需求曲线调整到 B 点，即将价格降低为 P_1，将产量增加为 Q_1。

然而，由于市场内每一个企业所面临的情况都是相同的，而且，每个企业都是在假定自己改变价格而其他企业不会改变价格的条件下采取了相同的行动，即都把价格降为 P_1，都计划生产 Q_1 的产量。于是，事实上，当整个市场的价格下降为 P_1 时，每个企业的产量都毫无例外

是 Q_2,而不是 Q_1。相应地,每个企业的 d_1 曲线也都沿着 D 曲线运动到了 d_2 的位置。所以,首次降价的结果是使企业的经营位置由 A 点沿 D 曲线运动到 C 点。

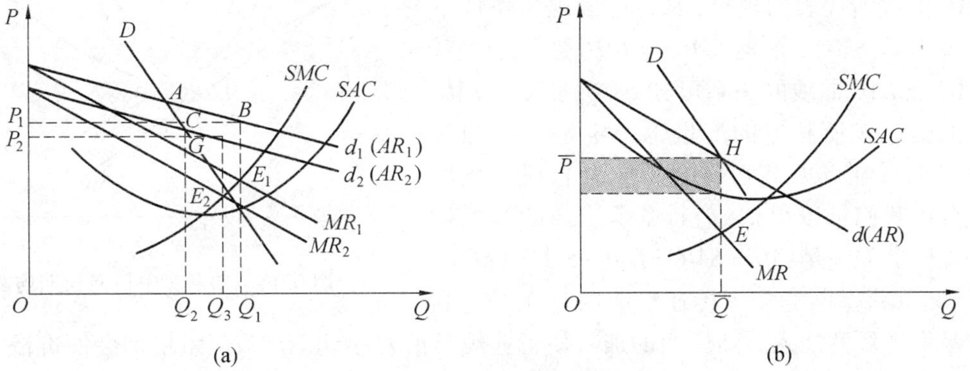

图 6. 14　垄断竞争市场短期均衡

在 C 点位置上,d_2 曲线与 D 曲线相交,相应的边际效益曲线为 MR_2。很清楚,C 点上的代表性企业的产品价格 P_1 和产量 Q_2 仍然不符合在新的市场价格水平下的 $MR_2=SMC$ 的均衡点 E_2 上的价格 P_2 和产量 Q_3 的要求。因此,该企业又会再一次降价。与第一次降价相似,企业将沿着 D 曲线由 C 点运动到 G 点。相应地,d_2 曲线将向下平移,并与 D 曲线相交于 G 点(图中从略)。依次类推,代表性企业为实现 $MR=SMC$ 的利润最大化的原则,会继续降低价格,d 曲线会沿着 D 曲线不断向下平移,并在每一个新的市场价格水平与 D 曲线相交。

上述的过程一直要持续到企业没有理由再继续降价为止,即一直要持续到企业所追求的 $MR=SMC$ 的均衡条件实现为止。如图 6. 14(b)所示,企业连续降价的行为的最终结果,将使得 d 曲线和 D 曲线相交点 H 上的产量和价格,恰好是 $MR=SMC$ 时的均衡点 E 所要求的产量 $\overline{Q}$ 和价格 $\overline{P}$。此时,企业便实现了短期均衡,并获得了经济利润,其经济利润量相当于图中的阴影部分的面积。当然,垄断竞争厂商在短期均衡点上并非一定能获得最大的利润,也可能是最小的亏损。这取决于均衡价格是大于还是小于 SAC。在企业亏损时,只要均衡价格大于 AVC,企业在短期内应该是继续生产的;只要均衡价格小于 AVC,企业在短期内就会停产。

所以,垄断竞争厂商短期均衡的条件是:$MR=SMC$。在短期均衡的产量上,必定存在一个 d 曲线和 D 曲线的交点,它意味市场上的供求是相等的。此时,垄断竞争厂商可能获得最大经济利润,可能经济利润为零,也可能蒙受最小亏损。

四、垄断竞争市场的长期均衡

垄断竞争厂商的长期均衡类似于完全竞争厂商。垄断竞争厂商的长期均衡是通过两方面的调整来实现的。其一,单个厂商调整自身的生产规模,其二,通过新厂商的加人和原有厂商的退出而调整整个行业的生产规模。下面分别进行讨论。

(1)如果某厂商在短期内是亏损的，在长期内它会将自身规模最终调整到图 6.15 中由 SMC 和 SAC 曲线所代表的规模，因为在该规模条件下能实现 $MR=SMC$。根据 SMC 与 LMC 曲线的关系和 SAC 与 LAC 曲线的关系可知 SMC 曲线与 LMC 曲线的交点 E 所相应的产量也一定是 SAC 曲线与 LAC 曲线在点 E 相切时的产量水平 Q_0。根据以上分析我们可以得知，垄断竞争厂商的长期均衡条件应首先满足：$MR=SMC=LMC$；$SAC=LAC$。

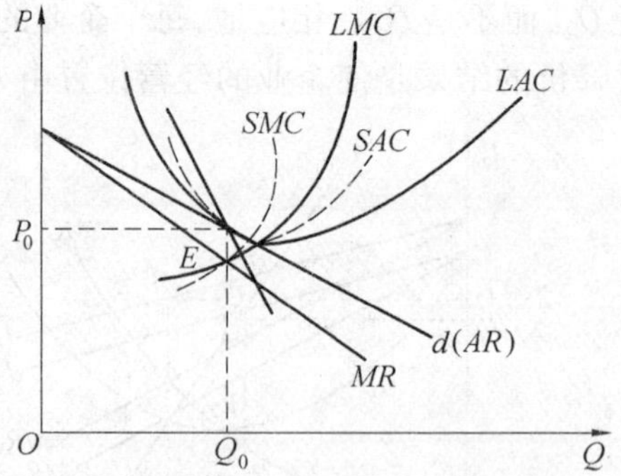

图 6.15　垄断竞争厂商长期均衡

(2)如果垄断竞争市场在短期内存在经济利润会吸引新厂商加入。新厂商的加入使行业规模扩大，产量增加，产量增加会使价格线也就是 d 需求曲线沿着 D 需求曲线平行向下移动，最终移动到与 LAC 曲线在切点相切的位置，这时 $AR=LAC$，经济利润消失，不再有新厂商加入，长期均衡实现。反之，若短期内亏损，则会有厂商退出该行业，使行业规模变小、产量减少、价格上升，直到亏损消失。根据以上分析我们可以得知，垄断竞争市场的长期均衡还应满足 $AR=LAC$ 的条件。

综合以上分析，垄断竞争厂商的长期均衡条件是：$MR=SMC=LMC$；$AR=SAC=LAC$。

实现长期均衡的产量使垄断竞争厂商既不会有经济利润也不会亏损，即零经济利润。

【案例 6.4】

2016 年，中国 B2C 市场中，天猫的市场份额位居第一，京东位于第二。与 2015 年相比，唯品会、聚美优品的份额有所增加。从增速来看，京东、苏宁易购、聚美优品的增速高于 B2C 行业 39.0% 的整体同比增速。阿里及京东仍然在网络购物行业保持绝对的优势，并通过入股、收购等方式进一步拓展在垂直品类和线下业务的发展。行业内的各企业一方面积极布局跨境业务，一方面加速发展农村电商。同时也在母婴电商、医药电商等垂直细分领域进行持续不断的探索和发展。中国的电商市场就是典型的垄断竞争市场。

第四节　寡头垄断市场

一、寡头垄断市场的条件

(一)寡头市场的含义

寡头垄断又称寡头，其原意是指为数不多的销售者。寡头垄断就是指少数几家厂商垄断了某一行业的市场，控制了这一行业的供给。在这种市场上，几家厂商的产量在该行业的总供给中占了很大的比例，每家厂商的产量都占有相当大的份额，从而每家厂商对整个行业价格与产量的决定都有举足轻重的影响。而这几家厂商之间又存在着不同形式的竞争。

形成寡头垄断的原因主要是寡头垄断市场不受产品差别的影响，而且在某些行业存在的规模经济需求。寡头垄断市场在经济中占有十分重要的地位。例如，钢铁、石油、汽车、造船等行业的规模效益十分显著，在这些行业中，规模越大的企业在竞争中越处于有利地位。每个厂商为了在竞争中不被挤垮。都会想方设法扩大自身的规模。在市场总容量既定的条件下，每个厂商的规模扩大都会使一些中小企业被挤出市场，这种优胜劣汰的结果最终使这些行业形成了寡头垄断的局面。另外，寡头垄断的形成还与少数厂商对资源与技术的控制，政府为防止过度竞争而实行的产业集中政策等有关。

正是因为寡头垄断市场不受产品差别的影响，生产无差别产品的寡头称为纯粹寡头（例如前文所提到的钢铁、石油行业的寡头）；而生产有差别产品的寡头称为差别寡头（例如汽车、香烟、造船行业的寡头）。

（二）寡头垄断市场的条件

那么为什么在钢铁、汽车、造船这类重工业行业中寡头垄断是最普遍的呢？我们知道，这些行业有一个基本特点，这就是这类产品只有在大规模生产时才能获得好的经济效益。因为这些行业都要使用先进的大型设备，要有精细的专业分工，这样，在开始投资时所需的资金十分巨大，只有在产量达到一定规模后平均成本才会下降，生产才是有利的。也就是说，在这种行业中，大规模生产的经济特别明显。这些行业中每个厂商的产量都十分大，这就决定了只要几家厂商存在，他们的产量就可以满足市场的需求。此外，在开始建厂时所需投资的巨大，也使其他厂商很难进入这一行业，与这一行业中已有的几家大厂商进行竞争。何况已有的几家寡头也要运用各种方法阻止其他厂商的进入。因此，应该说，寡头垄断的形成首先是某些产品的生产与技术要求决定的。此外，这些寡头本身所采取的种种排他性措施，以及政府对这些寡头的扶植与支持，也促进了寡头垄断市场的形成。

根据寡头垄断市场的定义我们可以知道这个市场形成应该由以下条件制约着：

(1)行业中只有少数几家大厂商，他们的供给量均占有市场的较大份额。

(2)厂商的决策相互影响，因而任何一家厂商在做出决策时都必须考虑竞争对手对其行为所作出的反应。

(3)厂商的竞争手段是多种多样的，除了价格竞争外，也有数量竞争，因而市场价格有时相对稳定。依照这些特征，大多数汽车行业都是寡头行业。

二、寡头垄断市场的特征

寡头垄断市场的特征如下。

(1)厂商规模巨大而数量很少。

(2)各厂商的行为相互影响，单个厂商行为变动的结果具有不确定性。

寡头垄断厂商的行为相互影响。每一个厂商的价格和产量的变动都会影响其竞争对手的价格和产量的变动，而竞争对手的价格和产量的变动，又会反过来影响自己的销售量和利润水平。因此,某个厂商变动价格与产量的结果如何,取决于竞争对手的反应。由于竞争对手的反应方式多种多样,具有不确定性,该厂商决策变动的结果也必然多种多样,具有不确定性。每个厂商在做出新的决策时,都必须考虑其竞争对手对该决策可能产生的各种不同的反应。

(3)寡头垄断市场与其他市场结构相比存在一个显著的特征:即几家寡头之间的相互依存性。

在完全竞争与垄断竞争市场上,厂商数量都相当多,各厂商之间并没什么密切的关系,就像一袋互不相关的马铃薯一样。完全垄断市场上只有一家厂商,并不存在与其他厂商关系的问题。在完全竞争和垄断竞争市场上,各厂商都是独立地做出自己的决策,而不用考虑其他厂商的决策或对自己的决策的反应。在寡头垄断市场上,厂商数量很少,每家厂商都占有举足轻重的地位。他们各自在价格或产量方面决策的变化都会影响整个市场和其他竞争者的行为。因此,寡头垄断市场上各厂商之间存在着极为密切的关系。每家厂商在做出价格与产量的决策时,不仅要考虑到本身的成本与收益情况,而且还要考虑到这一决策对市场的影响,以及其他厂商可能作出的反应。这就是寡头之间的相互依存性。

各寡头厂商在销售量、价格、收益、利润方面的相互依存关系是寡头垄断市场有别于其他三个市场的基本特征。但是寡头厂商的价格和产量的决定是一个很复杂的问题。其主要原因在于:在寡头市场上,每个厂商的产量都在全行业的总产量中占一个较大的份额,从而每个厂商的产量和价格的变动都会对其他竞争对手以至整个行业的产量和价格产生举足轻重的影响。正因为如此,每个寡头厂商在采取某项行动之前,必须首先要推测或掌握自己这一行动对其他厂商的影响以及其他厂商可能做出的反应,然后,才能在考虑到这些反应方式的前提下采取最有利的行动,所以,每个寡头厂商的利润都要受到行业中所有厂商的决策的相互作用的影响。寡头厂商们的行为之间这种相互影响的复杂关系,使得寡头理论复杂化。一般说来,不知道竞争对手的反应方式,就无法建立寡头厂商的模型。或者说,有多少关于竞争对手的反应方式的假定,就有多少寡头厂商的模型,就可以得到多少不同的结果,因此,在西方经济学中,还没有一个寡头市场模型,可以对寡头市场的价格和产量的决定做出一般的理论总结。

所以寡头之间的这种相互依存性对寡头垄断市场的至关重要的影响。

首先,在寡头垄断市场上,很难对产量与价格问题做出像前三种市场那样确切而肯定的答案。这是因为,各个寡头在做出价格和产量决策时,都要考虑到竞争对手的反应,而竞争对手的反应可能是多种多样的。在各寡头都保守自己的"商业秘密"的情况下,这种反应很难捉摸。这就使价格与产量问题难以确定。

其次,价格和产量一旦确定之后,就有其相对稳定性。这也就是说,各个寡头由于难以捉摸对手的行为,一般不会轻易变动已确定的价格与产量水平。原因在于每个厂商对现行的市场价格和产量分配都不敢轻易调整,如果某个厂商率先降价意图扩大市场份额,其最终的结果可能是引起同行业其他厂商也仿效降价,形成价格战导致寡头们两败俱伤。

最后,各寡头之间的相互依存性,使他们之间更容易形成某种形式的勾结。但各寡头之间的利益又是矛盾的，这就决定了勾结并不能代替或取消竞争，寡头之间的竞争往往会更加激烈。这种竞争有价格竞争，也有非价格竞争（例如通过广告进行竞争等）。

三、寡头垄断市场的价格与产量决定

寡头垄断市场上价格的决定也要区分存在或不存在勾结。在不存在勾结的情况下，价格决定的方法是价格领袖制和成本加成法；在存在勾结的情况下，则是卡特尔。

（一）价格领袖制

由于公开的勾结性协议在有些国家被认为是非法的（例如美国，美国的大多数卡特尔协议都被1890年颁布的谢尔曼法认定是非法的），因此寡头垄断厂商更多的是采取隐蔽的、非公开方式互相勾结。各个厂商共同默认一些“行为准则”，如削价倾销是违背商业道德的，应相互尊重对方的销售范围等。价格领袖制是非公开勾结中的一种主要形式。

1. 价格领袖制的含义

所谓价格领袖制又称价格领先制是指行业的价格由某由行业中的某一个寡头率先确定或调整价格，其他寡头随之行动，以此来协调寡头厂商的行为。如果产品是无差别的价格变动可能是相同的，即价格变动幅度相同。如果价格是有差别的，那么价格变动可能相同也可能有差别。

2. 价格领袖的类型

价格领袖的寡头主要有三种类型，即支配型价格领袖、效率型价格领袖和晴雨表型价格领袖。

（1）支配型价格领袖。支配型价格领袖是指生产规模特别巨大，在行业中具有支配力量的大厂商，在保证行业中其他厂商能够生存的情况下，根据自己利润最大化的需要来确定价格。其他小厂商按此价格销售，并按照边际成本等于价格的原则确定均衡产量。在这种情况下，小厂商可以出售它们愿意提供的一切产品，市场需求量与小厂商产量的差额由支配型厂商补足。

（2）效率型价格领袖。效率型价格领袖是指领先确定价格的厂商是本行业中成本最低，从而效率最高的厂商。它对价格的确定也使其他厂商不得不随之变动。对其他厂商来说，行业价格不是最优价格，但由于成本较高，自己的最优价格总是大于行业价格。如果按最优价格而不是按行业价格销售，自己的销售量将大大减少，结果是得不偿失的。较高成本的厂商按非均衡价格销售产品，实际上是牺牲一部分利润以避免与低成本厂商进行价格竞争可能造成的更大损失。

（3）晴雨表型价格领袖。晴雨表型价格领袖是指掌握较多信息、能比较准确地预测市场行情的厂商首先制定一个合理的价格，其他厂商则以此价格为基础，制定相应的价格。晴雨表型厂商并不一定是行业中规模最大、效率最高的厂商，但他熟悉市场行情，了解市场需求状况与生产成本的高低，所以它制定的价格能够为其他厂商所接受。

(二)成本加成法

1. 成本加成定价的含义

在实际生产中,许多寡头不是按 $MR=MC$ 原则来制定价格,而是按成本加成方式来制定价格。这是寡头垄断市场上一种最常用的方法,成本加成定价是在估计的平均成本的基础上,加上一个固定百分率的利润(就是我们常说的赚头)从而确定价格的一种方法。

其基本方法是,先估算产量。产量通常是厂商生产能力的某一比例,一般在$\frac{2}{3}$到$\frac{3}{4}$之间。然后算出平均成本,最后按厂商的预期目标与实际情况估算一个利润率 r。该利润率与平均成本之乘积就是单位产量的利润 $AC \cdot r$,通常叫加成或赚头。即:$P=AC(1+r)$。

2. 成本加成定价的优点

这种定价方法可以避免寡头之间的价格竞争,使价格相对稳定,价格不随产量变动而频繁变动,从而避免在降价竞争的各寡头垄断厂商可能带来的不利后果。另外该方法操作也比较简单,不需要去计算很难计算的边际成本。

3. 成本加成定价中的加成原则

厂商如果根据需求价格弹性的大小反方向确定加成的多少,即 E_d 越大,加成越小,E_d 越小,加成越大,则成本加成定价法在长期中比较接近按 $MR=MC$ 原则制定价格的方法,能使厂商获得最大利润。

(三)卡特尔

卡特尔是生产同类产品的垄断厂商为了维持产品较高价格的市场价格、产量分配和市场份额通过明确的正式协议公开地勾结在一起的一群厂商。其目的是限制产量、提高价格、控制市场。例如,石油输出国组织就是这样一个国际卡特尔。

1. 卡特尔的主要任务

(1)为各成员厂商的产品制定统一的较高的价格。卡特尔制定统一价格的原则是使整个卡特尔的利润最大化。如果行业中所有厂商都加入了卡特尔,那么,卡特尔的价格和产量的决定同完全垄断厂商的价格和产量的决定是一样的:使卡特尔的边际收益等于边际成本,即 $MR=MC$。

(2)在各成员厂商之间分配与较高的产品价格对应的较少的行业产量:为了维持较高的价格,各厂商的产量必须进行限额,而不能任意生产。

(3)卡特尔分配产量定额的原则是使各个厂商的边际成本相等,并且与卡特尔均衡产量水平的边际成本相等。即 $MC_A=MC_B=\cdots=MC_N=MC=MR$。

上述的产量分配方式,是一种理想的分配方式,现实中很难实现。实际上卡特尔产量在各厂商之间的分配受到各厂商原有的生产能力、销售地区与谈判能力的影响。同时,卡特尔各成员厂商还可以通过广告、信用、服务等非价格竞争手段拓宽销路、增加产量。

2. 卡特尔具有不稳定性的原因

当卡特尔所有其他成员厂商都把价格保持在较高水平，而某个厂商单独降低价格时，该厂商面临一条需求价格弹性较大的比较平坦的需求曲线：价格的微量下降可以大大地增加销售量，进而极大地增加总收益和利润。于是任一厂商都有足够的动机违背卡特尔对价格的规定，私自降低价格，增加产销量。

一旦某一厂商这样做时，其他厂商必然仿冒，最终导致卡特尔的解体。因此，卡特尔具有不稳定性。

四、古诺模型

由于各寡头之间有可能存在相互之间的勾结，也有可能不存在勾结。当各寡头之间存在勾结时，产量是由各寡头之间协商确定的。而协商确定的结果有利于谁，则取决于各寡头实力的大小。这种协商可能是对产量的限定，也可能是对销售市场的瓜分，即不规定具体产量的限制，而是规定各寡头的市场范围。

在不存在勾结的情况下，各寡头是根据其他寡头的产量决策来调整自己的产量，以达到利润最大化的目的的。这要根据不同的假设条件进行分析。经济学家曾作了许多不同的假设，并得出了不同的答案。这里我们主要介绍古诺模型。

古诺模型是早期的寡头模型。它是由法国经济学家古诺于 1838 年提出的。古诺模型通常被称为寡头理论分析的出发点。古诺模型是一个具有两个寡头厂商的简单模型，该模型也被称为“双寡头模型”。古诺模型的结论可以很容易地推广到三个或三个以上的寡头厂商的情况中去。

(一) 古诺模型的假设条件

(1) 只有两个寡头 A 与 B，生产完全相同的产品。

(2) 为了简单起见，假设生产成本为零。

(3) 需求函数是线性的，即需求曲线是一条向右下方倾斜的直线，两家寡头分享市场。

(4) 各方都根据对万的行动做出反应。

(6) 每家寡头都通过调整产量来实现利润最大化。

可以用图 6.16 来说明古诺模型：

在图中，DB 为两家寡头所面临的需求曲线。当不考虑生产成本时，总产量为 OB 价格为零。

在开始时，市场上只有 A 寡头，它的价格是 $AP(OC)$，供给产量是 OA，$OA=\frac{1}{2}OB$。这就是说，在销售量为 OA，价格为 OC 时，他可以实现利润最大化。这时利润为 $OAPC$（$OAPC$ 为直角三角形 OBD 的最大内接四边形）。

当 B 寡头加入后，A 的销售量仍为 OA，市场剩余的需求量为 AB，B 供给 AB 的一半，即

AH,可获得最大利润。当 B 供给 AH 时,总供给量增加到 OH,因此,价格下降为 $ON(HG)$。这时,A 的收益减少为 $OAKN$。假定 A 认为 B 会保持销售量为 AH,A 为了达到利润最大就要供给 $\frac{1}{2}(OB-AH)$。$\frac{1}{2}OB>\frac{1}{2}(OB-AH)$,$A$ 的销售量减少了。这样,留下由 B 供给的数量就增加了,B 的供给就要大于 AH,即 B 根据 A 减少销售量的行动做出的反应是增加自己的销售量。在双方对对方行动做出反应的过程中,A 的产量逐渐减少,B 的产量逐渐增加,直至两个寡头平分总供给量为止。这时,他们的总销售量将为 $\frac{2}{3}OB$,每人各为 $\frac{1}{3}OB$,市场实现均衡。

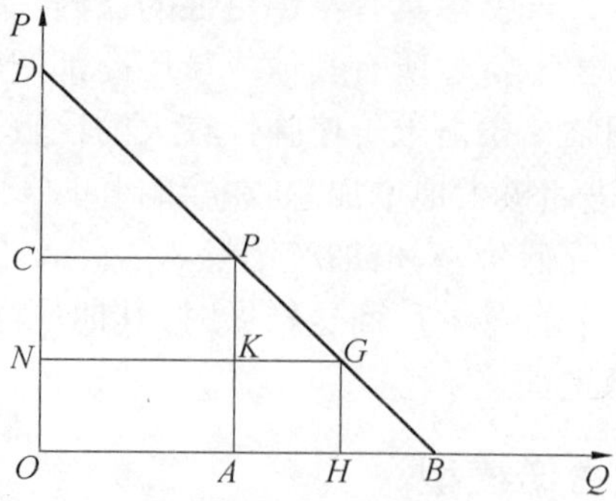

图 6.16 古诺模型

当有三个寡头时,市场总供给量最终将达到市场总容量的 3/4,每个寡头各占 1/4。当有 n 个寡头时,总供给量是市场总量的 $\frac{n}{n+1}$,每个寡头各占 $\frac{1}{n+1}$。

五、斯威齐模型

斯威齐模型(Sweezy Model)又称为拗折的需求曲线模型(*the kinked demand curve*),是美国经济学家斯威齐首先于 1939 年提出的用以说明寡头垄断市场价格刚性或黏性现象的寡头垄断模型。

斯威齐认为,寡头垄断厂商推测其他厂商对自己价格变动的态度是:跟跌不跟涨。这就是说,如果一个寡头垄断厂商提高价格,行业中的其他寡头厂商都不会跟着改变自己的价格,因而提价的寡头厂商的销售量的减少是很多的;如果一个寡头厂商降低价格,行业中的其他寡头厂商会将价格下降到相同的水平,以避免销售份额的减少,因而该寡头厂商的销售量的增加是很有限的。在上述情况下,寡头垄断厂商的需求曲线就是弯折的,如图 6. 17 所示。

假定现有的市场价格为 $\bar{P}$。在这一价格上,如果某一厂家提高价格会损失较多的销售量,而当它降低等量价格时,却不能争取到同样多的销售量,因而该厂商面临的需求曲线在 $\bar{P}$ 上方较为平缓,即需求价格弹性高,而在 $\bar{P}$ 的下方,需求曲线较为陡峭,即需求的价格弹性低。也就是说,寡头厂商面临的需求曲线在价格 $\bar{P}$ 处折了一个弯。

对应于折弯的需求曲线上的价格 $\bar{P}$,假定厂商的产量为 $\bar{Q}$。在折弯点对应的产量 $\bar{Q}$ 附近,增加 1 单位的销售量所带来的价格减少幅度较大,因而边际收益更低;而减少 1 单位的销售量所提高的价格幅度较小,因而边际收益较高。因此,厂商的边际收益曲线在 $\bar{Q}$ 处是断开的,对应于小于 $\bar{Q}$ 产量的需求曲线,厂商的边际收益曲线较高,而对应于大于 $\bar{Q}$ 的产量需求曲线,厂商的边际收益曲线较低,如图 6.17 所示。

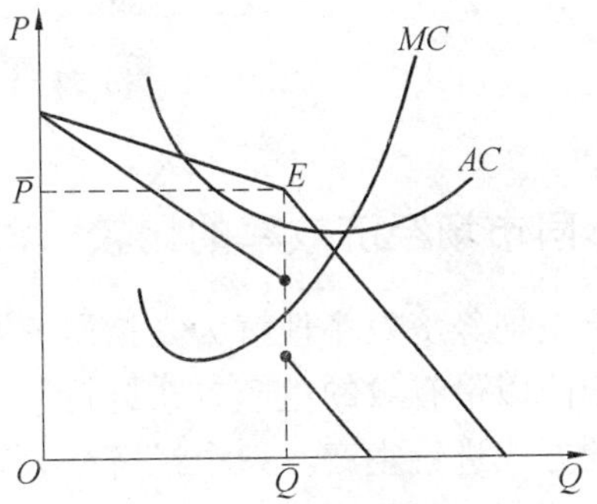

图 6.17　斯威齐模型

假定与其他的厂商一样,寡头厂商的成本曲线具有 U 形形式。为了利润最大化,寡头厂商也会按照边际成本等于边际收益的原则确定最优产量。根据斯威齐模型,寡头厂商均衡的特殊之处在于,当边际成本曲线恰好从边际收益曲线的断点之间通过时,厂商的均衡产量为 $\bar{Q}$,相应的价格为 $\bar{P}$。不难发现,在需求既定的条件下,无论寡头厂商的成本发生多大变动,只要边际成本仍然位于两段边际收益之间,那么厂商就不会改变价格。从而斯威齐模型说明了寡头厂商不会轻易改变价格的行为特征。这一点与许多寡头市场上价格相对稳定现象相一致。

一开始,许多经济学家都认为,弯折需求模型是一种一般性的寡头理论。但是,实证分析的结果对此提出了怀疑。斯威齐模型得出的结论是,寡头市场的价格刚性比垄断市场结构更为严重。然而,Stigler 和 Simon 等人的经验分析的结论与之正相反。

其二,尽管斯威齐模型可以解释当成本和需求化时,寡头市场中的价格存在着刚性,但是,许多经济学家都在怀疑斯威齐是如何确定初始价格 P_1 的。大家知道,微观经济学的任务之一就是解释产品价格和产量是如何决定的,而斯威齐恰恰是在假定市场价格 P 为给定的情况下,而做出的斯威齐曲线,换言之,如果 P_1 不知,又如何确定弯折的需求曲线呢?

【案例 6.5】

在航空制造领域,当今排名第一的是美国的波音公司,曾经有过多次兼并其他企业的行动,其中最著名的就是兼并美国麦道公司。1996 年,麦道公司在航空制造领域排行世界第三,仅次于波音和欧洲的空中客车。波音公司以 130 亿美元的巨资兼并了麦道公司,这一做法使得世界航空制造业由原来的“波音”、“麦道”、和“空中客车”三家共同垄断的局面,变成“波音”和“空中客车”两家之间的超级竞争。

在市场经济条件下,寡头企业想要自己决定价格以及产量是一件非常困难的问题。原因是在寡头市场上,每个寡头的产量在整个行业的总产量中所占的份额比较大,那么,每个厂商的产量以及价格的变化都会对其他的竞争对手甚至整个行业的产量以及价格产生重要的影响。因此,每个寡头企业在采取行动之前,必须首先推测或了解自己的行动是否会对其他厂商产生影响以及其他厂商可能做出的反映,只有将各方面因素都考虑周全后,才能采取最有力的行动。

资料来源:王中伟. 日常生活中的经济学[M]. 电子工业出版社,2014.

第五节　不同市场的比较

一、不同市场经济效率的比较

有人把经济效率理解为是指研究资源有效配置的科学。高的经济效率表示对资源的充分利用或能以最有效的生产方式进行生产;低的经济效率表示对资源的利用不充分或没有以最有效的方式进行生产。一个经济社会,其资源是否实现了有效配置则要看它在现有资源条件的约束下能否以最小的成本实现其最大的收益,这实际就是经济效率的问题。

不同市场结构下的经济效率是不相同的。西方经济学家通过对不同市场条件下厂商的长期均衡状态的分析得出结论:完全竞争市场的经济效率最高。垄断竞争市场较高,寡头垄断市场较低,完全垄断市场最低。可见,市场的竞争程度越高,则经济效率越高;反之,市场的垄断程度越高,则经济效率越低。其具体分析如下。

在完全竞争市场条件下,厂商的需求曲线是一条水平线,而且,厂商的长期利润为零,所以,在完全竞争厂商的长期均衡时,水平的需求曲线相切于 *LAC* 曲线的最低点;产品的均衡价格最低,它等于最低的生产的平均成本;产品的均衡产量最高。

在不完全竞争市场条件下,厂商的需求曲线是向右下方倾斜的。厂商的垄断程度越高;需求曲线越陡峭;垄断程度越低,需求曲线越平坦。

在垄断竞争市场上,厂商的长期利润为零,所以,在垄断竞争厂商的长期均衡时,向右下方倾斜的、相对比较平坦的需求曲线相切于 *LAC* 曲线的最低点的左边;产品的均衡价格比较低,它等于生产的平均成本;产品的均衡产量比较高;企业存在着多余的生产能力。

在完全垄断市场上,厂商在长期内获得利润,所以,在完全垄断厂商的长期均衡时,向右下方倾斜的、相对比较陡峭的需求曲线与 *LAC* 曲线相交;产品的均衡价格最高,且大于生产平均成本;产品均衡数量最低。设想,完全垄断厂商若肯放弃一些利润,价格就可以下降一些,产量就可以增加一些。显然,完全垄断市场多余的生产能力是最高的。

在寡头垄断市场上,厂商的需求曲线不太确定。一般认为,寡头垄断市场是与完全垄断市场比较接近的市场组织,在长期均衡时,寡头厂商的产品的均衡价格比较高,产品的均衡数量比较低。

二、不同市场技术创新能力的比较

有不少西方经济学家认为,垄断厂商由于可以通过对市场的垄断而获取超额垄断利润,因而缺乏进行技术创新的动力,不但如此,垄断厂商还会想尽各种办法来阻止其他企业利用新技术、新工艺、新产品来威胁自己的垄断地位,千方百计地压制技术进步。这种看法有一定的事实依据,比如一些大的垄断企业看到有新技术威胁到自己时,便会采用兼并、收购等公开的和非公开的手段,将新技术据为己有,却使新技术闲置或者干脆挤垮对方。虽然垄断厂商有凭借垄断地位阻碍技术进步的一面,但垄断又有有利于技术进步的一面。像微软公司这样垄断了操作系统市场80%以上份额的企业也时时感受到竞争的压力,不断地寻求技术进步,花费大量人力物力进行技术创新。因为它时时会感到他人对自己这一充满了利润空间的市场的觊觎,技术上的一点漏洞都可能成为别人乘虚而入的切入点,技术上的一刻落后也可能导致满盘皆输的结局。由于存在制度上的障碍,事实上没有哪家企业能够靠挤垮对手等手段来维持自己的地位,而只有靠不断的技术创新才有可能长期将潜在的竞争对手排斥在自己的市场之外。

所以,有的经济学家认为,垄断是有利于技术进步的。

三、不同市场的产品差别

在完全竞争的市场条件下,所有厂商的产品都是同质的、无差异的产品,无法满足消费者对消费品的各种不同的偏好。显然完全竞争尽管可以以较低的价格提供我们较大量的产品,但并不是我们的理想选择。

在垄断竞争市场条件下,众多厂商之间的产品有差别的,多样化的产品使消费者有更多的选择自由,可以满足不同的需要。在产品差别这一问题上,产品差别寡头垄断行业也存在与垄断竞争生产集团相类似的情况。当然,也要认识到,垄断竞争市场和产品差别寡头垄断市场的产品也有一些是非真实性的虚假的差别,也会给消费者带来损失。与此同时,垄断竞争市场和产品差别寡头垄断市场往往伴随过于庞大的广告支出,会造成资源的浪费和抬高销售价格,再加上某些广告内容过于夸张和诱导,这些都是不利于消费者。

这里我们用表6.4将本章的内容作出小结,从本表反映的信息不难看出,从左往右,说明垄断程度越来越高,竞争的厂商越来越少,在价格的决定上,越来越具有垄断性,从而超额利润也越容易获得,而从右往左情况正好是相反的。

表6.4　市场理论中四种类型市场的比较图

市场类型 / 比较项目	完全竞争市场	垄断竞争市场	寡头垄断市场	完全垄断市场
厂商数量	很多	较多	几家	一家
产品性质	同质	有差别	同质或有差别	同质
典型部门	农业	轻工业、零售业	重工业 如(钢、汽车、石油)	公用事业 (如水、电)
竞争程度	容易	较易	不易	不可能
市场价格	接受者	改变或调整者	操纵者	制定者
对价格的控制程度	没有	有一些	相当程度	很大程度, 但经常受到管制
需求曲线	水平	略斜	较斜或很斜	最斜

续表 6.4

市场类型 / 比较项目		完全竞争市场	垄断竞争市场	寡头垄断市场	完全垄断市场
均衡价格		最低	较低	较高	最高
均衡产量		最多	较多	较少	最少
规模经济		缺乏	存在	存在	存在
技术进步		没有	最快	较快或较慢	较慢
经济效率		较低	较高	较低或很低	最低
产量		最高	较高	较低	最低
成本价格		最低	较低	较高	最高
资源利用程度		最高	较高	较低	最低
进出一个行业的难易程度		很容易	比较容易	比较困难	很困难,几乎不可能
均衡条件	短期	$MR=MC$	$MR=MC$	—	$MR=MC$
	长期	$MR=MC=AR=AC$	$AR=AC$	—	$MR=MC$
超额利润	短期	有	有	一般有	有
	长期	无	无	一般有	有

【知识库】

安东尼·奥古斯丁·古诺(Antoine Augustin Cournot)

安东尼·奥古斯丁·古诺(Antoine Augustin Cournot)(1801—1877)法国数学家、经济学家和哲学家,数理统计学的奠基人。出生于法国格雷,受教于著名的巴黎高等师范学校,获巴黎大学博士学位,逝世于巴黎。曾在巴黎大学和里昂大学任教,担任格勒诺布尔学院院长,成为法国勋级会荣誉军团成员,并被任命为巴黎的教育巡视员。在数学、科学哲学和历史哲学、经济学方面都有造诣。他在今天的名声主要来自经济学。他是数理经济学的创始人之一,最先力图用数学方法解决经济问题。指出统计学的目的是协调各项观察,以确定除去偶然因素的影响之外的数字关系和显示出正常原因的作用。

保罗·斯威齐

保罗·斯威齐(Paul Marlor Sweezy,1910—2004),斯威齐于1910年4月10生于纽约,在兄弟三人中他排行第三,父亲是纽约国民银行副总裁,后来他继承了父亲一大笔遗产。他1931年从哈佛大学获得学士学位,1937年又从哈佛大学获博士学位。不幸于2004年2月27日因心脏病去世,享年93岁。斯威齐是20世纪美国最为著名的马克思主义经济学家,在继承和发展马克思主义经济理论方面颇有成就。

本章小结

本章从以下几个方面分别介绍了四个市场理论,包括:

1. 介绍了各个市场的含义及类型特征。

2. 从市场的类型入手,阐明了在完全竞争市场和不完全竞争市场的结构下厂商的短期均衡条件和长期均衡条件。

3. 通过图形和文字的结合,阐述了不同市场结构下,生产厂商均衡价格和均衡数量的决定。

4. 特别介绍了寡头垄断市场理论中的古诺模型和斯维齐模型的基本内容。

思考题

1. 完全竞争市场的特征。
2. 分析完全竞争市场与垄断竞争市场的区别。
3. 论述完全垄断市场的短期均衡。
4. 寡头市场的特征。
5. 分析寡头垄断市场的价格与产量决定。

【阅读资料】

不完全竞争市场中价格和产量的决定——商业竞争的原则之区别定价

塑料门窗型材是建筑行业使用的塑钢门窗主体材料,20 世纪 90 年代后期以来在我国迅速发展。加拿大皇家集团于 1997 年在上海设立子公司,定位在塑窗型材的高端产品市场,经营业绩良好。然而进入 2001 年下半年后,市场环境发生巨变,受市场旺盛需求的刺激,各地纷纷上马塑窗型材生产项目,供给能力很快扩大,加上铝门窗技术也有重要改进,在全国掀起一股声势强劲的销售热浪,塑窗型材市场向供大于求方向转变。

随着市场竞争压力日趋激烈,企业纷纷大幅度降价销售,未随之降价的皇家产品虽在沿海地区销量没有太大变化,但内地市场明显下滑。公司营销人员经调研分析,建议对定价方式进行调整。如对购买不同数量段的客户收取不同价格,最高打折幅度可随购买量递增到 18%;对于消费淡季下单的客户给折扣低价;对于经济欠发达、消费水平较低地区的客户,进一步额外降价。该企业决策层接受了这一价格调整建议,收到了较好效果。

皇家塑窗型材采用的是区别定价的应对策略。对需求弹性较小的购买者制定较高价格,对需求弹性较大的顾客收取较低价格。所谓区别定价,就是依据购买对象、时间、地点等不同因素制定不同价格,对应的英文是“Price discrimination”,直译为“价格歧视”——这一具有贬义的词,反应了过去经济学家对这类定价方式的质疑态度。他们或者不相信市场上具备区别定价的现实条件,或者认为区别定价浪费资源,因而有负面评价。后来随着经济分析的进步,主流意见发生转变,逐渐将它看做是一种正常的定价方法,中文译法也改为“区别定价”这一中性表述。

区别定价是很多商家的经营手法。2003 年春运期间,国内一些航空公司利用专门票务软件来管理定价,一个基本方法就是区别定价。如春运等旅行高峰时期定较高价,淡季通过打折定低价;同一时点紧俏航线定高价,客流较少航线定低价;对临近旅行时间购票的顾客定高价,对提前买票的顾客定低价等。

经济学家张五常曾在大年三十上街卖橘子,事后写下《卖橘者言》,他总结的经验是,卖橘子不赔钱的关键是善于讨价还价,对有的顾客卖高价,有的卖低价,也是运用区别定价手段。另外,电影院为日场和晚场电影规定不同票价,铁路为大学生或老年人提供较低票价,出版社为新小说的精装本和平装本规定相差几倍的价差等,都是区别定价的例子。

厂商采取区别定价的策略,当然是为了增加企业的竞争力和利润。在千变万化的产品和市场条件下,成功实行区别定价策略需要满足两个基本条件:一是市场消费者必须有不同支付意愿和需求弹性,并能被厂商所识别;二是能够把接受不同的价格的消费者有效分割开来。

不同购买者对同一产品和服务愿意支付不同价格,在管理经济学中称作支付意愿高低不同;价格变化时消费者购买量变化程度不一样,称作需求弹性大小不同。给定一定的价格变动比例,购买者需求数量变动较大称为需求弹性较大,变动较小称为弹性较小。只有在消费者需求弹性不同并能加以识别的条件下,厂商才能对不同消费者收取不同的价格。区别定价的基本原则,是对需求弹性较小的购买者制定较高价格,对需求弹性较大的顾客收取较低价格。

塑料门窗材料市场的信息表明,当皇家塑窗型材产品价格因为其他厂商降价而相对上升时,沿海经济发达地区销售量影响较小,显示出这些地区的价格敏感度较低,需求弹性较小,因而可以维持较高价格。而内地收入水平较低,销售量有明显下滑,显示需求弹性较高,因而需要通过打折定较低价格。另外,与传统的木、钢、铝合金门窗相比,利用塑料型材做门窗,不仅整体美观和容易维护,而且具有良好的保温性和节能的优点,尤其适用于高温高寒地区。因而,在气候寒冷和温暖的区域,消费者的需求弹性和支付意愿也会有明显差别,也可以相应制定不同的价格。

其他区别定价的场合也要考虑购买者的支付意愿和需求弹性的差别。临近春节才订机票的顾客往往对时间敏感,时间机会成本比较高,需求弹性一般比较低,所以可以定较高价格。早早订票的旅客愿意接受时间约束,表示他们的时间敏感度比较低,需求弹性比较大,应当定较低价格。

像张五常教授那样摆摊卖橘,如何识别顾客的偏好和需求弹性?也许可以从来客穿戴和神态上猜出个大概:那些西装革履、夹着公文包、行色匆匆的买家,往往属于对价格不敏感和需求弹性较小的顾客,对他们不妨索要高价;对于那些看上去像家庭主妇,讨价还价技巧纯熟的顾客,就应当果断降价。

把不同受价消费者群体隔离开的条件显然也至关重要,否则面对套利机会,有的消费者会变成“中间商”,低价买进,高价卖出,厂商便难以获利。

在皇家集团中,这一条件得到巧妙满足。门窗不适合长途运输,因而需要把型材运送到销售地加工,由于这类产品运输体积较大,单位体积价值低,相对运输成本高,并且在高档型材市场上厂家一般采取直销方式,所以各个销售区域市场之间大体相互隔离,有效避免了中间商转卖套利的机会。

航空公司在分割顾客方面具有天然的便利条件。由于机票本身具有乘客姓名这些特征性信息,用机票旅行还要核对有效身份证件,他人不可能转卖打折机票获利。依据类似道理,由于很容易印制形状和颜色有差别的不同场次的电影票,电影院用不同价格出售日场和晚场电影,能有效分割受众。铁路运输对学生和一般顾客区别定价,在分割受众方面略为困难一些。从实际情况看,它主要通过学校集体采购和乘务员抽查打折票持有人身份等方式来支持。像张五常那样摆摊销售产品,要把买橘者分割开来以便区别定价,大概只能通过几位同伴分工合作,把一眼看上去受价意愿不同的顾客引领到互不相闻的距离之外分别谈价钱了。

商业实践发明了一些巧妙手段，使商家有可能通过消费者选择行为，来识别他们的需求弹性差别，并使其自行分割。国外销售胶卷经常采用回扣(Rebate)促销的方法：购买胶卷时如果消费者填写一份表格，并提供过去购买的3卷胶卷的发票，就能在购买下一个胶卷时获得一定金额(如1.5美元)的回扣。有经验的商家知道，购买胶卷的顾客有的对价格比较敏感，有的不敏感，通常只有较少购买者愿意填写表格和保留收据，而因时间机会成本较高而价格敏感度较低的顾客，通常认为不值得为一点回扣费时费力。于是，要求填写回扣单和保留收据，起到了识别和分离不同消费者的作用。

国外超市在一些食物和日用品包装外附印打折赠券(Coupon)，顾客下一次购买时出示赠券可以获得不同程度的打折优惠，这一营销方式也有区别定价的功效。研究表明，只有20%~30%的购买者会剪下赠券，收藏起来并实际利用。与不愿花时间积攒赠券的消费者相比，利用赠券行为显示的耐心说明他们对价格比较敏感即需求弹性较高。通过赠券，厂商能以很低的成本把消费者分割成需求弹性和受价意愿不同的群体，对他们制定不同价格以增加利润。

目前北京已有不少国外零售业巨头开设的超市，引进了很多国外流行的定价方法，但类似打折赠券这种区别定价策略还少见利用。高度重视定价的国外零售商为什么尚未普遍运用这类区别定价的方法呢？一个可能的解释是，到这些位置较偏的超市购物的消费者大多属于有车族，而北京现阶段开车到超市购物的买主，大多属于中产阶层居民，整体上对日用食物或杂货的较小价格变动缺乏敏感性，通过打折赠券增加的利润空间也许不大。

资料来源：卢锋. IT经理世界.

第七章

Chapter 7

分配理论

【学习要点及目标】

通过本章学习要求学生理解生产要素的价格是由供求关系决定;掌握土地、劳动、资本、企业家才能四大生产要素及相对应的工资、利息、租金、利润是人们收入的基本来源;理解洛伦斯曲线和基尼系数的理论应用。

【引导案例】

比尔·盖茨于1973年进入哈佛大学法律系学习,他不喜欢法律,但对计算机十分感兴趣。他从19岁时创办了微软公司。经过不断的努力,他终于成功了,1999年《福布斯》杂志评选,他以净资产850亿美元荣登世界亿万富翁的榜首。比尔·盖茨是如何将自己的一家小公司经营成为令全球瞩目的跨国公司的呢?

原因在于十几年来,微软公司雇佣了大量世界各地的计算机专家和技术人员、投入了大量资本和设备来开发和生产软件,并将其软件销售到世界各地,巨大的销售收入为公司带来了丰厚的经济收入,同时微软公司的员工也获得了可观的薪酬,公司为了做大做强就必须扩大规模继续运营;员工们为了生活需要也必须购买其他企业生产的产品,这样其他企业生产和销售产品也需要使用人员和设备。因此,这些经济活动不仅在产品市场上进行,也涉及要素市场。而微软公司的成功,正是由于企业的经营者在产品市场和生产要素市场上都能够及时的掌控时机、竞争得力。

资料来源:何璋. 西方经济学[M]. 2版. 北京:中国财经大学出版社2007.

这个案例告诉我们在生产实际中,产品是由劳动、资本、土地和企业家才能四种要素共同生产出来的,与这四种要素的供求相对应的要素市场可分为劳动市场、资本市场以及土地市场、企业家市场。

像微软公司那样，企业要进行生产，必须从其他企业购买各种生产要素来满足自家的生产需求，所以此时在要素市场中，微软公司成为生产要素的需求者。而在产品市场中，微软公司又是产品的供给者。以价格总量反映出来的要素交易量，形成产品市场中供给者的成本，同时也形成要素市场中供给者的收入。但是两个市场的"价格"含义有所不同，产品市场的价格是指购买产品本身的代价。包括产品所有权，购买以后，产品为购买者所有；要素市场的价格一般是指使用要素的代价，购买者只有一定期限的使用权，要素所有权另行交易。

要素市场与产品市场是相互联系的。要素的价格取决于要素的供求，要素的供求又取决于产品市场的状况。当企业所处于的产品市场萧条时，产量必然下降，对要素的需求量会相应降低。相反，当企业的产品市场处于需求量增大时，产量和收益增加，因此对要素市场的需求量也会提高。

在生产要素市场上，作为买卖对象的是四大要素：劳动、资本、土地和企业家才能。企业是要素的需求者，而居民或家庭则是要素的所有者或提供者。市场上要素的供给和需求的相互作用决定的要素均衡价格，即决定了居民或家庭的收入（工资、利息、地租、利润），又决定了生产者的成本。要素价格决定了收入在要素所有者之间的分配，所以，生产要素价格理论又被称为要素收入理论或收入分配理论。

19 世纪法国经济学家萨伊曾提出了一个"三位一体"的公式。这就是：劳动-工资，资本-利息，土地-地租。以后英国经济学家马歇尔又在此基础上增加了企业家才能-利润，而成为"四位一体"公式。这个公式概括了经济学分配理论的中心，即在生产中，工人提供了劳动，获得了工资；资本家提供了资本，获得了利息；地主提供了土地，获得了地租；企业家提供了企业家才能，获得了利润。简言之，各种生产要素都根据自己在生产中所作出的贡献而获得了相应的报酬。

由于各种生产要素所获得的报酬就是生产要素的价格。所以，分配理论就是要解决生产要素的价格决定问题。生产要素的价格与产品的价格一样，是由供求关系决定的。这就是说，生产要素的需求与供给决定了生产要素的价格。因此，分配理论是价格理论在分配问题上的应用，而分配又是由价格决定的。

本章讨论要素的需求理论和供给理论，正是因为要素的价格和使用量是决定消费者收入水平的重要因素，所以要素价格理论在西方经济学中又被称为所谓的"分配"理论。因此，我们的研究从产品市场转到要素市场，也意味着从价格理论转到分配理论。我们将首先从生产要素的需求与供给入手，然后介绍工资、利息、地租和利润理论，最后介绍洛伦斯曲线和基尼系数的理论应用。

第一节　生产要素的需求与供给

前面各章讨论了消费商品（或称为产品）的价格和数量的决定。这一部分内容通常被看成是所谓的“价值”理论。由于讨论的范围局限于产品市场本身，所以它对价格决定的论述并不完全。首先，他在推导产品需求曲线是，假定消费者的收入水平为既定，但并未说明收入水平是如何决定的；其次，它在推导产品供给曲线时，假定生产要素的价格为既定，但并没说明要素价格是如何决定的。由于消费者的收入水平在很大程度上取决于其拥有的要素价格和使用量，故价格理论的上述两点不完全性可以概括为它缺乏对要素价格和使用量决定的解释。为了弥补这个不足，需要研究生产要素市场。

生产要素价格决定的主要理论基础是所谓的边际生产率分配论，该理论是由美国经济学家J·B·克拉克最先提出来的，他认为，在其他条件不变和生产力递减的前提下，一种生产要素的价格取决于其边际生产力。在此基础上，其他经济学家做了更加深刻的分析，认为边际生产力只是决定要素需求的一个方面，厂商在决定要素的使用时还必须考虑要素的使用成本。只有当要素的边际成本和边际收益相等时，厂商的利润才会达到最大。此外，要素的供给与要素的需求一样，同样也是决定要素价格的一个重要方面。我们将在下面具体研究。

一、生产要素的需求

生产要素的需求是一种派生的需求。这就是说，是由于对产品的需求而引起了对生产要素的需求。厂商之所以需要生产要素是为了用它生产出各种产品，实现利润最大化。

尽管要素市场和产品市场一样，其价格和使用量都有市场的供求决定，但由于他们各自的需求者和供给者正好相反，因此其需求性质又有所不同。在产品市场上。产品的需求来自消费者，消费者购买产品是为了直接的欲望满足。因此对产品的需求属于直接需求；在要素市场上要素需求来自厂商，而不是消费者。厂商之所以购买要素并不是为了满足自己的欲望，而是为了生产和销售产品，通过满足消费者的需求来使自己获得收益。因此，要素需求不是直接需求，而是从产品需求引申出来的间接需求，被称之为引致需求或派生需求。例如，消费者购买服装，仅仅是为了满足自己，属于直接需求；而消费者对服装的需求引致了制衣厂去购买生产要素（棉花、劳动等）来生产服装，因此，制衣厂对棉花的需求属于引致需求。厂商对生产要素的需求有以下两个特征：一方面，由于技术上的原因，厂商对要素的需求总是多重的，例如，制衣厂需要劳动、棉花、机械设备等，面包厂需要劳动、面粉、机械设备等；另一方面，由于要素之间一般是可以相互替代的，因此对同一产品的需求厂商往往可以采用不同的要素组合来完成，如同样一件衣服，可以分别由不同的劳动、棉花、机械设备组合得到。要素之间的这种相互依赖性，使得厂商对某种要素的需求，不仅取决于该生产要素的价格，而且还取决于其他相关要素的价格。因此，厂商对生产要素的引致需求是一种共同使用多种要素的需求。

也就是说，生产要素的需求也是一种联合的需求或相互依存的需求。这就是说，任何生产行为所需要的都不是一种生产要素，而是多种生产要素。而不增加另一种，就会出现边际收益递减现象。而且，在一定的范围内，各种生产要素也可以互相代替。生产要素相互之间的这种关系说明它的需求之间是相关的。如果不存在消费者对产品的需求，则厂商就无法从生产和销售产品中获得收益，从而也不会去购买生产资料生产产品。例如，如果没有人去购买汽车，就不会有厂商对汽车工人的需求;对保健服务的消费者需求引致对医生和护士的需求;消费者购买面包,是直接需求,消费者对面包的直接需求引致面包厂商购买生产要素(如面粉和劳动等),面包厂商对面粉和劳动等的需求是派生需求。由此可见,厂商对生产要素的需求是从消费者对产品的直接需求中派生出来的。生产要素的需求是"派生"需求或"引致"需求。对于产品市场的直接需求来说,消费者在给定产品价格和收入的条件下,根据效用最大原则来确定自己的需求;而对于要素市场的引致需求来说,厂商所关心的是自己的利润,关心在给定其他所有条件的情况下,使用多少要素量才能使自己的利润达到最大。一般情况下,影响厂商对生产要素需求的因素主要有:生产要素的边际生产力、生产要素的边际成本、生产中其他要素的投入和价格、厂商的技术水平等,其中生产要素的边际生产力和边际成本最为重要,他们直接影响到厂商的利润。

由以上生产要素需求的性质可以看出,影响生产要素需求的主要有这样一些因素:

(1)市场对产品的需求及产品的价格。这两个因素影响产品的生产与厂商的利润,从而也就影响生产要素的需求。一般而言,市场上某种产品的需求越大,该产品的价格越高,则生产这种产品所用的各种生产要素的需求也就越大。

(2)生产技术状况。生产的技术决定了对某种生产要素需求的大小。如果技术是资本密集型的,则对资本的需求大;如果技术是劳动密集型的,则对劳动的需求大。

(3)生产要素的价格。各种生产要素之间有一定程度的替代性,如何进行替代在一定范围内取决于各种生产要素本身的价格。厂商一般要用价格低的生产要素替代价格高的生产要素,从而生产要素的价格本身对其需求就有重要的影响。

生产要素需求的联合性与派生性,决定了它的需求比产品的需求要复杂得多,在分析生产要素需求时要注意这样一些问题:

(1)产品市场结构的类型是完全竞争还是不完全竞争。

(2)一家厂商对生产要素的需求与这个行业对生产要素需求的联系与区别。

(3)只有一种生产要素变动与多种生产要素变动的情况。

(4)生产要素本身的市场结构是完全竞争的还是不完全竞争的。

在以下的分析中,我们要说明在不同产品结构市场上,当生产要素市场为完全竞争时一家厂商对一种生产要素的需求。

二、生产要素的供给

由上一节我们得知,所谓从要素使用者角度讨论要素需求,就是从要素使用者即生产者或厂商的利润最大化行为出发,来研究其对要素的需求量是如何随要素价格的变化而变的。与此相仿,可以把要素供给研究看成是从要素所有者的最大化行为出发来分析其对要素的供给量是如何随要素价格的变化而变化的。因此,首先要问的问题是:谁是要素的供给者?什么是要素供给者的最大化行为?

我们知道,在西方经济学的要素需求理论中,要素使用者是:"单一"的,即是生产者或厂商,因而其行为目标也是“单一”的,即追求利润最大化。转到供给方面之后,问题稍稍复杂一些:要素所有者既可以是生产者,也可以是消费者。生产者生产许多将要再次投入生产过程的“中间产品”或“中间生产要素”(如钢材、车床等),因而是中间要素的所有者;消费者则向市场提供“原始生产要素”(如劳动、土地和资本等),因而是原始要素的所有者。由于要素所有者的身份不同,因而它们的行为目的也不相同。按照西方学者的假定,生产者和消费者的行为目的分别是利润最大化和效用最大化。

要素所有者行为目标的不一致自然会影响到对要素供给的分析。最重要的影响便是要素供给原则肯定不会再像要素需求原则那样一致,因为不同的行为目标将导出不同的行为原则,由此进而影响诸如分析方法、形式甚至某些结论等。因此,从理论上来说,要素供给理论需分成两个并列的部分分别加以讨论:根据生产者的利润最大化行为讨论其对中间要素的供给,根据消费者(或资源所有者,如劳动、土地和资本等的所有者)的效用最大化行为讨论其对原始要素的供给。

但是,在上述两个部分中的第一部分即中间要素的供给与一般产品的供给并无任何区别,因为中间要素即中间产品本身就是一般产品,而关于一般产品的供给理论在产品市场,特别是在完全竞争产品市场的分析中已经详细讨论过,因此本章关于要素供给的讨论可以完全局限于要素所有者为消费者、其行为目的为效用最大化这一范围之内,即是从消费者的效用最大化行为出发来建立其要素供给量与要素价格之间关系的理论。

一旦局限于消费者范围之内,要素供给问题便有一个明显特点:消费者拥有的要素数量(简称为资源)在一定时期内总是既定不变的。例如,消费者拥有的时间一天只有 24 小时,其可能的劳动供给不可能超过这个数;又例如,消费者拥有的土地也是固定的,比如说为 2 公顷,则它可能的土地供给也只有这么多;再例如,消费者拥有的收入每日为 500 元,则它不可能储蓄(即供给资本)比这更多等。

由于资源是既定的,消费者只能将其拥有的全部既定资源的一部分(当然,这部分可以小到 0,也可能大到等于其资源总量)作为生产要素来提供给市场。全部既定资源中除去供给市场的生产要素外,剩下的部分可称为“保留自用”(或简称为“自用”)的资源。因此,所谓要素供给问题可以看成是:消费者在一定的要素价格水平下,将其全部既定资源在“要素供给”和“保留自用”两种用途上进行分配以获得最大效用。

生产要素有各种各样,不同种类的生产要素有自己的特点。一般来说,可以把生产要素分为三类:第一类是自然资源,在经济分析中假定这类资源的供给是固定的。第二类是资本品。资本品是利用其他资源生产出来的,也是和其他产品一样的产品。在经济中这一行业的产品往往就是另一行业的生产要素。因此,这种生产要素的供给与一般产品的供给一样,与价格同方向变动,供给曲线向右上方倾斜。第三类是劳动。这种生产要素的供给有其特殊性,我们在工资理论中再详细介绍。

在市场经济中,大部分生产要素归个人所有。劳动作为人力资本只能出租,不可出售。资本和土地一般为家庭和企业所有。

劳动供给是由许多经济和非经济的因素决定的，劳动供给的主要决定因素是劳动的价格，即工资率和一些人口因素，如年龄、性别、教育和家庭结构等。

土地和其他自然资源的数量是由地质来决定的，并且不可能发生重大的变化，尽管其质量会受到自然资源保护状况、开拓方式和其他改良措施的影响。

资本的供给依赖于家庭、企业和政府部门过去的投资状况。从短期看，资本像土地一样固定不变，但是从长期看，资本的供给对收入及利息率等经济因素非常敏感。

【知识库】

供应学派的理论先导——让·巴蒂斯特·萨伊(1767—1832)

让·巴蒂斯特·萨伊(Jean Baptiste Say)，法国庸俗经济学创始人，1767年出生于里昂，1832年在巴黎逝世。

萨伊出身于里昂一个新教徒的大商人家庭，少年时在他父亲开设的银行里当学徒。后来到英国的一所商业学校学习，开始接触亚当.斯密的学说。1789年法国大革命爆发，当时正在保险公司当职员的萨伊，拥护当时大资产阶级的执政。并参加了由学者和文艺界人士组成的“学艺中队”，参加战斗抵御侵法联军，但在雅各宾派上台后，却转而反对革命。

27岁的时候，萨伊担任《哲学、文艺和政治旬刊》主编，经常发表经济论文章，批评国民大会活动，因此受到拿破仑一世重视，被任命为法兰西法制委员会委员。后又进入财政委员会。1803年，萨伊出版了《政治经济学概论》，宣扬亚当.斯密的自由贸易思想，拒绝支持拿破仑的关税政策保护，结果被解除在财政委员会的职务。1805年萨伊在巴黎近郊合股创办一家纺织厂，展示了他的经营才能。1815年，波旁王朝复辟，他再一次受到重视，被派往英国考察工业。考察期间，他结识了李嘉图、马尔萨斯、边沁等人。1816年起他先后在法国阿森尼大学和工艺学院讲授政治经济学。1830年他还担任过法兰西学院政治经济学教授。1832年11月15日在巴黎逝世。

萨伊的主要著述有《政治经济学概论》、《政治经济学问答》、《政治经济学教程》。

萨伊把亚当·斯密经济学说中的庸俗分离出来，加以发挥和系统化，最先创立了庸俗经济学的理论体系。需要说明的是，“庸俗经济学”是马克思主义经济学家定义的名词，以为它否定了劳动价值论和剩余价值论，只描述资本主义经济制度表面现象的资产阶级理论体系，为了把它和其他经济学相区别，故冠以“庸俗”二字。

“三分法”是萨伊在经济学上的又一大贡献。在萨伊之前。经济学家要么把经济学研究范围局限于少数几个经济范畴，要么又搞得特别庞大复杂。萨伊第一个提出，把政治经济学划分为生产、分配和消费三个部分，这种标准大体是按社会再生产的几个环节来划分的，它使经济学研究范围系统化和明确化。事实上，后来的经济学家中，除了詹姆斯·穆勒在萨伊的划分基础上加了“交换”外，再也没人对这种划分提出突破性的补充见解，更不必说否定性的意见了。时至今日，萨伊的“三分法”和后来的“四分法”仍然有其合理性和生命力。

萨伊提出的生产创造需求的原理，曾成为古典经济学家普遍信奉的教条，并被奉为“萨伊定理”，誉之为“巨大贡献”，并成为现代西方经济学中供应学派的理论先导。

第二节 工资理论

一、劳动的需求

劳动需求指在各种可能的工资下,企业愿意雇佣的劳动数量。对于每一个具有理性的企业而言,总是根据利润最大化的原则来选择使用劳动的数量。而且,整个市场的劳动需求曲线是把所有需要劳动的企业的需求曲线沿横向相加而得到的。当工资率提高时,所有的企业使用劳动的数量将减少,从而劳动的市场需求量减少;反之,当工资率降低时,单个企业对劳动需求量的增加将导致劳动的市场需求量增加。表现在图像上,便是如图 7.1 所示的劳动需求曲线 D_L 自左上方向右下方倾斜。

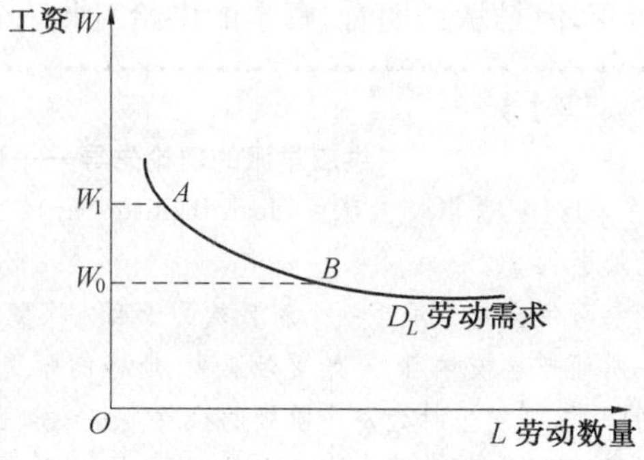

图 7.1 劳动需求

我们可依据边际报酬递减规律来理解企业的劳动需求行为。既然追加劳动给企业带来的产量或收益增量是递减的,企业自然只愿意对追回的劳动支付较低工资。

二、劳动的供给

假定消费者可以自由支配的时间资源每天为 16 小时。设劳动供给量为 6 小时,则 10 小时为“闲暇”时间。劳动供给问题就是如何决定其全部资源在闲暇和劳动供给两种用途上的分配。消费者选择闲暇直接增加了效用,选择劳动则可以带来收入,通过收入用于消费再增加消费者的效用。因此,就实质而言,消费者并非是在闲暇和劳动二者之间进行选择,而是在闲暇和劳动收入之间进行选择。

(一)劳动的供给

劳动供给指在各种可能的工资下,人们愿意提供的劳动数量。在生产要素市场上,劳动者需要决定是否工作以及做哪种工作等。同时,劳动者的选择又受到得到工作的可能性、市场工资率以及劳动者本身劳动技能等因素的限制。为了简单起见,在下面的分析中我们仅考虑劳动供给量与工资二者之间的关系。

在工资不是很高的一般情况下,只有工资上升才能诱使人们提供更多的劳动。这是由于劳动的负效用随劳动时间延长而递增,如工作的劳累、单调、受别人支配等。此外,工资上升使劳动时间以外的时间(统称闲暇)的机会成本上升,促使人们选择更多地劳动并相应放弃闲暇。

在工资很高的特殊情况下,工资上升反而会使劳动供给量减少。这是由于人们追求的最终目标是得到最大满足，而不是单纯地得到最大收入。很高的工资水平使人们的基本生理需要（衣食住行）得到大体满足，于是人们开始对娱乐、旅游、学习、休息、社会交往等活动提出更高要求。为了增加闲暇，需要相应减少劳动时间。工资提高可以使人们在减少劳动供给量的同时，维持收入水平大体不变或仍有所增加。

（二）劳动供给曲线

与一般的供给曲线不同，劳动供给曲线具有一个鲜明的特点，即它具有一段向后弯曲的部分，如图 7.2 中的向后弯折的劳动供给曲线所示。

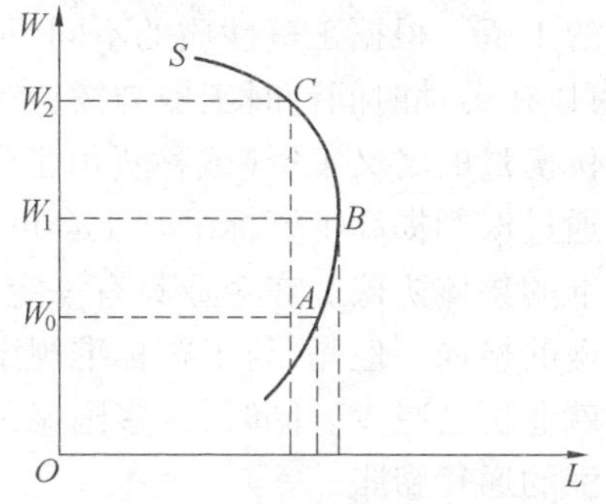

图 7.2 消费者的劳动供给曲线

通过对图 7.2 的分析，可以看出如下变化：

当工资较低时，随着工资的上升，消费者为较高的工资吸引将减少闲暇，增加劳动供给量。在这个阶段，劳动供给曲线向右上方倾斜。但是，工资上涨对劳动供给的吸引力是有限的。当工资涨到 W_1 时，消费者的劳动供给量达到最大。此时如果继续增加工资，劳动供给量非但不会增加，反而会减少。于是劳动供给曲线从工资 W_1 处开始向后弯曲。

【案例 7.1】

福特汽车公司既是一个技术创新者，又是一个制度创新者。导致福特公司在汽车业成功的不仅是其流水线应用的技术创新，而且是其效率工资应用的制度创新。

在美国汽车迅速发展的 20 世纪初，汽车工人的工作流动性很强，这给企业的稳定发展带来压力。而且，劳动市场的旺盛需求在一定程度上也助长了工人在劳动过程中的机会主义。1914 年 1 月，亨利. 福特开始向其工人支付每天 5 美元的工资。当时流行的工资在每天 2 ~3 美元之间，福特公司的工资远远高于均衡水平。求职者在福特汽车工厂外排起了长队，为争抢工作岗位几乎发生骚乱。

亨利 · 福特后来回忆：“我们想支付这些工资，以便公司有一个持久的基础。我们为未来而建设，低工资的企业总是无保障的。为每天 8 小时支付 5 美元是我们所做出的最好的减少成本的事之一。”通过支付高工资来降低成本显然不符合传统经济学的逻辑。但实际上，由于高工资带来的岗位稳定性的增强和工人劳动生产率的提高，成本确实降低了。当时的一份调查报告显示：“福特的高工资摆脱了惰性和生活中的阻力。工人绝对听话，而且可以很有把握地说，从 1913 年的最后一天以来，福特工厂的劳动成本每天都在下降。”高工资提高了工人积极性，增强了企业的凝聚力，福特公司雇员的辞职率下降了 87%，解雇率下降了 90%，缺勤率也下降了 75%。高工资带来了更高的劳动生产率，福特的汽车价格比对手便宜很多，汽车销售量从 1909 年的 58 000 辆直线上升至 1916 年的 730 000 辆。

资料来源：360 百科

三、工资的决定

(一)工资的性质与种类

工资是对劳动力的报酬,也是劳动这种生产要素的价格。劳动者提供了劳动,获得了作为收入的工资。根据工资性质的不同,可以从不同的角度把工资分为不同的种类。从计算方式分,可以按劳动时间计时工资与按劳动成果计算的计件工资。从支付手段来分,可以分为按货币单位衡量的名义工资(或称货币工资)与按实际购买力衡量的实际工资。

通过谈判提高工资标准。工会可以在罢工等手段的支持下,通过谈判,与雇主达成提高工资标准的集体协议。在企业具有一定程度的市场支配力的情况下,工会的出现有助于形成力量抗衡的格局。但是,若工资标准规定得过高,可能使企业相应减少劳动需求量,导致非工会会员就业机会减少。同时,许多国家往往还会因工会规定过高的工资标准而引起工资、物价螺旋上涨的通货膨胀。

(二)均衡工资决定

将所有单个消费者的劳动供给曲线水平相加,即得到整个市场的劳动供给曲线。尽管许多单个消费者的劳动供给曲线可能会向后弯曲,但劳动的市场供给曲线却不一定如此。在较高的工资水平上,现有的工人也许提供较少的劳动,但高工资也吸引进来新的工人,因而总的市场劳动供给一般还是随着工资的上升而增加,从而市场劳动供给曲线仍然是向右上方倾斜的。

由于要素的边际收益递减,要素的市场需求曲线通常总是向右下方倾斜。劳动的市场需求曲线也不例外。将向右下方倾斜的劳动需求曲线和向右上方倾斜的劳动供给曲线综合起来,即可决定均衡工资水平。

在图 7.3 中,劳动需求曲线 D 和劳动供给曲线 S 的交点是劳动市场的均衡点。该均衡点决定了均衡工资为 W_0,均衡劳动数量为 L_0。因此,均衡工资水平由劳动市场的供求曲线决定,且随着这两条曲线的变化而变化。工会、政府政策、法律、习惯、社会心理等因素,引起对劳动的需求或供给的变动(曲线移动)并进一步导致市场均衡工资发生变化。

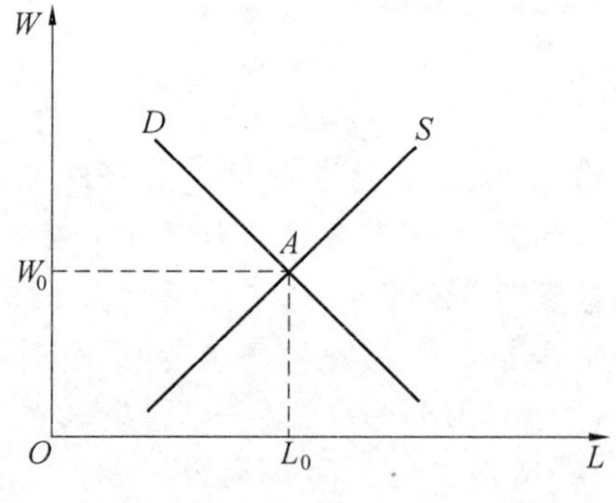

图 7.3　均衡工资的决定

(三)工资差异的原因

上述劳动市场均衡工资率的分析是就单一劳动技能或同一种职业而言的,在现实的劳动市场中,不同国家、地区、部门、职业、群体和个人之间的工资差异是十分明显的。经济学通常从四个方面来解释工资差异。

1. 补偿性工资差异

不同工作的负效用并不相同，为了使人们进入吸引力较小的工作领域，企业需要支付较高的工资进行补偿。美国钢铁业的平均小时工资大致是商店的3倍，除了工会的作用之外，钢铁工人较繁重的体力劳动和较艰苦的工作环境是这种工资差异的重要因素。美国海上石油平台操作工的年薪为5~8万美元，超过采掘业3.5万美元的平均水平，这是由于公司需要对工作的危险和孤单做出补偿。此外，例如，煤矿工人、长途汽车运输司机所从事的工作危险性大，建筑施工受季节和地理位置的限制较大等所引起的工资差异，均属于补偿性工资差异的范畴。

2. 生产率工资差异

对劳动负效用的补偿并不能解释一切工资差异。例如，大学教授的工资高于售货员，并不是由于教书的负效用较大，相反，学术探索的挑战性和融洽的师生关系反而可能使其从工作中得到更多的非货币利益。在西方经济学中，许多经济学家把类似于教授与售货员的这一类工资差异的原因归结为生产率的差异。生产率工资差异指劳动质量的差异而造成的工资差异。一个人成为大学教授，要经过多年的正规教育和在职训练，在此期间他要支付学费并放弃工资收入。较高的工资收入是对大学教授较高劳动质量的承认，也是对其机会成本的回报。即使对具有相同经历和受过相同教育的人，生产率也可能有较大差异，如有的秘书打字速度比别的秘书更快，且错误很少，从而获得更高的工资。

3. 非竞争性工资差异

现实生活中的劳动市场并不是典型的完全竞争市场，其非竞争性表现在不完全信息、不完全劳动流动性、市场分割、非竞争群体等方面。劳动市场的非竞争性也是工资差异的重要原因。例如，雇主在雇佣劳动之前，对劳动力质量缺乏了解，不同雇主对同一劳动力愿意支付的工资可能因此出现差异。另一方面，由于个人不可能了解所有企业愿意支付的工资，他所接受的未必是可能得到的最高工资的工作。即使信息是相对充分的，如西部农民知道到东部城市可获得更高收入，但是，户口、住房、入学、就业等一系列制度使他们难以与城市工人竞争，这种劳动力缺乏流动性也会扩大工资差异。此外，劳动市场按职业分割为若干子市场，其中许多职业熟练劳动力的培养需要大量的时间和金钱的投入，人们一旦在特殊岗位上掌握了专门技术，就会受该种专门技术供给和需求的影响。即使外科大夫的工资迅速上升，经济学家也无法在一夜之间使自己成为合格的医生。最后，男性与女性、黑人与白人、宗教信仰与国籍等，使人们形成若干非竞争群体，习惯、偏见、歧视与制度等若干因素会导致非竞争群体之间的工资差异。

4. 特殊的工资差异

某些个人拥有非凡的才能，并在特定的环境中获得特别高的收入。个别演员和运动员可以得到上千万美元的年收入，除了天赋与后天努力之外，媒体的宣传和公众的偏好也是他们获得特别高收入的重要原因。

综上所述，各种要素的市场价格，短期价格主要是由对它的需求和现有供给量的关系所决定的，对于生产要素来说，无论是人还是物质要素，这种需求都是从对它生产出来的商品的需求派生而来的。在相对短的时间内,工资的变动是因为产品价格的变动,它不会在产品价格变动之前现变动。

第三节　利息理论

一、资本的需求

首先,我们要明确何为资本?在西方经济学中,一般把资本定义为由经济制度本身生产出来并被用作投入要素以便进一步生产更多的商品和劳务的一种物品。而且,作为一种与劳动和土地并列的生产要素,资本有其独特的特征,具体概括如下:第一,其数量是可以改变的,也就是说资本可以由人们的经济活动生产出来。第二,资本被生产出来的目的是为了依靠它进一步获取更多的商品和劳务。第三,资本是一种投入要素,要得到更多的商品和劳动就必须把其投入到生产中去。

(一)资本的需求

资本需求是指在各种可能的利率下,企业对资本的需求量。企业在追加投资时,面临一系列可以选择的投资项目,如扩大厂房、购买设备、采购原料等。各投资项目中的单位资本给企业带来的货币收益是不相同的。企业总是优先选择最有利可图的项目,然后选择排序第二的有利项目,依此类推。由于资本增量所带来的货币收益增量递减,所以,资本需求曲线 D_K 自左上方向右下方倾斜,如图 7.4 所示。

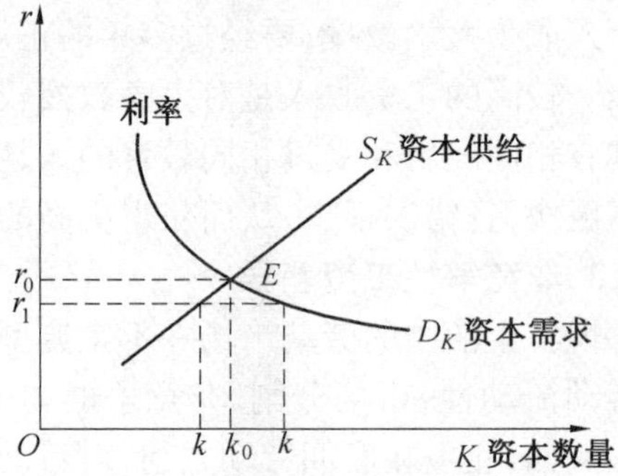

图 7.4　资本需求与资本供给

(二) 资本的需求曲线

资本的需求曲线是一条与劳动和土地需求曲线相类似的曲线,即资本需求曲线是一条由左上方向右下方倾斜的曲线。原因是在其他生产要素不变的条件下,资本的边际生产力是递减,也就是说资本的边际收益产品上递减的,而厂商生产经营的目的是利润最大化,因而厂商购买资本品愿意付出的价格越高,厂商生产产品的成本就越高,厂商购买资本生产要素的数量就越少。因为厂商会购买其他价格较低的、更加有利可图的其他生产要素来替换资本生产要素。

资本市场的供给曲线与需求曲线的交点就是均衡点,该点所代表的利息率就是均衡利息率,所对应的资本数量就是均衡资本量。

二、资本的供给

(一)资本供给

资本的供给是指在各种可能的利率下,人们愿意提供的资本数量。资本供给来自人们为获取利息而进行的储蓄。一般来说,利率越高,人们越愿意进行储蓄。这是因为储蓄需要人们付出某种代价,如资金使用不便、牺牲目前的消费、放弃有可能出现的利用资金的机会等。利息则是对人们的上述牺牲所做出的补偿。因此,资本供给曲线自左下方向右上方倾斜。

(二)资本的供给曲线

资本的供给在短期内可以近似地看成是一个固定的量,因为任何国家在一个短时期内的资本品即机器、设备、厂房、道路等是不会改变其数量的。因此,资本的短期供给曲线可以近似地被看成是一条平行于纵坐标的垂线,而资本的长期供给曲线则是一条曲左下方向右上方倾斜的曲线,因为在长期内,一个国家的资本会累计足见增大。

资本的供给为什么会随着时间的累计而增大?原因何在?按西方经济学的观点认为,其原因在于人们愿意牺牲目前的消费换取将来更多的消费,而人们牺牲的目前的消费与换取的将来更多的消费的差额就是利息。利息越大,将来给人们的报酬越多,人们就愿意更多地牺牲现在的消费,因而资本累积量越多。这也是资本长期供给曲线向右上方倾斜的原因。

利息率是资本的价格,纯粹利息率是指在理想的市场环境中,单纯由资本供求决定的利率。理想的市场环境包括以下条件:资本自由流动,不存在风险,不考虑借贷期限差异,不考虑管理费用,不考虑市场分割与借贷方式差异等。

在图 7.4 中,资本供给曲线 S_K 与资本需求曲线 D_K 的交点 E 所对应的利率 r_0 是均衡的纯粹利息率。如果在这个理想的资本市场上利率高于 r_0,就会出现资本供大于求的现象,市场压力会迫使它下降到 r_0 的水平。如果利率低于 r_0,则资本供不应求,市场压力会迫使它上升到 r_0 的水平。

【案例 7.2】

有时美国政府会提议对储蓄提供减税优惠,让人们借由个人退休金账户、401(k)计划或其他方式来增加储蓄金额。这样会鼓励储蓄吗?根据弹性的观点,这个问题是:报酬率增加某个百分比,会使储蓄增加多少个百分比?资本的供给曲线在实证上是有争议的,但至少短期内而言,储蓄对于利率与报酬率是相当无弹性的。讲明白一点,对储蓄提供减税优惠,会使人们把既有的储蓄搬到免税账户,至少在最近几十年,似乎未见整体储蓄水平大幅提高。

资料来源:Timothy taylor 著,林隆全译. 斯坦福极简经济学[M]. 湖南人民出版社,2015.

三、利息的决定

(一)短期利息率的决定

提供资本物品以时间为单位,在短期中,增加出租时间其成本(折旧、维修费和服务费)并不随之增加。因此,这里假定短期中资本存量固定不变。所以,资本的短期供给曲线是一条垂直线。

根据短期资本供给和需求曲线,我们可以说明利息率的决定。如图 7.5 短期利息率的决定和图 7.6 长期利息率的决定所示,无论利息率的高低,由于厂商不能购买新机器,供给不能增加,资本的供给完全无弹性。过去的投资已产生了一定的资本存量,以垂直的短期供给曲线 S 表示。企业将按向下倾斜的需求曲线 D 所表示的方式产生对资本品的需求。在点 E 即供给和需求相交之点,恰好将资本数量分配给需要资本的企业。在这一短期均衡中,企业愿意以每年10%的利息借款购买资本品。在这点上,资金的贷款者也会满意于其所供给的资本得到正好是10%的年利息率。

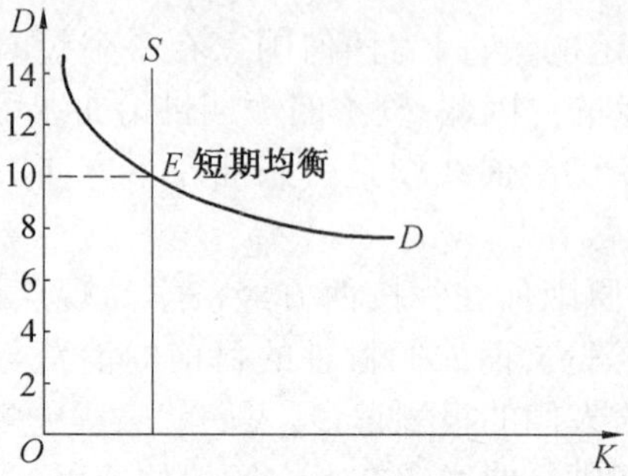

图7.5　短期利息率的决定

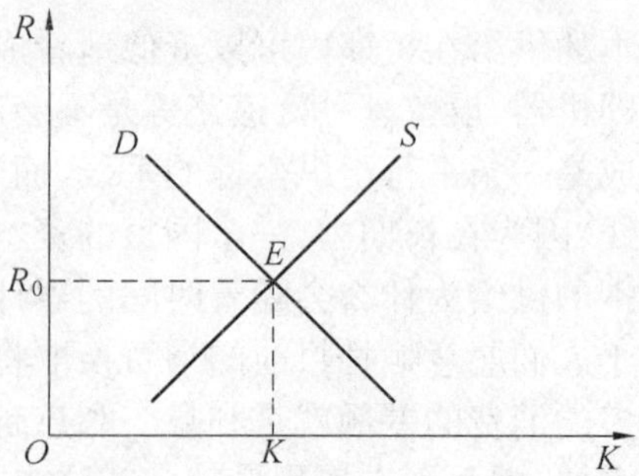

图7.6　长期利息率的决定

(二)长期利息率的决定

如果上述利息率被认为是高利率,那么,人们就会进行更多的储蓄,则储蓄通过投资将不断转化为资本,厂商或设备租赁公司会购买新机器,从而引起长期资本供给曲线和利率水平发生变动。曲线S表示资本或资金的长期供给,它向上倾斜说明人们愿意以较高的实际利息率供给更多的资本品。

在图7.6中,D曲线与S曲线相交点为E,形成了资本市场上的长期均衡。在这一点上,净储蓄停止了,净资本积累为零,且资本存量不再增长。它表示,企业拥有的资本存量增加与人们所愿提供的资本数量增加相适应。由这一点所决定的利息率,便是长期资本市场的均衡利息率。

(三)信贷配给

在现实生活中,银行通常实行信贷配给政策,即人为地压低利率并造成一个资本供求缺口,然后利用配给手段向一部分申请人发放贷款,而不向另一些申请人发放贷款。

信贷配给的普遍存在源自多方面的原因。首先,贷款是有风险的,在一般情况下,收益率越高则风险越大。因此,如果单纯以利率信号来配置资本,就会导致风险超出了银行能够承受的程度。其次,如果听任市场机制提高利率,就会引起一种逆向选择,即不利于银行的贷款选择。那些愿意借款的人是承担高风险投资项目的企业,而从事低风险投资项目的企业则无力负担高利率而退出竞争。由于借款者从事的投资项目风险过高,往往不能按时偿还贷款。高风险贷款的副作用往往大于高利率带来的直接收益。同时,从另一个角度来考虑,高利率本身作为一种动力机制,会促使人们去承担高风险投资项目。此外,借贷活动中存在不对称信息的问题,即借款人了解自己选择的投资项目的风险和违约概率,而银行了解的只是借款人提供的可能有片面或虚假成分的信息。以上所述诸种因素,在很大程度上将会导致道德风险和加剧逆向选择，不利于信贷市场发展。信贷配给虽然不能从根本上解决不对称信息问题，但是由于它降低了利率，减少了人们冒险从事高风险项目并为此而造假的事件，同时它造成的资本供求缺口也给银行提供了选择和比较各投资项目的余地。因而，在现实中，往往被众多银行金融机构用来作为应对信息不对称和道德风险的现实策略。

（四）名义利率与实际利率

实际利息率是名义利息率减去通货膨胀率。在高通货膨胀时期，实际利息率和名义利息率的差异是很引人注目的。在 1979～1980 年期间，美国的名义利息率高达每年 12%。但在扣除利息率是资本的价格，纯粹利息率是指在理想的市场环境中，单纯由资本供求决定的利率。理想的市场环境包括以下条件：资本自由流动，不存在风险，不考虑借贷期限差异，不考虑管理费用，不考虑市场分割与借贷方式差异等。

在上面的讨论中，我们没有考虑通货膨胀因素。也就是说，我们所提到的利率是名义利率，即以货币单位直接衡量的利率。但是，在存在通货膨胀的现实世界中，我们也需要了解资本的实际收益率即实际利率。实际利率是名义利率减去通货膨胀率之差。例如，若名义利率为 5%，通货膨胀率为 2%，则实际利率为 3%。在实际的资金运用中，区分名义利率与实际利率具有重要的意义，而且两种利率的区分会在很大程度上影响到资金供求双方的决策。

（五）利率管制

利率管制是指政府用行政手段规定利率的最高界限。各国在特定时期进行一定程度的利率管制是必要的，但是，长期的和力度很大的利率管制可能带来一些负面影响。首先，利率管制可能挫伤人们进行储蓄的积极性，给经济增长带来消极影响。其次，过低的利率使利率丧失资源配置功能，不能准确反映资本的机会成本，从而不利于资金利用率的提高。最后，过低的利率造成很大的资金供求缺口，在这种情况下容易产生借贷活动中的腐败现象。特别是在高通货膨胀时期，利率管制容易导致负的实际利率。如名义利率是 5%，通货膨胀率为 8%，则实际利率为-3%。如果该国开放了资本市场，利率管制会加剧资本外流。

（六）利率差异

在现实生活中，即使在同一时期，我们也可以看到许多种不同的利率。利率差异主要源自以下四种因素的差异。

1. 期限或到期日

不同的金融资产往往有不同的期限或到期日。隔夜贷款规定第二天归还，抵押贷款有高达数年或数十年的期限。由于利息是对资金使用不便的补偿，所以期限越长，利率越高。

2. 风险

不同的投资和贷款存在不同的风险。例如，购买中央政府发行的债券几乎没有风险，而购买一个濒临破产的公司发行的债券便面临很大的无力偿付的可能性。银行向信誉高的部门或企业贷款所收取的利率可能低于其他部门或企业支付的利率。高风险投资和贷款的较高利率是必要的，其溢价部分通常要用于违约情况下蒙受损失的补偿。

3. 流动性

流动性指资产在无损状态下的变现能力。衡量资产流动性的指标有两个,一个是资产变现成本,某项资产变现成本越低,则该项资产的流动性就越强;二是资产变现的速度,某项资产变现的速度越快,即越容易变现,则该项资产的流动性就越强。金融资产的流动性不仅受金融资产本身性质的制约,还取决于二级市场的发育情况。例如,美国的国库券有发达的二级市场,人们很容易按接近于现值的价值把它变为现金,所以其利率相对低下。而不可转让的债券的流动性较差,其利率会相应提高。

4. 管理成本

不同的贷款和投资需要不同的管理成本。金融机构自然要把管理成本转嫁到利息之中。相对于小额贷款而言,大额贷款的管理成本无需按贷款金额成倍增加,其利率也相应低于小额贷款。对于不熟悉的客户,银行要雇佣侦探和律师进行调查,管理成本较高,从而对其贷款也要收取较高利率。

【知识库】

首先提出时差利息论的经济学家——欧根·冯·庞巴维克(1851—1914)

欧根·冯·庞巴维克(Eugen von Bŏohm-Bawerk),奥地利经济学家,奥地利学派主要代表人物之一。

1872~1875年,庞巴维克进入政府财政部门,期间他曾到几所德国大学学习。1875年在取得法学博士学位后,他和同班同学、未来的妹夫维塞尔,同时得到一笔出国研究的政府助学金,并一起到德国留学,先后到德国海德堡大学、莱比锡大学、耶拿大学学习。回国后,任维也纳大学讲师,1884年任因斯布鲁克经济学教授。

1890年,庞巴维克回到政府财政部门工作,因表现出众,1891年成为终身秘书,其后几度出任内阁部长。1904年辞去政府职务到维也纳大学任教。

1902年,奥地利科学院院士,1911年当选为副院长,1911年又当选为院长。不幸的是,当他作为奥地利官方代表去瑞士参加卡内基基因会会议时,在途中得病,曾想在蒂罗尔的拉顿保格恢复健康,但却于1914年在那里逝世。

庞巴维克的主要著述有《资本与利息》、《财货价值的最后尺度》等。

庞巴维克是门格尔退休以后奥地利经济学派的掌门人,被确认为奥地利学派第三位伟大的奠基人,他也是20世纪初最重要的资本理论专家,在直接受他教诲和影响的经济学家名单中,我们可以看到维克赛尔、熊彼得、希法亭、米塞斯以及哈耶克等著名经济学家的名字。

作为新古典理论的主要传播者,庞巴维克对新古典经济理论取代古典经济理论的统治地位做出了许多贡献。

庞巴维克发展了资本与利息理论,并解释了实际利率必须是正数的原理。他是首次将时间因素与经济学分析相结合的经济学家之一,发展了由时间因素扮演关键角色的经济学,提出了时差利息理论。该理论认为:利息是现在财货的价值高于同种同量的未来财货的差额,利息来自现在与未来的时差。他把利息分为借贷利息、企业利润、耐久财货等三种形式。

第四节　租金理论

经济学上的土地泛指一切自然资源。它们既不能被生产出来,也不能在数量上减少。因而它们是固定不变的。当然,如果土地价格合适,人们可以沿海岸造陆地、变沙漠为良田,从而“创造”出土地;另一方面,如果人们采用一种会破坏土壤肥力的方式耕种,则土地也有“毁灭”的可能。不过,为简单起见,这里不考察土地数量的这些变化,而明确假定它为既定不变。应该明确的是,这里的土地是(也包括资本和劳动)从其提供服务的角度加以分析的。例如,土地价格是指土地提供服务所得到的报酬,即地租,而不是指土地本身的价格。同样,资本本身的价格与资本提供服务的价格,是两个不同的概念,不要将二者混淆。

一、土地的需求

在经济学所指的土地是泛指一切自然资源,例如:地面、矿山、江河、湖海和地下水等是固定的且可以多次使用的自然资源。因此在作为一种生产要素讨论,我们假设为固定数量的供给。应该指出这里的广泛的土地是(也包括土地和劳动)从其提供的服务的角度加以议论分析,例如,土地价格是指土地提供服务所得到的报酬,即地租,而不是土地劳动的价格。土地价格的决定取决于土地的需求与供给。

土地需求是指在各种可能的地租下,人们对土地的需求量。一般说来,地租越高,人们对土地的需求量越小;地租越低,对土地的需求量越大。在理论上,这是边际报酬递减规律发生作用的结果。在现实生活中,土地有多种用途,如可用于盖房、修路、种庄稼、养鱼虾等。在其他条件大致相同的情况下,不同用途的土地给租用土地者带来的收益是不同的。在地租较高时,只有土地利用效率特别高的人们才能够租用土地,随着地租下降,租用土地的人们才会逐渐增多。

二、土地的供给

土地供给是指在各种可能的地租下,人们愿意提供的土地数量。由于土地是自然界直接提供的生产要素,因此其供给是缺乏弹性的。在一般情况下,地租上升不会使土地供给增加;地租下降不会使土地供给减少。反映在图形上,土地供给表现为一条垂直于横轴的直线。

(一)土地的供给

由于土地所有者拥有的土地为既定的,例如为 Q_1,故它将供给 Q_1 数量的土地——无论土地价格 R 是多少。因此,土地供给曲线将在 Q_1 的位置上垂直。如图 7.7 土地的供给曲线所示。之所以得到土地供给曲线垂直的结论,并不是因为自然赋予的土地数量是(或假定是)固定不变的,而是因为我们假定了土地只有一种用途即生产性用途,而没有自用用途,没有自用价值。

三、地租的决定

租金是指固定供给的一般资源的价格。地租是当土地供给固定时的土地服务价格,因而地租只与固定不变的土地关系。但是在很多情况下,不仅土地可以看成固定不变的,而且有许多其他资源在某些情况下,也可以看成是固定不变的。例如,某些人的天赋才能,就如土地一样,其供给是自然固定的。这些固定不变的职员也有相应能够的服务价格。这种服务价格显然与土地的地租非常类似。为与特殊的地租相区别,把这种供给固定不变的一般资源的服务价格叫做租金。换句话说,地租是当所考虑的资源为土地时的租金,而租金则是一般化的地租。

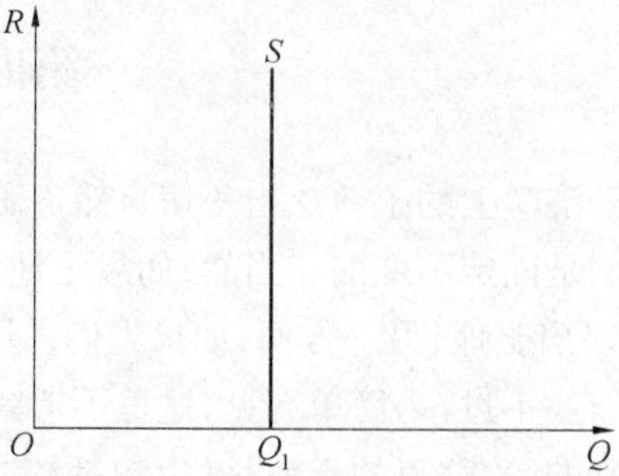

图 7.7 土地的供给曲线

(一)地租的性质

地租是土地这种生产要素的价格,地主提供了土地,得到了地租。如前所述,土地可以泛指生产中使用的自然资源,地租也可以理解为使用这些自然资源的租金。

地租的产生首先在于土地本身具有生产力,这也就是说地租是利用"土壤的原始的、不可摧毁的力量"的报酬。其次,土地作为一种自然资源具有数量有限、位置不变,以及不能再生的特点。这些特点与资本和劳动不同,地租的决定有自己的特点。

地租的产生与归属是两个不同的问题。地租产生于以上两个原因,这就是说,无论在什么社会里,实际上都存在地租。但不同社会里,地租的归属不同。在私有制社会里,地租归土地的所有者所有。在国有制社会里,地租归国家所有。在社会团体所有制的社会里,地租归某一拥有土地的社会团体所有。正因为土地有地租,所以,土地不能无偿使用。有偿使用土地正是地租存在的表现。

(二)地租的决定

地租取决于土地的供求。如图 7.8 所示,在期初,土地需求曲线 D 与土地供给曲线 S 的交点 E 决定了均衡状态下地租为 r_0 如果地租背离 r_0 就会出现土地供求不一致的情况,市场压力促使地租趋向均衡水平。尽管土地供给是固定的,土地需求会随时间推移而移动,如人口增长、技术进步等,均衡地租将是 D'曲线与 S 曲线交点 F 所对应的 r_1。从图 7.8 中可以看出,在单一用途条件下,其价格只与土地的市场需求曲线有关,即地租由需求决定。需求越大,地租越高;需求越小,地租越低。需求与地租是同向变化的。

(三)租金、准地租和经济租

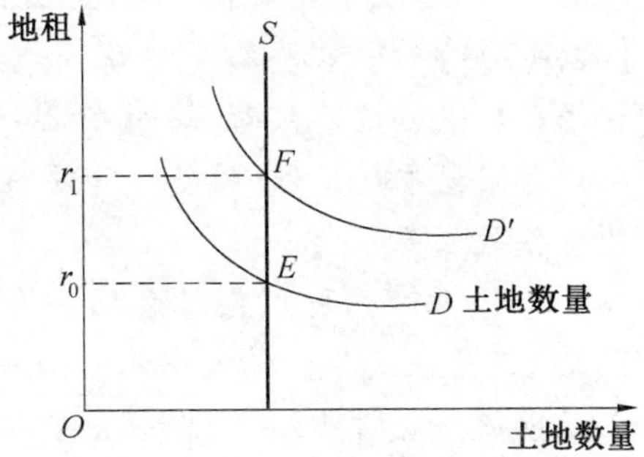

图 7.8　地租的决定

租金是指固定供给的一般资源的价格。地租是当土地固定时的土地服务价格,因而地租只与固定不变的土地有关。但在很多情况下,不仅土地可以看承固定不变的,而且有许多其他资源在某些情况下,也可以看成是固定不变的。因而得出地租和经济租金的两个概念。

准租金是指对供给量暂时固定的生产要素的支付,即短期内固定生产要素带来的收益,即

准租金=固定总成本+经济利润

经济租金是指长期中数量的减少不会引起要素供给量减少的要素收入。要素供给量固定时意味着,要素价格的下降不会减少该要素的供给量。

例如:影视明星玛利亚平均每年接拍5部电影(固定供给量)可获得100万元(5部电影合同收入分别为10、15、20、25和30万元),即她做其他事情,机会成本是100万元。现在有人跟她签约拍5部30集电视连续剧,每部100万元,每部电影相对于电视剧的经济租金是0,2部的经济租金是100万元;3部的经济租金是200万元;4部和5部的经济租金是300万元和400万元。如果跟她签约的人提出每部电视剧80万元或30万元,她也会签,只要每部不低于20万元就行,因为玛利亚提供劳动的最低收入要求是平均每年100万元,她不拍影视剧,每年的开销也是100万元,所以她必须挣出100万元(要素供给量固定)。

根据上面的例子,我们可以把经济租金定义为"要素所有者实际得到的收入如果高于他们所希望得到的收入,则超过的部分就是经济租金"。如果从要素的全部收入中间取某一部分收入(X)并不会影响要素的供给,这一部分要素收入(X)就叫做经济租金。

结论:经济租金=要素收入(固定总成本)+ 机会总成本。

(四)公有地悲剧

如果对土地这种稀缺资源不收取租金,允许所有人自由地使用土地,就会产生灾难性的后果。公有地悲剧描述了一个对所有人都开放的牧场上发生的悲剧:由于每一个放牧人都力图使个人收益最大,无节制地扩大自己的牛群,结果牧场被破坏了。在现代社会中,这种对资源的滥用仍然存在。例如,在某些海域和湖泊,由于没有索取租金,结果出现滥捕现象,一些鱼类濒临灭绝。又如,某些公路段未收取租金,导致交通拥挤。在环境立法不严格的地区,工厂向河流和大气中排放污染物,影响了人们的生存环境。这种公有地悲剧发生的前提是土地公有,或者说没有人拥有土地并索取租金。但是,人们可以尽量避免悲剧的发生,如政府出面征收高

额排污费,可以迫使企业安装清除污染物的设备。

【案例 7.3】

曾经参与查办过慕绥新、马向东、武长顺等大案要案的中央纪委落马处级干部袁卫华,帮一房地产开发商承揽工程,接受该开发商贿赂共计人民币 618 万元。该开发商也因犯行贿罪,被判处有期徒刑五年。

4 月 5 日,北京法院审判信息网公开的黄保国行贿罪二审刑事裁定书披露了上述案情。618 万赃款仅是袁卫华受贿案中的冰山一角。

袁卫华被公众所熟知,缘于中央纪委宣传部、中央电视台联合制作的电视专题片《打铁还需自身硬》。2017 年 1 月 4 日,在央视播出的《打铁还需自身硬》中篇《严防“灯下黑”》中,首个在电视荧屏露脸的便是中央纪委第六纪检监察室原副处长袁卫华。

是时,专题片的解说称,袁卫华案是中央纪委机关查处的一起典型案件。这名 37 岁的处级干部虽然职级不高,但违纪行为却非常严重和恶劣。袁卫华曾经是家乡的高考状元,北京大学法学院高材生,大学毕业后直接考入中央纪委机关工作,曾经参与查办过慕绥新、马向东、武长顺等大案要案,也曾经立功受奖。他最后走向这个结局,很多人都没有想到,包括他自己。

第五节　利润理论

一、利润

企业把它的产品销售收入扣除生产过程中所用的劳动、土地、资本等各项成本,再扣除应缴纳的税款之后,剩余部分就是企业利润。经济学所称的成本已经包含了正常利润。它把企业家的管理才能也算作是一种生产要素,在正常情况下发挥企业家才能所能得到的报酬为正常利润(normal profit)。经济学所说的利润,实际上就是产品价格高于其平均成本而得到的超额利润,它又被称为纯利润或经济利润。对纯利润或经济利润的起源,西方经济学家有各种解释。下面介绍几种比较主要的说法。

二、利润来源

1. 利润是承担风险的报酬

企业家在经营活动中,会遇到许多事先难以预料的不确定情况。这种不确定情况可能会给企业家带来意想不到的高收入,但也有可能给他带来巨大的损失。企业家必须承担一定的风险。经济利润就是对企业家承担风险的报酬。

2. 利润是创新的结果

美籍奥地利经济学家熊彼得提出一套“创新理论”(innovation theory)。他认为超额利润是企业家创新活动的结果。以下这些情况都可以看做是“创新”:(1)提供新产品;(2)引进新技术和新工艺;(3)开辟新的市场;(4)控制原材料的新来源,提供了新的投资机会,刺激了经济的不断增长,产品的生产成本就能不断降低,销售收益则不断增长,形成收益超过成本的一个余额,即超额利润。这个超额利润会由于竞争消失。但是在一个动态社会中,人们的创新活动并无止境。所以,社会上也就总是会有超额利润存在。

3. 利润是垄断的产物

由于市场的不完全性,能使一部分厂商获得经济利润。如果某厂商具有买方垄断,它是某种产品的主要购买者,它就可以把价格压到较低的水平而使自己的生产成本明显降低。于是它的收益减去成本后就有一个余额。卖方垄断也能获得这种经济利润。甚至某个厂商只要垄断了某中专有生产技术、专利,或具有声誉较好的商标,它就能使自己赚得经济利润。

在理论上,利润来源可归纳为四个方面:

1. 隐含收益

隐含收益是指企业自有要素的机会成本。例如,在一个夫妻店中,总成本并未包括夫妻二人的工资、自有店铺的租金和自有资金的利息。但是,如果夫妻二人不开店,可以获得在他处工作的工资、出租店铺的租金和存款利息。在大公司中,自有投资资金的隐含收益是企业利润相当重要的来源。

2. 承担风险的报酬

任何企业的经营都与某种程度的不确定性和不完全信息相联系。企业可以将一部分风险进行保险,这部分风险的保险支出要纳入成本。但是,有些风险是不可保险的,如供给和需求结构的变动引起企业成本和收益的变动,商业周期造成的企业收益波动等。企业通常是厌恶风险的,利润则是对企业承担风险的报酬。

3. 创新和企业家才能的报酬

创新指企业家对生产要素的重新组合,包括发明和采用新的技术和设备,改变生产组织方法和经营方法,引入新产品、新式样和新包装,开辟新市场,找到和控制新的原材料供应来源等。创新需要企业家才能,创新者要有眼光、有创造力,在经营中勇于引进新思想,敢于做前人没有做过的事。在创新的道路上,许多人都失败了,成功者只是少数。但是,每一位成功的创新者都开辟了一个新领域,并从而获得超额利润,即超过一般利润水平的利润。超额利润不可能长期存在,竞争对手很快就会对成功的创新进行模仿。企业要想在竞争中不断成长壮大,就需要不断寻求新的创新来源。

4. 垄断的收益

一些企业具有一定的垄断权力。例如,如果某企业是一种贵重药品专利的唯一拥有者,它就可以把药品价格抬得很高。又如,某企业获得政府特许生产香烟的权利,也可以通过限产提价获得垄断利润。

【案例 7.4】

利润是企业家才能的报酬

马云，阿里巴巴集团主要创始人，现担任阿里巴巴集团董事局主席、日本软银董事、TNC（大自然保护协会）中国理事会主席兼全球董事会成员、华谊兄弟董事、生命科学突破奖基金会董事。

1988 年毕业于杭州师范学院外语系，同年担任杭州电子工学院英文及国际贸易教师，1995 年创办中国第一家互联网商业信息发布网站“中国黄页”，1999 年创办阿里巴巴，并担任阿里集团 CEO、董事局主席，2013 年 5 月 10 日，辞任阿里巴巴集团 CEO，继续担任阿里集团董事局主席。2016 年 5 月，获得 2016 年新财富 500 富人榜第三位。2017 年 3 月 7 日，获得 2017 胡润全球富豪榜大中华区第二名。国人评价马云多是觉得他是一个神话般的人物，是中国的骄傲。而外媒评价马云，则是觉得他是一个像沃伦·巴菲特一样智慧的人。

第六节　洛伦斯曲线与基尼系数

一、洛伦斯曲线

洛伦斯曲线是根据实际统计资料而作出的，反映人口比例与收入比例对应关系的曲线。它是美国统计学家 M·O·洛伦斯为了研究国民收入在国民之间的分配问题提出来的。它先将一国人口按收入由高到低排队，然后考虑收入最低的任意百分比人口所得到的收入百分比。将这样的人口累计百分比的对应关系描绘在图形上，即得到洛伦斯曲线。如图 7.9 所示。

在图 7.9 中，横轴表示人口比例，纵轴表示收入比例，*OEFGM* 曲线为洛伦斯曲线。假定在实际统计工作中，将人口按收入高低分为四组。最贫困的 25% 人口占收入比例为 a，在图形上得到点 E。依此类推，50% 的低收入人口占收入比例为 a_1+a_2，由此得到点 F；75% 的人口占收入比例为 $a_1+a_2+a_3$，得到点 G。点 O 表示 0% 的人口得到 0% 的收入，点 M 表示 100% 的人口得到 100% 的收入，这两个点也在洛伦斯曲线之上。

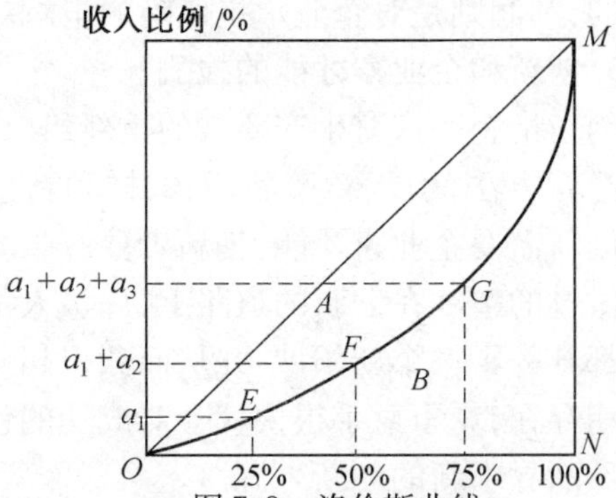

图 7.9　洛伦斯曲线

洛伦斯曲线的弯曲程度越大，收入分配越不平均。例如，对角线 *OM* 是一条直线，弯曲程度最小，表示 x% 的人口得到 x% 的收入，即收入分配是完全平均的。又如，折线 *ONM* 是洛伦斯曲线弯曲程度最大的情况，表示 99.99% 的人口得到 0% 的收入，0.01% 的人口得到 100% 的收入，即收入分配是绝对不平均的。

一般情况下，一个国家的收入分配，既不是完全不平等，也不是完全平等，而是介于两者之间。相应的洛伦斯曲线就是图中由原点出发，经点 I、点 F、点 G 到点 L 的那条突向横轴的弧线 OL。

洛伦斯曲线比较直接直观地显示出收入分配均等程度的情况，但是，人们有时需要用数字来进行量化，于是，提出了基尼系数。

二、基尼系数

（一）定义

按着世界银行最新的统计数据，全球的贫富差异正在日渐加剧。那么怎样来衡量各国的贫富差距呢？

国际上通用的一种测量方法，就叫"基尼系数"测量法。这是一个叫 Gini 的意大利人首先提出，用来计算经济差距的。其最大值为 1，最小值为 0，基尼系数是从洛伦斯曲线推导出来的（参见图 7.9 洛伦斯曲线）。

基尼系数是当所有人的收入从低向高排列时，由洛伦斯曲线和对角线围成的面积与对角线和 90°折线围城面积的比值。在图 7.9 中，基尼系数是当所有人的收入从低向高排列时，由洛伦斯曲线和对角线围成的面积与对角线和 90°折线围成的面积的比值。在图 7.9 中，A 表示前者，$A+B$ 表示后者，基尼系数即 A 与 $A+B$ 的比值。又由于 $A+B$ 等于 1/2，所以基尼系数也相当于 $2A$，即 $G=2A$（G 表示基尼系数）。

基尼系数介于 0 与 1 之间。基尼系数为 0，表示收入分配绝对平均，在图形上反映了洛伦斯曲线与 45°对角线重合；基尼系数为 1，表示收入分配绝对不平均，在图形上反映为洛伦斯曲线与 90°折线重合。基尼系数越小，表示收入分配越平均；基尼系数越大，表示收入分配越不平均。

（二）影响基尼系数大小的主要原因

联合国有关组织规定：一个社会的基尼指数若低于 0.2 则表示收入绝对平均；若在0.2～0.3表示比较平均；如在 0.3～0.4 表示相对合理；如在 0.4～0.5 表示收入差距较大；若在 0.6 以上则表示收入差距悬殊。通常把 0.4 作为收入差距的"警戒线"。一般发达国家的基尼指数在 0.24～0.36 之间，美国偏高，是 0.4 左右，中国的内地和香港的基尼指数都超过 0.4。

贫富差距问题历来是各国人们最关心的话题。自 20 世纪 80 年代以来，全球 2/3 国家的基尼指数持续上升。不仅在中国，就是发达国家也都存在着巨大的差距。20 世纪 90 年代世界经济前十位国家基尼指数排名情况是：美国 40.8%；英国 36.1%；法国 32.7%；俄罗斯 31.0%；韩国 31.6%；德国 30%；意大利 27.3%；匈牙利 26.9%；瑞典 25%；日本 24.9%。

贫富差距应当引起政府和社会的高度重视。2007 年中国国家统计局对 40 000 个城镇居民家庭的收入状况进行典型调查，结果表明，20% 的高收入着拥有相当于 42.5% 的财富。也有消息说，中国目前的基尼指数为 0.458，已经超过了国际公认的警戒线。尽管这些有关贫富差距的数字的真实性尚需论证,但是无论如何,我国的贫富差距正在逐步拉大却是个不争的事实。

古典经济学家认为,市场经济造成的收入不平等是经济发展的必然代价。美国经济学家库兹涅茨提出了一个著名的倒U形假设,收入分配状况的长期变化趋势是一条倒U形曲线。就目前经济发展的状况看,中国社会发展中国民收入的差距处于倒U形曲线的上升阶段。基尼指数的上升在很大程度上是反映了社会发展的规律,那么,究竟哪些因素与基尼指数的变化有关呢?

1. 人均国民收入与基尼系数的关系

据世界银行经济学家阿鲁瓦利亚对60个不同类型国家在1970年前后的收入数据所做的分析,随着人均国民收入的增加,基尼系数会经历先扩大后缩小的过程,见表7.1。

表7.1 人均国民收入与基尼系数的关系

人均国民收入	基尼系数
150美元以下	0.402
150~500美元	0.479
500~1 500美元	0.461
发达市场国家	0.358
社会主义国家	0.238

2. 部门结构与基尼系数的关系

据莱达尔的研究,随着劳动力逐渐从农业部门转移到非农产业,基尼系数会出现先扩大后缩小的过程,见表7.2。

表7.2 部门结构与基尼系数的关系

非农产业劳动力所占比例/%	基尼系数	非农产业劳动力所占比例/%	基尼系数
0	0.35	45.9	0.45
7.3	0.42	55.4	0.43
13.5	0.45	64.2	0.42
19.1	0.46	80.5	0.39
24.2	0.46	95.5	0.36
35.7	0.46		

从表7.2中我们可以看到,在非农产业劳动力所占比例由0%上升到35.7%的过程中,基尼系数呈上升趋势;在非农产业劳动力所占比例由35.7%继续提高时,基尼系数呈现下降趋势。

3. 社会制度与经济体制对基尼系数的影响

从表7.1可以看到，在1970年，社会主义国家的基尼系数只有0.238，显著低于发达国家的0.358，更低于低收入国家和中等收入国家。但是，社会主义国家在经济发展过程中，逐渐意识到收入分配并非越平均越好，特别是它会损害效率。

4. 教育因素与基尼系数

在现代社会中，教育程度影响人们收入的关键因素。因此，教育普及程度较高的国家收入分配会相对平均。例如，印度公共教育经费支出超过GDP的3%，而我国只有2.3%，这就使印度能够避免一部分人由于“知识断裂”而被市场竞争所淘汰。这也使印度在人口迅速膨胀的情况下，成为世界上收入分配最为平均的国家之一，其基尼系数尚不到0.30。

5. 政策因素与基尼系数的关系

第二次世界大战之后，许多资本主义国家实行了社会主义的政策，如通过累进所得税剥夺高收入阶层的收入，并通过各种社会福利措施提高低收入阶层的生活水平。特别是发达国家各种支持农业的政策已显著缩小了城乡差别和工农差别。

通过上诉案例，我们似乎可以认为，中国是一个人口众多的大国，各地区的地理状况、资源分布、经济基础状况极不平衡，加上其他各方面的因素，因此，形成巨大的地域和行业差距是正常的。

但是，是不是因为有社会规律的合理成分，就可以认同这种差距的危险趋势而随其放任自流呢？答案当然是否定的。

虽然造成中国的贫富差距问题的因素是复杂的、多样的，甚至是政治的和历史的等。但是，由于贫富差距问题关系到国家的经济建设安全和社会发展的稳定，因此，当前要把刺激经济发展的动力机制和保障公平的福利机制调节好，否则，要么出现经济发展动力不足的问题，要么出现贫富差距过大而破坏和谐社会的大好局面。这些问题都会成为影响我国经济发展的不可忽视的重要问题。

本章小结

本章介绍了分配论的需求方面、供给方面以及生产要素的价格供求关系决定的理论；分别阐述了土地、劳动、资本、企业家才能四大生产要素及相对应的工资、利息、租金、利润是人们收入的基本来源；论述掌握衡量收入分配平等程度的方法以及分配平等的调整、平等与效率关系的问题。

本章重点内容归纳如下：

1. 企业对劳动、资本、土地和企业家才能四种要素加以组合并生产销售产品所取得的收入，按照参加生产的各个要素所发挥的功能分配给要素所有者，就形成个人收入：劳动的提供者得到工资，土地的提供者得到地租，资本的提供者得到利息，企业家才能的提供者得到利润(正常利润)。因此，要素价格决定了收入在要素所有者之间的分配，解决分配问题就是解决要素价格问题。在一个竞争性投入品市场上，对一投入品的需求是由边际收入产出、企业产品的边际收入以及投入品的边际产出给定。

2. 工资是由劳动这个生产要素需求曲线和供给曲线的交点决定；像劳动这类要素的市场供给曲线并不一定是向上倾斜的。如果与较高工资相关的收入效应（由于线下是一种正常商品，对它的需求增加）大于替代效应（由于闲暇的价格上升，对它的需求减少），向后弯曲的劳动供给曲线就会出现。

4. 资本是由经济制度本身生产出来并用作投入要素以便生产更多商品和劳务的物品。资本本身具有一个市场价格，即所谓资本价值。利息率是资本的价格，纯粹利息率是指在理想的市场环境中，单纯由资本供求决定的利率。利息是由资本的需求和供给的均衡状态决定，在市场经济中，利率对资本市场具有调节作用。

5. 租金是指固定供给的一般资源的价格。地租是当土地供给固定时的土地服务价格，因而地租只与固定不变的土地关系。准租金是指对供给量暂时固定的生产要素的支付，即短期内固定生产要素带来的收益。经济租金是指长期中数量的减少不会引起要素供给量减少的要素收入。要素供给量固定时意味着，要素价格的下降不会减少该要素的供给量。

6. 西方经济学把利润分为正常利润与超额利润，正常利润包括在成本之中，真正意义上的利润是指超额利润，它来自于承担风险、创新或垄断，它的前两个来源是合理的，而后一个来源是市场竞争不完全的结果。在竞争性劳动市场上，企业会雇佣工人直到劳动的边际收入产出等于工资率那一点。这类似于利润最大化产出条件，该条件要求生产增加到边际收入等于边际成本那一点。

7. 洛伦斯曲线是根据实际统计资料而作出的，反映人口比例与收入比例对应关系的曲线。它是美国统计学家 M·O·洛伦斯为了研究国民收入在国民之间的分配问题提出来的。

洛伦斯曲线的弯曲程度越大，收入分配越不平均。

8. 按着世界银行最新的统计数据，全球的贫富差异正在日渐加剧。那么怎样来衡量各国的贫富差距呢？国际上通用的一种测量方法，就叫“基尼系数”测量法。这是一个叫 Gini 的意大利人首先提出，用来计算经济差距的。基尼系数越小，表示收入分配越平均；基尼系数越大，表示收入分配越不平均。

古典经济学家认为，市场经济造成的收入不平等是经济发展的必然代价。美国经济学家库兹涅茨提出了一个著名的倒 U 形假设，收入分配状况的长期变化趋势是一条倒 U 形曲线。

一般情况下，一个国家的收入分配，既不是完全不平等，也不是完全平等，而是介于两者之间。

思考题

1. 案例分析题——我国的降息政策

从表 7.3 可以看出，自 1993 年 7 月 11 日起，我国存贷款利率持续下降。存款利率降到

1.98%，贷款利率降到5.31%。需要注意的是，1993～1995年，我国通货膨胀率分别为14.7%、24.1%和17.1%，实际存款利率为负值。自1996年起，实际存款利率才变为正值。此外，我国存贷款利率下降幅度有很大差异，我国的利率市场化进程主要体现为贷款利率的逐步放开。

请根据表7.3回答以下问题：

(1)降低贷款利率对抑制通货膨胀率有作用吗？

(2)降息政策对我国宏观经济运行发挥了那些积极作用？

(3)请你从收入分配的角度来谈一谈，降息对贯彻社会主义按劳分配原则的意义。

表7.3　我国金融机构一年期存贷款利率

执行日期	个人储藏存款利率/%	流动资金贷款利率/%
1978	3.24	5.04
1980	3.96～5.76	5.04
1985	5.40～7.20	3.6～7.92
1990.1.1	11.34	11.34
1990.4.15	10.08	10.08
1990.8.21	8.64	9.36
1991.4.21	7.56	8.64
1993.5.15	9.18	9.36
1993.7.11	10.98	10.98
1996.5.1	9.18	10.98
1996.8.23	7.47	10.08
1997.10.23	5.67	8.64
1998.3.25	5.22	7.92
1998.7.1	4.77	6.93
1998.12.7	3.78	6.39
1999.6.10	2.25	5.85
2002.2.21	1.98	5.31

【分析提示】这种降息政策并未显著影响人们的存款积极性。这主要由于经济制度的变革增强了人们支出的不确定性，节俭的传统也使人们减少消费并相应增加储蓄。

降息政策对我国宏观经济运行发挥了积极作用。首先，它显著减轻了国有银行和企业的利息负担,有助于减少体制变革中的摩擦。其次,银行降息增强了股票的吸引力,在一段时间里促进了股市的发展,为企业开辟了直接融资渠道。第三,随着市场经济的发展,我国出现内需不足的问题,降息在一定程度上具有鼓励消费的作用,这也间接增加了就业。

从收入分配的角度来看,降息具有贯彻社会主义按劳分配原则的意义。利息属于典型的非劳动所得。即使在资本主义国家,只要未发生恶性通货膨胀,利率也是处于低水平。如日本曾多年实行零利率政策。当然,如果我国出现了通货膨胀,就应当实行提高利率的政策,因为它可减少投资需求与购买住房等消费需求。

2. 为什么人们的工资存在差异?

3. 什么是寻租行为?

4. 谈谈你怎么样理解经济利润和正常利润?

5. 说明影响基尼系数大小的主要因素。我国的基尼系数近几年来有什么样的变化趋势,说明什么问题?该如何解决?

【阅读资料】

我国平等与效率关系的历史演变

在鸦片战争之前漫长的封建社会中,“不患寡而患不均”这种更加重视平等的孔孟之道对中国的封建统治者有很大影响。尽管严格的等级制度下不可能有真正的平等,但是封建统治者,特别是改朝换代初期的封建统治者,对于每一等级内部的平等还是比较重视的。“重农抑商”的政策也有防止两极分化的色彩。过分地强调平等,是我国逐渐成为落后国家一个重要原因。

在解放前的半封建半殖民地社会,自然经济的解体和市场经济的发展在客观上有助于效率的提高,但是,由于社会两极分化特别严重,民不聊生,这一时期战争、革命和动乱特别频繁,使平等与效率都成为泡影。

在建国之后的前30年中,我国在重视平等的同时,相对忽略了效率。尽管革命理想和爱国热情鼓舞许多中国人做出了可歌可泣的贡献,但是我国与发达资本主义国家和一些新兴工业化国家和地区之间的差距反而有所扩大。

1979年实行改革开放政策以来,效率在我国的地位得到空前提高。“允许一部分先富起来”的政策尽管在执行中出现了某些偏差,特别是出现了利用权力和权钱交易致富的现象,但是从总体上看,20多年来的实践证明效率得到了迅速的提高。

目前,我国又面临重视平等的问题,城乡差别、地区收入差距已成为制约内需扩大的重要因素。我国加入世界贸易组织表明我国进一步对外开放,客观上有助于农村剩余劳动力向非农产业转移和缩小城乡差距。党中央实施的西部大开发战略,也有助于抑制东西部收入差距扩大的趋势。

资料来源:何璋. 西方经济学[M]. 北京:中国财政经济出版社,2007.

第八章

Chapter 8

一般均衡和福利经济学

【学习要点及目标】

通过本章的学习,理解一般均衡的含义,掌握一般均衡模型的“帕累托最优状态”的生产与交换条件,要求掌握社会福利函数的含义和最优化的条件及检验社会福利的标准等理论。在此基础上加深对西方经济学证明的“看不见的手”原理的认识。本章进一步研究包括所有产品市场和要素市场的整个经济社会的一般均衡。通过这一章的学习,基本了解如何实现所有市场的价格同时确定及各个市场的供求完全平衡。明确福利经济学的有关基本理论和理解福利经济政策。

【引导案例】

TCL 彩电在进入市场后的几年时间内,就获得了巨大的成功,销量超过了几个进口品牌,跃居全国同行业前列。TCL 是一个很好的替代品的经济学知识而获得成功的例子,那是彩电的需求趋势是从小屏幕到大屏幕的转变,当时生产大屏幕的厂家多为进口品牌,价格对于大部分消费者来说还是难以接受的。TCL 彩电刚推出大屏幕的时候价格只有那些进口商品的一半,而且质量和性能非常接近,由于其余进口彩电互为替代品,所以当 TCL 彩电的价格较低的时候,进口彩电的需求量就会下降,那么原来的市场份额就转移到 TCL 彩电中来了。

值得注意的是 TCL 彩电获得成功的原因不仅仅在于价廉,更重要的是物美,因为只有在产品的质量和性能与进口彩电相差不大的情况下,才能成为进口彩电的替代品,扩大市场,在较短的时间内获得成功。

资料来源:王中伟. 日常生活中的经济学[M]. 电子工业出版社,2014.

第一节 一般均衡

一、一般均衡的含义

(一)局部均衡和一般均衡的含义

在以前的微观经济学研究过程中,我们使用均衡分析方法,所分析研究的都是单个市场,研究了单个的消费者均衡,单个的生产者均衡,以及单个的生产要素市场的均衡问题。而在研究某个市场时,我们通常假定其他市场的供求是既定不变的,而我们所研究的这个市场的变动也不影响其他市场,因而该市场的产品的供给和需求仅仅是其价格的函数。结论就是在供给和需求这两个相反的力的作用下,该市场会逐渐趋于均衡,形成一个均衡价格,在这个价格下,供给量等于需求量,市场出清。这种研究方法通常称为局部均衡分析方法,指在假定其他条件不变,即假定某一变量只取决于本身的各相关变量的作用,而不受其他变量和因素影响的前提下,该种变量如何实现均衡。局部均衡分析方法是指将单个市场孤立起来,只考察某个市场均衡价格和均衡数量决定的研究方法,即假定该市场的变动不影响其他市场,其他市场也不影响该市场。

但局部均衡分析显然距离现实有较大的距离,现实中各个市场之间是相互联系的、相互影响的,一个市场供求的变化会引起一系列相关的市场供求的连锁反应。例如,某些生产者对利润最大化的追求与某些消费者对效用最大化的追求就可能发生冲突,如利润最大化可能难以顾及环境保护,而环境质量的好坏则可能恰恰是消费者效用的一部分。这种各个市场之间相互的联系和影响,正是市场经济的基本特征之一。为了理解各个市场之间的相互影响问题,我们来看一个例子。

首先,我们来看一个简化的经济,它包括四个市场:钢铁市场、汽车市场、汽油市场、劳动市场,见图 8.1。在刚开始时,四个市场都处于均衡状态,四个市场的供给曲线在图中表示为 S_A、S_B、S_C、S_D,四个市场的需求曲线分别为 D_A、D_B、D_C、D_D,前三个市场的均衡产量分别为 Q_A、Q_B、Q_C,劳动市场的均衡劳动使用量为 L_D,四个市场的均衡价格分别为 P_A、P_B、P_C、W_D。

现在假设由于某种原因,比如铁矿石的价格上涨、煤炭价格上涨或者电力价格上涨等,钢铁的供给减少,即供给曲线向左移动,见图 8.1(a)。供给的减少将导致钢铁市场的均衡价格上升为 P_{A1},均衡产量将下降为 Q_{A1}。

钢铁价格的上涨会带来一系列的连锁反应,由于钢铁是汽车工业的原材料,钢铁价格的上涨会直接导致汽车工业的成本上升,这样汽车的供给也将减少,供给曲线向左移动,从而汽车的均衡价格将上升至 P_{B1},均衡产量将下降至 Q_{B1},见图 8.1(b)。由于汽车和汽油是互补品,汽车市场的变动将会导致汽油市场的变动,从图 8.1(c)可以看出,由于汽车的需求量下降,汽油的需求将下降，需求曲线向左移动，从而汽油的均衡价格下降至 P_{C1}，均衡产量将下降至 Q_{C1}。由于钢铁、汽车、汽油等行业的产量都是下降的，在技术水平和其他因素不变的前提下，这就会导致市场对劳动等要素需求的下降，从而影响到要素市场，见图 8.1(d)。由于市场对劳动需求的下降，需求曲线向左移动，结果均衡的工资水平就由 W_D 下降到 W_{D1}，均衡的劳动供给量也由 L_D 下降到 L_{D1}。

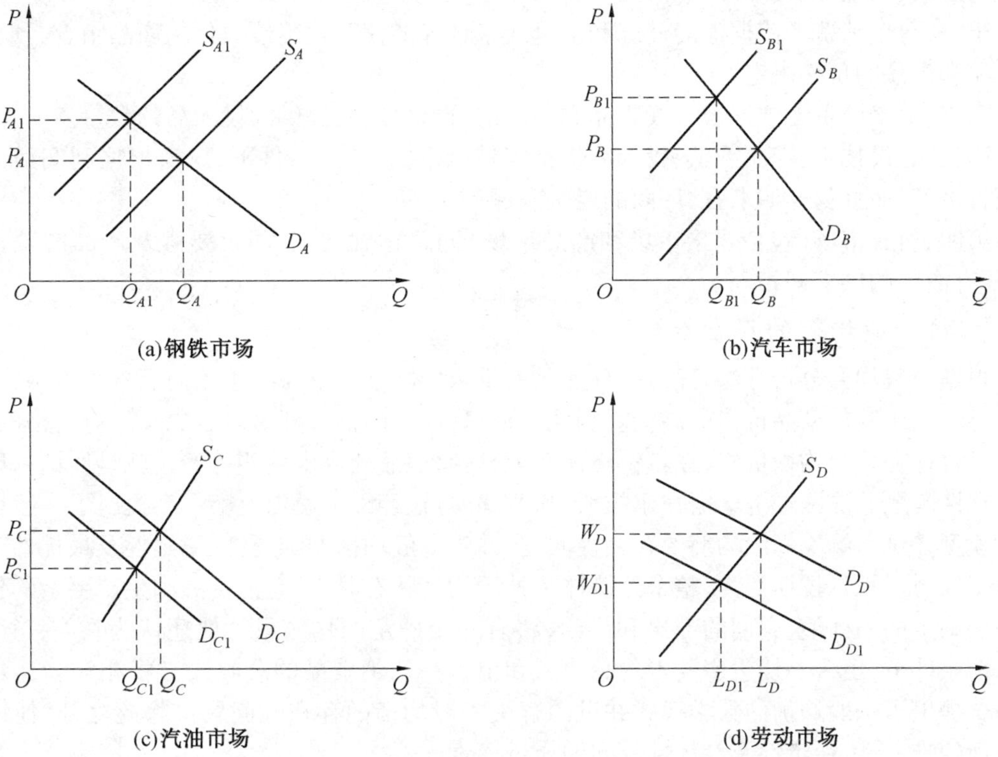

(a)钢铁市场　(b)汽车市场　(c)汽油市场　(d)劳动市场

图 8.1　各个市场之间的相互联系

由于要素和产品之间存在这一种联动反应，要素市场的变化还会反过来影响到产品市场。由于劳动的工资水平下降，厂商的生产成本将下降，从而钢铁、汽车、汽油等产品的供给还会有一定的上升，均衡价格还会有所下降，均衡产量还会有一定上升。可以看出，一个市场发生的变动，会引起其他市场一系列的变动，而其他市场的变动，又会反过来导致最初发生变动的市场再次发生变动。

从上面分析的一个最简单的市场相互作用模型可以看出，要全面、准确地分析一个市场的变动，就要把所有的市场放到一起来进行研究，研究各个市场之间的相互作用和影响，研究某一变量在各种条件和因素作用下，如何实现均衡，从而得出所有市场的均衡价格与均衡产量的决定。与局部均衡分析相对应,从市场上所有各种商品的供求和价格是相互影响、相互依存的前提出发,考察每种商品的供求同时达到均衡状态条件下的某商品均衡价格决定问题。这种分析方法,称为一般均衡分析方法。而所有市场都达到均衡的这种状态就称为一般均衡。

一般均衡分析方法要求将所有市场放在一起,同时研究所有市场均衡价格与均衡产量决定的方法。

一般均衡状态满足如下条件:

第一,每个消费者依据他的偏好和预算线来选择能使其效用最大化的商品组合,预算线由投入品和产品的价格决定。

第二,每个消费者依据现行投入品和产品的价格决定所提供的投入品的数量。

第三,假设技术、产品需求、投入品供给等是既定的,在此条件下,厂商根据利润最大化原则进行生产,而且从长期来看,厂商的经济利润等于零。

第四,所有市场(包括要素市场和产品市场)同时达到均衡,即在要素及产品的现行价格下,所有商品的供求都相等。

(二)一般均衡的存在性

根据一般均衡分析方法,任何一种商品的供求实际上不仅取决于该商品本身价格的高低,而且还取决于其他商品价格的高低。因此,每一种商品的供求都可以看成是所有价格的函数。

是否存在一组均衡价格,在该价格体系上,所有商品的供求均相等?这就是所谓一般均衡的存在性问题。法国经济学家瓦尔拉斯(L. Walras)在经济学说史上第一个提出了一般均衡的数学模型并试图解决一般均衡的存在性问题,并对一般均衡的唯一性、稳定性及最优性等问题进行了探讨。瓦尔拉斯认为,整个经济体系处于均衡状态时,所有消费品和生产要素的价格将有一个确定的均衡值,它们的产出和供给,将有一个确定的均衡量。他还认为在"完全竞争"的均衡条件下,出售一切生产要素的总收入和出售一切消费品的总收入必将相等。瓦尔拉斯第一个提出了一般均衡的数学模式并试图解决一般均衡的存在性问题。除此之外,他还对一般均衡的唯一性、稳定性及最优性等问题作过探索。

瓦尔拉斯的一般均衡体系是按照从简单到复杂的路线一步步建立起来的。他首先撇开生产、资本积累和货币流通等复杂因素,集中考察所谓交换的一般均衡。在解决了交换的一般均衡之后,他加入更现实一些假定——商品是生产出来的,从而讨论了生产以及交换的一般均衡。但是,生产的一般均衡仍然不够"一般",它只考虑了消费品的生产而忽略了资本品的生产和再生产。因此,瓦尔拉斯进一步提出其关于"资本积累"的第三个一般均衡。他的最后一个模型是"货币和流通理论",考虑了货币交换和货币窖藏的作用,从而把一般均衡理论从实物经济推广到了货币经济。

瓦尔拉斯的一般均衡理论后来由帕累托、希克斯、诺伊曼、萨缪尔森、阿罗、德布鲁及麦肯齐等人加以改进和发展。经济学家利用集合论、拓扑学等数学方法,在相当严格的假定条件之下证明:一般均衡体系存在着均衡解,而且,这种均衡可以处于稳定状态,并同时满足经济效率的要求。这些假设条件有:任何厂商都不存在规模报酬递增;每一种商品的生产至少必须使用一种原始生产要素:任何消费者所提供的原始生产要素都不得大于它的初始存量;每个消费者都可以提供所有的原始生产要素;每个消费者的序数效用函数都是连续的;消费者的欲望是无限的;无差异曲线凸向原点等。

阿罗(K. Arrow)、德布鲁(G. Debreu)等许多经济学家也证明了,在一组相当宽泛的条件下,可以实现市场均衡。尽管不同学者提供的一般均衡模型所要求的假定条件有一定的差别,但一般主要包括以下条件:

(1)所有市场都是完全竞争市场。

(2)每个消费者都是产品需求者和要素供给者,他们将其从要素供给中所获得的收入全部用于消费,并在一定的约束条件下追求效用最大化。

(3)每个厂商则是要素的需求者和产品的供给者,它们在生产函数的约束下追求利润最大化,且边际收益递减,即不存在规模收益递增,厂商的等产量线凸向原点。

(4)不考虑中间产品,只考虑最终产品的生产和交换。

一般均衡是存在的,但一般均衡存在是否意味着均衡一定是唯一的?经济学家证明了,在一定条件下,存在唯一的一组相对价格可以实现一般均衡。即使确实存在着一般均衡状态,即存在着一组价格,能使每一个市场的供求相等,还有一个问题须要解决:实际的经济体系是否会达到这个一般均衡状态呢?如果现行价格恰好为均衡价格,使得所有市场都达到供求一致,则在这种情况下,实际经济体系当然就处于一般均衡状态上不再变化。但是,如果现行价格并不等于均衡值呢?这时,麻烦就可能出现:实际的交易可能会发生在"错误"的价格水平上。交易者并不知道均衡价格在什么水平上;或者,他们可以通过价格的不断调整来确定均衡状态,但这种调整过程也许需要很长时间,在其完成之前不能保证不发生交易。一旦发生"错误"的交易,则瓦尔拉斯的一般均衡体系就未必能成立。

为了避免上述困难,瓦尔拉斯假定,在市场上存在一位"拍卖人"。该拍卖人的任务是寻找并确定能使市场供求一致的均衡价格。他寻找均衡价格的方法如下:首先,他随意报出一组价格,家庭和厂商根据该价格申报自己的需求和供给。如果所有市场供求均一致,则他就将该组价格固定下来,家户和厂商就在此组价格上成交;如果供求不一致,则家庭和厂商可以抽回自己的申报,而不必在错误的价格上进行交易。拍卖者则修正自己的价格,报出另一组价格。改变价格的具体做法是:当某个市场的需求大于供给时,就提高该市场的价格,反之,则降低其价格。这就可以保证新的价格比原先的价格更加接近于均衡价格。如果新报出的价格仍然不是均衡价格,则重复上述过程,直到找到均衡价格为止。这就是瓦尔拉斯体系中达到均衡的所谓"试探过程"。

尽管瓦尔拉斯的一般均衡理论具有重大的历史意义,然而其证明一般均衡存在性的解方程组的方法在数学上却是不能成立的。一般均衡存在性的严格证明是由法国经济学家德布鲁和美国经济学家阿罗给出的。他们利用集合论、拓扑学等数学方法证明:在极为严格的假定条件下,一般均衡是存在的。

一般均衡的研究在理论上可以说是证明市场经济完善与效率的很重要的部分,使微观经济学更为完整。但是,市场运行的实际并非理论描述的那样完美,在现实中,单一产品市场的均衡都是难以实现和维持的,所有产品市场和要素市场的同时均衡更是不可能实现的。一般均衡理论试图证明:供求相等的均衡不但可以存在于单个的市场,而且还可以存在于所有的市场。这个理论是西方经济学的一个必不可少的部分,即西方微观经济学论证"看不见的手"原理的一个必要环节。一般均衡论的证明要依赖于一些极为严格的假设条件才能成立。这些假设条件有:任何厂商都不存在规模报酬递增;每一种商品的生产至少必须使用一种原始生产要素;任何消费者所提供的原始生产要素都不得大于它的初始存量;每个消费者都可以提供所有的原始生产要素;每个消费者的序数效用函数都是连续的;消费者的欲望是无限的;无差异曲线凸向原点等。这些假设条件在资本主义现实经济生活中根本就不存在。

二、帕累托最优

如何判断各种不同的资源配置的优劣,以及确定所有可能的资源配置中的最优资源配置呢?我们可以从一个具体例子谈起。例如:面包和米粉,哪一种更好吃?由此引出帕累托标准。

(一)单一的个人的判断标准

现有单个人甲对两种资源配置状态 A、B 判别其优劣。只有三种情况

$$A>B;A<B;A=B$$

式中,符号"$>$"、"$<$"、"$=$"分别表示甲的三种看法;同样地,单个人乙对两种资源配置状态 A、B 判别其优劣也只有三种情况

$$A>'B;A<'B;A='B$$

式中,符号"$>'$"、"$<'$"、"$='$"分别表示乙的三种看法。

(二)从社会来看的判断标准

从整个社会(至少两人以上)来看,这两种资源配置状态 A 和 B 谁优谁劣呢?由于甲有三种可能的选择,乙也有三种可能的选择,因此从整个社会来看就存在有九种可能的选择情况:

1. $A>B,A>'B$　　2. $A>B,A='B$　　3. $A>B,A<'B$
4. $A=B, A>'B$　　5. $A=B,A='B$　　6. $A= B,A<'B$
7. $A<B,A>'B$　　8. $A<B,A='B$　　9. $A<B,A<'B$

这九种可能的选择情况,按甲和乙的不同态度可分为三大类型。第一类型是甲和乙的意见完全相反。这包括上述第 3 和 7 两种情况;第二类型是甲和乙的意见完全相同,这包括第 1、5 和 9 三种情况;第三类型是甲和乙的意见基本一致。这包括剩余的第 2、4、6 和 8 四种情况。

首先来看第一类型。如甲和乙的意见完全相反,则是否能够从社会的角度对状态 A 和 B 的优劣作出明确的说明呢?这里显然遇到了麻烦。除非能够假定甲的意见(或者乙的意见)

无关紧要，从而可以不加考虑，否则不能判断 A 与 B 的优劣。换句话说，在这种情况下，从社会的观点看，状态 A 与 B 是“不可比较的”，即没有任何“客观”的标准对它们进行判断。

如果去掉不可比较的第一类型的两种情况，则剩下的其余两种类型共七种情况均可看成是可以比较的。这七种可以比较的情况，按它们形成的社会观点可以重新分类如下：

(1)A 优于 B：如果甲和乙中至少有一人认为 A 优于 B，而没有人认为 A 劣于 B，则从社会的观点看有 A 优于 B。

(2)A 与 B 无差异：如果甲和乙都认为 A 与 B 无差异，则从社会的观点看有 A 与 B 无差异。

(3)A 劣于 B：如果甲和乙中至少有一人认为 A 劣于 B，而没有人认为 A 优于 B，则从社会的观点看有 A 劣于 B。

(三)帕累托标准

意大利经济学家帕累托(V. Pareto)认为：如果两人中至少有一人认为 A 优于(或劣于)B，而没有人认为 A 劣(或优)于 B，则从社会的观点看有 A 优(或劣)于 B。如果两人都认为 A 与 B 无差异，则从社会的观点看，亦有 A 与 B 无差异。

帕累托最优是指资源分配的一种理想状态，即假设固有的一群人和可分配的资源，从一种分配状态到另一种状态的变化中，在没有使任何人境况变坏的前提下，也不可能再使某些人的处境变好。换句话说，就是不可能再改善某些人的境况，而不使任何其他人受损。这就是帕累托最优状态标准，简称帕累托标准。

如果对某种资源配置状态进行调整，使一些人的境况得到改善，而其他人的状况至少不变坏，符合这一性质的调整被称为帕累托改进。

对于某种既定的资源状态，如果所有的帕累托改进都不存在，则称这种资源状态为帕累托最优状态。满足帕累托最优状态就是具有经济效率的，否则就是缺乏经济效率的。

【知识库】

假如原来甲有一个苹果，乙有一个梨，他们是否就是帕累托最优呢？取决于甲乙两个人对苹果和梨的喜欢程度，如果甲喜欢苹果大于梨；乙喜欢梨大于苹果，这样就达到了最满意的程度，也就是“帕累托最优”了。如果是甲喜欢梨大于苹果；乙喜欢苹果大于梨，甲乙之间可以进行交换，交换后的甲乙的效用都有所增加，这就是帕累托改进。我国经济学家盛洪在他的著作《满意即最佳》里面说过一句话“一个简单的标准就是，看这项交易是否双方同意，双方是否对交易结果感到满意”。而真的谁也不愿意改变的状态就已是“帕累托最优”了。

我们通俗的将“帕累托改进”是在不损害他人福利的前提下进一步改善自己的福利，用老百姓的俗话就是“利己不损人”，同样，只有在不损害生产者和经营者权利的前提下维护消费者的前提下，才能在市场经济的各个主体之间达到“帕累托最优”的均衡状态。

市场经济有两个最本质的特征，其一是提高资源配置效率；其二是实现充分竞争。所谓的帕累托最优，通俗的解释就是在资源配置中，经济活动的各个方面，不但没有任何一方受到损害，而且社会福利要尽可能的实现最大化，社会发展要达到最佳状态。西方经学中的帕累托最优，实际上就是要求不断提高资源的配置效率。

第二节　福利经济学

一、福利经济学

福利经济学作为一个经济学的分支体系，首先出现于20世纪初期的英国。1920年A·C·庇古的《福利经济学》一书的出版是福利经济学产生的标志。第一次世界大战的爆发和俄国十月革命的胜利，使资本主义陷入了经济和政治的全面危机。福利经济学的出现，是资本主义世界、首先是英国阶级矛盾和社会经济矛盾尖锐化的结果。西方经济学家承认，英国十分严重的贫富悬殊的社会问题由于第一次世界大战变得更为尖锐，因而出现以建立社会福利为目标的研究趋向，导致福利经济学的产生。1929～1933年资本主义世界经济危机以后，英美等国的一些资产阶级经济学家在新的历史条件下对福利经济学进行了许多修改和补充。庇古的福利经济学被称做旧福利经济学，庇古以后的福利经济学则被称为新福利经济学。第二次世界大战以来，福利经济学又提出了许多新的问题，正在经历着新的发展和变化。

(一)福利经济学发展历史

1920年，庇古的《福利经济学》一书的出版是福利经济学产生的标志。

边沁的功利主义原则是福利经济学的哲学基础。边沁认为人生的目的都是为了使自己获得最大幸福，增加幸福总量。幸福总量可以计算，伦理就是对幸福总量的计算。边沁把资产阶级利益说成是社会的普遍利益，把资产阶级趋利避害的伦理原则说成是所有人的功利原则，把"最大多数人的最大幸福"标榜为功利主义的最高目标。帕累托最优状态概念和马歇尔的"消费者剩余"概念是福利经济学的重要分析工具。帕累托最优状态是指这样一种状态，任何改变都不可能使任何一个人的境况变得更好而不使别人的境况变坏。按照这一规定，一项改变如果使每个人的福利都增进了，或者一些人福利增进而其他的人福利不减少，这种改变就有利；如果使每个人的福利都减少了，或者一些人福利增加而另一些人福利减少，这种改变就不利。

马歇尔从消费者剩余概念推导出政策结论：政府对收益递减的商品征税，得到的税额将大于失去的消费者剩余，用其中部分税额补贴收益递增的商品，得到的消费者剩余将大于所支付的补贴。马歇尔的消费者剩余概念和政策结论对福利经济学也起了重要作用。

(二)福利经济学定理

第一定理：完全竞争的市场经济的一般均衡都是帕累托最优。

前面说过，我们可能达到一般均衡状态，可是下面的这个问题很重要，就是如何使这一均衡成为帕累托最优。我们知道，均衡点是帕累托最优配置。因为均衡点是在契约曲线上，而契约曲线上的点都是帕累托最优配置的。即完全竞争的市场经济的一般均衡都是帕累托最优的，这就是福利经济学第一定理。

福利经济学第一定理保证了竞争市场可以使贸易利益达到最大，即一组竞争市场所达到的均衡分配必定是帕累托有效配置。在完全竞争条件下，市场竞争能够通过价格有效率的协调经济活动,从而配置有限的稀缺资源。

另外一个相反的问题是,如果给定了一个帕累托最优配置,可不可以通过完全竞争的市场机制来达到这一配置? 这就是我们所说的福利经济学第二定理。

第二定理:任何一个帕累托最优配置都可以从适当的初始配置出发,通过完全竞争市场实现。

第二定理表明市场经济可以实现反映社会意愿的任何一个帕累托最有配置。这在政策方面的启示实际上是要求政府不必用干预市场的方法来达到政策目的,而可以通过再分配的方法来达到同样的目的。因为市场收到政府的干预就会导致价格的扭曲而改变了实际决策行为,造成效率损失。

【案例 8.1】

民主的魅力与缺陷

民主制度的运行有效地突破了独裁体制下的两大弊端,因而它才会受到人们的推崇,又因为民主是与平等和自由的精神联系在一起的,所以它就被古今中外的仁人志士们不懈地追求。在我国 20 世纪初的新文化运动中,民主被举为“德先生”而大加提倡,而西方著名诗人斐多非的“生命诚可贵,爱情价更高,若为自由故,二者皆可抛”的著名诗句,在精神的层面上,固然可以看做是对自由的讴歌;但在现实的取向上,却是张扬了民主的魅力。

经济学家已经证明,绝对的民主在理论也是行不通的。如果将社会全体成员的意愿加总而形成一种社会福利函数,那么理想的社会福利函数应该满足这样一些条件:第一,所有的社会福利状态都可以排序;第二,社会排序是可传递的;第三,排序与个人偏好正相关;第四,社会排序唯一地取决于个人偏好;第五,个人不能把自己的偏好强加于社会。经济学家阿罗证明了同时满足这五个条件的社会福利函数是不存在的。这就是阿罗不可能性定理。由于阿罗不可能性定理所揭示的原因,民主体制下的公共选择往往是一个艰难的过程,上述五个条件中有些只能是注定被有限地追求;在一些一致同意的规则下按照少数服从多数原则进行公共选择,将是不可避免的。

通过投票进行公共选择是最常见的办法,然而经济学家还发现了,即使按照少数服从多数的原则,在每个人都表明自己的偏好的情况下,却有可能选不出一个均衡的结果;或者公共选择的结果可能与人们的偏好无关。

假设投票人甲、乙、丙对三个备选方案 A、B、C 的偏好评价是:甲认为 A 优于 B 优于 C;乙认为 B 优地 C 优于 A;丙认为 C 优于 A 优于 B。如果三人同时投票选一个方案,结果将是 A、B、C 三个方案各得一票,没有一个方案可以过半而入选;如果选择程序分阶段淘汰,即先在两个方案中选一个,然后再与第三个方案竞选,那么容易验证,根据不同的选择顺序,A、B、C 三个方案都将有可能入选。这样,公共选择的结果实际上就不取决于人们的偏好而取决于选择程序本身,这就是投票悖论。

阿罗不可能性定理和投票悖论再一次从理论上证明了绝对的民主是不可行的。那么,我们在推进民主建设的同时,也不可将民主绝对化和极端化。

资料来源:李仁君. 民主的魅力与缺陷[N]. 海南日报,2004-12-8.

二、如何看待社会公平和效率问题

社会福利经济学所面临的一个问题是社会公平问题。对公平的不同理解必然会导致不同的社会福利函数。而恰是在这一点上,却是经济学界分歧最大的。如果归纳一下,至少有四种主要的观点:①平均主义的公平观:这种观点认为应该将社会所有的产品在社会全体成员之间做绝对平均的分配,每个社会的成员得到相同的产品。但是由于消费者并不具有相同的偏好,所以这种平均的分配并不是帕累托最优的。②罗尔斯主义的公平观:罗尔斯认为,最公平的配置是使一个社会里境况最糟的人的效用最大化。罗尔斯主义并不意味着平均主义,因为对生产力较高的人比对生产力较低的人给予更高的奖励,就能使最有生产力的人更努力地工作,从而生产出更多的产品和劳务,其中一些可以通过再分配使社会中最穷的人的境况变好。③功利主义的公平观:在经济学中经常用个人效用的加权求和来反映从社会来看什么是理想的。功利主义的社会福利函数给每个人的效用以相同的权数,随之将社会成员的效用最大化。所以功利主义的社会福利函数就是:社会成员的总效用最大化。④市场主导的公平观:这种观点认为市场竞争的结果总是公平的,因为它奖励那些最有能力的和工作最努力的人。按照这种观点,可能会导致产品分配的极大的不均。以上四种观点是按照从平均主义到不平均主义的顺序排列的。多数经济学家是反对平均主义和市场主导这两种极端的观点的。萨缪尔森认为,收入取决于继承权的随意方式、不幸、努力工作和要素价格。如果一个国家花费在宠物食品上的支出高于它花费在给穷人以高等教育上的支出,那么,这是收入分配的缺陷,而不是市场的过错。可以知道,市场竞争结果是有效率的,但有效率并不必然带来公平,因此,社会就必须在某种程度上依靠政府对收入进行再分配以实现公平的目标。政府可用的调节手段很多,比如个人收入的累进税、遗产税、强制医疗保险、低收入子女的免费教育和培训、社会保障计划、失业救济等。遗憾的是,效率和公平经常是矛盾的,政府的收入再分配计划会给经济效率带来某种程度的损害,厂商为了避税所采取的一些措施可能导致产量的减少。因此,政府要做的常常是在公平与效率之间作出某种权衡。福利经济学中所说的平等,一般是指社会成员收入的均等化。

到目前为止,本书所论述的主要是效率问题。然而,公平常常也是一个社会所追求的目标。在本节中,为明确起见,效率被理解为资源的更加优化的配置,公平被理解为收入的更加平等的分配。

三、实现帕累托最优的条件

(一)交换的帕累托最优

如果两个人之间进行交换,结果两个人的福利水平都有所提高,社会的总产量也提高,这是一种帕累托改进。下面我们以两个消费者的交换为例,来看交换的帕累托最优问题。

为了研究问题方便,假定一个经济社会只有两个消费者 A 和 B,消费者 A 拥有较多的产品

Y 和较少的产品 X,消费者 B 拥有较多的产品 X 和较少的产品 Y,两个消费者的无差异曲线分别见图 8.2(a)和(b)。在图中消费者 A 拥有的产品 X 的量是 X_1,拥有的 Y 的量是 Y_1,因而其 X 和 Y 组合点位于点 F;消费者 B 拥有的产品 X 的量是 X_2,拥有的 Y 的量是 Y_2,因而其 X 与 Y 的组合点位于点 H。

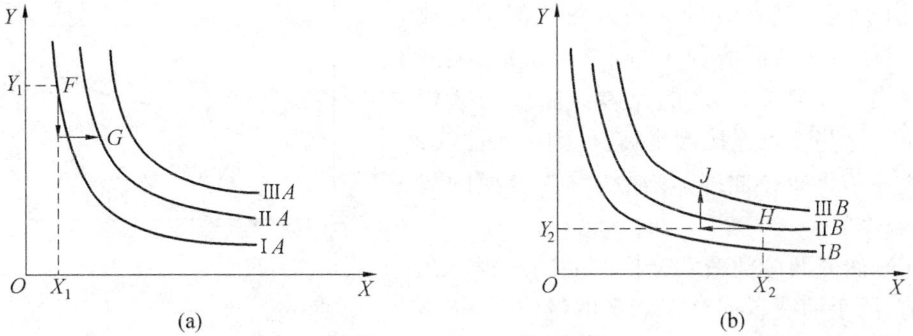

图 8.2　两个消费者的交换过程

现在两个消费者开始交换其产品。消费者 A 以一定量的 Y 去交换消费者 B 一定量的 X,交换的结果:消费者 A 所拥有的 Y 将下降,X 将上升,其产品组合点将从点 F 运动到点 G;消费者 B 所拥有的 X 将下降,Y 将上升,其产品组合点将从点 H 运动到点 J。可以看出,在交换之前,消费者 A 的效用水平以无差异曲线ⅠA 为代表,交换以后他的效用水平以无差异曲线ⅡA 为代表,效用水平提高;在交换之前,消费者 B 的效用水平以无差异曲线ⅡB 为代表,交换以后他的效用水平以无差异曲线ⅢB 为代表,效用水平也提高。可以看出,两个人的效用都提高,这是一种帕累托改进。

只要通过交换能够使两个消费者的效用都提高,或者一个消费者的效用提高而另一个消费者的效用不变,消费者就有动力将交换不断进行下去。下面的问题是:什么时候两个消费者的交换达到均衡,就是说,什么情况下不能再实现帕累托改进了,也就是实现帕累托最优了。

【案例 8.2】

他有一半书,你有一个梨子

如果你喜欢吃梨,他喜欢看书,那么现在的这种产品配置就不是帕累托最优状态。

如果你和他都喜欢看书,相互交换的结果,就会使他的利益就受到损失,这种状况也不是帕累托最优状态。

如果你和他都喜欢吃梨,相互交换的结果,就会使你的利益就受到损失,同样这种状况也不是帕累托最优状态。

如果他喜欢吃梨,你喜欢看书,相互交换的结果,双方均得到了满足。这种状况就是帕累托最优状态。

为了研究上述问题,我们把图 8.2(b)逆时针旋转 180°,再与图 8.2(a)组合而成一个矩形盒子。该矩形的长为 $\bar{X}=X_1+X_2$，宽为 $\bar{Y}=Y_1+Y_2$，这样矩形的长宽实际就是产品 X 和 Y 的总量。因而在图中的每一点的坐标均满足：$X_A+X_B=\bar{X}$；$Y_A+Y_B=\bar{Y}$。

这个矩形盒子，我们称之为埃奇渥斯盒。我们在埃奇渥斯盒中标绘出消费者 A 和 B 的无差异曲线，由于两个消费者的无差异曲线都是无数条，所以对任意一条消费者 A 的无差异曲线，我们都可以找出一条消费者 B 的无差异曲线与之相切。将所有这些切点连接起来，就得到一条曲线，如图 8.3 中 O_AedcO_B 曲线，该曲线称为交换的契约线。

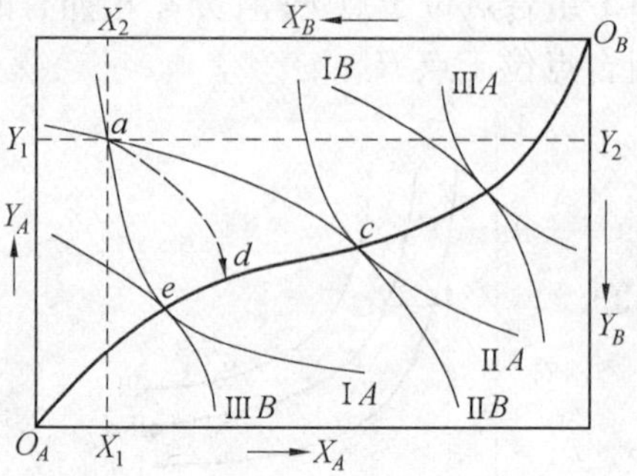

图 8.3　交换的埃奇渥斯盒

现在来研究两个消费者交换产品的过程。在交换之前，两个消费者拥有 X 和 Y 的量位于图8.3中的点 a，如果他们的产品组合点由 a 沿着无差异曲线 ⅡB 运动到 c，可以看出消费者 A 的 X 在增加 Y 在减少，而消费者 B 的 Y 增加而 X 减少，可以知道消费者 A 是以 Y 来换取消费者 B 的 X。由于产品的组合点沿着消费者 B 的无差异曲线 ⅡB 运动，所以消费者 B 的效用是不变的，但消费者 A 却由无差异曲线 ⅠA 运动到 ⅡA，所以消费者 A 的效用是提高的。因此从 a 到 c 的交换过程是一个帕累托改进的过程。

再来研究消费者 A 与 B 由产品组合点沿着无差异曲线 ⅠA 运动到点 e 的交换过程。这一过程仍然是消费者 A 以产品 Y 交换消费者 B 的产品 X，同样道理可以知道，消费者 A 的效用不变，但消费者 B 的效用提高了，这也是一种帕累托改进。再来研究两个消费者的产品组合点由 a 运动到 d 的过程，仍然是消费者 A 以产品 Y 交换消费者 B 的产品 X，这一过程中两个消费者的效用水平都提高了，毫无疑问这一过程也是帕累托改进的过程。可以看出，两个消费者通过交换实现帕累托改进的路径并不是唯一的，交换的结果两个消费者效用的提高程度也不一样，但站在全社会的角度看，社会的总福利是增加了。可以证明当两个消费者的产品组合点不在交换的契约线上的时候，我们总能够找到数条路径，通过两个消费者之间的交换来实现帕累托改进。

现在再来研究当消费者沿交换的契约线来进行交易时候的情况。假设两个消费者通过交换由组合点 e 运动到 d，即消费者 B 拿出一定的 X 和 Y 给消费者 A，那么消费者 A 的效用提高的同时消费者 B 的效用却在下降，因而不符合帕累托改进的定义。同样，我们研究消费者的组合点由 c 运动到 d 的过程，这也不是帕累托改进。

综上所述，凡是产品组合点不位于交换的契约线的情况，总是可以通过交换实现帕累托改进的，当产品的组合点运动到交换的契约线上的时候，则不存在帕累托改进的余地。因此可以得出结论，交换的契约线就是所有帕累托最优的产品组合点的集合。由于交换的契约线是由两个消费者的无差异曲线的切点连接而成，在切点处，两个消费者的边际替代率必然是相等

的，因而交换的帕累托最优的条件就可以写成

$$MRS_{XY}^{A}=MRS_{XY}^{B} \tag{8.1}$$

我们从一个例子来看。假设有 A、B 两地。A 地棉花丰富而小麦稀缺，1 斤小麦可换 5 斤棉花（MRS=5）；B 地小麦丰富而棉花稀缺，1 斤小麦可换 2 斤棉花（MRS=2）。A 地的人会将棉花贩到 B 地，以 2 斤棉花换 1 斤小麦；B 地的人会将小麦贩到 A 地，以 1 斤小麦换 5 斤棉花。随着两地之间的贸易，A 地的小麦越来越多，B 地的棉花也越来越多，再继续交换的话，交换比例就会发生变化，A 地的 MRS 不断降低，B 地的 MRS 不断提高。只要交换能使两地的满足程度不断提高，交换就会进行下去，当两地的 MRS 变得相等的时候，进一步的交易就会停止。

由此可见，当两个消费者的边际替代率不相等时，总能够通过交换提高双方的满足程度，而一旦双方的边际替代率相等，则进一步的交换就会使至少一方的满足程度下降。所以可以说，交换的帕累托最优的条件就是交换双方的边际替代率相等。

（二）生产的帕累托最优

我们现在来讨论当经济中资源总量为既定情况下，厂商通过调整生产要素来实现经济的帕累托最优状态的过程。为研究方便，我们仍然以只有两个厂商及两种要素的简单经济为讨论对象。

假设经济中有两个厂商 C 和 D，使用两种要素资本 K 和劳动 L，分别生产两种产品 X 和 Y。如图 8.4(a)所示，厂商 C 在初始状态拥有的劳动的量是 L_1，拥有的资本的量是 K_1，所以其组合点位于点 E，ⅠC、ⅡC、ⅢC 是厂商 C 的等产量线；如图 8.4(b)所示，厂商 D 在初始状态使用 L_2 的劳动和 K_2 的资本，要素组合点位于点 G，ⅠD、ⅡD、ⅢD 是厂商 D 的等产量线。所以，经济中劳动的总量是 L_1+L_2，资本的总量是 K_1+K_2。

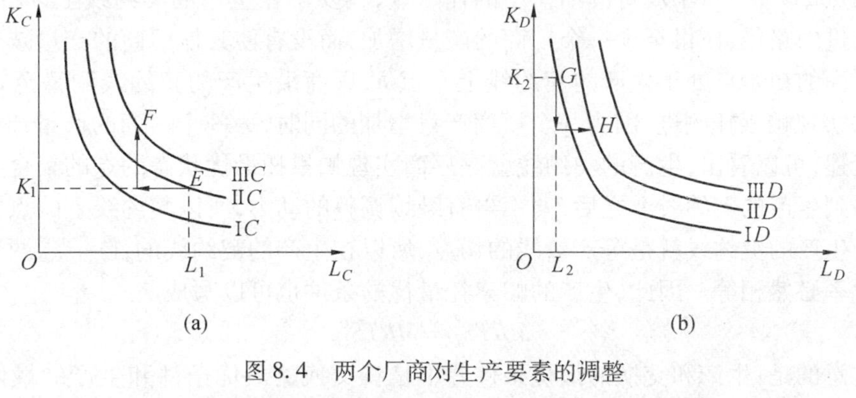

图 8.4　两个厂商对生产要素的调整

现在我们来研究两个厂商如何实现帕累托改进。从图 8.4 可以看出，厂商 C 使用了较多的劳动和过少的资本，而厂商 D 使用了较多的资本和过少的劳动。如果厂商 C 减少劳动的使用同时增加资本的使用，即从图中的点 E 运动到点 F，那么其产量将从ⅡC 增加到ⅢC；同样如果厂商 D 减少资本的使用同时增加劳动的使用，即从图中的点 G 运动到点 H，其产量也会从

ⅠD 运动到ⅡD。可以看到,在资源总量一定的条件下,厂商 C 和厂商 D 通过调整资本和劳动的比例,增加了产量,这毫无疑问是一种资源配置状况的改善,属于帕累托改进。为了搞清帕累托改进究竟能够进行到什么时候,在何种条件下达到帕累托最优,我们同样引入埃奇渥斯盒这一工具,如图8.5所示。

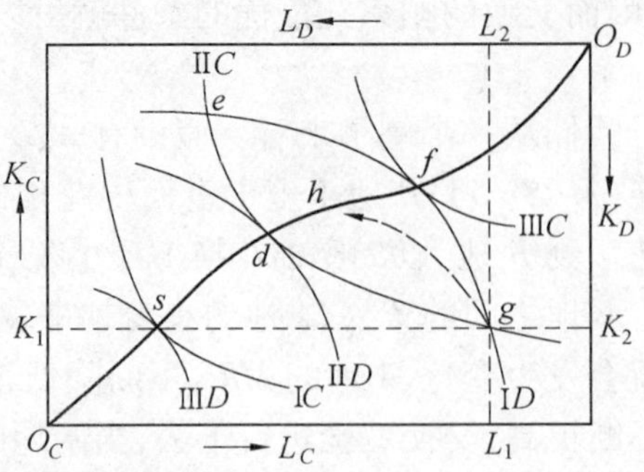

图8.5　生产的埃奇渥斯盒

我们把图 8.4(b)逆时针旋转 180°,然后与图 8.4(a)对接成为一个矩形,矩形的长是 $\bar{L}=L_1+L_2$,宽是 $\bar{K}=K_1+K_2$,这个矩形就是生产的埃奇渥斯盒。在埃奇渥斯盒中的每一点的坐标都满足下式:$L_C+L_D=\bar{L}$,$L_C+K_D=\bar{K}$。

在埃奇渥斯盒中标绘上两个厂商的等产量线,对于厂商 C 的任意一条等产量线都可以找到一条厂商 D 的等产量线与之相切,将所有切点连接起来,就得到 O_CsdhfO_D 这条曲线,这条曲线称为生产的契约线。这样在图 8.5 中的 E 和 G 两点,在埃奇渥斯盒中就是一点 g。假定两个厂商 C 和 D 将生产要素从 g 沿等产量线调整到 f,即厂商 C 增加资本减少劳动,而厂商 D 增加劳动减少资本,则厂商 C 的产量从ⅡC 增加到ⅢC,厂商 D 的产量不变,所以这是一种帕累托改进;假定厂商 C 和 D 将生产要素从 g 沿等产量线ⅡC 调整到 d,即厂商 C 增加资本减少劳动,厂商 D 增加劳动减少资本,则厂商 C 的产量不变,而厂商 D 的产量由ⅠD 增加到ⅡD,显然这也是一种帕累托改进;如果厂商 C 和厂商 D 将生产要素从 g 调整到 h,两个厂商的产量都将增加,所以,仍然是帕累托改进。可以看出对于初始的资源配置 g,帕累托改进的路径并非只有一条。和点 g 一样,对于埃奇渥斯盒中的任一点,只要不在生产的契约线上,我们总可以找出帕累托改进的路径,使得至少一个厂商的产量增加,而没有使其他厂商的产量减少。

如果厂商的初始点处于生产的契约线上一点 h,厂商沿生产的契约线调整至 d 或者调整至 f,都无法实现帕累托改进,因为一个厂商产量增加的同时,另一个厂商的产量却在下降。

综上所述,可以看出,生产的契约线就是厂商实现帕累托最优状态的点的集合。厂商将生产要素调整到生产的契约线上之后,便不再有继续调整的动力,所以契约线上的点同时也是均衡点。由于生产的契约线就是等产量线的切点,所以在生产的契约线的任一点,两个厂商的边际技术替代率必然相等。因此,生产的帕累托最优的条件也可以写成

$$MRTS_{LK}^{C}=MRTS_{LK}^{D} \tag{8.2}$$

应当注意的是:生产和交换的最优条件并不是将交换的最优条件和生产的最优条件简单地并列起来。交换的最优只是说明消费是最有效率的;生产的最优只是说明生产是最有效率的。两者的简单并列,只是说明生产和消费分开来看时各自独立地达到了最优,但并不能说明,当将交换和生产综合起来看时,也达到了最优。

为了把交换和生产结合在一起加以论述,我们做如下假定,即假定整个经济中只包括两个

消费者 A 和 B，它们在两种产品 X 和 Y 之间进行选择，以及两个生产者 C 和 D，它们在两种要素 L 和 K 之间进行选择以生产两种产品 X 和 Y。为方便起见，假定 C 生产 X，D 生产 Y。并且假定消费者的效用函数亦即无差异曲线簇为给定不变，生产者的生产函数即等产量曲线为给定不变。

（三）从生产契约曲线到生产可能性线

从生产的契约线，我们再引入生产可能性曲线。我们发现，生产的契约线表示了厂商实现帕累托最优的点，即经济的一般均衡点，在契约线上的一点实际上表示了在一个厂商的产量一定时另一个厂商所能实现的最大产量。由于在埃奇渥斯盒中已经标绘了厂商的等产量线，所以，生产的契约线上的每一点所表示的厂商 C 和厂商 D 的产量都是可以知道的。如果我们沿着生产的契约线由 O_C 运动到 O_D 的时候，可以发现，当厂商 C 的产量 X 不断增加的同时，厂商 D 的产量 Y 却在不断下降。也就是说，如果总的生产要素的量一定，技术水平一定，一个厂商实现帕累托最优时的产量增加的同时，另一个厂商实现帕累托最优时的产量必定是下降的（如果不是这样，一个厂商产量增加的时候，另一个厂商的产量也增加或者不变，就可以实现帕累托改进，就不会是帕累托最优状态）。将生产的契约线上的各点所代表的产量 X 和 Y 标绘在一个图中，我们就可以得到生产可能性曲线。

生产可能性曲线表示在技术水平和生产要素总量一定时，一个经济所能达到的最大产出组合，在这些组合中，任何一种产品的产量都是与另一种产品的产量相对应的该产品的最大产量。在现有技术水平下，要达到生产可能性曲线以外的一点是不可能的。只要生产是有效率的，产出的组合点就应该落在生产可能性曲线上，如果一个经济的产出只是达到曲线以内的某一点（图 8.6）中的点 H，则说明虽然该点的产量可以实现，但该经济是无效率的，存在帕累托改进的可能性。正因为如此，生产可能性曲线又被称为生产可能性边界。

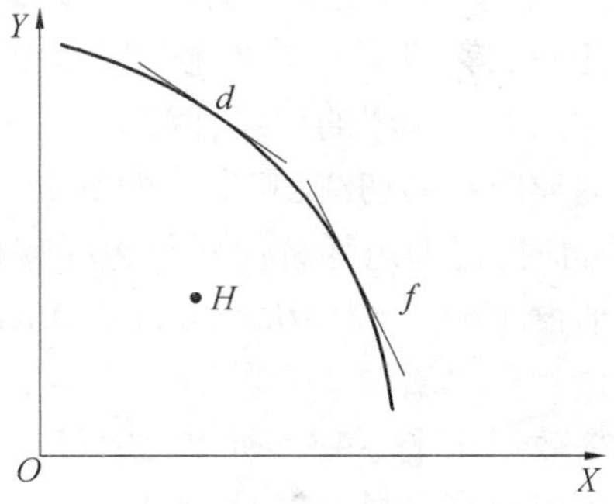

图 8.6　生产可能性线

（四）生产可能性曲线的特点

生产可能性曲线有两个特点，一是它向右下方倾斜，二是它向右上方凸出。它向右下方倾斜是因为随着 X 的产量的增加，Y 的产量必定是减少的，即 X 与 Y 之间存在着替代关系。为了理解该曲线向右上方凸出的原因，我们引入边际转换率的概念。从生产可能性曲线，我们知道，要增加 X 的产量，就必须减少 Y 的产量，我们把增加 1 个 X 产量时必须减少的 Y 的产量，叫做边际转换率，用 MRT 来表示，这样写成极限的形式，就是

$$MRT=\lim_{\Delta X\to 0}\left|\frac{\Delta Y}{\Delta X}\right|=\left|\frac{\mathrm{d}y}{\mathrm{d}x}\right| \tag{8.3}$$

（五）生产与交换的帕累托最优条件

前面讨论了生产的帕累托最优和交换的帕累托最优，但在一个生产和交换同时存在的经济中，要实现经济效率，不仅要实现不同生产要素在厂商的生产过程中的有效配置，而且还要同时实现不同产品在消费者之间的有效配置，即厂商生产的产品组合要与消费者的购买意愿相一致，符合消费者的需要。下面讨论满足生产和交换的帕累托最优要满足的条件。

假定经济中有两个厂商C和D，生产两种产品X和Y，有两个消费者A和B，消费产品X和Y。图8.7中PP'是厂商的生产可能性曲线，在曲线上任取一点B，由于生产可能性曲线上任一点都对应于生产的契约线上一点，因而，点B满足生产的帕累托最优，这时X的产量是X'，Y的产量是Y'，消费者A和B只能在既定产量X'和Y'之间进行选择。为研究方便，在图8.7作出交换的埃奇渥斯盒，盒中标出交换的契约线，显然交换的契约线上任一点都满足交换的帕累托最优。图中SB是通过点B的PP'的切线，因而其斜率的绝对值就是边际转换率。在生产的契约线上各点标出无差异曲线的切线，其斜率的绝对值等于边际替代率。我们来证明当无差异曲线的切线与SB平行时，也即边际替代率与边际转换率相等时，满足生产和交换的帕累托最优。

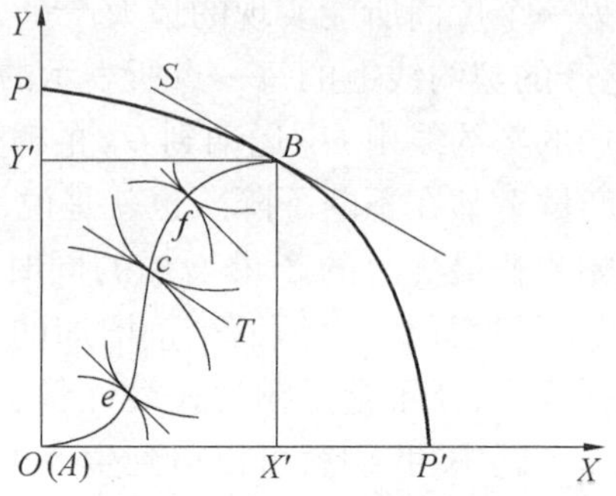

图8.7　交换的帕累托最优

假设$MRT_{XY}=2$，$MRS_{XY}=1$，即$MRT_{XY}>MRS_{XY}$。MRT为2意味着厂商减少一个X的产量，Y的产量就可以增加2个。MRS为1表示消费者减少一个X的消费，必须增加1个Y的消费才能维持效用水平不变。所以，如果厂商减少X的产量同时增加Y的产量，那么消费者的效用水平可以提高，增加的效用水平可以看做是社会得到的净福利，这就说明存在帕累托改进的余地。反过来，如果$MRT=1$，$MRS=2$，即$MRT_{XY}<MRS_{XY}$，这时厂商增加1个X的产量，必须减少一个Y的产量，而消费者要维持效用水平不变，减少一个Y的消费，需同时增加0.5个X的消费，因此，厂商增加1个X的产量减少1个Y的产量，将引起消费者效用水平的净增加，所以仍然存在着帕累托改进的余地。总之，无论是$MRT>MRS$还是$MRT<MRS$的情况，都存在着帕累托改进的余地，即只有$MRT=MRS$的时候，才实现了帕累托最优。所以，生产和交换的帕累托最优的条件可以表述为

$$MRS_{XY}=MRT_{XY} \tag{8.4}$$

需要说明的是，尽管以上生产的帕累托最优条件、交换的帕累托最优条件以及生产与交换的帕累托最优条件都是在两个生产者、两个消费者、两种产品、两种生产要素的极其简化的条件下推出的，但它们也适用于多个消费者、多个生产者、多种商品、多种要素的一般情况。

本章小结

1. 我们通常假定其他市场的供求是既定不变的，而我们所研究的这个市场的变动也不影响其他市场，因而该市场的产品的供给和需求仅仅是其价格的函数。结论就是在供给和需求这两个相反的力的作用下，该市场会逐渐趋于均衡，形成一个均衡价格，在这个价格下，供给量等于需求量，市场出清。这种研究方法通常称为局部均衡分析方法。与局部均衡分析相对应，从市场上所有各种商品的供求和价格是相互影响、相互依存的前提出发，考察每种商品的供求同时达到均衡状态条件下的某商品均衡价格决定问题。这种分析方法，称为一般均衡分析方法。

2. 如果至少有一人认为 A 优于 B，而没有人认为 A 劣于 B，则从社会的观点看有 A 优于 B。这就是帕累托最优状态标准，简称帕累托标准。按照帕累托标准所作的改进叫帕累托改进。

3. 福利经济学作为一个经济学的分支体系，首先出现于 20 世纪初期的英国。1920 年庇古的《福利经济学》一书的出版是福利经济学产生的标志。

4. 福利经济学定理。第一定理：完全竞争的市场经济的一般均衡都是帕累托最优。第二定理：任何一个帕累托最优配置都可以从适当的初始配置出发，通过完全竞争市场实现。

5. 凡是产品组合点不位于交换的契约线的情况，总是可以通过交换实现帕累托改进的，当产品的组合点运动到交换的契约线上的时候，则不存在帕累托改进的余地。因此可以得出结论，交换的契约线就是所有帕累托最优的产品组合点的集合。由于交换的契约线是由两个消费者的无差异曲线的切点连接而成，在切点处，两个消费者的边际替代率必然是相等的，因而交换的帕累托最优的条件就可以写成：$MRS_{XY}^{A}=MRS_{XY}^{B}$。

6. 生产的契约线就是厂商实现帕累托最优状态的点的集合。厂商将生产要素调整到生产的契约线上之后，便不再有继续调整的动力，所以契约线上的点同时也是均衡点。由于生产的契约线就是等产量线的切点，所以在生产的契约线的任一点，两个厂商的边际技术替代率必然相等，因此，生产的帕累托最优的条件也可以写成：$MRTS_{LK}^{C}=MRTS_{LK}^{D}$。

7. 生产和交换的帕累托最优的条件可以表述为：$MRS_{XY}=MRT_{XY}$

思考题

1. 局部均衡和一般均衡的关系。
2. 简析在生产上符合帕累托最优的条件是什么？
3. 为什么完全竞争的市场机制符合帕累托最优状态？
4. 交换的帕累托最优条件是什么，为什么？
5. 查阅资料，说明福利经济学在西方经济学中的地位？

【阅读资料】

即使强调“公平”也不可否定或忘记“效率优先”

什么是“效率优先”？首先得强调“效率优先”决不是“速度优先”。“效率”是科学发展观的集中体现。列宁把效率归结为“劳动生产率”，强调“劳动生产率，归根到底是保证新社会制度胜利的最重要最主要的东西”。现在我们可以说，科学发展观指导下的“效率”，应该是关系一个国家、一个社会经济生存与繁荣的生命线。

对于市场经济而言，无论是资本主义市场经济还是社会主义市场经济，竞争力是每个企业乃至国民经济整体的生命线，而效率是竞争力的决定性因素。只要采取市场机制作为分配社会资源的基本手段，竞争机制就会驱使企业为自身的生存和发展而把效率置于优先地位。然而，在资本主义市场中，私人企业，一统天下，“效率优先”完全是企业的事，完全属市场行为，政府所要做的主要是确保公平竞争的条件（即机会公平或起点公平）和通过再分配手段来改善分配不公（即事后公平）。

但我国社会主义市场经济体制刚确立，各项措施还亟待完善，我们不仅要重视事前公平（即机会公平），还得重视过程公平（如信贷公平、税收公平）和事后公平（收入差距合理和完善社会保障制度）。宏观调控的难处在于掌握“效率”与“公平”二者的“交汇点”：既不应追求效率而过损公平，导致社会动荡；也不应为追求公平而损效率。由于经济与社会的发展在不同时期会有不同的势态，因此，有的时期（如经济衰退或紧缩时）强调效率，有的时期（如差距扩大时）强调公平。特别要强调的是，即使在需要强调“公平”的时候，也不可否定或忘记“效率优先”，更不可让效率增长停滞为零，甚至为负。因为归根到底，“效率”还是缓解、缩小收入差距的前提和基础，只有靠提高效率把蛋糕做大，才能做到在社会成员的经济收入都有所增加的同时，让弱势群体所获得的那一份增长得更快些（快于平均增长率），从而使收入差距趋于缩小，使基尼系数趋降。否则，在原有的“蛋糕”盘子里要缩小差距，只能掉进“平均主义”泥潭，只能倒退。所以，在任何时候，市场经济只能靠“效率优先”才能保持经济活力。

“效率优先”应是政府关于经济发展的一项有指导意义的原则。这一点，也可说是社会主义市场经济有别于资本主义市场经济的特点。

资料来源：黄范章. 社会科学报，2006.

第九章

Chapter 9

市场失灵与微观经济政策

【学习要点及目标】

通过本章的学习，旨在使学生理解市场机制并不能自动实现资源的最优配置，由于信息不完全、外部性、公共物品的生产以及垄断的存在，都会导致市场失灵；从而为政府运用微观经济政策干预经济运行奠定了理论基础。

【引导案例】

20世纪初的一天，列车在绿草如茵的英格兰大地上飞驰。车上坐着英国经济学家庇古(A. C. Pigou)。他一边欣赏风光，一边对同伴说：列车在田间经过，机车在田间经过，机车喷出的火花(当时是蒸汽机)飞到麦穗上，给农民造成了损失，但铁路公司并不用向农民赔偿。这正式市场经济的无能为力之处，称为“市场失灵”。

将近70年后的1971年，美国经济学家乔治·斯蒂(G. J. Stigler)和阿尔钦(A. A. Alchian)同游日本。他们在高速列车(这时已是电气机车)上见到窗外的禾苗，想起了庇古当年的感慨，就问列车员，铁路附近的农田是否受到列车的损害而减产。列车员说，恰恰相反，飞速奔驰的列车把吃稻谷的飞鸟吓走了，农民反而受益。当然，铁路公司也不能向农民收“赶鸟费”。这同样是市场经济所无能为力的，也称为“市场失灵”。

“市场失灵”(Market Failure)一词，是1958年由美国经济学家弗朗西斯·M·巴托在《市场失灵的剖析》一文中提出来的，“要理解‘市场失灵’的最好办法是先理解‘市场成功’——即聚焦理想化的竞争市场使资源均衡配置达到帕累托最优状态的能力”，“当情况不符合此项定律的结论时，即市场在资源配置方面是低效率的时候，就出现了市场失灵”。完全竞争的市场是非常理想的市场，有效率并且能够使得资源达到帕累托最优配置。但是，实际上这都是事先假设了很多的前提。如果没有了这些前提，完全竞争的状况是不一定满足的。这时市场难以发挥作用进行资源的配置,这称作市场失灵。由此可见,市场不是万能的,它的主要缺陷表现在:第一,市场经济活动经常受到经济波动的影响,使稀缺资源不能得到充分利用;第二,市场中垄断因素的存在,阻碍了生产要素的自由流动,降低了资源配置的效率;第三,市场本身难以解决外部影响对经济带来的各种影响;第四,市场不能提供公共物品;第五,信息不完全也会阻碍市场经济有效运转;第六,市场经济中的价格机制无法兼顾社会的非市场目标,缩小贫富差距。

美国经济学家斯蒂格利茨把市场失灵区分为两种:"新的市场失灵是以不完全信息、信息有偿性以及不完备的市场为基础的;而原始的市场失灵是与诸如公共物品、污染的外部性等因素相联系的。这两种市场失灵之间主要存在两点差别:原始的市场失灵在很大程度上是容易确定的,其范围也容易控制,它需要明确的政府干预。由于现实中所有的市场都是不完备的,信息总是不完全的、道德风险和逆向选择问题对于所有市场来说是各有特点的,因此经济中的市场失灵问题普遍存在的。"

导致市场失灵的原因有:垄断的存在、不对称信息和道德风险,公共产品、外部性等。

下面我们将分别介绍以下几种市场失灵的形态。

第一节 垄 断

一、垄断的含义

有关垄断的含义有广义和狭义之分。厂商行为理论中我们接触到的垄断是其狭义概念,是一个厂商控制一个行业或市场,厂商就是该行业本身,对照这个概念,我们在现实经济中找不到垄断。这里我们讲的垄断是广义概念,认为垄断是一个或几个厂商控制某个行业的全部或大部分供给的情况。

对于自然垄断的行业,实行垄断经营是必要的,但是对于竞争性的产品生产行业,垄断就会产生很多不利影响,会造成低效率:

(1)垄断厂商为了攫取高额垄断利润,会通过限制产量来提高价格。当垄断厂商按边际收益等于边际成本定价时出现低产高价,使消费者的福利受到损失。

(2)在完全竞争市场上,厂商为了获得更多的利润,只能通过改进技术、提高产品质量的方式,从而促进了整个行业的提升;而垄断市场上厂商则可以依仗其垄断地位来获取高额利润,这样会阻碍技术进步。

(3)有些垄断权力是靠政府有关部门赋予特权,因此,有些垄断厂商为了维持其垄断地位,常常会向政府部门或相关领导进行贿赂,这样就干扰了市场的正常秩序。

【案例 9.1】

从完全竞争到垄断：经济学家约翰·希克斯爵士曾说，垄断的最大好处，就是平静的生活。

21 世纪最初 10 年初期，美国大约有 1 800 万家独资企业、200 万家合伙企业以及 500 万家公司企业。虽然公司在数量上不是最大类别，但在规模上占主要地位。这 500 万家公司的营业额约为 20 万亿美元，而 200 万家合伙企业的总营业额只有约 2.5 万亿美元，1 800 万家独资企业的营业额则约为 1 万亿美元。

要如何才能达到垄断状态？通常是用一些障碍，阻止其他厂商进入市场。例如，假设进入障碍是某项技术专利，比如药厂发明了新药，拥有这项专利的药厂就成为唯一能制造这种药物的厂商(至少在某一段期间内)，因此它可能是同业中唯一卖这种药的公司，进而垄断了市场。事实上，赞成专利的经济论点是：允许专利在一段期间内的独占地位，可以促进创新。这种有限制期的垄断，其权衡取舍的是公共的利益。有些垄断是由法律创造出来的。例如，美国邮政服务公司在邮件市场有独占地位，而在美国大部分城市，当地政府在垃圾收集市场有独占地位。另外一个进入障碍是所谓的“自然垄断”。当这个产业出现规模经济现象，提供大型、稳定的企业胜过新进企业的优势时，就会发生自然垄断。例如，相对于小型太阳能发电厂，一座大型水力发电水坝可用较低的平均成本生产电力。一旦有了水力发电，小型电力生产者就很难进入市场，即使它们可能在成本上有竞争力(如果它们也可以用较大的规模来生产)。若产业中所有大厂都合并，或至少同意一起行动，理论上也会发生

垄断，但以反托拉斯法而言，这是违法的行为。

资料来源：Timothy taylor 著，林隆全译. 斯坦福极简经济学[M]. 湖南人民出版社，2015.

二、垄断所导致的市场失灵

(一)垄断与低效率

对于自然垄断的行业，实行垄断经营时必要的，但是竞争性产品生产行业，实行垄断就会造成效率低下，原因主要有：第一，在前面我们比较各种市场类型的效率时已经得出结论，垄断厂商产量低价格高，通过控制产量来达到控制价格的目的，来攫取超额利润，消费者福利因此受到损失；第二，垄断厂商只会依仗其垄断地位来获得高额利润，而不会通过改进技术和设备来降低成本，这样会阻碍技术进步；第三，一些垄断厂商为了维持自己的垄断地位，常常会把高额利润的一部分分给一些关键部门的高官，来稳固其垄断地位，这样就产生了寻租行为。

图 9.1 中，横轴表示产量，纵轴表示价格。曲线 D 和 MR 分别为该厂商的需求曲线和边际收益曲线。假定平均成本和边际成本相等且固定不变，它们由图中水平直线 $AC = MC$ 表示。垄断厂商的利润最大化原则是边际成本等于边际收益。因此，垄断厂商的利润最大化产量为

q_m。在该产量水平上,垄断价格为 P_m。显然,这个价格高于边际成本。

上述垄断厂商的利润最大化状况并没有达到帕累托最优状态。在利润最大化产量 q_m 上,价格 P_m 高于边际成本 MC,这表明,消费者愿意为增加额外一单位产量所支付的数量超过了生产该单位产量所引起的成本。因此,存在有帕累托改进的余地。

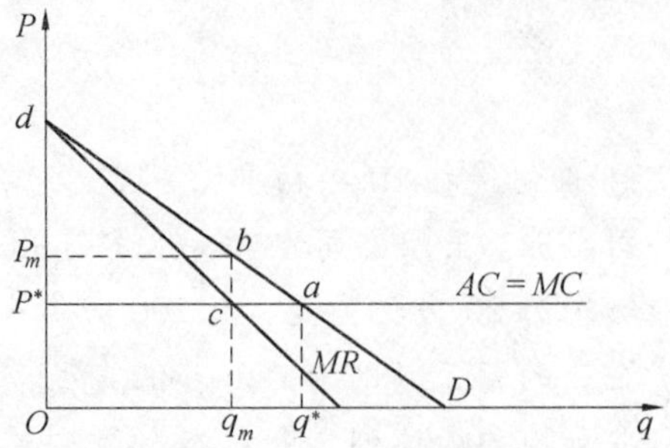

图 9.1 垄断和低效率

垄断产量和垄断价格不满足帕累托最优条件。那么,帕累托最优状态在什么地方达到呢?在 q^* 的产出水平上,需求曲线与边际成本曲线相交,即消费者为额外一单位产量的愿意支付等于生产该额外产量的成本。此时,不再存在任何帕累托改进的余地。因此,q^* 是帕累托意义上的最优产出。如果能够设法使产量从垄断水平 q_m 增加到最优水平 q^*,则就实现了帕累托最优。

在实际中,均衡产量不是发生在帕累托最优状态 q^* 的原因在于,垄断厂商和消费者之间以及消费者本身之间难以达成相互满意的一致意见。例如,垄断厂商和消费者之间在如何分配增加产出所得到的收益问题上可能存在很大分歧,以至无法达成一致意见。实际上得到的通常便是无效率的垄断情况。

只要市场不是完全竞争的,只要厂商面临的需求曲线不是一条水平线,而是向右下方倾斜,则厂商的利润最大化原则就是边际收益等于边际成本,而不是价格等于边际成本。当价格大于边际成本时,就出现了低效率的资源配置状态。而由于协议的各种困难,潜在的帕累托改进难以得到实现,于是整个经济便偏离了帕累托最优状态,均衡于低效率之中。

(二)寻租理论

根据传统的经济理论,垄断尽管会造成低效率,但这种低效率的经济损失从数量上来说却相对很小。例如,在图9.1中,完全竞争厂商的产量为 q^*,价格为 P^*,经济利润为0,消费者剩余为 adP^*,总的经济福利(生产者的经济利润加上消费者剩余)也等于 adP^*;垄断厂商的产量为 q_m,价格为 P_m,经济利润为 bcP^*P_m,消费者剩余为 bdP_m,总的经济福利为 bcP^*d。两者相比,垄断的总经济福利减少了,但减少的数量较小,仅仅等于图中的小三角形 abc。

上述传统的垄断理论大大低估了垄断的经济损失。按照他们的看法,传统垄断理论的局限性在于,它着重分析的是垄断的"结果",而不是获得和维持垄断的"过程"。一旦把分析的重点从垄断的结果转移到获得和维持垄断的过程,就会很容易地发现,垄断的经济损失不再仅仅包括图9.1中那块被叫做"纯损"(deadweight loss)的小三角形 abc,而是要大得多,它还要包括图9.1中垄断厂商的经济利润即 bcP^*P_m 的一部分,或者全部,甚至可能更多一些。这是因为,为了获得和维持垄断地位从而享受垄断的好处,厂商常常需要付出一定的代价。这种为获得和维持垄断地位而付出的代价与三角形 abc 一样也是一种纯粹的浪费：它不是用于生产，没有创造出任何有益的产出，完全是一种“非生产性的寻利活动”。这种非生产性的寻利活动被概括为所谓的“寻租”活动：为获得和维持垄断地位从而得到垄断利润（亦即垄断租金）的活动。

寻租活动的经济损失到底有多大呢？就单个的寻租者而言，他愿意花费在寻租活动上的代价不会超过垄断地位可能给他带来的好处，否则就不值得了。因此，从理论上来说，单个寻租者的寻租代价要小于或者等于图 9.1 中的垄断利润或垄断租金 bcP^*P_m。在很多情况下，由于争夺垄断地位的竞争非常激烈，寻租代价常常要接近甚至等于全部的垄断利润。这意味着，即使局限于考虑单个的寻租者，其寻租损失也往往大于传统垄断理论中的“纯损”三角形。如果进一步来考虑整个寻租市场，问题就更为严重。在寻租市场上，寻租者往往不止一个，单个寻租者的寻租代价只是整个寻租活动的经济损失的一个部分。整个寻租活动的全部经济损失等于所有单个寻租者寻租活动的代价的总和。而且，这个总和还将随着寻租市场竞争程度的不断加强而不断增大。显而易见，整个寻租活动的经济损失要远远超过传统垄断理论中的“纯损″三角形。

三、对垄断的公共管制

垄断导致资源配置缺乏效率。此外，垄断利润通常也被看成是不公平的。这就有必要对垄断进行政府干预。下面讨论政府对垄断价格和垄断产量的管制。

1. 对垄断的管制：递增成本

图 9.2 中反映的是平均成本具有向右上方倾斜部分的垄断情况。曲线 $D=AR$ 和 MR 是它的需求曲线和边际收益曲线。曲线 AC 和 MC 是其平均成本和边际成本曲线。

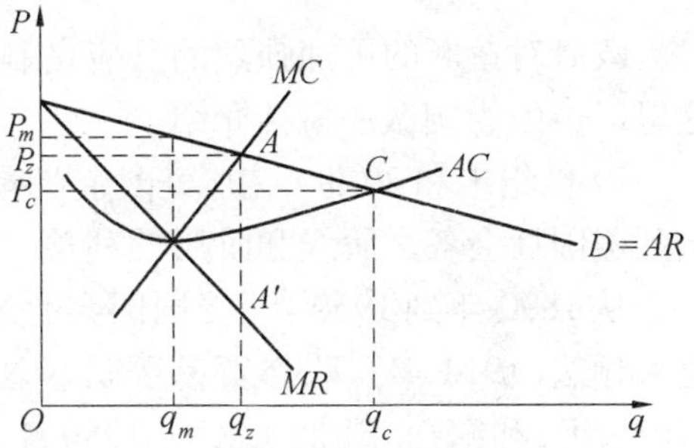

图 9.2　递增成本情况

在没有管制的条件下，垄断厂商生产其利润最大化产量 q_m，并据此确定垄断价格 P_m。这种垄断均衡一方面缺乏效率，因为在垄断产量 q_m 上，价格高于边际成本；另一方面缺乏“公平″，因为在 q_m 上，垄断厂商获得了超额垄断利润，即经济利润不等于 0，或者说，全部利润大于正常利润。

现在考虑政府的价格管制。如果政府的目标是提高效率，则政府应当将价格定在 P_z 的水平上。当价格为 P_z 时，垄断厂商面临的需求曲线现在成为 P_zAD，从而边际收益曲线为 P_zMR。于是最大化产量为 q_z。在该产量水平上，价格恰好等于边际成本，实现了帕累托最优。

当政府将价格定为 P_z，垄断厂商仍然可以得到一部分经济利润，即为平均收益 P_z 超过平均成本 AC 的部分。

如果政府试图制定一个更低的“公平价格”以消除经济利润，则该价格须为 P_c。在价格定为 P_c 时，产量为 q_c。此时，平均收益恰好等于平均成本。因此，P_c 可称为零经济利润价格。

但是，在零经济利润价格水平上，帕累托最优条件被违反了：此时边际成本大于价格。因此，按帕累托效率而言，在垄断情况下，产量太低、价格太高，而在零经济利润情况下，正好相反：价格太低、产量太高。

2. 对垄断的管制：递减成本

图 9.3 中反映的是平均成本曲线不断下降的所谓自然垄断情况。图中，由于平均成本曲线 AC 一直下降，故边际成本曲线 MC 总位于其下方。在不存在政府管制时，垄断厂商的产量和价格分别为 q_m 和 P_m。当政府管制价格为 P_c 时，产量为 q_c，达到帕累托效率。但是，如果要制定零经济利润价格 P_z，则在这种情况下，P_z 不是小于 P_c，而是要稍高一些。

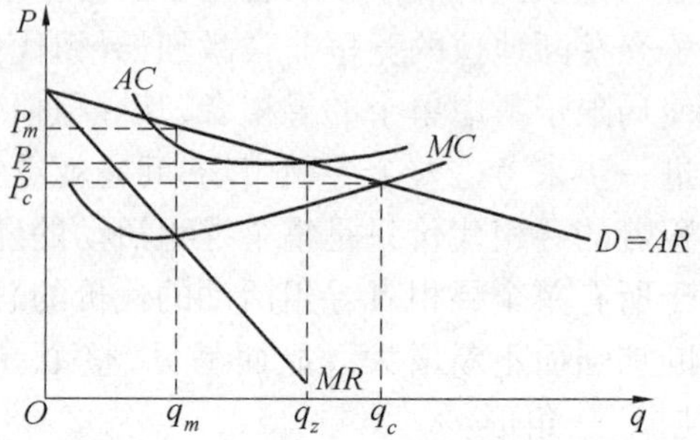

图 9.3　递减成本情况

值得注意的是，在自然垄断场合帕累托最优价格 P_c 和最优产量 q_c 上，垄断厂商的平均收益小于平均成本，从而出现亏损。因此，在这种情况下，政府必须补贴垄断厂商的亏损。

四、反托拉斯法

政府对垄断的更加强烈的反应是制定反垄断法或反托拉斯法。其中，最为突出的是美国。这里以美国为例做一概括介绍。

19 世纪末和 20 世纪初，美国企业界出现了第一次大兼并。垄断的形成和发展，深刻地影响到美国社会各个阶级和阶层的利益。

从 1890 年到 1950 年，美国国会通过一系列法案，反对垄断。其中包括谢尔曼法（1890）、克莱顿法（1914 年）、联邦贸易委员会法（1914 年）罗宾逊–帕特曼法（1936 年）、惠特–李法（1938 年）和塞勒–凯弗维尔法（1950 年），统称反托拉斯法。

美国的这些反托拉斯法规定、限制贸易的协议或共谋、垄断或企图垄断市场、兼并、排他性规定、价格歧视、不正当的竞争或欺诈行为等，都是非法的。

谢尔曼法规定：任何以托拉斯或其他形式进行的兼并或共谋，任何限制洲际或国际的贸易或商业活动的合同，均属非法；任何人垄断或企图垄断，或同其他个人或多人联合或共谋垄断洲际或国际的一部分商业和贸易的均应认为是犯罪。违法者要受到罚款和（或）判刑。

克莱顿法修正和加强了谢尔曼法，禁止不公平竞争，宣布导致削弱竞争或造成垄断的不正当做法为非法。这些不正当的做法包括价格歧视、排他性或限制性契约、公司相互持有股票和董事会成员相互兼任。

联邦贸易委员会法规定:建立联邦贸易委员会作为独立的管理机构,授权防止不公平竞争以及商业欺骗行为包括禁止虚假广告和商标等。

罗宾逊-帕特曼法宣布卖主为消除竞争而实行的各种形式的不公平的价格歧视为非法,以保护独立的零售商和批发商。

惠特-李法修正和补充了联邦贸易委员会法,宣布损害消费者利益的不公平交易为非法以保护消费者。

塞勒-凯弗维尔法补充了谢尔曼法,宣布任何公司购买竞争者的股票或资产从而实质上减少竞争或企图造成垄断的做法为非法。塞勒-凯弗维尔法禁止一切形式的兼并,包括横向兼并、纵向兼并和混合兼并。这类兼并指大公司之间的兼并和大公司对小公司的兼并,而不包括小公司之间的兼并。

美国反托拉斯法的执行机构是联邦贸易委员会和司法部反托拉斯局。前者主要反对不正当的贸易行为,后者主要反对垄断活动。

第二节　信息的不完全和不对称

一、信息的不完全和不对称

【案例 9.2】

老太太买菜逛个遍

不同的人买菜的方式不同,老太太买菜一般是先把菜市场逛个遍,查看不同的摊位的蔬菜质量和价格,最后择优而买。有的甚至不惜走一段路到其他市场去买。上班族则要简单得多,就近碰到合适的则买,很少花时间去逛菜摊和进行比较。从经济学的角度看,他们的行为方式都是理性的。

经济学家认为,信息是人们做出决策的基础。信息是有代价的,获得信息要付出金钱与时间,这是寻找信息的成本,可称为搜寻成本。信息也会带来收益。更充分的信息可以做出更正确的决策,这种决策会使经济活动的收益更大,这就是搜寻收益,老太太逛菜摊就是一种寻找信息的活动,所用的金钱和时间就是搜寻成本。由于对每个摊位的蔬菜质量和价格信息了解而买到更好、更便宜的菜就是搜寻收益。

人不可能得到完全信息,因为得到完全信息的成本高到不可能实现。人无法做出完全理性的决策。

资料来源:梁小民. 经济学就是这么有趣[M]. 北京:北京联合出版公司,2015.

在传统微观经济学大部分篇章里,我们都假定微观经济学的两大经济主体:消费者、生产者对于他们面临选择的有关经济变量都拥有完全的信息。例如,生产者需要的信息有:生产的技术方面的信息,投入要素的价格信息,产品的市场价格信息,消费者对产品需求的信息等。消费者需要的信息有:市场上所有的产品的价格信息,产品的质量信息,产品的性能和用途方面的信息等。要素的所有者应该知道自己应得的报酬,而要素的雇主应该知道要素所有者愿意付出的真实投入量及要素潜在的边际生产力。这些条件对于一个统一高效的完全竞争市场是不可缺少的。

然而,完全信息只是一种理想化的假设。现实世界中,产品市场上的生产者并无法准确预测市场上各种产品需求和要素供给变动的情况,消费者也无法了解所有商品市场上待售商品的质量和价格情况;在劳动力市场上,申请人并不知道所有控制者的信息,而雇主也无法了解每一位雇员的才能和潜力。因此,决策者所面对的心思都是不完全的。也就是说,信息和其他资源一样,也是稀缺的。

信息的不完全性与生活中的不确定性相关。我们知道,不确定性使经济决策人只能预见自己的行为会有那几种可能的结果,以及这种结果的可能性。也就是说,不确定性带来了不完全信息,从而导致了决策时面临各种风险。而信息的价值就在于它能减少生活中的不确定性。也就是说,当存在着不确定性的时候通常都存在着通过信息减少不确定性的可能性。例如,经常逛商店的家庭主妇通常比工作繁忙的人更容易买到价廉物美的商品。

在现实生活中,信息的不完全往往表现为信息是不对称的。当市场的一方无法观察到另一方的行为,或者无法获知另一方行动的信息时,就产生了信息不对称情形。所以,我们通常说得不完全信息并不是指某个人获得信息量的多少,而是指这种信息分布得不对称性。

产生信息不对称的原因是因为获取信息需要成本。家庭主妇需要付出更多的在市场上搜寻和选择商品的时间;股票大户需要筹集大量的资金和花费较多的时间和精力去搜集股票行情;作出天气预报也需要耗费大量的设备以及科学家劳动,只不过在一般情况下这项费用由国家支付罢了。因此,获得任何信息都是要付出代价的,这个代价就是信息的成本。

总之,市场经济的有效运行以完全信息为前提条件,而这只是一种理论上的假设。现实生活中信息是不完全或者不对称的,因为获取信息需要成本。而对完全信息的任何偏离都会带来一系列问题,现在我们就来分析这些问题。

二、不完全信息与市场失灵

(一)逆向选择问题

我们知道,如果降低某种商品的价格,对该商品的需求量就会增加,这是一般商品的需求规律——需求曲线向右下方倾斜。但是,当消费者掌握的市场信息不完全时,他们对商品的需求量就可能不随价格的下降而增加,而是相反,随价格的下降而减少。这时,就出现了所谓的“逆向选择″问题。反之亦是。总之,当商品的需求变化或者供给变化出现异常时,我们就遇到了逆向选择问题。所谓逆向选择是指买卖双方信息不对称的情况下,差的商品必将把好的商品驱逐出市场。当交易双方中的任何一方对于交易可能出现的风险比另一方知道的更多时,就会出现逆向选择问题。对于市场机制来说,逆向选择的存在意味着市场的低效率,意味着市场的失灵。

美国经济学家阿克洛夫对旧车交易中坏车充斥市场的状况进行了理论分析。下面我们对这个模型进行一下介绍。假设某个旧车市场有100个卖者,每人出售一辆旧车,共计100辆旧车。市场上恰有100个买者,每人买一辆旧车。假定100辆旧车中质量好的和质量差的各占一半。买者对质量好的车愿意出价10万元,对质量差的车愿意出价5万元。卖者对质量好的车所能接受的最低价格是8万元,对于质量差的车所能接受的最低价格是4万元。若买卖双方信息是对称的,那么市场达到供求均衡时没问题的。但是,实际中买卖双方关于汽车的信息是完全不对称的,卖者知道自己汽车的质量,而买者对此却不十分清楚。假设买方只了解100辆待售的旧车中有一半质量差,因此,他买到好车与坏车的概率各为0.5。在这种情况下,买者所愿意支付的价格为7.5万元(10万元×0.5+5万元×0.5)。那么,哪些卖者愿意以7.5万元出售旧车呢?当然是那些拥有较差质量旧车的卖者,而那些拥有较好质量的旧车的卖者将不愿出售,因此,在7.5万的价格下,不会有较好质量的旧车成交。如果买者知道在7.5万元的价格水平下,不会有卖者出售较好质量的旧车,市场上只有质量较差的旧车,那么买者所愿支付的价格就只有5万元,所以,旧车市场只能是50辆质量较差的旧车在4万元到5万元之间成交。显然,信息的不对称导致旧车市场最终成交量低于供求均衡的数量,使市场出现无效率。

（二）道德风险

保险实际上是一种特殊的商品,它由专门的保险公司提供。这种特殊商品的价格就是保险费用。保险公司的信息也是不完全的。它对于投保人的情况既有所了解,又不很了解。例如,拿汽车保险来说,保险公司知道,在购买汽车保险的人当中,有一些人相对来说更加容易出事故。这些人开车时总是漫不经心,有时还喜欢喝一点酒等。保险赔偿主要就是被支付给了这些人。如果保险公司能够事先从投保人中区分出易出事故者,它就可以提高这些"高危"人群的保险价格,用来弥补可能的损失。但可惜的是,这一点很难做到。对保险公司来说,更坏的情况是,那些最容易出事故的开车人常常也是购买保险最积极的人!保险公司不知道他们的底细,但他们自己知道自己的底细。他们知道自己出事故的可能性比较大,因而更加需要保险公司的帮助,也愿意接受较高的费用。与此不同,那些一直谨慎驾驶的人,出事故的可能性较小。这些"好"的投保人购买保险的心情就不如"坏"的投保人那么迫切,也不像后者那么愿意为保险支付高费用。

这就引起了一个重要的结果:提高保险价格当然会减少人们对保险这种商品的需求,但是,在减少的保险需求中,主要的却是那些相对"好"的投保人对保险的需求,他们现在不再愿意为保险支付过高的价格,而在留下来的投保人中,主要的则是那些相对"坏"的投保人,因为他们宁愿为得到保险支付更高一些的价格。这样一来,随着保险价格的上升,投保人的结构就发生了变化:"坏"的投保人所占的比例越来越大,"好"的投保人所占比例越来越小。随着"坏"投保人的比例越来越高,保险公司对每一投保人的平均赔偿也将增加,因为平均赔偿要取决于出事故的平均概率的大小。为简单起见,假定保险公司的全部成本就是对投保人所遭受损失的赔偿,而不考虑例如工作人员的工资等其他成本,则在这种情况下,保险公司的平均损失就等于它的平均赔偿。由此便可得到这样的结论:保险公司的平均损失将随保险价格的提高而提高。特别是,当保险价格在较高水平上继续增加时,投保人的结构会急剧恶化,从而平均损失会急剧上升，超过上升的保险价格所带来的好处。

从保险价格与平均损失之间的关系可以了解到保险供给的特殊性质。一方面，如果保险价格过低，经营保险肯定亏损，保险公司将不再愿意提供保险；另一方面，如果保险价格过高，经营保险也会发生亏损，保险公司也不会愿意提供保险。由此可以推出一个结论：存在一个对保险公司来说是“最优”的保险价格，当保险价格恰好等于该价格时，保险供给量达到最大。如果让保险价格从这个最优水平上开始上升，保险供给量就将不是增加而是反而下降。

（三）委托-代理问题

在现实经济生活中，委托-代理关系式非常普遍的，如雇主与雇员之间、医院与医生之间都存在委托-代理关系。委托人委托代理人为自己处理一些事务，并支付一定的报酬。

如果委托人对代理人的行为及其可能产生的结果有充分的了解，通过订立合同，规定代理人应尽的责任，并对其行为进行严格的监督，如有违约之处，则按合同规定进行处罚，这样，委托-代理就不会出现严重的情况。但现实中经常出现信息不对称的情况，委托人没有时间和精力去监视代理人，也可能缺乏相应的知识和能力，那么就会产生代理人隐瞒行为而导致委托人利益受损。

【案例 9.3】

有一位猎人，靠捕捉野兔为生，兔肉除了自己食用以外还可以做成肉干出售，兔皮也是收入的一大来源，但是不久猎人就发现自己兔子越来越狡猾，追捕兔子实在太辛苦，而且常常会因为捉不到兔子而饿肚子，他深入总结发现：捉兔子本来就不是自己的长项，一条好的猎狗可以帮助自己更轻易地捉到兔子，甚至不需要自己出马，于是他就买了一条训练有素的猎狗……

最初的委托代理关系是这样的：猎狗为猎人捕捉兔子，猎人给猎狗吃一定量的骨头并为猎狗建了一个温暖的窝。

这是一个多次重复博弈的单一代理人模型，为了能有个温暖的住处，每顿能够吃到饱饭，猎狗每天工作，猎人则用一些骨头换来了自己的安逸。

一个看似完美的委托代理合作协议诞生了，直到有一天……

一天，猎狗将兔子赶出了窝，一直追赶他，追了很久仍没有捉到。牧羊犬看到此种情景，讥笑猎狗说：“你们两个之间小的反而跑得快得多。”猎狗回答说：“你不知道我们两个的跑是完全不同的！我仅仅为了一顿饭而跑，他却是为了性命而跑呀！”这话被猎人听到了，猎人想：猎狗说的对啊，这激励严重不足嘛，那我要想得到更多的猎物，得想个好法子。

于是，猎人规定，每天不再给猎狗定量的骨头，而是给猎狗设定一个每天捕捉兔子的最低数量，达不到规定的指标，猎狗只可以得到最低分量的骨头，完成指标则可以饱餐一顿。

由此激励相容机制形成，猎狗为了吃的更好，就要更多的去捕捉兔子，猎人的收入也大大增加了。

过了不久，新的问题又出现了……

资料来源：人大经济论坛（经管之家）

三、信息传递与机制设计

逆向选择导致价格机制无法正常起到信号传递作用，使交易双方的利益受损，因此，就必须解决把有关私人信息传递给交易对方的问题以及如何甄别信息真假的问题。在信息不对称情况下，拥有信息的一方通过某种能观察到的行为向缺乏信息的一方传递一定的信息，被称为“信号显示”或“发信号”。例如，旧车市场上买主不能直观观测到旧车的质量，高质量旧车的卖主会请买主试车，让买主把高品质的车从低品质车群中识别出来，这就是“发信号”。我们在找工作的时候，会显示自己的学历证书、奖励证书，这也是“信号显示”，都是为了给雇佣者提供明确的信息，避免逆向选择的发生。

为了解决道德风险问题，缺乏信息的一方需要在事前设计一些有效的制定，激励掌握私人信息的另一方克服道德风险倾向。比如，为了避免股份公司中经理损害股东利益的“内部人控制”，就需要设计和建立一种机制，使经理为自身利益所做的努力正好也是满足了委托人的利益，这就是“激励相容”机制。这种机制可以使委托人与代理人的利益捆绑在一起，使代理人为双方共同的利益而工作，这样就避免了道德风险的产生。

避免道德风险的另一种途径就是签订合同。契约和合同都是用来对付信息不对称所可能造成的不确定后果的制定设计。贸易合同中会在商品名称、品质规格、数量、包装、价格、运输方式、付款方式、检查、索赔、仲裁等方面做出明确的规定，目的就是为了保证双方的利益。

第三节　公共产品

公共产品或劳务是市场机制发生失灵的一个重要领域，政府资源配置职能主要体现在公共产品或劳务的提供上。社会经济分为私人部门和公共部门。私人部门提供的产品叫私人产品，主要用于满足私人的个别需要；公共部门提供的产品叫公共产品，主要用于满足社会公共需要。以前分析的是私人部门的经济问题。由于公共产品不同于私人物品，私人部门的市场定价、资源配置和选择原则等论述不适用于公共产品。

一、公共产品和私人产品

公共产品是指由政府或公共部门提供的产品，它具有非排他性和非竞争性的特点。非竞争性是指一个消费者对它的消费不能同时拒绝其他人对它的消费，一旦提供了这种商品，其他人就可以没有成本的同样进行消费。例如路灯，路灯建立起来以后，可以为所有过往的行人和车辆照明，多一个人或一辆汽车也不会增加路灯的运行成本。非排他性是指，任何一个消费者也不能拒绝这种物品或服务的消费。比如说国防、法院、警察机构等都可以认为是公共产品。

严格地说，只有同时具备了非竞争性和非排他性两种特征才是真正的公共产品。第一个条件意味着公共产品不必排斥他人消费；第二个条件意味着不能排斥他人消费。国防可以算作是这样的产品。而另外一些类似的产品，如免费的电视转播，虽然具有非争夺性可是并没有非排斥性。

私人产品是指具有排他性和竞争性的那一类产品。即当一个人消费某一种私人产品的时候，其他的人是不可能同时对它进行消费的。你买的苹果吃掉了，别人就没办法吃到。同时，消费者也可以因为某种原因而拒绝消费私人产品。因为，如果你不付钱，那么你就不能得到苹果。

【案例 9.4】

从前有一个国王，他为了显示自己的威信，决定在自己生日那天，让全国的百姓在正午时刻齐呼："陛下万岁"。全国的百姓也十分期待这一刻的到来，这样他们就能听到世界上最大的声音了。在这些百姓中有位智者发现了一个秘密：如果自己也呼喊的话，那么听到别人声音的效果就将大打折扣。于是他决定在呼喊的时候保持沉默，只是静静的听别人呼喊。他把这个发现告诉了自己最亲密的人，结果这个秘密传遍了整个国家。正午时刻到了，大家翘首盼望着最大声音的到来，但是回应的却是比平时更安静的沉默。

资料来源：王中伟. 日常生活中的经济学[M]. 电子工业出版社，2014.

二、公共产品的最优数量

由于公共产品可以被不止一个消费者同时消费，因此，公共产品的需求总量应该是消费这种产品的所有消费者需求曲线的纵向相加，而不是前面所说的横向的加总，如图 9.4 所示。

假设，社会只有两个人，A 和 B。图中 D_T 下面的两条需求曲线就是 A 和 B 的需求曲线。这样，总需求曲线就是通过 A 和 B 的需求曲线的纵向加总而得到的。因为，在每一点公共产品是确定的，而此时消费者是同时消费的，即所有人愿意为此支付的价格应该是每个人愿意支付的总和。给定公共产品的供给曲线，则公共产品的最优供给量就应该是图中的点 E。在点 E，社会边际成本等于社会的边际收益。同样，我们的边际分析的结果仍然成立。

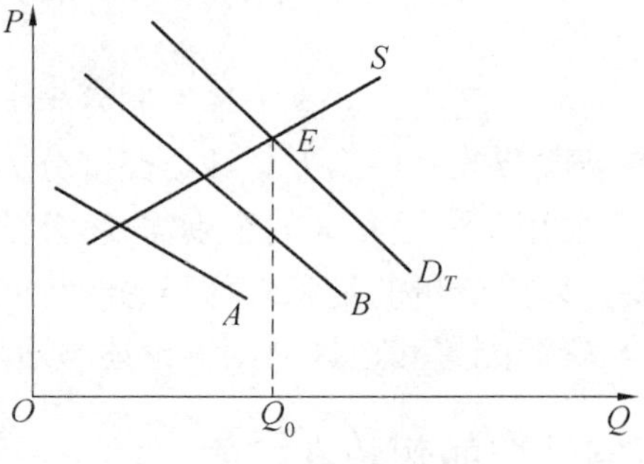

图 9.4　公共产品的最优数量

实际上如果公共物品由私人提供的话，则提供量就要小于前面的最优供给量。原因是：首先由于公共物品是非争夺性的，因此每一个消费者都想免费使用这种产品，想免费搭车。所谓的免费搭车问题就是说，既然不付费也能享用到这种产品，那么就没有一个人愿意为此而付费。

因为每一个人都认为自己不支付费用并不影响生产这种公共产品，由于很多人都会这样做，因此结果是提供的公共产品要少于最优的数量。但是，如果这个团体变得非常大，比如说达到一个国家,那么就可以由政府通过征税提供公共产品来解决这个问题。国防就是典型的例子。

另外的一个问题就是,即使是政府参与其中也未必能够提供最优的数量。因为政府很难知道所有消费者的偏好,即他们的需求曲线是未知的。因此政府无法准确的计算总的需求曲线以确定最优的提供量。

我们知道,实际上如果公共物品由私人提供的话,则提供量就要小于前面的最优供给量。原因是:首先由于公共物品是非争夺性的,因此每一个消费者都想免费使用这种产品,想免费搭车。所谓的免费搭车问题就是说,既然不付费也能享用到这种产品,那么就没有一个人愿意为此而付费。因为,每一个人都认为自己不支付费用并不影响生产这种公共产品,由于很多人都会这样做,因此结果是提供的公共产品要少于最优的数量。但是,如果这个团体变得非常大,比如说达到一个国家,那么就可以由政府通过征税提供公共产品来解决这个问题。国防就是典型的例子。另外的一个问题就是,即使是政府参与其中也未必能够提供最优的数量。因为,政府很难知道所有消费者的偏好,即他们的需求曲线是未知的。因此政府无法准确的计算总的需求曲线以确定最优的提供量。

三、搭便车问题

由于公共物品具有非排他性,所以会产生搭便车的问题。所谓搭便车,就是指某些人消费力公共物品,却不愿意支付生产该物品的成本,而是依赖于他人支付公共物品的生产成本。

假如在一个地区建造一个堤坝能降低洪水袭击的可能性,造这样一个堤坝需要总成本为10万元,该地区有100户居民。假设每一个家庭的总财产为2万元,如果遭受洪水,则一切财产化为乌有,因此堤坝的潜在收益为2万元。如果遭受洪水的概率为1/10,那么,堤坝带来的预期收益为2 000元,即建造一个堤坝给每户居民带来的现实利益为2 000元,给这一地区带来的总收益为20万元,是总成本的2倍。如果100户居民每家出资1 000元来建造这样的一个堤坝,大家的境况都会改善。但是,如果没有强有力的组织者和协调者,这样的好事却不会在自由市场中发生。因为,每户居民都在想:如果有人出资造起了这个堤坝,即使我不出任何钱,也照样享受堤坝的好处。也就是说,每个人都想不支付任何成本或支付很低的成本来享受公共产品,这就是搭便车行为。

一般来说,公共物品覆盖的消费者越多,搭便车的现象越严重,这样即使受益大于成本,私人市场也不愿提供公共物品。

四、公共选择理论

对公共产品(以及外部影响)的处理涉及与政府行为有关的“集体选择”。所谓集体选择,就是所有的参加者依据一定的规则通过相互协商来确定集体行动方案的过程。公共选择理论则特别注重研究那些与政府行为有关的集体选择问题。

1. 集体选择的规则

(1)一致同意规则。所谓一致同意规则,是指一项集体行动方案只有在所有参加者都认可的情况下才能够实施。这里的"认可"意味着赞成或者至少不反对。换句话说,在一致同意规则下,每一个参加者都对将要达成的集体决策拥有否决权。一致同意规则便具有如下的优点:

①能够充分地保证每一个参加者的利益。

②可以避免发生"免费乘车"的行为。

③如果能够达成协议,则协议将是帕累托最优的。

一致同意规则的缺点则在于:达成协议的成本常常太大,在许多情况下甚至根本就无法达成协议。

(2)多数规则。所谓多数规则,是指一项集体行动方案必须得到所有参加者中的多数认可才能够实施。这里的多数,可以是简单多数,即超过总数的一半,也可以是比例多数,如达到总数的三分之二以上。多数规则存在的问题是:

①它忽略了少数派的利益。由多数派赞成通过的集体协议强迫少数派也要服从。

②可能出现"收买选票"的现象。

③在多数规则下,最终的集体选择结果可能不是唯一的。

(3)加权规则。所谓加权规则,就是按实际得到的赞成票数(而非人数)的多少来决定集体行动方案。

一个集体行动方案对不同的参加者会有不同的重要性。于是,可以按照重要性的不同,给参加者的意愿"加权",即分配选举的票数。相对重要的,拥有的票数就较多,否则就较少。

(4)否决规则。这一规则的具体做法如下:首先让每个参加对集体行动方案投票的成员提出自己认可的行动方案,汇总之后,再让每个成员从中否决掉自己所反对的那些方案。这样一来,最后剩下的没有被否决掉的方案就是所有成员都可以接受的集体选择结果了。如果有不止一个方案留了下来,就再借助于其他投票规则(如一致同意规则或多数规则等)来进行选择。

2. 最优的集体选择规则

(1)成本模型。按照这一模型,任何一个集体选择规则都存在着性质完全不同的两类成本。一类叫做决策成本,指的是在该规则下通过某项集体行动方案(亦即作出决策)所花费的时间与精力。集体决策的形成需要参加者之间不同程度的讨价还价。随着人数的不断增加,讨价还价行为发生的可能性将成倍增加,从而决策成本也将成倍增加。另一类是外在成本,指的是在该规则下通过的某项集体行动方案与某些参加者的意愿不一致而给他们带来的损失。当通过的某项集体行动方案与某些参加者个人的实际偏好一致时,这些参加者个人承担的外在成本就等于零;而当两者不相一致时,他们承担的外在成本就大于零。随着这种不一致的人数和程度的增加,外在成本的总量也将增加。对于不同的集体选择规则,决策成本和外在成本的大小是不一样的。例如,与一致同意规则相比,多数规则的决策成本可能较低,因为容易作出决策,但外在成本却可能较高,因为决策的结果可能和很多人的意愿不一致。决策成本和外在成本之和叫做相互依赖成本。

最优集体选择规则的成本模型的结论是,理性的经济人将按最低的相互依赖成本来决定集体选择的规则。

(2)概率模型。与成本模型不同,寻找最优集体选择规则的概率模型并不是追求社会相互依赖成本的最小化,而是力图使集体决策的结果偏离个人意愿的可能性达到最小。根据这一模型最好的集体选择规则就是那种能使上述偏离可能性达到最小的规则。西方一些公共选择理论家证明,按照这一标准,集体选择中的多数规则是一种比较理想的规则。

3. 政府官员制度的效率

按照公共选择理论政府官员制度,是指那种由通过选举所产生的、被任命的以及经过考试而录用的政府官员来管理政治事务的制度。总的来说,这种政府官员制度的效率是比较低的。其原因如下:

首先是缺乏竞争。政府的各个部门都是某些特殊服务的垄断供给者。没有任何其他的机构可以替代这些部门的工作。由于缺乏竞争,其效率一般都比较低下。此外,由于缺乏竞争的对手,人们常常甚至无法判断这些部门的成本即每年的财政支出是否太多,或者,它们的产出即所提供的服务是否太少,即很难准确地判定其效率。

其次是机构庞大。政府官员一般不会把利润最大化(或者成本最小化)作为自己的主要目标,因为他很难把利润直接占为己有。政府官员追求的主要是规模的最大化。

最后是成本昂贵。政府官员会增加自己的薪金,改善工作条件,减轻工作负担,从而不断地提高他们的服务的成本,导致浪费。

公共选择理论认为,解决政府官员制度低效率的主要途径是引入竞争机制。具体做法是:

(1)使公共部门的权力分散化。分散有利于减少垄断的成分。例如,可以把过于庞大的公共机构分解成几个较小的、有独立预算的机构。

(2)由私人部门承包公共服务的供给与由政府投资的公共服务,并不一定必须由政府来生产。例如,街道清扫、垃圾处理、消防、教育、体检等公共服务的生产都可以实行私有化。

(3)在公共部门和私人部门之间展开竞争。如果允许私人部门和公共部门一样提供公共服务,则它们之间就会展开竞争,竞争将提高公共部门的效率。

最后,加强地方政府之间的竞争。地方政府的权力不仅受到公民选票的制约,而且受到居民自由迁移的制约。当一个地方政府的公共服务的成本(税收)太高而质量太低时,居民就可能迁移到其他地区去。居民的迁出会减少当地政府的税收。因此,地方政府之间的竞争也可以促使它们提高效率。

第四节　外部影响

到目前为止，我们一直隐含着的假定是，每个经济行为人在进行消费和生产决策时，是不需要考虑其他人的行为的，这样就会产生外部影响。所谓外部影响就是在指一些人的经济活动对没有参与这些活动的另一些人带来影响。在本节，我们将放宽这个要求，考察有外部效应时对经济产生的后果。

一、外部影响及其分类

一般说来，如果某人或者企业在从事经济活动时给其他个体带来危害或利益，而该个体又没有为这一后果支付赔偿或得到报酬，则这种危害或利益就被称为外部经济，也叫外部性。

外部效应可以依据不同的标准来进行分类：

按照外部效应的承受者的不同，可以将外部效应区分为对消费的外部效应和对生产的外部效应。

按照经济活动的主体不同，将外部效应区分为生产活动的外部效应和消费活动的外部效应。

按照外部效应结果的不同，将外部效应区分为正的外部效应和负的外部效应。某个人（生产者或消费者）的一项经济活动会给社会上其他成员带来好处，但他自己却不能由此而得到补偿，这种性质的外部影响称为正的外部效应；而某个人（生产者或消费者）的一项经济活动会给社会上其他成员带来危害，但他自己却并不为此而支付足够抵偿这种危害的成本，这种性质的外部影响成为负的外部效应。

比如说，空气污染就产生典型的负外部性，因为它使得很多其他的，与产生污染的经济主体没有经济关系的个体支付了额外的成本。这些个体希望减少这样的污染，但是污染制造者却不这样认为。例如，一家造纸厂排放废气，它可以改造设备以减少废气排放量，但是它从中却得不到收益。但是，在造纸厂附近居住的人们却可以从减少废气的排放中大大受益。

同样，如果邻居家院子里漂亮的花在春天都开放了，你也可以认为这对你来说是正的外部性，因为你可能没有支付任何成本而得到了赏心悦目的感觉。

我们用图 9.5 来说明外部效应带来的成本。假设造纸厂排放的污水同时流经下游的一片农田。

对造纸厂的需求曲线是 D，它的供给曲线由 S 表示，它实际上等于工厂的边际成本线。在价格为 P_c 的时候供求达到均衡。但是，由于造纸厂流经下游的粮田造成了负外部性，这样实际上生产的成本不只是这些的。将这些额外的成本加到一块就叫做边际社会成本，由图9.5中的 MSC 表示出来。当产量为零的时候，社会成本就等于厂商的边际成本。与边际成本同理，社会成本也是递增的。这样，从整个社会来看，最优的产量应该是 Q^*，而实际上由市场机制

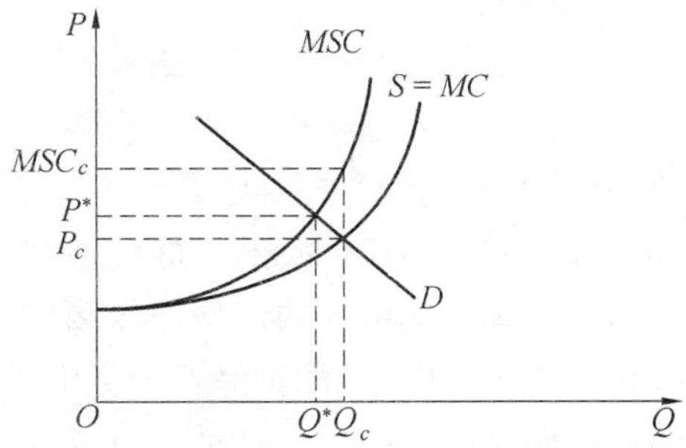

图 9.5　外部影响

决定的产量为 Q_c 要大于 Q^*。因此，在有负外部性的条件下，完全竞争将导致生产或消费的过度。

在此有必要指出的是，并非所有的对交易双方之外的第三者所带来的影响都可以称作外部效应。那些对第三者所造成的可以通过价格或可以在家各种得以反映的影响，就不是我们这里所讨论的外部效应。例如，如果一个人增加了某种爱好，那么，这一爱好本身肯定会增加对相关物品的市场需求，从而抬高相关物品的市场价格。毫无疑问，其他相同爱好的增加而给第三者开来了负的外部效应。产品价格上扬，仅仅说明这样一个事实，即该物品相对于人们的相识需求来说变得稀缺了。价格上扬的结果是一部分收入从购买者手中转移到生产者手中，并增加了生产该种产品的动力。同时，从资源配置的角度看，通过价格的提高也使现有的产量处于合理状态。很明显，这样的影响并不会导致资源配置的扭曲，当然也不再政府要采取措施加以矫正的外部效应范围之列。

二、外部影响和资源配置失当

在存在外部效应的情况下，私人的边际效益和边际成本与社会的边际效益和边际成本发生偏离。由于决定个人或厂商的经济选择是私人边际效益和私人边际成本，而不是社会边际效益和社会边际成本，因此，当个人或厂商仅从自身的利益出发，而完全忽略外部效应给他人或厂商的效益和成本时，所作出的决策很可能会使资源配置发生错误。

(一)负的外部效应与资源配置效率

负的外部效应，亦称外部成本或外部不经济，指交易双方之外的第三者所带来的为在价格中得以反映的成本的费用。西方经济学家用外部边际成本来表示这种应增加一个单位某种物品或劳务的产量而给第三者所带来的额外成本。

以纸张生产为例，由于纸张生产所造成的污染物倾泻于河流，导致水资源的污染，从而减少可供捕捞的鱼量，妨碍人们进行游泳、划船等各种形式的娱乐活动等。对此，可区别三种情况来描述此负的外部效应或外部边际成本，即外部边际成本不变、外部边际成本递增和外部边际成本递减。外部边际成本不变，即外部总成本将随产量的增加而按照一个不变的比率增加。外部边际成本随产量增加而递增的情况，意味着较高的年产量水平比较低的年产量水平带来的边际损害更大。这也说明，纸张产量越增加，由此而产生的污染损害越严重。再一种情况是，外部边际成本随着产量的增加而趋于递减，并最终为零。这意味着外部边际成本的递减式污染造成的总损害将按一个递减的比率增加，在某一点之后，追加的污染不会带来进一步的损害。对负的外部效应来说，不大可能产生这种情况。

(二)正的外部效应与资源配置效率

正的外部效应对交易双方之外的第三者所带来的为在价格中得以反映的经济效益。如用于预防传染病的疫苗接种就是典型例子。事实上,疫苗接种不仅会使被接种者本人减少感染病菌的可能,那些没有接种疫苗的人也可因此而减少接触感染病菌的机会。依此类推,整个社会都可以从减少疾病传播的可能性中得益。经济学家用外部编辑效益来表示这种因增加一个单位的某种物品或劳务的消费而给第三者所带来的额外的效益。

在现实生活中,某种物品或劳务的外部边际效益往往不是固定不变的。一般是随其消费量的增加而递减。如疫苗接种的例子,每一人次的疫苗接种所带来的边际外部效益会随接种人次的增加而逐渐减少的。因为随着接种人次的增加,当接种疫苗人次达到一定水平时,其外部边际效益将最终趋向于零。

在存在外部边际效益递减的正的外部效应时,市场机制作用下的产量水平并非总是缺乏效率的。只有外在较低产量水平,当外部边际效益大于零的条件下,市场机制才会在现实资源配置的效率方面发生失灵。

另一个外部效应的例子是厂商在研究与开发上所花费的钱。研究带来的创新常常难以受到保护。例如,假定一家厂商设计了一种新的产品。如果该设计能够申请专利,厂商可能通过生产和销售新产品而获得大量利润。但是如果该新设计能够为其他厂商很接近的模仿出来,那些厂商就能够通过竞争分享一部分开发厂商的利润。这样,进行研究与开发就没有什么回报,市场对此提供的资金就不足。

三、有关外部影响的政策

外部影响的存在使市场机制不能有效率的配置资源,解决消极的外部效应对社会影响的有效措施之一就是实施政府干预。主要采取三个方案:税收方案、标准方案和许可证方案。要理解外部性的概念,我们还要明确什么是私人成本和社会成本。厂商为生产而必须直接消耗的费用是私人成本,而工厂排出的有毒气体和其他废料,不计入工厂成本,但却使别人受害,从社会的角度看,这种损害应该算作成本的一部分。这部分成本加上私人成本,才构成社会成本。

(一)税收方案

政府可以通过税收或补贴的方法来抵消外部影响对社会的影响。对产生负的外部性的厂商征税或罚款,通过这种方法可以使这些企业向政府支付由于污染等导致的社会成本增加的部分,这就是外在成本内部化,以消灭或减少负的外部性。税收方案是指政府向制造污染的企业征收排污税。这是由英国经济学家庇古提出的,他认为,如果要达到社会总福利的最大化,任何经济活动的边际社会收益与边际社会成本必须相等。因此,在存在外部经济的情况下,政府应该对带来外部成本的市场主体征税,税额等于边际外部成本。

【知识库】

庇古(Arthur Cecil Pigou,1877—1959)是英国著名经济学家,剑桥学派的主要代表之一。出生在英国一个军人家庭。他是这个家庭的长子。青年时代入剑桥大学学习。最初的专业是历史,后来受当时英国著名经济学家马歇尔的影响,并在其鼓励下转学经济学。毕业后投身于教书生涯,成为宣传他的老师马歇尔的经济学说的一位学者。他先后担任过英国伦敦大学杰文斯纪念讲座讲师和剑桥大学经济学讲座教授。他被认为是剑桥学派领袖马歇尔的继承人。当时他年仅31岁,是剑桥大学历来担任这个职务最年轻的人。他任期长达35年,一直到1943年退休为止。退休后,他仍留剑桥大学从事著述研究工作。另外他还担任英国皇家科学院院士、国际经济学会名誉会长、英国通货外汇委员会委员和所得税委员会委员等职。他的著作很多,比较著名的有:《财富与福利》(1912年)、《福利经济学》(1920年)、《产业波动》(1926年)、《失业论》(1933年)、《社会主义和资本主义的比较》(1938年)、《就业与均衡》(1941年)等。

《福利经济学》是庇古最著名的代表作。该书是西方资产阶级经济学中影响较大的著作之一。它将资产阶级福利经济学系统化,标志着其完整理论体系的建立。它对福利经济学的解释一直被视为"经典性"的。庇古也因此被称为"福利经济学之父"。

《福利经济学》共四篇。第一篇"福利与国民收入";第二篇"国民收入的数量和资源在不同用途间的分配";第三篇"国民收入与劳动";第四篇"国民收入的分配"。庇古认为,《福利经济学》一书的目的,就是研究在现代实际生活中影响经济福利的重要因素。全书的中心就是研究如何增加社会福利。

在1950年出版的《福利经济学》中,庇古先生提出了"庇古税方案",提倡对有正外部性的活动给予补贴。庇古因"庇古税"享誉后世。

对于产生正的外部影响的机构或单位,政府应当予以补贴。如,教育事业有利于提高公民素质,产生积极的外部影响。科研机构也是如此,这些单位如果成为盈利机构,那么将导致无效率,所以政府应当对这些机构予以相应的补贴。

(二)制定污染标准

排污标准是指政府通过立法等形式向企业颁布最高限度的污染标准,厂商的污染超出这一指标,政府将予以重罚。理论上来讲,社会最优的污染程度应该是零污染,但是这是不可能的,这是因为人类的经济活动或多或少的会给环境带来污染,同时因为技术条件的制约,经济活动所产生的污染是不可能被消除的。

政府或环保机构可以通过调查研究,确定社会所能忍受或承受的环境污染程度,然后规定各企业所允许的排污量,制定排污标准,实行排污权交易制度。在这种制度下,每个厂商都必须拥有排污许可证才可以向环境中排放污染物,每个排污许可证都规定了厂商可以排放污染的数量,并且该许可证是可以转让的。

该方法是用市场的方法来干预市场。政府可以通过出售的污染许可证的数量来控制排污水平;许可证的价格水平等于治污的边际成本。但是该方案存在一定的局限性,许可证的标准需要随着市场环境和技术条件的不断变化来进行调整,否则增加的污染成本会将经营良好的企业逐出市场。

【案例 9.5】

排放权交易和清洁空气

在 20 世纪 80 年代,控制空气污染的成本大约是每年 180 亿美元。一个有效的排放物交易制度能在未来几十年大大减少这些成本。环境保护署的“泡沫”(bubble)和“抵消”(offset)计划为利用交易制度来降低清污成本提供了温和的尝试。一个泡沫允许单个公司调整其对各个污染源的控制,只要该公司不超过总的污染限制。

理论上泡沫能被用来为许多公司或者整个地理区域确定污染限制。然而,在实践中,它被用于单个公司。事实上,结果是“许可证”在厂商内部交易——如果厂商的某一部分能够减少它的排放,另一部分就会允许多排放。自 1979 年以来,环境保护署的 42 个泡沫计划大约节省了 3 亿美元的减污成本。

在抵消计划下,新的排放源可以处在空气质量标准没有达到的地区,但是只有它们的排放物被现存排放源的排放物同量的减少所抵消才行。抵消可以通过内部交易实现,但是厂商之间的外部交易也是允许的。自 1976 年以来,已经有了两千多个抵消交易。

由于它们的有限性质,泡沫计划和抵消计划大大低估了一个有广泛基础的排放物交易制度的受益。在一项研究中,使美国所有的杜邦工厂的烃排放减少 85% 的成本有三种不同的政策:(1)每家工厂的每个排放源都必须减少 85%;(2)每家工厂必须将其总的排放减少 85%,允许只有内部交易;(3)所有工厂的总的排放减少 85%,允许内部交易和外部交易。在不允许内部交易时,减少排放的成本是 10 570 万美元。内部交易使成本降到 4 260 万美元。允许外部和内部交易使成本进一步降到 1 460 万美元。

显然,一项有效的可转让排放计划带来的潜在的成本节约是很大的。这可以解释,为什么在 1990 年清洁空气法案中,国会强调把可转让许可证作为对付“酸雨”的办法。酸雨是在二氧化硫和一氧化氮污染穿过大气,变为硫酸和硝酸回到大地时产生的。这些酸对人、动物、植物和建筑物都是极其有害的。政府已批准了一项许可证制度,使得到 2000 年,二氧化硫减少 1 000万吨,一氧化氮减少 250 万吨。

在这一计划下,每一张可交易许可证将允许最多向空气中排放一吨二氧化硫。电厂和其他排污实体将以它们目前的排放水平按比例分配许可证。公司可以进行必要的资本投资来降低排放,或许是通过出售它们多余的许可证;它们也可以通过购买许可证来避免进行这种代价高昂的减污投资。

在 20 世纪 90 年代初期,经济学家预计这些许可证将以每张 300 美元或更高的价格交易。事实上,在 1993 年,价格就低于 200 美元,并且,就如图 9.6 所示,到 1996 年,价格跌到了 100 美元以下。原因是减少二氧化硫排放的成本低于人们预计的成本。低硫煤的价格已大大降低,许多电厂利用了这点来减少排放。

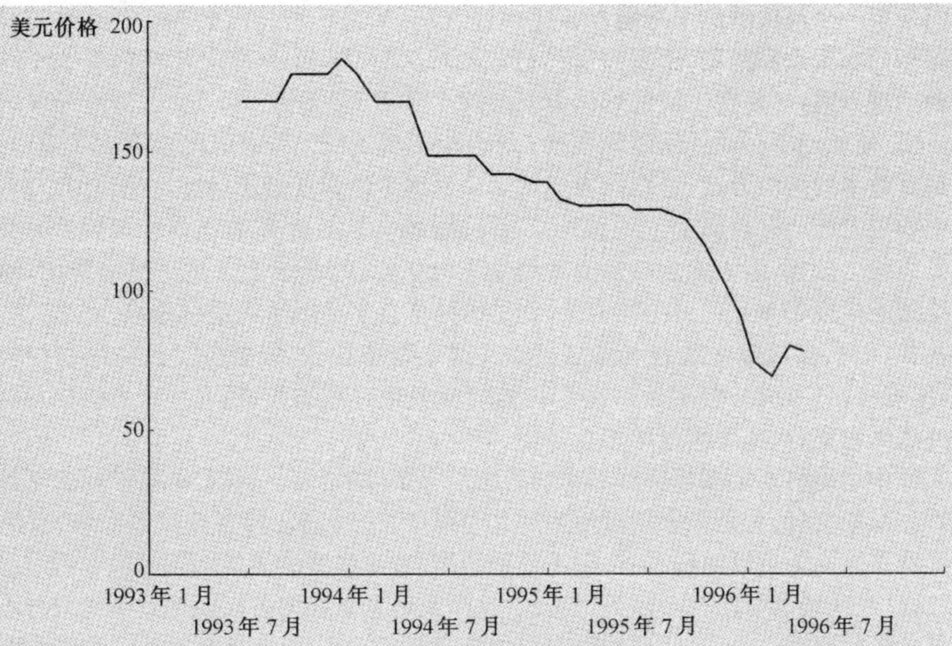

图9.6　可转让排污许可证的价格

*从1993年到1996年，部分地由于减少排放成本降低了，二氧化硫排放的可转让许可证的价格一直下降。

资料来源：曼昆. 经济学原理[M]. 2版. 北京：北京大学出版社，2009.

（三）外部影响内部化

如果一个企业的生产影响到另外一个企业，并且影响是正的外部性，则第一个企业的生产就会低于社会最优水平；反之，如果影响是负的外部性，则第一个企业的生产就会超过社会最优水平。但是如果把这两个企业合并为一个企业，则此时的外部影响就“消失”了，即被“内部化”了。合并后的企业为了自己的利益将使自己的生产确定在其边际成本等于边际收益的水平上。而此时不存在外部影响，那么合并后企业的成本与收益就等于社会的成本与收益。于是资源配置达到帕累托最优状态。

四、科斯定理

产权经济学派代表科斯提出通过明确产权来解决外部性问题。这里所讲的产权不单单指传统上的资源所有权或物的所有权，还包括其他许多法定权利，如避免污染的权利、按契约形式的权利等。产权学派认为，只要明确界定所有权，经济行为主体之间的交易行为就可以有效地解决外部影响问题。科斯定理概括了这一思想：只要法定权利可以自由交换，且交易成本等于零，那么法定权利的最初状态对于资源配置效率而言就是无关紧要的。

我们来举一个具体的例子来解释该定理：假设一间工厂所排放的粉尘使居住在附近的5户居民晾晒的衣服遭到污染，给每户居民造成的损失是75元，5户居民共损失375元。假设存在两种治理方案：一是在工厂的烟囱上安装除尘装置，费用为150元；二是给每户居民提供一台烘干机，使他们不必在外面晾晒衣物，每台烘干机50元，5户居民供需250元。显然，第一种是最有效率的解决方案，这在西方经济学中就称为帕累托最优状态。按科斯定理来看，这个例子中如果财产所有权属于工厂，即工厂有排放烟尘的权利，那么这5户居民就会共同为工厂免费安装除尘装置，因为除尘装置的费用仅有150元，远低于5台烘干机的费用250元，更低于遭受到的损失375元。另一种情况，就是居民享有不受烟尘污染的权利，那么工厂就有责任解决污染问题，安装除尘装置和给居民购买烘干设备比较，安装除尘设备的费用较低。所以，科斯定理称，只要交易费用为零或很小，那么无论财产权属于谁，自由市场机制总能找到最有效的办法配置资源，从而实现帕累托最优。

在实际中运用科斯定理解决外部影响问题是有条件的：第一，资产的财产权属于谁必须明确，有的资源，如空气，就是大家均可使用的共同财产，很难确定其财产权的归属；有的资源的财产权即使在原则上可以明确，但由于不公平问题、法律程序的成本问题等也变得实际上不可行。第二，已经明确的财产权必须可以转让，这涉及信息是否完备以及导致买卖双方不能达成一致意见的各种原因。第三，明确的财产权的转让必须要能实现资源的最优配置。在这个过程中完全可能出现这样的情况：与原来的状况相比有所改善，但并不一定实现帕累托最优。

此外，还应该指出，分配产权会影响收入分配，而收入分配的变动可以造成社会不公平，引起社会动乱。在社会动乱的情况下，就谈不上解决外部影响的问题了。

【知识库】

罗纳德·哈里·科斯(Ronald H. Coase)——新制度经济学的鼻祖，1991年诺贝尔经济学奖的获得者。

生平与学术生涯：

1910年12月29日罗纳德·哈里·科斯出生于伦敦的威尔斯登。科斯是个有腿疾的男孩子，常需要在腿上附加铁制的零件。

1929年10月进入伦敦经济学院，在那里他遇到了对他有重要影响的老师——以前在南非开普敦大学任教授的阿诺德·普兰特。

1931年，通过了商学士考试并获得一笔欧奈斯特·卡塞尔爵士旅行奖学金。依靠卡塞尔旅行奖学金，科斯在美国度过了1931~1932学年，那时他研究美国工业的结构。

1934~1935年，他在利物浦大学作为助理讲师任教。

1935年以后，科斯在伦敦经济学院教书。在伦敦经济学院，他被指定讲授公用事业经济学，为此他开始对英国公用事业做了一系列历史研究。

1940年，科斯进政政府做统计工作，先在森林委员会，然后在中央统计局、战时内阁办公室工作。

1946 年，他回到伦敦经济学院，负责教授主要经济学课程——经济学原理，并且继续对公用事业特别是邮局和广播事业的研究。

1950 年，科斯借助于一笔洛克菲勒研究员经费在美国花费了 9 个月研究美国广播业，出版了《美国广播业：垄断的研究》。

1951 年，科斯获得伦敦大学理学博士学位，同年移居美国。

1959 年，加入弗吉尼亚大学经济学系，期间科斯对联邦通信委员会做了研究。

1964 年以后，科斯一直担任芝加哥大学教授和《法学与经济学杂志》主编。现已退休，任该校荣誉经济学教授和高级法学与经济学研究员。

1978 年，科斯当选为美国方理研究院研究员。

1979 年，被授予“美国经济学会杰出会员”称号。目前，他在芝加哥大学法学院作为法律与经济学方面的一名高级研究员，在研究工作上仍然十分活跃。

学术成就与地位：

按照瑞典皇家科学院的公告，1991 年诺贝尔经济学奖的获得罗纳德·哈里·科斯的主要学术贡献在于，揭示了“交易价值”在经济组织结构的产权和功能中的重要性。他的杰出贡献是发现并阐明了交换成本和产权在经济组织和制度结构中的重要性及其在经济活动中的作用。

科斯的代表作是两篇著名的论文。其一是 1937 年发表的《企业的性质》，该文独辟蹊径地讨论了产业企业存在的原因及其扩展规模的界限问题，科斯创造了“交易成本”（Transaction Costs）这一重要的范畴来予以解释。所谓交易成本，即“利用价格机制的费用”或“利用市场的交换手段进行交易的费用”，包括提供价格的费用、讨价还价的费用、订立和执行合同的费用等。科斯认为，当市场交易成本高于企业内部的管理协调成本时，企业便产生了，企业的存在正是为了节约市场交易费用，即用费用较低的企业内交易代替费用较高的市场交易；当市场交易的边际成本等于企业内部的管理协调的边际成本时，就是企业规模扩张的界限。另一篇著名论文是 1960 年发表的《社会成本问题》，该文重新研究了交易成本为零时合约行为的特征，批评了庇古关于“外部性”问题的补偿原则（政府干预），并论证了在产权明确的前提下，市场交易即使在出现社会成本（即外部性）的场合也同样有效。科斯发现，一旦假定交易成本为零，而且对产权（指财产使用权，即运行和操作中的财产权利）界定是清晰的，那么法律范围并不影响合约行为的结果，即最优化结果保持不变。换言之，只要交易成本为零，那么无论产权归谁，都可以通过市场自由交易达到资源的最佳配置。施蒂格勒（1982 年诺贝尔经济学奖得主）将科斯的这一思想概括为“在完全竞争条件下，私人成本等于社会成本”，并命名为“科斯定理”。科斯被认为是新制度经济学的鼻祖。

本章小结

1. 市场机制不是万能的，在现实经济生活中，市场机制表现出自身难以克服的许多缺陷，即存在“市场失灵”状况。所谓市场失灵，是指市场机制配置资源的能力不足，出现资源配置适当的现象。导致市场失灵的原因是多方面的，主要有垄断、外部性、公共物品、不完全信息以及市场本身的不完善等。

2. 垄断导致低效率是这类市场失灵的典型代表。垄断厂商按利润最大化原则提供的产量往往低于社会最优数量,并且垄断价格高于边际成本,存在不公平的垄断利润。由于垄断常常导致资源配置缺乏效率,另外垄断利润也被看成是不公平的,因而有必要对垄断进行政府干预。政府对垄断的干预主要有价格与产量管制和反垄断法。

3. 外部性的存在会影响资源的配置效率。正的外部性使市场供给量小于社会最有数量,导致供给不足,负的外部性使市场供给量大于社会最优数量,导致过度供给现象。

4. 公共物品是指消费和享用上具有非竞争性和非排他性的物品。由于公共物品的两种属性,存在"搭便车"现象和公共物品的利用不足现象。这些现象都降低了资源配置效率。公共物品的特征和市场失灵的存在,决定了公共物品只能由政府来生产。市场存在失灵,政府也存在失灵的现象,政府在干预经济弥补市场失灵的同时,也要考虑对经济的干预方式和干预程度,以不断修正政府失灵。

思 考 题

1. 中国古时候有一则关于"滥竽充数"的寓言:齐宣王好大喜功,喜欢群竽合奏,每次演奏的时候有 300 只竽一起吹奏,蔚为壮观。南郭先生虽然不会吹竽,但是他装模作样地混迹于 300 名乐手中,一直也没有被人们发现,也体面地在宫中混了碗饭吃。后来齐宣王驾崩,齐湣王即位。齐湣王继成了老爸的爱好,也喜欢听如丝如缕的竽乐。但是他的喜好又不完全相同于他的老爸,他不喜欢合奏而喜欢独奏。这回南郭先生混不下去了,只好悄悄地溜走了。

这个寓言大家都很熟悉。你能够解释其中反映的经济学原理吗?

2. 公共资源(Common Resources)是指那些没有明确所有者,人人都可以免费使用的资源,如海洋、湖泊、草原等资源。一个寓言说明的就是一片草原公地的悲哀。寓言说的是中世纪的一个小镇,该镇最重要的经济活动是养羊。许多家庭都有自己的羊群,并靠出卖羊毛来养家糊口。由于镇里的所有草地为全镇居民公共所有,因此,每一个家庭的羊都可以自由地在共有的草地上吃草。开始时,居民在草地上免费放养没有引起什么问题。但随着时光流逝,追求利益的动机使得每个家庭的羊群数量不断增加。由于羊的数量日益增加而土地的面积固定不变,草地逐渐失去自我养护的能力,最终变得寸草不生。一旦公有地上没有了草,就养不成羊了,羊毛没有了,该镇繁荣的羊毛业也消失了,许多家庭也因此失去了生活的来源。是什么原因引起了公地的悲剧?请用相关经济理论加以回答。

3. 假设你的一位室友是吸烟者,影响你的生活。根据科斯定理,不吸烟的你与你的这位室友如何解决吸烟的外部性问题?

4. 为什么垄断会影响经济效率?如何纠正和防止?

5. 解决外部性的措施有哪些?

【阅读资料】

市场以交换活动为其核心，抽去了交换就不再有市场。交换是双方出于自利的目的而进行的活动，它不需要任何一方牺牲自己的利益，因此是极其顺乎自然的。那么建立市场制度似乎不应有什么困难了。然而回顾人类历史的发展才知道，市场制度的建立历尽厂艰难险阻它主要的障碍来自两方面。首先是人与人社会地位的不平等。权势的不平等导致一方对另一方的控制或胁迫，阻碍了平等自愿的交换。我国近年来收购农产品时给农民打白条，其根本原因是农民社会地位的不平等。如果一个人可以用他的权势去侵占他人的财富，他何必再去交换呢？而且权势可以致富的话，人人都会去争夺权势，而不会去从事生产和交换。自从阶级社会出现之后的几千年内，争权势成为社会骚动的主要根源。只是英国光荣革命和法国大革命之后，人和人平等的观念才逐渐确立。近半个世纪以来，人权观念发展为一个更系统化和理论化的体系，法律必须建立在人权的基础上。无怪乎当一切发达的市场经济国家，无例外地都有较完善的人权法治。市场制度建设中的第二个障碍是市场规则难以被确立。交换有交换的规则，在交换深入到包括商品和劳务的经济领域的一切活动中去时，需要建立越来越复杂的商业和信用规则。遵守这些规则却不是浅近的自利目标所能保证的，一方面，它需要政府公正执法，法律面前，人人平等，没有任何人可以置身于法律之外。这一点往往是许多发展中国家做不到的。另一方面它需要道德的自我约束，而且这种道德和传统道德不完全相同。在调整传统道德使其适应市场制度时，很容易走偏。一种偏向是完全放弃了传统道德，物欲无限制地膨胀。当这种偏向受批评时，又容易跑到另一极端，即固守的道德，否认个人追求自利的合法权益，抵制一切道德观念的调整。

从人权法治和市场规则两方面看，美国是一个充分成熟了的市场经济国家。但翻开美国历史就可以知道，美国取得今天的成就曾付出过高昂的代价。许多人看过美国电影的西部片，那就是描写社会秩序极其混乱，只有枪杆子才有发言权的背景下所发生的故事。美国原先是一个允许奴隶存在的国家，最大的一次内战——南北战争就是为了废除奴隶制而引发的。而黑人的平等地位被普遍承认是20世纪60年代以后的事。

如果，我们对于建立市场经济的艰巨性认识不足，很可能会延误我国的发展。最近报纸、电视报道各级政府领导对如何建立市场经济的看法时，多半只有一句话：解放思想。解放思想固然不错，这意味着要从旧观念的束缚中解放出来，准备接受新观念。但这只是破，还没谈到立。究竟应该立什么？我认为就是上面谈到的人权法治和市场规则这两点。前一点不属于经济学的范畴，关于后一点，可从一个极为有名的模型“囚犯难题”说起。

有一个富人在家中被谋杀，他的财产被盗。警方在侦讯中抓到两名嫌疑犯某甲和某乙，在他们家中搜出了被盗的财物。但他们否认杀人，声称他们先已发现富人被杀，进屋顺手牵羊偷了一些东西。于是警方在将甲乙隔离的情况下分别对他们说：因为你偷东西已有确凿证据，将被判刑一年；如果拒不坦白杀人而被另一方检举，则将被判刑30年；如果坦白杀了人将被判刑10年；此时如果检举另一方且另一方抵赖的话，则可受奖无罪释放。试问在这种情况下，甲乙两人将会作出什么选择呢？这就是著名的“囚犯难题”或“囚犯两难选择”。

他们各有两种选择：否认杀人或承认合伙杀人。最好的结局是双方都否认杀人，大家都判一年监禁的偷窃罪。但由于两人在隔离情况下不能串供，万一被对方出卖，对方可获无罪释放的宽大处理，自己则被从严判处30年徒刑。所以还不如承认杀人被判10年徒刑，这样的风险较小，而且如果对方不承认的话，还可得到无罪释放的宽大处理。换言之，对甲而言，在乙承认杀人的条件下，自己也承认（判10年）比不承认（判30年）更合算；在乙不承认杀人的条件下，自己承认（无罪释放），也比自己不承认（判1年）更合算。所以最合理的选择是承认杀人。同样的分析也适用于乙。因此最后的结果必是双方都承认杀人，各被判10年。原本对双方最有利的结局（都不承认杀人，各被判一年）却不会出现。这个结果与他们是否真的杀了人无关，他们即使从未杀人，也会作出承认杀人的选择。

囚犯难题具有极深刻的含义,它解释了何以短视地以利益为目标将导致对大家都不利的结局。在现实的经济生活中可以举出许多类似的例子。例如,政府三令五申不许国有企业乱发奖金。但对于某一特定企业而言,不论其他企业是否乱发奖金,自己多发一点奖金总比少发有利。当每个企业都这样想时,必定导致一切企业都乱发奖金,其结果是对一切人都不利的通货膨胀。类似的一个例子是逃税。人人都希望有良好的治安,方便的道路交通,而这些都要花钱。钱从何来?从税收来。可是人人都希望别人付税,自己则搭便车。不论别人是否逃税,自己逃税总比不逃税合算,结果是政府流失大量税款。再比如谣传某家银行要倒闭,存款要泡汤。每个人都有两种选择,或者把存款从银行取出来,或者仍旧放在银行里。当每个人作决策时,不论其他存户如何选择,对自己来讲总是把钱从银行提出来比较安全。所以结果一定是大家都到银行去提款。银行即使没有问题,也可能被存户挤兑而垮台。这些例子与囚犯难题仅有一个不同点。囚犯难题只涉及两个人,如果这种情况重复出现,甲乙两人会从失败中吸取教训,从选择承认杀人改为不承认,处境就可改善。而后面的三个例子涉及几十万个国有企业和上亿个纳税人或存户,他们之中的任一个改变决策丝毫无助于督促别的企业和个人也跟着改变决策。

从更广泛意义来理解囚犯难题,它实质上对道德的本质作出了深刻的说明。一般人对道德的理解是牺牲自己的利益去保证别人的利益。这种对道德的理解的根本弱点是没有注意到,自己又是“别人的别人”,而且别人也是他“自己”。因此,从社会的整体来看,牺牲自己去帮助别人是讲不通的。不是吗?我们可以看到一位学雷锋的好心人免费帮别人修自行车,在他的后面排起了一个长队,排队的人都是来拣便宜的。因此只有一部分人存心占别人便宜的条件下,才有可能让一部分人牺牲自己去为别人服务。而囚犯难题则确切地说明了在什么情况下个人才需要克制自利的动机。道德就是这样产生的。它要求每个人在公共秩序方面遵守规则,最终他本人也能享受到别人或全社会为他提供的道德服务。一个人应勇敢地救助落水的人,因为不知哪一天他也可能遭到类似的不幸。在这里我们可以清楚地看到,商业交换同时有着两种截然不同的动机在起作用:交换本身是受自利动机的驱动,人们做生意都是为了赚钱,这是完全正当的;同时做生意必须遵守市场规则,这是受道德约束限制的,它是反自利的。一个成熟的市场体制最根本的特征是自利动机和道德约束协同作用。每个人都受周围环境的熏陶,懂得哪些场合下应该自利,哪些场合下应该受道德约束。

商业道德是一种公共服务,它能使一切从事交换的人得益。它不能依靠某个人去建立,但在建立过程中需要每一个人的积极参与,建立之后还需要每一个人珍视它、维护它。建立商业道德需要政府、学术界、教育界等共同发起声势浩大的运动并持之以恒地努力。

资料来源:茅于轼.生活中的经济学[M].广州:暨南大学出版社,2007.

参考文献

[1] 章昌裕. 西方经济学原理——微观与宏观经济学[M]. 北京:中国对外经济贸易出版社,2000.
[2] 张华,王杰,郝延伟,等. 西方经济学经典教材习题详解[M]. 北京:经济科学出版社,2003.
[3] 张云峰. 微观经济学导教、导学、导考[M]. 西安:西北工业大学出版社,2004.
[4] 黄宗捷. 简明西方经济学[M]. 成都:西南财经大学出版社,2003.
[5] 高鸿业. 西方经济学[M]. 3 版. 北京:中国人民大学出版社,2004.
[6] 余永定,等. 西方经济学[M]. 北京:经济科学出版社,1999.
[7] 宋承先. 现代西方经济学[M]. 2 版. 上海:复旦大学出版社,1999.
[8] 何璋. 西方经济学[M]. 北京:中国财政经济出版社,2007.
[9] 梁小民. 西方经济学教程[M]. 北京:中国统计出版社,1995.
[10] 张成武,俞颖灏. 西方经济学[M]. 上海:上海财经大学出版社,2007.
[11] 厉以宁. 西方经济学[M]. 2 版. 北京:高等教育出版社,2007.
[12] 郭羽诞. 西方经济学[M]. 北京:经济科学出版社,2007.
[13] 刘厚俊. 现代西方经济学原理[M]. 3 版. 南京:南京大学出版社,2004.
[14] 崔卫国,刘学虎. 小故事大经济[M]. 北京:经济日报出版社,2008.
[15] 萨缪尔森,诺德豪斯. 微观经济学[M]. 萧琛,译. 北京:人民邮电出版社,2005.
[16] 孙进. 50 部经济学经典解读[M]. 成都:四川人民出版社,2008.
[17] 黎诣远. 西方经济学[M]. 2 版. 北京:高等教育出版社,2005.
[18] 张雪. 我的第一本经济学教科书[M]. 北京:民主与建设出版社,2009.
[19] PINDYCK R, RUBINFELD D L. 微观经济学[M]. 4 版. 张军,等,译. 北京:中国人民大学出版社,2000.
[20] 刘凤良. 西方经济学[M]. 北京:中国财政经济出版社,2008.
[21] MARSHALL A. 经济学原理[M]. 朱攀峰,译. 北京:北京出版社,2007.
[22] 赵勇,刘艳伟. 三天读懂经济学[M]. 北京:九州出版社,2009. 8
[23] 维斯库斯,弗农,哈林顿. 反垄断与管制经济学[M]. 北京:机械工业出版社,2004.
[24] 施里特. 习俗与经济[M]. 秦海,译. 长春:长春出版社,2005.
[25] 缪勒. 公共选择理论[M]. 杨春学,译. 北京:中国社会科学出版社,1999.
[26] 萨拉尼耶. 市场失灵的微观经济学[M]. 朱保华,方红生,译. 上海:上海财经大学出版

社,2004.
[27] 蔡继明. 微观经济学[M]. 北京:人民出版社,2002.
[28] 逄锦聚,洪银兴,林岗,等. 政治经济学[M]. 北京:高等教育出版社,2002.
[29] 黄亚钧,郁义鸿. 微观经济学[M]. 北京:高等教育出版社,2000.
[30] 鲁传一. 资源与环境经济学[M]. 北京:清华大学出版社,2004.
[31] 卢锋. 商业世界的经济学观察——管理经济学案例及点评[M]. 北京:北京大学出版社,2003.
[32] 曼昆. 经济学原理[M]. 2 版. 梁小民,译. 北京:北京大学出版社,2001.
[33] 黄亚钧. 微观经济学. 2 版. 北京:高等教育出版社,2005.
[34] 尹伯成. 西方经济学简明教程. 6 版. 上海:格致出版社,上海人民出版社,2008.